Table des matières

COMMUNICATION ET GRAMMAIRE

midterm
– describe a person

◄ **Judith A. Muyskens**
University of Cincinnati

◄ **Linda L. Harlow**
The Ohio State University

◄ **Michèle Vialet**
University of Cincinnati

HH Heinle & Heinle Publishers, Inc.
Boston, Massachusetts 02116

Publisher: Stanley J. Galek
Editorial Director: Christopher Foley
Project Editor: Anita L. Raducanu
Assistant Editor: Petra Hausberger
Director of Manufacturing: Erek Smith
Production Coordinator: Patricia Jalbert
Text Design: Jean Hammond
Cover: The Graphics Studio/Gerry Rosentswieg

Credits

Photos: All photos by © Andrew Brilliant and Carol Palmer.
  except
  © Stuart Cohen pp. 79, 152 right, 249
  The Bettmann Archive Inc. (136 East 57th St., New York, N.Y. 10022,
    Plaza 8-0362) p. 175
Illustrations: Len Shalansky pp. 66, 127, 161
Permissions: We wish to thank the authors, publishers, and holders of copyright for their permission to use or adapt the following:

p. **22** Gérard Mermet, *Francoscopie* (Paris: Librairie Larousse, 1986), p. 114; p. **36** "Venez danser en musique", Poccardi, 9, boulevard des Italiens, Paris; p. **37** Pierre Daninos, *Les Carnets du Major Thompson* (Paris: Librairie Larousse, 1954); p. **70** "Famille nombreuse, le gouvernement vous adore", *Journal Français d'Amérique,* 7–20 novembre, 1986, p. 3; p. **76** Gérard Mermet, *Francoscopie* (Paris: Librairie Larousse, 1986), p. 82; p. **102** *France Today,* July 1987, p. 8; p. **103** *Journal Français d'Amérique,* 1–28 août 1986, 3–17 juillet 1987, 31 juillet–20 août 1987; p. **117** Gérard Mermet, *Francoscopie* (Paris: Librairie Larousse, 1986), pp. 346–353; p. **122** *Le Monde Radio-Télévision* (Paris), lundi, 16 juin 1986; p. **135** Gérard Mermet, *Francoscopie* (Paris: Librairie Larousse, 1986), pp. 364–368; p. **161** SOFRES *Opinion Publiques* 1986 and *Le Monde,* avril, mai, juin 1988; p. **168** © Editions Denoël et Sempé, *Tout se complique* (Paris, 1962); p. **172** *L'Evénement du jeudi—Antenne 2/Institut de l'enfant,* 19 décembre 1985; p. **172** Gérard Mermet, *Francoscopie* (Paris: Librairie Larousse, 1986), pp. 274, 283; p. **181** *L'Express,* ler mai 1985, p. 29; p. **200** © Editions Denoël et Sempé, *Rien n'est simple* (Paris, 1961); p. **204** Alain Patoor, "Tabagisme: le gouvernement passe à l'action", *Journal Français d'Amérique,* 9–22 octobre 1987, p. 4; p. **204** Jacques Faizant, *Le Point;* p. **210** "Deuxième sommet des chefs d'Etat à Québec", *Journal Français d'Amerique,* 21 août-10 septembre 1987, p. 4; p. **214** Fourastié, *D'une France à une autre* (Paris: Fayard, 1987), pp. 80, 98, 117; p. **239** Sondage SOFRES/*Cuisine et vins de France;* p. **241** *Memorex/Diffusion* (Levallois-Perret), printemps 87, p. 6; p. **243** Geneviève de Lachaux, *Menus pour toutes occasions* (Paris: Librairie Larousse, 1968), p. 99; p. **257** *Journal Français d'Amérique,* 11–24 mars 1988, p. 1; p. **264** Gérard Mermet, *Francoscopie* (Paris: Librairie Larousse, 1986), pp. 373–377; p. **269** and p. **270** Didier Delaunoy, *France-Amérique,* 7–13 avril 1988, p. 12 and 24–30 mars, p. 14

Manufactured in the United States of America

ISBN 0-8384-1718-3

10 9 8 7 6 5 4 3 2 1

Preface

Introduction

BRAVO! Communication et Grammaire is an intermediate series created to provide students with the opportunity to *use* their language skills in a highly functional way. It is different from other comprehensive intermediate programs in a variety of ways. Special features of the program include:

• organization of chapter materials around high-frequency functions of language

• expressions, vocabulary, and grammar selected according to what is needed to carry out each organizing function of language

• division of chapter content into three **leçons,** with built-in lesson planning and culminating activities for each **leçon**

• a focus on culture (Photographs, authentic documents, and **Liens culturels** readings develop cultural insights and provide information on the practical, every-day culture of the French-speaking world.)

• contextualized activities that are related to real-life situations

• a Student Activity Tape with every student text that contains authentic listening materials and is accompanied by activities in the workbook

Philosophy and Approach

The approach used in **BRAVO! Communication et Grammaire** developed from a desire on the part of the authors to make intermediate-level study of French an opportunity for the learner to actively use the language rather than spend time reviewing the entire grammatical system. The following beliefs guided their writing:

• **The goal of functional use of language is aided by an organization centered around the different communicative uses to which language can be put.** Thus, functions of language such as expressing opinions, persuading, and apologizing are the point of departure for each chapter. The choice of specific functions used to organize instruction was made using the results of research studies exploring learner communication needs (Linda L. Harlow, "The Communication Needs of Second Language Learners," Diss., Purdue University, 1982).

• **Language is not used in a vacuum.** The settings, social roles, and topics likely to be needed the most when performing given language functions are also presented and practiced in order for students to become aware of language use in different sociocultural contexts.

• **Students come to an intermediate class with widely divergent skills and knowledge of French.** Because of this, instructors often spend time in class reviewing *everything,* even when this goes beyond the individual needs of students. By means of the separate review grammar section (**Révisons un peu**) comprised of simple grammar points that students are expected to have mastered by the end of beginning-level courses, students will be able to review prerequisite grammar at home, spending as much time as needed. Instructors can then use class time for practicing new material. The result is a more productive, motivating experience for learners and instructors alike.

- **Exploration of the French culture, begun in most first-year books, should be continued at the intermediate level as well.** Thus, culture plays an important role in the main text, and is the major focus of the cross-cultural reader, **BRAVO! Culture et Littérature.** Authentic documents to illustrate aspects of culture are also included.

- **A distinction should be made between language for productive and receptive use.** Material on the Student Activity Tape is modeled after authentic audio recordings produced for native speaker audiences. Thus, it is understood that students will not need to produce everything that they hear on the tape. Rather, the accompanying activities in the workbook guide students to listen for specific purposes and, thus, gives them practice in using context to extract the essential information without understanding every word.

- **A cyclical approach to language learning rather than a linear organization provides a built-in review across chapters.** In **BRAVO! Communication et Grammaire,** students are re-introduced to important language functions, themes, and structures.

Chapter format	**List of objectives** Each chapter begins with a list of specific instructional objectives for each of the three lessons in the chapter—the functions of language, the grammar, and the themes.

Révisons un peu   Grammatical structures that students should review before beginning the chapter are presented in this section. Brief presentations of the grammar topics are given in English. Charts and examples are also used to aid students in quick review. For students needing extra review, exercises are provided in the workbook/lab manual.

«*Conversation*»   Each of the three **leçons** in the chapter begins with a conversation used to illustrate the functions, vocabulary, cultural focus, and grammatical principles within each **leçon.** The three conversations form a unit or story. Vocabulary items to be emphasized because of their topical and cultural significance are marked with a degree symbol (°). These words are translated in the sections entitled «**Mots et expressions utiles**» in order to facilitate student understanding and learning.

The **Observation et analyse** section checks comprehension of the «**Conversation**» by asking information, inference, or personal-reaction questions. In addition, students may be asked to analyze the material with respect to various sociocultural aspects of communication. They will, for example, identify the social roles of the speakers, the degree of formality, the principal topics of conversation, and the major functions of language at work.

«*Expressions typiques pour...* » and «*Mots et expressions utiles*»   The «**Expressions typiques pour...** » section contains commonly-used expressions and vocabulary needed to communicate a particular speech act or function or a group of |

related functions. Language for both formal and informal styles of expression is presented.

The «**Mots et expressions utiles**» section provides thematic vocabulary related to the functions and/or the chapter theme(s). These words are to be learned for active use.

An **Activités** section provides practice using these expressions by asking students to create conversations in different contexts or by identifying contexts for the expressions. All formats are contextualized and communicative.

«Grammaire»   Grammar principles directly related to the functions appear in each leçon. They are presented in English to minimize misunderstanding by the student. Examples are translated into English when necessary.

The **Activités** to practice the grammatical concepts proceed from structured to more open-ended. They attempt to simulate natural conversation. Many of these activities are adapted from authentic texts. Small-group activities provide students with additional practice.

Liens culturels and authentic material   Each **leçon** contains either an item of realia and/or a **Liens culturels** section. Both have been chosen for their cultural significance and their relation to the function being taught. The cultural information is practical and up-to-date, providing abundant demographic information. It gives students insights into what French-speakers and contemporary French society are like. These sections are accompanied by questions or statements to develop cultural insights or cross-cultural comparisons.

«Interactions»   The «**Interactions**» section at the end of each **leçon** contains role-play activities. These interactions are designed to promote real language use in interesting contexts. Many of these situations are comparable to those used in the ACTFL Oral Proficiency Interview for intermediate learners. These activities encourage use of the functional expressions and vocabulary, grammar, and culture of the **leçon.**

Synthèse   The end-of-chapter activities are combined in the **Synthèse** section, which, as the name implies, is provided to enable students to synthesize all functions, vocabulary, and grammatical topics introduced throughout the chapter. These oral and written tasks serve as culminating activities so that any material that may have been originally memorized will be used in a meaningful and functional way by the end of the chapter.

Vocabulaire   All topical and miscellaneous vocabulary words in the **leçons** are listed at the end of the chapter. These lists are useful for review and reference.

End Matter   The following appendices and indexes are included in **BRAVO!**:

Appendice A: Expressions supplémentaires
Appendice B: Les Temps littéraires
Appendice C: Les Verbes
Lexique français-anglais
Indice A: «Expressions typiques pour... »
Indice B: «Mots et expressions utiles»
Indice C: «Grammaire»

The authors have chosen to provide supplementary expressions such as dates, months, numbers, weather expressions, seasons, and telephone manners in Appendix A. Instructors may wish to refer students to this section or may use it actively in class at some point. Indexes of functional expressions and thematic vocabulary and grammar conclude the main text of the **BRAVO!** program.

Other BRAVO! Components

BRAVO! Communication et Grammaire interacts with several ancillary components. Together they comprise a comprehensive, integrated learning system.

• **BRAVO! Culture et Littérature** by Jean-François Brière, Linda Harlow, and Judith Muyskens is a cross-cultural and literary reader that offers authentic reading materials coordinated with the functions and themes of **BRAVO! Communication et Grammaire.** The text's unique approach encourages students to think about their own culture while learning about francophone cultures. Reading skills are systematically developed as students read cultural, journalistic, and literary texts, many of them from francophone writers, as well as realia and cartoons. Pre-reading activities prepare students to read by activating their background knowledge of the topic as well as teaching them useful reading strategies such as skimming, scanning, predicting, using the context, and understanding word formation. Post-reading activities check comprehension, encourage discussion of themes and culture, and enable students to synthesize what they have read. Discussion focuses on cross-cultural comparisons.

The sections of **BRAVO! Culture et Littérature** are referenced in the main text and may be assigned throughout the corresponding chapter.

• **BRAVO! Cahier d'exercices et manual de laboratoire** written by Laurence Marion, Gisèle Loriot-Raymer, Marie-Claire Ménard, Linda Harlow, and Judith Muyskens contains the following sections:
Workbook section of written activities
Laboratory Tape Program activities
Student Activity Tape activities

The Workbook section contains: (1) written exercises to review the **Révisons un peu** grammar, and (2) writing activities to practice the grammar of the three **leçons.** The Workbook contains a variety of writing formats coordinated with the themes and functions of the chapter. All activities are contextualized and some are based on realia. An answer key is provided to aid students in their individual study.

• The Laboratory Tape Program is coordinated with **BRAVO! Communication et Grammaire.** It provides listening practice of the introductory «**Conversation**» and a review of phonetics. The sounds featured on the phonetics section are those that are most difficult for learners of French and which, therefore, require the most practice. Oral and listening practice of each of the main grammar topics of the **leçons** is provided on tape and coordinated with the laboratory manual section of the **Cahier.** Synthesis of the functions, vocabulary, and grammar of the chapter is provided through a dictation and listening comprehension passage, which is followed by comprehension checks.

• A Student Activity Tape of authentic listening materials related to chapter functions and themes is also included with every student text. Audio recordings which include interviews, conversations, radio commercials, weather and news reports, and train and airport announcements enable each student to have easy access to the French language as it is spoken today in natural contexts. Supplementary activities coordinated with these listening materials are available in the workbook. As indicated by the reference in the main text, these activities may be assigned at the end of each chapter.

• An Instructor's Manual that gives hints for teaching and lesson planning as well as supplementary activities is also provided.

Lesson Planning

The goals and individual needs of your program will determine how **BRAVO!** is used. The text and the workbook/lab manual may be used alone for one semester or one quarter or in conjunction with the reader for longer program sequences.

If each chapter of the textbook, reader and workbook are used jointly, six to seven days of presentation and practice will be necessary in most cases. (Approximately two days on each **leçon**.)

If only the textbook and the workbook are used in a short course, classes should spend one day on each **leçon.** To do this, students should systematically take advantage of the **Révisons un peu** section to review first-year grammar outside of class.

Additional information on lesson planning is found in the Instructor's Manual.

Acknowledgments

The publishers and authors would again like to thank those professional friends who participated in reviewing the manuscript.

Townsend Bowling   *University of Texas, San Antonio*
Arthur Evans   *DePauw University*
Gilberte Furstenberg   *Massachusetts Institute of Technology*
Madeleine Cottenet-Hage *University of Maryland*
L. Kathy Heilenman   *Louisiana State University*
Allen Honeycutt   *Durham (NC) County Schools*
Sophie Jeffries   *Millbrook (NY) Academy*
Rebecca Kline   *Dickenson College*
Carol J. Murphy   *University of Florida*
Madeleine Sergent   *Montclair State College*
Susan Schunk   *University of Akron*

Many other individuals deserve our thanks for their support and help. Among them are: Jean-François Brière of SUNY at Albany, Marie Losonsky of Wittenberg College, and Florence Boisse-Kilgo, whose careful reading assured the text's linguistic and cultural accuracy; Gloria Torrini-Roblin of the Ohio State University and Marie Losonsky formerly of the University of Cincinnati and their students for pilot testing the materials; . . . and the rest of the marketing and sales staff at Heinle and Heinle for their support and long hours; Sharon Buzzell for her perceptive suggestions in the copy-editing stage; Luan Mizer for her assistance with the mundane details of preparing and sending the manuscripts; David Kazimer for his help with the end vocabulary; Juanita Villena and Michelle Sawyer for their assistance with the permissions and end matter; Anita Raducanu for her thoughtful reading of the manuscript and guidance during the stages of production; Pat Jalbert for her coordination of the production; Chris Foley for his help in all facets of the project; Stan Galek for providing the initial inspiration; and most of all to our husbands John Herraghty, Joe Harlow, and Mel Cohen for the encouragement and support that kept us going to the end.

J.A.M.
L.L.H
M.V.

CHAPITRE 1

«Heureux de faire votre connaissance»

Révisons un peu: le présent; le conditionnel; l'impératif

Leçon 1: Comment saluer, se présenter et prendre congé; les verbes irréguliers

Leçon 2: A vous de discuter; les noms

Leçon 3: Comment demander ou offrir un service; le conditionnel

Thème: L'université

Révisons un peu

The information presented on the next few pages is intended to refresh your memory of various grammatical topics that you have probably encountered before. Review the material and then test your knowledge by completing the accompanying exercises in the workbook.

Avant la première leçon

Les Verbes: le présent

A. Verbes en -er

parler *(to speak)*

je parl**e**	nous parl**ons**
tu parl**es**	vous parl**ez**
il/elle/on parl**e**	ils/elles parl**ent**

Most verbs that end in **-er** in the infinitive are conjugated like **parler.**

B. Changements orthographiques dans certains verbes en -er

Some **-er** verbs require spelling changes in the stem of certain persons to reflect changes in pronunciation.

- **e → è**

  acheter *(to buy)*

j'ach**è**te	nous achetons
tu ach**è**tes	vous achetez
il/elle/on ach**è**te	ils/elles ach**è**tent

Like **acheter: lever** *(to raise, to lift up),* **élever** *(to bring up [a child], to raise),* **mener** *(to take, to lead),* **amener** *(to bring),* **emmener** *(to take, to take away)*

- **é → è**

  préférer *(to prefer)*

je préf**è**re	nous préférons
tu préf**è**res	vous préférez
il/elle/on préf**è**re	ils/elles préf**è**rent

Like **préférer: considérer** *(to consider),* **espérer** *(to hope),* **posséder** *(to possess, to own),* **répéter** *(to repeat)*

- **l → ll or t → tt**

  appeler *(to call)*

j'appelle	nous appelons
tu appelles	vous appelez
il/elle/on appelle	ils/elles appellent

Like **appeler: jeter** *(to throw, to throw away),* **rappeler** *(to remember)*

- **y → i**

  essayer *(to try)*

j'essaie	nous essayons
tu essaies	vous essayez
il/elle/on essaie	ils/elles essaient

Like **essayer: payer** *(to pay),* **ennuyer** *(to bore; to worry),* **envoyer** *(to send),* **nettoyer** *(to clean)*

- **c → ç** (when followed by the letters **a** or **o**)

  commencer *(to begin)*

je commence	nous commen**ç**ons
tu commences	vous commencez
il/elle/on commence	ils/elles commencent

Like **commencer: agacer** *(to get on someone's nerves; to provoke),* **avancer** *(to advance),* **lancer** *(to throw),* **placer** *(to place),* **remplacer** *(to replace)*

- **g → ge** (when followed by the letters **a** or **o**)

  manger *(to eat)*

je mange	nous man**ge**ons
tu manges	vous mangez
il/elle/on mange	ils/elles mangent

Like **manger: changer** *(to change),* **voyager** *(to travel),* **nager** *(to swim),* **ranger** *(to tidy up; to put away),* **venger** *(to avenge)*

C. Verbes en -ir

finir *(to finish)*

je fin**is**	nous fin**issons**
tu fin**is**	vous fin**issez**
il/elle/on fin**it**	ils/elles fin**issent**

Like **finir: bâtir** *(to build),* **choisir** *(to choose),* **obéir** *(to obey),* **remplir** *(to fill, to fill out),* **réunir** *(to gather; to join),* **réfléchir** *(to reflect),* **réussir** *(to succeed)*

D. Verbes en -re

rendre *(to give back, to return)*

je rend**s**	nous rend**ons**
tu rend**s**	vous rend**ez**
il/elle/on rend	ils/elles rend**ent**

Like **rendre: attendre** *(to wait for)*, **défendre** *(to defend)*, **descendre** *(to descend, to go down)*, **entendre** *(to hear)*, **perdre** *(to lose)*, **répondre** *(to answer)*, **vendre** *(to sell)*

Poser une question

The following are ways to ask yes/no questions:

- Use rising intonation:

  Vous parlez français?

  Vous ne parlez pas anglais?

- Follow the statement with **n'est-ce pas?**:

  Vous parlez français, n'est-ce pas?

- Precede the statement with **est-ce que**:

  Est-ce que vous parlez français?

  Est-ce qu'il parle français?

  Est-ce qu'il ne parle pas anglais?

- Invert the order of the subject and verb:

  Parlez-vous français? N'êtes-vous pas français?

  Parle-t-elle anglais? Ne parle-t-elle pas français?

  In the third-person singular, a **-t-** is inserted between the verb and pronoun when the preceding verb ends in a vowel.

  When the question has a *noun subject,* the third-person pronoun that corresponds to the noun subject is attached to the verb.

  Martine est-elle étudiante?

NOTE: When **je** is the subject of the sentence, it is seldom inverted. **Est-ce que** is usually used.

  Est-ce que je suis perdu?

Ce couple est perdu. Quelles questions pose-t-il à l'agent de police?

Avant la troisième leçon

Le Conditionnel

The conditional in French is a simple verb form. It is equivalent to a compound verb form in English (*would* + infinitive). Regular verbs add the imperfect verb endings (**-ais, -ais, -ait, -ions, -iez, -aient**) to their infinitive form. Notice that the final **e** of **-re** verbs is dropped before adding the endings.

A. Verbes réguliers

	parler	finir	rendre
je	parler**ais**	finir**ais**	rend**rais**
tu	parler**ais**	finir**ais**	rend**rais**
il/elle/on	parler**ait**	finir**ait**	rend**rait**
nous	parler**ions**	finir**ions**	rend**rions**
vous	parler**iez**	finir**iez**	rend**riez**
ils/elles	parler**aient**	finir**aient**	rend**raient**

> **J'aimerais** bien parler avec le propriétaire.
> *I would like to talk with the owner.*

B. Changements orthographiques dans certains verbes en -er

Some **-er** verbs undergo changes in the infinitive before the endings are added:

- Verbs like **acheter:** j'ach**è**terais; nous l**è**verions
- Verbs like **essayer:** j'essa**i**erais; vous pa**i**eriez
- Verbs like **appeler:** j'appe**ll**erais; ils je**tt**eraient

C. Verbes irréguliers

The following verbs have irregular stems:

aller:	j'**irais**	devoir:	je **devrais**
avoir:	j'**aurais**	envoyer:	j'**enverrais**
courir:	je **courrais**	être:	je **serais**

faire:	je **ferais**	savoir:	je **saurais**
falloir:	il **faudrait**	tenir:	je **tiendrais**
mourir:	je **mourrais**	valoir:	il **vaudrait**
pleuvoir:	il **pleuvrait**	venir:	je **viendrais**
pouvoir:	je **pourrais**	voir:	je **verrais**
recevoir:	je **recevrais**	vouloir:	je **voudrais**

Je **voudrais** trois billets aller-retour, s'il vous plaît.
I would like three round trip tickets, please.

L'Impératif

The imperative is used to give directions, orders, requests, or suggestions. There are three forms of the imperative in French. To form the imperative, drop the subject pronoun. Note that the **s** is dropped in the **tu** form of **-er** verbs.

A. Formes régulières

	parler	finir	rendre
tu form:	Parle!	Finis!	Rends la monnaie!
nous form:	Parlons!	Finissons!	Rendons visite à Marc!
vous form:	Parlez!	Finissez!	Rendez la monnaie!

B. Formes irrégulières

	être	avoir	savoir	vouloir
tu form:	sois	aie	sache	veuille
nous form:	soyons	ayons	sachons	veuillons
vous form:	soyez	ayez	sachez	veuillez

NOTE: In negative commands, the **ne** precedes the verb; the **pas** follows it:

Ne me regarde pas!	Ne sois pas bête!
Don't look at me!	*Don't be stupid!*

Comment saluer, se présenter et prendre congé

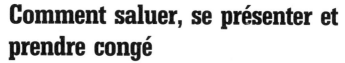

«Conversation»

Rappel: Have you reviewed the present tense of regular and stem-changing verbs? Did you practice forming yes/no questions? (text pp. 2–4 and the accompanying exercises in the workbook)

Dans un train: Un groupe de touristes est en route pour la Grèce. Dans le compartiment il y a une Américaine qui voyage avec une amie française et un couple belge d'un certain âge.° Ils sont tous francophones,° bien sûr! Ils se réveillent le matin après avoir passé la nuit en couchette° dans un wagon-lit. Pendant qu'ils s'installent° pour la journée, ils se saluent.

LINDA: *(l'Américaine; regardant le couple belge)* Bonjour, Messieurs, Dames.

MME KAIRET: *(la Belge)* Bonjour, Mademoiselle.

M. KAIRET: *(le Belge)* Bonjour, Mademoiselle. Vous avez bien dormi?

LINDA: Oui, je me suis réveillée de temps en temps mais la nuit s'est bien passée.

MME KAIRET: *(à son mari)* Chéri, tu as beaucoup bougé° pendant la nuit. Je t'ai entendu toutes les cinq minutes.

M. KAIRET: Tu sais, j'ai mal dormi.

JEANNE: *(la Française)* Bonjour, tout le monde. Qu'est-ce qui ne va pas, Linda? Tu as l'air fatiguée.

LINDA: Non, ça va, Jeanne. J'ai seulement faim. On va au wagon-restaurant?

JEANNE: D'accord.

LINDA: A tout à l'heure.

Linda et Jeanne reviennent. Pendant qu'elles étaient au wagon-restaurant, d'autres personnes se sont assises dans leur compartiment.

M. KAIRET: Linda et Jeanne, je vous présente Jean-Claude. Il vient de Genève.

JEAN-CLAUDE: *(leur serrant la main°)* Enchanté. Et je vous présente mon copain, Philippe.

PHILIPPE: *(leur serrant la main)* Salut.

LUIGI: *(qui vient d'entrer)* Je me permets de me présenter. Je m'appelle Luigi.

Ils lui serrent tous la main.

LINDA: *(à Luigi)* Vous allez en Grèce?

LUIGI: Non, je descends à Rome. Je rejoins° ma famille et mes grands-parents.

M. KAIRET: Et vous, Jean-Claude et Philippe?

JEAN-CLAUDE: Nous, on va jusqu'en Grèce.

MME KAIRET: Nous aussi. Ah, les vacances... Nous les attendons depuis six mois.[1]

A suivre.

NOTE: Words followed by a degree symbol appear in the «Mots et expressions utiles» section of the lesson.

[1] On dit, pour plaisanter *(joke)* que les Européens—et surtout les Français—n'arrêtent jamais de parler de vacances. Ils passent les six premiers mois de l'année à les organiser, le septième mois à en profiter et les cinq derniers mois de l'année à en parler.

1. Quelles expressions ces voyageurs utilisent-ils pour se saluer? pour prendre congé *(to take leave)*?
2. Combien de personnes ont mal dormi?
3. Que dit Luigi pour se présenter? Imaginez qu'il présente sa mère.
4. D'après la conversation, pourquoi Luigi descend-il à Rome?

«Expressions typiques pour... »

Saluer *(rapports intimes et familiaux)*

—Salut, Marc/Sylvie. | Ça va?
| Comment ça va?

—Salut/Bonjour. | Oui, ça va. | Et toi?
| Très bien.
| Ça va bien, merci.

Saluer *(rapports professionnels et formels)*

—Bonjour, Monsieur/Madame/Mademoiselle. Comment allez-vous?
—Très bien, merci. Et vous?

Présenter quelqu'un *(rapports intimes et familiaux)*

Avant les présentations

Tu connais Jeanine?
Vous vous connaissez?

Les présentations

Je te présente Julien.
Voici Sylvie.
Martine, c'est Georges.
Martine, Georges. Georges, Martine.

Répondre aux présentations

Salut!
Enchanté(e).
Très heureux(-euse).

Présenter quelqu'un *(rapports professionnels et formels)*

Avant les présentations

Vous connaissez Monsieur Marchand?
Vous vous connaissez?

Les présentations

Je voudrais vous présenter Sylvie
    Riboni.
Permettez-moi de vous présenter ma
    femme, Sylvie.
Je vous présente Georges Marchand.

Répondre aux présentations

Je suis heureux(-euse) de faire votre
    connaissance.°
Très heureux(-euse)/content(e) de
    vous connaître.
Enchanté(e) de vous rencontrer.°

Se présenter

Je me présente. Je m'appelle...
Je me permets de me présenter. Je m'appelle...

NOTE: You will need to actively learn the «**Expressions typiques pour...** » and the «**Mots et expressions utiles**» in order to complete the activities in the chapter.

Prendre congé° *(rapports intimes et familiaux)*

Salut!   Au revoir!   Ciao! *(salutation italienne utilisée par les jeunes)*

On peut ajouter...

Bonne journée.   Bonne soirée.   Bon week-end.
Bonnes vacances.   Bon retour.

Prendre congé *(rapports professionnels et formels)*

Au revoir, Monsieur/Madame.

On peut ajouter...

A demain.   A lundi.   A ce soir.
A tout à l'heure.   A bientôt.   A la prochaine.°

«Mots et expressions utiles»

Saluer

(s')embrasser *to kiss*
faire la bise *(familier) to kiss*
faire la connaissance (de) *to meet, to make the acquaintance (of)*
rejoindre *to reunite/meet with*

rencontrer *to meet; to run into; to meet at a set time*
(se) retrouver *to meet—often for a purpose*
se réunir *to get together*
(se) serrer la main *to shake hands*

Divers

à la prochaine *until next time*
bouger *to move around*
la couchette *cot; train bed*
être d'un certain âge *to be middle-aged*

francophone *French-speaking*
s'installer *to get settled*
prendre congé *to take leave*

Liens culturels

Arrivées et départs

Les Français ont une manière particulière de marquer l'existence des autres. Cela se manifeste par ce que l'on pourrait appeler un sens approfondi des arrivées et des départs. Lorsque les Français voient des amis pour la première fois de la journée, ils leur serrent la main ou ils les embrassent. En les quittant, ils leur donnent à nouveau une poignée de main ou ils les embrassent.

La coutume de s'embrasser est la norme entre amis et membres de la même famille. Les hommes se serrent plus souvent la main. La tradition exige *(demands)* souvent trois baisers *(kisses)*. Quelquefois c'est quatre baisers ou deux seulement. C'est une question de région. Le plus souvent on commence par la joue *(cheek)* droite. Que ferait un Américain en retrouvant un groupe d'amis qu'il voit pour la première fois de la journée?

A. Conversation entre étudiants. Remplissez les blancs avec les «Mots et expressions utiles». Faites les changements nécessaires.

1. Veux-tu me _____ après le cours?
2. Avec plaisir. Je n'aurai pas *(will not have)* beaucoup de temps. Je dois _____ Monique à une heure.
3. Elle _____ dans une nouvelle chambre et je vais l'aider à déménager *(to move)*.
4. J'aimerais _____ de Monique. Est-ce que je peux vous accompagner?

B. Présentations. Utilisez les «Expressions typiques... » pour faire les présentations suivantes:

1. votre mère à un professeur devant la salle de classe
2. vous-même au président de votre université au cours d'une réception pour les nouveaux étudiants
3. votre meilleur(e) ami(e) à un(e) autre ami(e) devant le cinéma
4. un(e) collègue de bureau *(fellow office worker)* à votre femme/mari pendant un cocktail
5. un(e) camarade de classe punk à votre tante Madeleine

C. Les scènes. En groupes de trois, jouez les scènes suivantes où vous saluez et faites des présentations.

>   *modèle:* En cours: Bonjour, Monique...
>   —*Bonjour, Monique. Comment ça va?*
>   —*Ça va bien, merci. Et toi, ça va?*
>   —*Oui, très bien. Ecoute, tu connais Robert?*
>   —*Non, je ne pense pas.*
>   —*Eh bien, Monique, je te présente Robert.*
>   *Robert, Monique.*
>   —*Enchanté.*
>   —*Enchantée.*

1. Dans la rue: Bonjour, Monsieur Dupont. Vous connaissez ma tante... ?
2. En ville avant une réunion d'étudiants: Je me présente. Je m'appelle...
3. Devant un jeu vidéo à l'arcade: Salut. Je m'appelle... Voici...

D. Dans la salle de classe. Trouvez une personne dans la salle de classe que vous ne connaissez pas. Présentez-vous *(present yourself)* à cette personne. Maintenant, présentez cette personne à quelqu'un d'autre ou laissez cette personne vous présenter à un(e) autre étudiant(e). (N'oubliez pas de vous serrer la main!) Circulez dans la classe jusqu'à ce que vous ayez fait la connaissance de la plupart *(most of)* des étudiants. Après les présentations, essayez de vous rappeler les noms des autres étudiants. Le professeur vous aidera. Commencez par: **Il/Elle s'appelle...**

JEUNES RPR du 4eme

Chers(es) Amis(es) nous vous présentons aujourd'hui ce journal en espérant qu'il vous plaira.

TOUTES VOS SUGGESTIONS SERONT LES BIENVENUES

Délégation Jeune R P R
de la 32ème Circonscription
14 rue François Miron
75004 PARIS

EN VOUS REMERCIANT

L'ENGAGEMENT POLITIQUE
chez
les JEUNES

L'engagement politique des jeunes aujourd'hui doit être avant tout la prise de conscience de nos responsabilités futures.

C'est en effet la première étape de cette tâche future qui doit nous revenir dans quelques années : participer à la construction d'une société performante dans un pays rénové.

Si nous ne faisons rien dès à présent, il n'en sera que plus difficile dans l'avenir.

Or le futur c'est nous...

Alors pourquoi ne pas essayer, dès aujourd'hui de comprendre la vie politique et économique du pays afin d'acquérir des bases qui contribueront à une édification plus facile et solide de notre avenir.

La vie politique n'est pas facile à suivre, nous nous devons dès à présent essayer de la comprendre afin que nous puissions entreprendre un dialogue tous ensemble loin de toutes querelles et essayer de faire valoir notre situation.

Alors si vous hésitez encore à venir nous rejoindre, venez en discuter avec nous.

Ce sera peut-être le premier pas décisif.

Christophe MAHIEU
Délégué Jeunes du 4ème Arrdt

Pour qui est écrit ce journal? Quel est, selon vous, le but de ce journal?[2]

[2] RPR signifie «Rassemblement pour la République». C'est un parti politique de droite dont le chef est Jacques Chirac. Approximativement 12% des étudiants appartiennent au RPR; 43% se disent proches du Parti socialiste; 12% de l'Union pour la Démocratie française; 7% du Mouvement écologiste; 3% du Parti communiste; 2% du Front national (nouveau parti très conservateur et qui fait des campagnes pour la limitation de l'immigration en France).

«Grammaire» — **Les Verbes irréguliers:** *suivre, courir, mourir, rire, conduire, savoir* et *connaître*

A. You have already reviewed the present tense of the regular verbs ending in **-er**, **-ir**, and **-re**, as well as some stem-changing **-er** verbs. The following irregular verbs may not be quite so familiar to you, but can be used in talking about yourself or everyday life.

- **suivre** *(to follow; to take a course)* participe passé: **suivi**

je **suis**	nous **suivons**
tu **suis**	vous **suivez**
il/elle/on **suit**	ils/elles **suivent**

  Like **suivre: vivre** *(to live)* participe passé: **vécu**

  Nous **suivons** cet étudiant. Il **vit** près d'ici.

- **courir** *(to run)* participe passé: **couru**

je **cours**	nous **courons**
tu **cours**	vous **courez**
il/elle/on **court**	ils/elles **courent**

  Elle **court** dans un marathon à Paris.

- **mourir** *(to die)* participe passé: **mort**

je **meurs**	nous **mourons**
tu **meurs**	vous **mourez**
il/elle/on **meurt**	ils/elles **meurent**

  Je **meurs** de faim. Dînons tout de suite!

- **rire** *(to laugh)* participe passé: **ri**

je **ris**	nous **rions**
tu **ris**	vous **riez**
il/elle/on **rit**	ils/elles **rient**

  Like **rire: sourire** *(to smile)*

  Je **ris** quand je vois des films de Jerry Lewis.

- **conduire** *(to drive)* participe passé: **conduit**

je **conduis**	nous **conduisons**
tu **conduis**	vous **conduisez**
il/elle/on **conduit**	ils/elles **conduisent**

  Like **conduire: construire** *(to construct)*, **détruire** *(to destroy)*, **séduire** *(to seduce; to charm; to bribe)*

  Cette étudiante **conduit** une Renault.

- **savoir** *(to know from memory or from study; to know how to do something; to be aware of)* participe passé: **su**

je **sais**	nous **savons**
tu **sais**	vous **savez**
il/elle/on **sait**	ils/elles **savent**

- **connaître** *(to know; to be acquainted with, to be familiar with; to meet, to get acquainted with)* participe passé: **connu**

je **connais**	nous **connaissons**
tu **connais**	vous **connaissez**
il/elle/on **connaît**	ils/elles **connaissent**

Like **connaître**: **apparaître** *(to appear, to come into view; to become evident)*, **disparaître** *(to disappear)*, **paraître** *(to seem; to come out)*

B. The verbs **savoir** and **connaître** both mean *to know*. It will be important, however, to distinguish when to use one versus the other.

- **Connaître** is always used to indicate acquaintance with or familiarity with people or places:

> Laura **connaît** assez bien les Français. Elle **connaît** aussi assez bien Paris.
> *Laura knows French people rather well. She is also quite familiar with Paris.*

- **Savoir** means to know from memory or study:

> **Sait**-elle la date de la fête nationale en France?
> *Does she know the date of the national holiday in France?*

> Oui, elle la **sait**.
> *Yes, she knows it.*

NOTE: **Savoir** is used before a relative clause or before an infinitive. Before an infinitive it means to know how to do something:

> Elle **sait** où se trouve la Tour Eiffel.
> *She knows where the Eiffel Tower is located.*

> Elle **sait** conduire dans Paris.
> *She knows how to drive in Paris.*

Activités

A. Discussion. Les jeunes RPR (Rassemblement pour la République) du 4ᵉᵐᵉ arrondissement se réunissent. Changez leurs phrases du singulier au pluriel et vice versa.

1. Les futurs dirigeants du pays... c'est vous. Vous construisez la société de l'avenir.
2. Suivez la vie politique même si elle est difficile à comprendre.
3. Nous connaissons bien les candidats locaux.
4. Les électeurs savent que la privatisation *(taking into private hands)* de la télévision française améliorera *(will improve)* l'objectivité de l'information.
5. J'espère que les étudiants écrivent des lettres aux sénateurs pour réclamer une plus grande concurrence *(competition)* dans le domaine de l'audiovisuel *(television)*.

Etes-vous d'accord avec ces jeunes?

B. Un mot. Vous travaillez dans un hôtel. Une Anglaise a laissé un mot *(message)* pour le propriétaire. Vous le traduisez en français.

> Mme Robinson called. She asked for the address of the hotel. She doesn't know where the hotel is located **(se trouver)** because she does

not know Paris well. She does not know how to drive, so **(donc)** she will take a taxi from the airport. She met your brother in London last year. She is looking forward to **(Elle se réjouit à l'idée de)** meeting you.

C. Interview. Utilisez les suggestions suivantes pour poser des questions à votre professeur ou aux autres étudiants de la classe. Donnez un résumé de l'interview.

1. combien / cours / suivre
2. quand / courir
3. quelle / ville / connaître / bien
4. que / savoir / bien / faire
5. au cours de *(during)* / quel / émission télévisée / rire
6. à qui / écrire / lettres
7. où / vouloir / vivre

«Interactions»

Use the information below to create conversations with a partner. Try to use the vocabulary and grammar from **Leçon 1** as much as possible.

A. Au café. You and a friend are at the Café de Paris. You meet a friend from your class at the Sorbonne. Greet him/her. Introduce him/her to your other friend. Talk about what courses you are taking. Say that you are writing a composition for a class for tomorrow. Say your good-byes.

B. Au travail. You are entering your office with a client. The manager **(directeur/directrice)** is passing by. You greet him/her. You introduce him/her to your client. Ask if he/she knows where the files **(dossiers)** are. He/she does not know. Say thank you and good-bye.

BRAVO!
Culture et littérature

A vous de discuter

«Conversation»
(suite)

Dans le train: Le temps passe... On discute.

LINDA: Que ce paysage° est joli!

LUIGI: Oui, l'Italie est un pays extraordinaire. Ses paysages sont variés, sa culture très ancienne et les gens y sont très sympathiques.

JEANNE: Depuis quand habitez-vous en Italie?

LUIGI: Oh, je n'ai jamais vraiment habité en Italie. Mes parents sont souvent retournés dans leur ville natale mais j'ai toujours vécu en France.

LINDA: Tenez, vous avez vu ces enfants là-bas? Que font-ils?

LUIGI: Ils jouent au bocce ball. C'est comme le jeu de boules en France, mais en Italie on utilise des boules en bois au lieu des boules en métal.

LINDA: J'imagine que les jeunes jouent souvent au football aussi.

LUIGI: Oh oui, c'est le sport national.

M. KAIRET: A quelle heure est-ce que le train arrive à Rome?

JEAN-CLAUDE: Je crois qu'on doit arriver vers 15 heures.

M. KAIRET: Quel beau temps! A propos, quelle température fait-il, en moyenne,° à Rome au mois d'août?

LUIGI: Ah, vous savez, il fait chaud. Il fait à peu près 30 degrés mais l'air est sec.

LINDA: Au fait, y a-t-il beaucoup de pollution en France et en Italie? Aux Etats-Unis même dans les régions connues pour le beau temps il y a maintenant beaucoup de pollution. Je pense surtout à l'Arizona.

M. KAIRET: La pollution est un problème européen très grave. Les grandes villes industrialisées sont très polluées. Le mouvement écologiste se bat contre la pollution et le nucléaire.

LINDA: Dites donc, à propos de l'industrie, que pensez-vous des problèmes des travailleurs immigrés en France? Il y a des Français qui veulent qu'ils rentrent dans leur pays, n'est-ce pas?

JEAN-CLAUDE: Oui, mais c'est une minorité. C'est le Front national de Jean-Marie le Pen qui parle de cela.

A suivre.

Observation et Analyse

1. De quoi parle-t-on dans ce train?
2. Quelle sorte de questions pose-t-on?
3. De quoi parlez-vous quand vous passez du temps avec des gens que vous ne connaissez pas bien?
4. De quoi parlez-vous avec ceux que vous connaissez bien?
5. De quoi parleraient six jeunes Américains dans un train pendant trois heures?

Liens culturels

La Vie privée/la vie publique

On ne se rend pas toujours compte du caractère important de la vie privée en France qui est mieux protégée du regard public qu'aux Etats-Unis. Cette tolérance vient en partie de la loi du silence qui semble gouverner la vie privée. Il y a une séparation très nette entre la vie privée et la vie publique. Personne ne pose de questions. On ne demande pas à un Français par exemple: «Quel est votre métier?» ou «Qu'est-ce que vous avez fait hier soir?» Il est permis, néanmoins, de lui demander ses opinions. Les opinions appartiennent à tout le monde donc il n'y a pas de danger sérieux. Toutefois, il est bon d'être prudent. Ne demandez pas: «Etes-vous socialiste?» Dites plutôt: «Que pensez-vous de la nationalisation des banques?» Si la personne que vous interrogez ne veut pas se compromettre, elle peut avoir recours à une réponse évasive.

«Expressions typiques pour... »

Discuter

Sans sujet défini de conversation, on parle du temps qu'il fait, de l'endroit où on se trouve et de ce qui s'y passe. Voici quelques sujets typiques:

- Le temps

    Quel temps fait-il?
    Quel beau temps!
    Comme il fait beau/mauvais/chaud/froid!
    Quel sale temps!
    Est-ce qu'il pleuvra demain?

- L'heure

    Quelle heure est-il?
    Il est tôt/tard.
    Le temps passe vite quand on bavarde.
    Pendant combien de temps as-tu voyagé en France?
    Depuis quand êtes-vous étudiant?

- Les éléments du lieu

    le paysage: C'est intéressant. C'est joli.
    Ce n'est pas agréable.
    les gens: Elle est gentille. Cette robe vous/lui va bien.
    C'est choquant, ce qu'ils portent/font.
    l'ambiance: On est bien ici. J'aime bien cet endroit.

- Ce qui se passe à cet endroit

    Que font-ils là-bas?
    De quoi parlent-ils?

Quand on ne connaît pas très bien quelqu'un, mais qu'on essaie de mieux le connaître, on peut parler des sujets suivants:

- La santé

    Je suis un peu fatigué(e) ces jours-ci.
    Tu as l'air en forme.°

- Les études—si on est étudiant(e)

    Depuis quand étudiez-vous/étudies-tu le français?
    Combien de cours suivez-vous/suis-tu?
    Comment est votre/ton professeur de français?

- Les actualités°

    Tu as/Vous avez vu le journal ce matin?
    Tu as/Vous avez entendu parler de ce qui s'est passé?

- D'autres idées

    les passe-temps,° les sports, la musique, l'enseignement et vos attitudes
    envers l'enseignement, la politique et vos opinions politiques, vos
    expériences personnelles, le travail

Avec ceux qu'on connaît bien, on peut parler des choses mentionnées ci-dessus
ou de la vie privée:

    Que feras-tu ce soir?
    As-tu beaucoup de boulot?°
    Tu as passé une bonne journée?

«Mots et expressions utiles»

L'enseignement

assister à un cours *to attend a class*
bûcher *(familier) to cram*
les devoirs *m homework*
une leçon particulière *private lesson*
manifester *to protest, to demonstrate*
manquer un cours *to miss a class*

la note *grade*
passer un examen *to take an exam*
réussir à un examen *to pass an exam*
la salle de classe *classroom*
se spécialiser (en) *to major (in)*
tricher *to cheat*

Divers

les actualités *f current events*
avoir l'air en forme *to look in good shape*
le boulot *(familier) work*

en moyenne *on the average*
les passe-temps *leisure activities*
le paysage *countryside*

Activités

A. Discutez. De quoi parleriez-vous avec les personnes suivantes? Choisissez un
ou deux sujets de conversation tirés de la liste des «Expressions typiques... ».

1. votre professeur dans l'ascenseur sur le campus
2. un(e) camarade de classe devant la salle de classe
3. un collègue de bureau pendant un cocktail
4. votre mère pendant le dîner
5. votre fille/fils pendant le bain
6. une personne dans le train
7. un Martien dans sa soucoupe volante *(flying saucer)*

B. Jouez le rôle. Maintenant choisissez une situation dans l'exercice ci-dessus et
jouez les rôles avec un(e) camarade de classe. Le professeur vous demandera peut-
être d'illustrer cette situation devant la classe.

C. Circulez. Circulez dans la salle de classe et parlez avec vos camarades. Choisissez parmi les sujets suivants: les actualités, le temps, les passe-temps, la politique, la vie à l'université, ce qui se passe dans la salle de classe. N'oubliez pas d'utiliser les expressions données pour commencer une conversation! Après, parlez de votre expérience en considérant les questions suivantes:

1. Avec combien de personnes avez-vous parlé?
2. De quoi avez-vous préféré parler? Pourquoi?
3. Est-ce qu'il était difficile de commencer une discussion avec quelqu'un? Expliquez.
4. Préférez-vous parler de sujets comme le temps, les sports et les actualités, ou de votre vie de tous les jours et de sujets plus intimes?

«Grammaire»

Les Expressions de temps

When you want to ask a question regarding how long an action that began in the past has continued into the present, you use an expression with **depuis.**

> Depuis quand êtes-vous en France?
> *How long have you been in France?*

> Depuis combien de temps jouez-vous au tennis?
> *How long have you been playing tennis?*

Questions such as these are answered in the present tense with **depuis.** In English, **depuis** is translated as *for* when a period of time is given.

> Je suis en France depuis six mois.
> *I have been in France for six months.*

> Je joue au tennis depuis 13 ans.
> *I have been playing tennis for 13 years.*

When you answer using a specific point in time or date, **depuis** means *since.*

> Je suis en France depuis le 5 juin.
> *I've been in France since June 5th.*

The expressions **il y a... que, ça fait... que,** and **voilà... que** have the same meaning as **depuis** when used with the present tense.

> Il y a six mois que je suis en France.
> *I've been in France for six months.*

> Voilà 13 ans que je joue au tennis.
> *I've been playing tennis for 13 years.*

> Ça fait trois heures que je travaille.
> *I've been working for three hours.*

NOTE: When you use **il y a** followed by a period of time and without **que,** it means *ago.* A past tense must be used with this construction.

> J'ai pris des leçons de tennis il y a 13 ans.
> *I took tennis lessons 13 years ago.*

Pendant combien de temps is used when asking about the duration of an action that is completed.

> Pendant combien de temps ont-ils étudié aux Etats-Unis?
> *How long did they study in the United States?*

> Ils ont étudié aux Etats-Unis pendant deux ans.
> *They studied in the United States for two years.*

When asking about the duration of a repeated action in the present, the expression **passer du temps** is used.

> Combien de temps passez-vous à lire le journal?
> *How much time do you spend reading the newspaper?*

> J'y passe une heure par jour.
> *I spend an hour a day.*

Activités

A. Répétitions. Martine est très égocentrique. Elle parle tout le temps de ce qu'elle fait. Elle répète chaque phrase plusieurs fois. Transformez les phrases selon le modèle.

> *modèle:* Ça fait six ans que je joue au volley-ball.
> *Il y a six ans que je joue au volley-ball.*
> *Voilà six ans que je joue au volley-ball.*
> *Je joue au volley-ball depuis six ans.*

1. J'étudie l'anglais depuis 12 ans.
2. Il y a quatre mois que Mme Marchand me trouve indispensable. J'apprends l'anglais à ses enfants.
3. Ça fait déjà cinq ans que je donne des leçons d'anglais.
4. Voilà 11 ans que je joue au tennis.
5. Il y a six ans que je suis joueuse de tennis professionnel.
6. Je gagne beaucoup de tournois de tennis depuis cinq ans.
7. Voilà 12 ans qu'elle invente des histoires!

B. Une histoire. Lisez cette petite histoire et répondez aux questions.

Depuis l'âge de quatre ans la petite Louisette, qui a sept ans, va à beaucoup de fêtes d'anniversaire. Elle semble les adorer et on adore l'avoir comme invitée. Sa mère, par contre, n'aime pas acheter des cadeaux ou trouver une jolie robe pour chaque anniversaire! En plus, lorsqu'elle emmène Louisette à une fête qui commence à deux heures, elle ne peut en général pas partir avant trois heures parce que les autres parents la retiennent en bavardant avec elle. Au mois de décembre la maman a dit à sa petite Louisette qu'elle ne pouvait plus aller à ces fêtes d'anniversaire. La petite lui a demandé tout de suite qui viendrait fêter son anniversaire si elle n'allait plus chez les autres. Sa mère a compris que Louisette avait raison. Nous sommes en mars et Louisette va toujours aux surprises-parties!

1. Depuis combien d'années Louisette fête-t-elle les anniversaires de ses camarades?
2. Pendant combien de temps la mère doit-elle rester avec Louisette?
3. Quand la mère a-t-elle dit à Louisette qu'elle ne pouvait plus aller aux fêtes d'anniversaire? Combien de temps ça fait-il donc?
4. Pourquoi la mère a-t-elle changé d'avis?

C. Ne soyez pas indiscrets! Ne répondez pas aux dernières questions si vous les trouvez trop indiscrètes.

1. Pendant combien de temps fait-il chaud/froid dans votre région?
2. Depuis combien de temps êtes-vous à l'université?
3. Depuis quand étudiez-vous le français?
4. Quel sport préférez-vous? Depuis combien de temps faites-vous ce sport?
5. Quelle musique préférez-vous? Depuis quand préférez-vous cette musique?
6. Quel parti politique préférez-vous? Depuis quand?
7. Que pensez-vous du mariage? Faut-il rester marié(e) si l'on n'est pas heureux?
8. Que faisiez-vous il y a trois heures? il y a trois mois? il y a trois ans?
9. Qui n'aimez-vous pas du tout? Depuis quand?
10. A quel moment, dans votre vie, vous êtes-vous senti(e) le/la plus heureux(-euse)?

Quelles questions trouvez-vous trop indiscrètes? Pourquoi?

Les Noms

A. Le genre des noms

All nouns in French have a gender: masculine or feminine. When you learn a noun, it is beneficial to memorize the article with it in order to learn the gender. If you are not sure of the gender of a word, look it up in the dictionary.

• As a general rule, the gender of a noun referring to a person or animal is determined by the sex of the person or animal:

　　un homme/une femme　　un roi/une reine　　un boeuf/une vache

• The names of languages, trees, metals, days, months, and seasons are usually masculine:

　　le français　　le chêne *(oak)*　　le cuivre *(copper)*
　　le lundi　　le printemps

• The names of continents, countries, provinces, and states ending in unaccented **-e** are usually feminine:

　　la France　　la Caroline du Nord　　l'Australie
　　EXCEPTIONS: le Mexique　　le Zaïre　　le Maine

• Certain endings to nouns may give clues as to their genders. The following are endings that are often masculine and feminine.

masculin	féminin	
-age un paysage	**-ance** une ambiance	**-ette** une couchette
-ail un travail	**-ence** une agence	**-oire** une histoire
-al un journal	**-ture** la nature	**-ière** une barrière
-asme le sarcasme	**-son** une chanson	**-ie** la géographie
-isme le communisme	**-ion** une expression	**-ié** la pitié
-eau un bureau	**-tion** une conversation	**-ée** une journée
-et un objet	**-esse** la vitesse	**-té** la santé
-ier un cahier		
-ent l'argent		
-ment un appartement		

- Some nouns that refer to people can be changed from masculine to feminine by adding an **e** to the masculine form:

  un ami → une amie
  un assistant → une assistante
  un étudiant → une étudiante

- Nouns with certain endings form the feminine in other ways:

-(i)er	-(i)ère
un banquier	une banquière
un ouvrier	une ouvrière
un boulanger	une boulangère
-eur	**-euse**
un chanteur	une chanteuse
un travailleur	une travailleuse
-teur	**-trice**
un acteur	une actrice
un directeur	une directrice
-on/-en	**-onne/-enne**
un patron	une patronne
un musicien	une musicienne
-et	**-ette**
un cadet	une cadette
-f	**-ve**
un veuf	une veuve
-x	**-se**
un époux	une épouse

- Some nouns have the same gender whether they refer to males or females:

  un mannequin
  un auteur
  une vedette
  une personne

- A few nouns denoting professions have no feminine form. These are usually the professions that were traditionally male. For clarity, the phrase **une femme** is added:

  une femme cadre
  une femme professeur
  une femme médecin
  une femme ingénieur

- Several French nouns have different meanings in the masculine and feminine:

un aide *helper*	**une aide** *help, aid*
un critique *critic*	**une critique** *criticism*
un livre *book*	**une livre** *pound*
un tour *trip*	**une tour** *tower*
un poste *job; radio, television set*	**une poste** *post office*

B. Le Pluriel des noms

- Generally, nouns are made plural by adding **s**:

    un homme → des hommes   une femme → des femmes

- Nouns ending in **-s, -x,** or **-z** do not change in the plural:

    un pays → des pays   un nez → des nez

- Nouns ending in **-eu, -au** and **-eau** take an **x** in the plural:

    un cheveu → des cheveux   l'eau → des eaux

    EXCEPTION: un pneu → des pneus

- Seven nouns ending in **-ou** take an **x**:

    un bijou → des bijoux
    un caillou → des cailloux
    un chou → des choux
    un genou → des genoux
    un hibou → des hiboux
    un joujou → des joujoux
    un pou → des poux[3]

    NOTE: All others add **s:** un trou → des trous
    un clou → des clous

- Nouns ending in **-al** and **-ail** change to **-aux**:

    un journal → des journaux   un travail → des travaux

    EXCEPTIONS: un festival → des festivals
    un carnaval → des carnavals

- Certain nouns are always plural in French:

    les gens   les vacances   les mathématiques

- Some plurals are completely irregular:

    un oeil → des yeux   un ciel → des cieux
    monsieur → messieurs   madame → mesdames
    mademoiselle → mesdemoiselles

- A compound noun is a noun formed by two or more words connected by a hyphen. The formation of the plural depends on the words that make up the compound noun. It is best to look up compound nouns in the dictionary when making them plural. For example:

    le beaux-frère → les beaux-frères
    le gratte-ciel → les gratte-ciel

- The plural of family names in French is indicated by the plural definite article. No **s** is added to the family name itself:

    Les Martin ont salué des amis dans la rue.
    The Martins greeted some friends in the street.

[3]For generations French children have learned this short list by heart and it has become a cultural joke: **bijou-caillou-chou-genou-hibou-joujou-pou.**

A. La vie est dure. Votre fille apprend à parler. Vous essayez de lui apprendre que les filles peuvent faire le même travail que les hommes. Corrigez-la. Jouez les rôles avec un(e) partenaire.

> *modèle:* directeur
> *Votre fille: Les hommes sont directeurs!*
> *Vous: Oui. Un jour tu seras peut-être directrice.*

1. chanteur
2. homme d'affaires
3. ingénieur
4. avocat
5. artisan
6. pharmacien
7. patron

B. Une lettre. Un jeune Français écrit pour la première fois à un correspondant américain. Complétez les phrases pour lui. Faites attention à l'usage des articles.

Lyon, le 5 janvier 1989

Cher Jack,

Je / être / de Lyon. Je / aller / aller / à New York cet été. Ma soeur / être / critique de musique / très connu / à New York. C' / être / ancien / chanteur / d'Opéra. Le mari / de / soeur / être / banquier / important / qui / travailler / à la Banque nationale de Paris à New York. Ils me feront faire / tour / de / ville. Je / vouloir / absolument / voir / les deux / grand / tour / de Manhattan! Peut-être que / je / pouvoir / faire / votre / connaissance / en juillet. En attendant, je / vouloir / aller / tout de suite / à / poste.

A bientôt, j'espère.

Michel

«Interactions»

Use the information below to create conversations with a partner. Try to use the vocabulary and grammar from **Leçon 2** as much as possible.

A. Dans l'ascenseur *(elevator).* You are in an elevator with a classmate and the elevator gets stuck between two floors. Make small talk while you wait in order to pass the time and keep calm.

• Talk about the time.

• Discuss your interests. Do you have any common interests?

• Ask a question or make a comment based on something you've observed about the other person or something the other person has said.

B. Présentations. Make the acquaintance of someone in the class. Talk with him/her about where he/she lives, his/her courses, favorite leisure activities, or favorite music. Afterwards, introduce him/her to the other students in the class.

BRAVO!
Culture et littérature

LEÇON 3

Comment demander ou offrir un service

«Conversation»
(conclusion)

Rappel: Have you reviewed the formation of the conditional and the use of the imperative? (text p. 4 and the accompanying exercises in the workbook)

Dans le train: Il est presque midi. Tout le monde commence à avoir faim malgré° la conversation animée qui porte sur l'enseignement en France...

LINDA: *It seems to me that* J'ai l'impression qu'en France les étudiants s'intéressent plus à la politique qu'aux Etats-Unis.

PHILIPPE: C'est vrai. Il y a des groupes d'étudiants qui *protest* manifestent pour des causes variées.

JEAN-CLAUDE: Oui, mais il faut dire aussi qu'il y a pas mal° d'étudiants qui ne font rien sur le plan politique. Ils vont en classe, ils passent leurs examens. S'ils réussissent, ils trouvent un petit boulot.[4]

LINDA: Pardon, Jean-Claude. Vous pourriez ouvrir la fenêtre, s'il vous plaît. J'étouffe° de chaleur.

JEAN-CLAUDE: C'est vrai, il n'y a pas d'air dans ce compartiment.

PHILIPPE: Jean-Claude, on va au wagon-restaurant?

JEAN-CLAUDE: Non, c'est trop cher. Je préfère descendre° sur le quai° pendant que le train est arrêté. Je veux seulement un sandwich et une boisson.

PHILIPPE: Bon, d'accord.

M. KAIRET: *(à sa femme qui essaie de descendre une valise° du porte-bagages°)* Je peux t'aider?

MME KAIRET: Oui, merci. C'est difficile parce que c'est lourd. Je veux sortir les repas froids que tu as préparés.

LINDA: *(à Jeanne)* On va au wagon-restaurant?

JEANNE: Bon, d'accord. C'est calme là-bas.

LINDA: *(qui regarde dans son portefeuille°)* Jeanne, j'ai un petit problème. Je n'ai plus d'argent! J'ai oublié de toucher° un chèque de voyage.° Pourrais-tu me prêter° de l'argent?

JEANNE: Tu sais, je crois qu'ils acceptent les chèques de voyage. On peut leur demander. Ne t'inquiète pas.

LUIGI: Si ça vous rend service, je peux vous prêter de l'argent. Non, j'ai une meilleure idée. Je vais vous offrir le déjeuner.

LINDA: C'est très gentil mais ce n'est pas nécessaire.

LUIGI: Mais vous savez, ça me ferait plaisir. Je vous invite.

Observation et Analyse

1. D'après la conversation, décrivez les étudiants français.
2. Que dit-on pour demander un petit service? pour demander un service qui va peut-être déranger *(to bother)* l'autre personne?
3. Que dit M. Kairet pour offrir de l'aide à sa femme? Et Luigi, que dit-il pour offrir de l'aide?
4. D'après la conversation, Linda et Jeanne vont-elles accepter l'offre de Luigi?

[4] 77% des étudiants français sont plutôt satisfaits de leurs études; 19% plutôt mécontents. (Gérard Mermet, *Francoscopie* [Paris: Larousse, 1986], p. 114).

Demander à quelqu'un de faire quelque chose *(rapports intimes et familiaux)*

Tu veux me donner un morceau de pain?
Est-ce que tu pourrais m'aider à mettre cette valise dans le porte-bagages, s'il te plaît?
Tu peux ouvrir la fenêtre, s'il te plaît?
Excuse-moi, papa/maman, mais pourrais-tu me prêter ta voiture?
Pardon, papa/maman, je me trouve dans une situation embarrassante... J'ai perdu mon portefeuille et je n'ai plus d'argent.

Demander à quelqu'un de faire quelque chose *(rapports professionnels et formels)*

Vous voulez bien ouvrir la fenêtre, s'il vous plaît?
Pardon, vous pourriez ouvrir la fenêtre, s'il vous plaît?
Pardon, Madame/Monsieur, est-ce que vous pourriez m'aider à mettre cette valise dans le porte-bagages?
Excusez-moi, Madame/Monsieur, est-ce que vous auriez la gentillesse de me dire où se trouve la réception?
Excusez-moi, Madame/Monsieur, j'ai un petit problème...
Je m'excuse de vous déranger,° mais est-ce que vous pourriez m'expliquer ce que je dois faire pour trouver l'entrée du métro?

Proposer de l'aide
(rapports intimes et familiaux)

Tu veux que je t'accompagne?
Tu veux que j'en parle au directeur?
Je te donne un coup de main?
 (familier)
Je t'aide.
Je peux t'aider?

Proposer de l'aide
(rapports professionnels et formels)

Je vous aide.
Je pourrais vous aider?
Si vous voulez, je peux vous accompagner.
Si cela peut vous rendre service, je veux bien m'en charger.

Accepter une offre d'aide

Oui, avec plaisir.
Oui, d'accord. Merci.
Oui, c'est très gentil. Merci.
Oui, c'est sympa. *(familier)*

Refuser une offre d'aide

Ça va, merci.
Merci. Je peux le faire moi-même.
Merci, mais ce n'est pas nécessaire.
C'est très gentil, mais j'ai presque terminé.

La banque

le chèque de voyage *traveller's check*
emprunter *to borrow*
prêter *to lend*
toucher *to cash (a check)*

Le voyage

descendre *to go down; to get off (train, etc.); to bring down (luggage)*
monter *to go up; to get on (train, etc.); to bring up (luggage)*
le porte-bagages *suitcase rack*
le portefeuille *billfold, wallet; portfolio*
le quai *(train) platform*
la valise *suitcase*

Divers

déranger *to bother*
étouffer *to suffocate*
malgré *in spite of*
pas mal *quite a lot; not bad; quite good*

Activités

A. De l'aide. Formez deux phrases pour demander de l'aide aux personnes suivantes dans les circonstances décrites.

> *modèle:* une amie / vous n'avez pas d'argent
> *Excuse-moi, Monique, mais pourrais-tu me prêter de l'argent?*

1. votre mère / votre voiture ne marche pas
2. un agent de police / vous avez perdu votre portefeuille
3. dans l'autobus / vous ne savez pas où descendre
4. à l'ambassade de France / vous avez besoin d'un visa tout de suite
5. la concierge / vous allez en vacances
6. un dîner en famille / votre viande n'est pas assez salée

Liens culturels

Le Bac

«Baccalauréat: l'avenir radieux *(dazzling future)* du marché de l'angoisse *(anguish).*» C'est le titre d'un article de *Libération* (24 juin 1987). Le Bac, l'examen qui marque la fin des études du lycée, est le visa nécessaire à l'entrée dans la vie professionnelle. Il ouvre les portes des universités et entrouvre *(half open)* celles des grandes écoles.[5] On dit que 72% des étudiants réussissent le Bac mais il faut dire que ce n'est pas sans effort. Il y a des «recettes» *(recipes)* qui sont publiées. A 31 francs le volume, les respectables Annales Vuibert tiennent une large part du marché. Il y a aussi des manuels de révision: Anabac, Prépabac, Point Bac. Des compagnies privées *(private)* offrent des leçons particulières; le centre national d'enseignement offre des cours de soutien *(support)*; il y a aussi des séjours linguistiques à l'étranger pour perfectionner les langues étudiées. A un franc la minute, le minitel[6] dispense des conseils sur l'orientation et fournit des exercices de révisions pour le bac. (Voir ci-contre.) L'existence d'un fort taux de chômage *(high rate of unemployment)* provoque beaucoup d'anxiété dans toutes les familles. Comme il y a un grand nombre de clients potentiels, il y a aussi une grande industrie du bac.

---

[5] Les Grandes Ecoles sont des écoles supérieures spécialisées et prestigeuses où l'on peut être admis en réussissant à un examen très compétitif que l'on prépare pendant deux ans (minimum) après le Bac. (exemples: Ecole Polytechnique, Ecoles Normales Supérieures, Hautes Etudes Commerciales)

[6] Le minitel (nom composé où «tel» vient de «terminal» ou «téléphone») est un terminal ordinateur qui permet de consulter une banque de données vidéotex. Il est commercialisé par les P.T.T. (Postes, télégraphes et téléphones). De plus en plus de Français en possèdent un à la maison et l'utilisent dans leur vie quotidienne.

VOUS VOULEZ SAVOIR ?

MINITEL CORRIGE LE BAC ET LE BREVET

BAC
MATIÈRES CORRIGÉES :
MATHÉMATIQUES
SCIENCES/PHYSIQUE
HISTOIRE/GÉO
PHILOSOPHIE
et
FRANÇAIS
pour les élèves en fin de 1re

QUELQUES HEURES APRES la fin de l'examen, et pendant les jours suivants, EDUC vous propose sur minitel un corrigé de votre épreuve.

BREVET
MATIÈRES CORRIGÉES :
FRANÇAIS
HISTOÍRE/GÉO
MATHÉMATIQUES

TAPEZ

EDUC !

COMPOSEZ LE 36 15 SUIVI DU CODE EDUC

LE SERVICE EDUC VOUS EST PROPOSÉ PAR :

Le minitel peut vous aider à réviser pour le Bac et pour le Brévet. Comment préparez-vous vos examens?

B. Jouez le rôle. Maintenant choisissez une des situations de l'exercice A, page 24, et jouez les rôles avec un(e) camarade de classe.

C. Imaginez. Demandez de l'aide dans les contextes suivants. Imaginez un problème puis sa solution.

> *modèles:* en classe
> *Excuse-moi. Je n'ai pas de stylo. Peux-tu m'en prêter un?* OU:
> *Excusez-moi. Je n'ai pas entendu la dernière phrase. Auriez-vous la gentillesse de répéter?*

1. dans un train
2. à la bibliothèque
3. au restaurant
4. à la banque
5. à l'hôpital
6. au travail

«Grammaire»

Le Conditionnel

You have already reviewed the formation of the conditional tense in **Révisons un peu.** The conditional is used to express wishes or requests. It also lends a tone of deference or politeness that makes a request less abrupt.

> Je **voudrais** de l'aide, s'il vous plaît.
> *I would like some help please.*
>
> **Pourriez**-vous m'aider?
> *Could you help me?*
>
> **Auriez**-vous la gentillesse de surveiller ces valises pendant trois minutes?
> *Would you be so kind as to watch these suitcases for three minutes?*

The conditional of the verb **devoir** corresponds to *should* in English. It is used to give advice.

> Vous **devriez** m'accompagner ce soir.
> *You should go with me this evening.*

Activités

A. Soyez poli! Vous êtes à l'université. Vous voulez vous inscrire. Mettez ces phrases au conditionnel.

1. Je veux de l'aide.
2. Pouvez-vous m'aider à m'inscrire?
3. Je peux emprunter un stylo?
4. Il me faut le cours de maths.
5. Ça me plaît de suivre un cours de géographie.
6. Vous devez envoyer des renseignements sur les cours avant le début du trimestre.

L'homme de gauche ne sait pas quelle ligne de métro il doit prendre. Imaginez ce qu'il dit.

B. Dans le métro. On parle très peu aux étrangers dans le métro mais de temps en temps vous entendez les phrases suivantes. Complétez-les avec les verbes suivants au conditionnel. Utilisez chaque verbe une fois seulement.

pouvoir / **vouloir** / **savoir** / **devoir** / **avoir**

1. _____-vous la gentillesse de me laisser m'asseoir? J'ai mal aux jambes.
2. _____-vous ouvrir la fenêtre? J'étouffe.
3. _____-vous l'heure, Monsieur?
4. Vous _____ vous asseoir, Madame. Vous êtes pâle comme tout.
5. _____-je m'asseoir à côté de vous, Monsieur?

C. Si c'était possible... Complétez les phrases suivantes. Comparez vos réponses à celles de vos camarades de classe.

1. Ça me plairait de...
2. Vous devriez...
3. Je voudrais...
4. Il me faudrait...
5. J'aimerais...

«Interactions»

Use the information below to create conversations with a partner. Try to use the vocabulary and grammar from **Leçon 3** as much as possible.

A. Une situation embarrassante. You make an appointment with the professor of a class in which you are not doing well. Explain how you find yourself in an embarrassing situation. You need to study for the exam but have lost your class notes (**notes** *f* **de classe**). Explain that you need two days to borrow a friend's notes and to study, and ask if you can take the exam in two days.

B. Soyez ferme! There are times in life when one should not be polite. A persistent street vendor is trying to sell you something in the Jardin des Tuileries. Be firm but not abusive. Explain that you just arrived in France and do not want to buy too many things. Ask him if he would be so kind as to let you go (**laisser partir**). Explain that he should leave you alone (**laisser tranquille**) or you are going to call for help (**appeler quelqu'un à l'aide**).

BRAVO!
Culture et littérature

SYNTHÈSE

Activités orales

A. Ah, le temps! You are in a situation where you can find no topic of conversation other than the weather. Role play the situation with a classmate. Discuss the following:

- today's weather
- what yesterday's weather was like; what tomorrow's will be
- the same season last year
- the weather in other parts of the country or in Europe

B. Dîner avec une vedette. You have won an evening with your favorite actor/actress. You go out to dinner at the best restaurant in town. Greet him/her. Make small talk. Include a discussion of the following:

- why he/she became an actor/actress
- his/her future plans (**projets**)
- his/her films that you admired
- his/her personal life
- if he/she could sign your menu (**menu,** *m*)
- if you could visit his/her home

Listen to Activity Tape, Chapitre 1, and complete the corresponding exercises in the Activity Tape section of your Workbook.

Activités écrites

A. Un/une correspondant(e). You have a new pen pal. Write a short letter introducing yourself. Tell your pen pal about the region in which you live, your family, your interests, and your life (at school or at work). Ask him/her questions about his/her life. Begin the letter with: **Cher/Chère...** End with: **Bien à vous.** (**Vous** is used because it is your first letter.)

B. Une requête. You are the representative for **l'Union nationale des étudiants français (UNEF),** a group that advocates student rights. You must write a letter to the president asking that the government not raise tuition beyond 100 francs a year **(augmenter les droits d'inscription au-delà de 100F par an).** Ask that free choice of universities be maintained **(le libre choix de son université)** as well as state validation of diploma types **(le maintien de tous les diplômes nationaux).** Be very polite. Ask for a meeting **(rendez-vous** *m***)** to discuss your concerns **(soucis** *m***).**

Begin with: **Monsieur le Président** or **Madame la Présidente.**
Finish with: **Veuillez agréer, Monsieur le Président/Madame la Présidente, l'expression de mes sentiments respectueux.**

VOCABULAIRE

Leçon 1

Saluer

(s')embrasser *to kiss*
faire la bise *(familier) to kiss*
faire la connaissance (de) *to meet, to make the acquaintance (of)*
rejoindre *to reunite/meet with*
rencontrer *to meet; to run into; to meet at a set time*
(se) retrouver *to meet—often for a purpose*
se réunir *to get together*
(se) serrer la main *to shake hands*

Divers

à la prochaine *until next time*
bouger *to move around*
la couchette *cot; train bed*
être d'un certain âge *to be middle-aged*
francophone *French-speaking*
s'installer *to get settled*
prendre congé *to take leave*

Leçon 2

L'enseignement

assister à un cours *to attend a class*
bûcher *(familier) to cram*
les devoirs *m homework*
une leçon particulière *private lesson*
manifester *to protest, to demonstrate*
manquer un cours *to miss a class*

la note *grade*
passer un examen *to take an exam*
réussir à un examen *to pass an exam*
la salle de classe *classroom*
se spécialiser (en) *to major (in)*
tricher *to cheat*

Divers

les actualités *f current events*
avoir l'air en forme *to look in good shape*
le boulot *(familier) work*
en moyenne *on the average*
les passe-temps *leisure activities*
le paysage *countryside*

Leçon 3

La banque

le chèque de voyage *traveller's check*
emprunter *to borrow*
prêter *to lend*
toucher *to cash (a check)*

Le voyage

descendre *to go down; to get off (train, etc); to bring down (luggage)*
monter *to go up; to get on (train, etc.); to bring up (luggage)*
le porte-bagages *suitcase rack*
le portefeuille *billfold, wallet; portfolio*
le quai *(train) platform*
la valise *suitcase*

Divers

déranger *to bother*
étouffer *to suffocate*
malgré *in spite of*
pas mal *quite a lot; not bad; quite good*

«Je t'invite... »

Révisons un peu

The information presented on the next few pages is intended to refresh your memory of various grammatical topics that you have probably encountered before. Review the material and then test your knowledge by completing the accompanying exercises in the workbook.

Avant la première leçon

Quelques Verbes irréguliers: le présent

A. Les plus communs

- **avoir** (to have)

j'ai	nous avons
tu as	vous avez
il/elle/on a	ils/elles ont

- **être** (to be)

je suis	nous sommes
tu es	vous êtes
il/elle/on est	ils/elles sont

- **aller** (to go)

je vais	nous allons
tu vas	vous allez
il/elle/on va	ils/elles vont

- **faire** (to do; to make)

je fais	nous faisons
tu fais	vous faites
il/elle/on fait	ils/elles font

B. Verbes en -ir

- **partir** (to leave)

je pars	nous partons
tu pars	vous partez
il/elle/on part	ils/elles partent

Like **partir: sortir** (to go out); **mentir** (to lie)

- **dormir** (to sleep)

je dors	nous dormons
tu dors	vous dormez
il/elle/on dort	ils/elles dorment

- **servir** (to serve)

je sers	nous servons
tu sers	vous servez
il/elle/on sert	ils/elles servent

- **venir** (to come)

je viens	nous venons
tu viens	vous venez
il/elle/on vient	ils/elles viennent

Like **venir: revenir** (to come back); **devenir** (to become); **tenir** (to hold); **retenir** (to hold back)

NOTE: **venir de + infinitif** = to have just done something

C. Verbes en -re

- **mettre** (to put, to put on)

je mets	nous mettons
tu mets	vous mettez
il/elle/on met	ils/elles mettent

Like **mettre: permettre** (to permit); **promettre** (to promise); **battre** (to beat)

- **dire** (to say, to tell)

je dis	nous disons
tu dis	vous dites
il/elle/on dit	ils/elles disent

Like **dire: lire** (to read) (except for the regular **vous** form: vous lisez)

- **écrire** (to write)

j'écris	nous écrivons
tu écris	vous écrivez
il/elle/on écrit	ils/elle écrivent

Like **écrire: décrire** (to describe); **s'inscrire à/pour** (to join; to sign up for)

- **prendre** (to take)

je prends	nous prenons
tu prends	vous prenez
il/elle/on prend	ils/elles prennent

Like **prendre: comprendre** (to understand); **apprendre** (to learn); **surprendre** (to surprise)

D. Verbes en -*oir(e)*

- **pouvoir** *(to be able)*

je peux	nous pouvons
tu peux	vous pouvez
il/elle/on peut	ils/elles peuvent

- **vouloir** *(to wish, to want)*

je veux	nous voulons
tu veux	vous voulez
il/elle/on veut	ils/elles veulent

- **devoir** *(to have to, to owe)*

je dois	nous devons
tu dois	vous devez
il/elle/on doit	ils/elles doivent

- **croire** *(to believe)*

je crois	nous croyons
tu crois	vous croyez
il/elle/on croit	ils/elles croient

Like **croire: voir** *(to see)*

- **valoir** *(to be worth)*

je vaux	nous valons
tu vaux	vous valez
il/elle/on vaut	ils/elles valent

NOTE: The third-person singular form is most often used: **il vaut.**

valoir mieux *(to be better)*
valoir la peine *(to be worth the trouble)*

- **falloir** *(to be necessary)*
  il faut

- **pleuvoir** *(to rain)*
  il pleut

Avant la deuxième leçon

Les Articles

A. L'Article défini

	Singulier	Pluriel
Masculin	le restaurant	les restaurants
Féminin	la station	les stations
Voyelle ou *h* muet	l'ami	les amis
	l'amie	les amies
	l'hôtel	les hôtels

The definite article contracts with **à** *(at, to, in)* and **de** *(from, of, about)* as follows:

- Definite article with **à**

	Singulier	Pluriel
Masculin	au restaurant	aux restaurants
Féminin	à la station	aux stations
Voyelle ou *h* muet	à l'hôtel	aux hôtels

- Definite article with **de**

	Singulier	Pluriel
Masculin	du restaurant	des restaurants
Féminin	de la station	des stations
Voyelle ou *h* muet	de l'hôtel	des hôtels

B. L'Article indéfini

	Singulier	Pluriel
Masculin	un hôtel	des hôtels
Féminin	une serviette	des serviettes

C. Le Partitif

The partitive article is used with the noun to indicate part of a whole. In English, we use the words *some* or *any*, or nothing at all in place of the partitive article. The partitive article in French is a combination of **de** and the definite article.

	Singulier	Pluriel
Masculin	du pain	des fruits
Féminin	de la crème	des framboises
Voyelle ou *h* muet	de l'eau	des hors-d'oeuvre

Some grammarians do not consider the plural form **des** as a true partitive. They regard it as the plural indefinite article. In practical usage, there is no difference.

D. Expressions de quantité

Expressions of quantity are followed by **de** plus the noun. The article is omitted.

assez de *enough*
autant de *as much, as many*
beaucoup de *many, a lot of*
combien de *how many, how much*
moins de *less, fewer*
peu de *few*
plus de *more*
tant de *so much, so many*
trop de *too much*
un peu de *a little*
un morceau de *a piece of*
une bouteille (une tasse, etc.) de *a bottle (a cup, etc.) of*
un kilo (une livre, etc.) de *a kilo (a pound, etc.) of*

Il y a **beaucoup de** clients au café.
There are many customers in the café.

Il reste **peu de** vin dans son verre.
There is only a little wine left in his/her glass.

EXCEPTIONS: **Bien de, la plupart de, la plus grande partie de,** and **la majorité de** are followed by the definite article.

La plupart des clients boivent du vin.
Most of the customers are drinking wine.

Avant la troisième leçon

L'Adverbe interrogatif

où *(where)*	**Où** est-ce que je peux trouver une épicerie?
à quelle heure *(when, at what time)*	**A quelle heure** est-ce que l'épicerie ouvre?
quand *(when)*	**Quand** arrivent les pommes de terre nouvelles?
combien *(how much)*	**Combien** coûte un kilo de bananes?
combien de *(how much/how many)*	**Combien de** kilos voulez-vous?
comment *(how)*	**Comment** sont les pêches aujourd'hui?
pourquoi *(why)*	**Pourquoi** est-ce que tout est si cher?

NOTE: Both **est-ce que** and inversion are correct. In short questions using simple tenses and adverbs other than **pourquoi,** the following order is permitted: adverb + verb + noun.

    Quand vient ton père?
BUT: **Pourquoi** ton père ne vient-il pas?

LEÇON 1

Comment inviter; comment accepter ou refuser une invitation

«Conversation»

Rappel: Have you reviewed the present tense of common irregular verbs? (text pp. 32–33 and the accompanying exercises in the workbook)

Marie et Georges, étudiants à l'université de Paris, sont amis d'enfance. Ils suivent le même cours de mathématiques et se retrouvent à la sortie de la salle de classe.

MARIE: Comment ça va?

GEORGES: Oh, ça va à peu près.° Il faut que je travaille plus dur dans ce cours. Comment ça va dans tes cours?

MARIE: Oh là là! J'ai un tas de choses à faire.

GEORGES: A qui le dis-tu? Moi aussi! Je ne vois pas comment je vais tout finir à temps! Mais laissons cela... Est-ce que tu es libre jeudi soir? Si tu l'es, tu pourrais dîner à la maison avec nous.

MARIE: Il y a quelque chose de spécial?

GEORGES: Non, rien de particulier. Il y a longtemps que nous n'avons pas mangé ensemble et puis ma mère demande souvent de tes nouvelles. Alors, est-ce que tu es libre?

MARIE: Quand? Jeudi soir? Oui, je suis libre.

GEORGES: Parfait.

MARIE: Jeudi soir? Non, attends... Ce n'est pas possible: je suis prise.° J'ai mon cours d'aérobic.

GEORGES: Dommage. Et vendredi?

MARIE: Euh, ça irait. Je n'ai rien de prévu.°

GEORGES: Bon. Alors, je te téléphonerai ce soir pour décider de l'heure. Ça dépend de ma mère, mais je crois qu'elle sortira assez tôt de son boulot vendredi.

MARIE: Pas de problèmes de toutes façons. Merci d'avance.

A suivre.

Observation et Analyse

1. A peu près quel âge Georges et Marie ont-ils? Quelle sorte de rapports est-ce qu'ils ont?
2. Quelles expressions est-ce que Georges utilise pour inviter Marie? Que dit Marie pour accepter? pour refuser?
3. Quels sont les détails de l'invitation (le jour; l'heure; l'endroit; ce qu'ils vont faire)?
4. Racontez ce qui se passe dans la conversation.

Quelle sorte d'invitation
est-ce? Est-ce que c'est
un restaurant très cher?

«Expressions typiques pour... »

Inviter[1]

(rapports intimes et familiaux)

Si tu es libre, je t'invite au restaurant.
J'ai envie° d'aller au ciné. Ça t'inté-resse?/Ça te dit?
Qu'est-ce que tu fais ce soir? Tu veux venir avec nous?
Si tu étais libre, tu pourrais dîner à la maison.

Accepter l'invitation

Oui, c'est une bonne idée.
Entendu!
D'accord. Je veux bien.
Oui, je suis libre. Allons-y!
Je n'ai rien de prévu.

Refuser l'invitation

almost silent

Merci, (tu es chic), mais je ne peux pas ce soir-là.
Tu sais, je n'ai pas le temps ce soir, mais...
Ce n'est pas possible: je suis pris(e).
Ce serait sympa, mais...

NOTE: Remember to use the **vous** form when addressing more than one person.

Inviter

(rapports professionnels et formels)

Pourriez-vous venir dîner au restaurant?
Je vous invite à dîner.
Ça vous intéresserait de...
Nous aimerions vous inviter à...

Accepter l'invitation

Ça me ferait grand plaisir.
Volontiers.° Je serais enchanté(e) de venir.
J'accepte avec plaisir. Merci.
Je vous remercie.° C'est gentil à vous.

Refuser l'invitation

Je suis désolé(e),° mais...
Merci beaucoup, mais je ne suis pas libre.
C'est gentil de votre part, mais j'ai malheureusement quelque chose de prévu.

unfortunately

«Mots et expressions utiles»

Qui?

le chef *head, boss*
un/une collègue *fellow worker*
un copain/une copine *a friend*
le directeur/la directrice *director*
le/la patron(ne) *boss*

[1] De façon générale, les Français aiment inviter à déjeuner ou à dîner à la maison les membres de leur famille et un cercle d'amis intimes. Ils hésitent, en revanche *(on the other hand)*, à inviter de simples connaissances, ce qui a fait dire à l'humoriste Pierre Daninos que: «Les Français peuvent être considérés comme les gens les plus hospitaliers du monde, pourvu que *(provided that)* l'on ne veuille *(want)* pas entrer chez eux». *(Les Carnets du Major Thompson,* 1954)

Quand?

bientôt *soon*
dans une heure/deux jours *in an hour/two days*
samedi en huit/en quinze *a week/two weeks from Saturday*
tout de suite *right away*

Où?

aller en boîte *to go to a nightclub*
aller à un concert/au théâtre *to go to a concert/to the theater*
prendre un verre/un pot *(familier)* *to have a drink*
voir une exposition de photos/de sculptures *to see a photography/sculpture
   exhibit*
voir l'exposition Edouard Manet *to see the Edouard Manet exhibit*

Divers

à peu près *more or less, just about*
avoir envie de (+ infinitif) *to feel like (doing something)*
avoir quelque chose de prévu *to have plans*
ne... rien avoir de prévu *to have no plans*
emmener quelqu'un *to take someone (somewhere)*
être pris(e) *to be busy (not available)*
poser un lapin à quelqu'un *(familier)* *to stand someone up*
projeter de (+ infinitif) *to plan on (doing something)*
les projets *m* *plans*
   faire des projets *to make plans*
regretter/être désolé(e) *to be sorry*
remercier *to thank*
volontiers *gladly*

Liens culturels

Les jeunes

Les jeunes Français n'ont pas
l'habitude de sortir en couple.
Le «date» individuel n'existe pas
vraiment en France. Si un garçon
passe chercher une fille chez
elle, c'est en général dans le but
de rejoindre un groupe d'amis à
un endroit prévu et de décider
ensemble de ce qu'ils veulent
faire.

Activités

A. Entraînez-vous. En groupes de deux personnes, employez les expressions aux deux niveaux de langue différents (familial et formel) pour inviter et pour accepter ou refuser une invitation. Ensuite, changez de partenaire et utilisez les expressions sans regarder la liste.

B. Invitons. Donnez deux ou trois expressions tirées de la liste des expressions pour inviter:

1. un(e) bon(ne) ami(e) à manger dans un restaurant
2. votre petit(e) ami(e) à dîner chez vos parents
3. un nouvel employé de votre entreprise à manger à la cafétéria
4. les parents de votre petit(e) ami(e), dont vous venez de faire la connaissance, à dîner chez vous dimanche soir
5. votre grand-mère à passer le week-end chez vous.

C. Imaginez. Acceptez ou refusez chaque invitation en variant vos réponses. Si vous refusez, donnez une raison. Attention au degré de respect que vous devez montrer.

1. (à M. Journès) Pourriez-vous venir prendre l'apéritif avec nous dimanche?
2. (à un collègue) Ça vous intéresserait d'aller au concert ce soir?
3. (à un copain) Tu es libre demain soir? Viens dîner chez moi.
4. (à votre cousin) Je t'invite à voir la nouvelle pièce de Fernando Arrabal ce week-end.
5. (à votre petit ami/petite amie) J'ai envie d'aller à la brasserie Turbot après le cours. Tu as quelque chose de prévu?

D. Conversation entre amis après les cours. Remplissez les blancs avec les «Mots et expressions utiles». Faites les changements nécessaires.

1. MIREILLE: Est-ce que ça vous intéresse de _un pot_ au café Tantin? J'ai soif!
2. SYLVIE: C'est une bonne idée. Mais je ne peux pas y rester trop longtemps. J'_ai quelque chose de prévu_ retrouver Robert à 5h.
3. MARC: C'est qui Robert? Un de tes _collègues_ de bureau?
4. SYLVIE: Oui, et il est très sympa. Si j'arrive en retard il pensera probablement que je lui (passé composé) _ai posé un lapin à quelqu'un._
5. THÉRÈSE: Je _suis prise_, je ne peux pas y aller. J'ai déjà _quelque chose de prévu._
6. THOMAS: Je pense aller voir l'_exposition_ Picasso ce soir. Quels sont tes _projets_ Sara? Ça t'intéresse?
7. SARA: Oui, mais je suis _prise_. J'ai promis à ma petite soeur de l'_emmener_ au cinéma.

«Grammaire»

Verbes irréguliers: *boire, recevoir, offrir, plaire*

You already reviewed the present tense of some very common irregular verbs in **Révisons un peu.** The following irregular verbs are important in contexts related to inviting, as well as offering food and drink.

- **boire** *(to drink)* past participle: **bu**

je **bois**	nous **buvons**
tu **bois**	vous **buvez**
il/elle/on **boit**	ils/elles **boivent**

D'habitude je **bois** du café instantané le matin, mais hier j'**ai bu** un express.

- **recevoir** *(to receive, to entertain)* past participle: **reçu**[2]

je **reçois**	nous **recevons**
tu **reçois**	vous **recevez**
il/elle/on **reçoit**	ils/elles **reçoivent**

  Like **recevoir: décevoir** *(to disappoint)*

  Je **reçois** beaucoup de coups de téléphone, mais je n'en **ai** jamais **reçu** de cet homme dont tu parles.

- **offrir** *(to offer)* past participle: **offert**

j'**offre**	nous **offrons**
tu **offres**	vous **offrez**
il/elle/on **offre**	ils/elles **offrent**

  Like **offrir: ouvrir** *(to open),* **souffrir** *(to suffer)*

  Ma mère **souffre** de rhumatismes. Hier elle **a** beaucoup **souffert.**

- **plaire** *(to please)* past participle: **plu**

  Most common forms: il/elle/on **plaît**   ils/elles **plaisent**

  Like **plaire: déplaire** *(to displease)*

  Est-ce que Paris te **plaît?**
  Do you like Paris? (Is Paris pleasing to you?)

NOTE: An indirect object is always used with **plaire** (something or someone is pleasing *to* someone), and thus the word order is opposite of that in English.

Les mauvaises manières du garçon lui **ont déplu.**
He/She didn't like the waiter's bad manners.
(The waiter's bad manners were displeasing to him/her.)

Parlez d'une situation où les mauvaises manières du garçon vous ont déplu.

---

[2] When a **c** is followed by **a, o,** or **u,** a **cédille (ç)** is added under it to keep the soft **c** sound. In a few words, such as **vécu,** the **c** sound is meant to be hard, and thus no **cédille** is used.

Activités

A. Au restaurant. Changez de sujet et faites les changements nécessaires pour compléter les phrases suivantes.

1. *Tu* bois du scotch, n'est-ce pas? (Vous/Elle/Georges et Jacques)
2. *L'ambiance de ce restaurant* me plaît beaucoup. (Les tableaux/Les nouveaux prix ne... pas/Ce quartier)
3. *Nous* ouvrons aussi un bistro bientôt. (Ils/On/Mon cousin et moi)
4. *Je vous* offre la meilleure table du restaurant. (Est-ce que vous me... ?/Le patron nous/Nous vous)
5. *L'attitude du garçon* me déplaît. (Le mauvais service nous/Les sports américains ne vous... pas/Votre proposition ne nous... pas, au contraire même)

B. Conversations. Chantal reçoit des amis. Dans les extraits suivants de leurs conversations, remplissez les blancs avec la forme appropriée d'un des verbes suivants: **recevoir/boire/décevoir/offrir/ouvrir/souffrir/plaire/déplaire**.

1. Hélène, qu'est-ce que tu <u>bois</u> ce soir? Du vin?
2. Marc, est-ce que je peux t'<u>offrir</u> quelque chose à boire aussi?
3. Est-ce que ce vin blanc vous <u>plaisez</u>?
4. Nous <u>avons</u> rarement des amis, vous savez. Mon mari et moi travaillons tous les deux et, malheureusement comme tout le monde, nous <u>souffrons</u> de la maladie qui s'appelle «le manque de temps»!
5. Et les filles? Qu'est-ce qu'elles <u>boivent</u>? Du coca, comme toujours?
6. Mais qu'est-ce qu'on entend? Est-ce que c'est un disque d'Edith Piaf? J'espère que ses chansons ne vous <u>déplaisent</u> pas...
7. Bon, tout est enfin prêt. Je vous <u>offre</u> un repas très simple mais à la française! *finally ready*

C. Questions indiscrètes. Posez les questions suivantes à un(e) ami(e). Donnez un résumé de ses réponses à la classe.

1. Qu'est-ce que tu bois quand tu as froid?
2. Que préfères-tu boire après avoir travaillé au soleil?
3. Qu'est-ce que tu bois quand tu manges de la pizza?
4. Ouvres-tu plus souvent une bouteille de vin ou une bouteille de bière?
5. Souffres-tu de maux de tête ou même de crises de nerfs *(fits of hysterics)* quand tu reçois des amis chez toi? quand tu passes des examens?

«Interactions»

Use the information below to create conversations with a partner. Try to use the vocabulary and grammar from **Leçon 1** as much as possible.

A. Je t'invite. Your partner is a friend. Greet him/her and make small talk. Invite him/her to have lunch at your house. Your friend accepts. Find out what he/she usually drinks with meals and if he/she likes French cooking. Suggest a date and time. Your friend thanks you for the invitation and you respond accordingly.

B. Invitation à dîner. Greet your partner (your mother-in-law), and make small talk. Invite her to your house for Sunday dinner. She politely declines and gives a reason. You suggest a different date and she accepts. Set the time. She thanks you for the invitation and you respond politely.

BRAVO!
Culture et littérature

Comment offrir à boire ou à manger

Rappel: Have you reviewed definite articles, indefinite articles, partitive articles, and expressions of quantity? (text pp. 33–34 and the accompanying exercises in the workbook)

Georges, qui avait invité Marie à dîner chez lui et sa mère vendredi soir, accueille° Marie à la porte.

MARIE:	Bonsoir, Georges. Bonsoir, Madame.
MME FOURNIER:	Bonsoir, Marie. Entrez. Faites comme chez vous.° Je vous offre quelque chose à boire?
MARIE:	Oui, merci.
MME FOURNIER:	Que diriez-vous d'un kir?³
MARIE:	... Euh... volontiers.
GEORGES:	Tchin tchin.°
MARIE:	Merci. A votre santé!°
	Pendant le repas...
MARIE:	Tout est très bon... surtout les côtelettes de veau.
MME FOURNIER:	Vous voulez un peu plus de pâtes?°
MARIE:	Non, mais je reprendrai bien des carottes. Tu peux me passer du pain aussi, Georges?
	Un peu plus tard...
GEORGES:	Tu vas prendre du fromage? Quel fromage préfères-tu?
MARIE:	Je prendrai un morceau de brie.
	Après le repas...
GEORGES:	Je vais faire du café... Tu en veux?
MARIE:	Oui, c'est une très bonne idée.

A suivre.

Observation et Analyse

1. Quelles expressions est-ce que Georges et sa mère utilisent pour offrir à boire? pour faire resservir? Que dit Marie pour les remercier?
2. Que dit-on avant de boire?
3. Que servent les Fournier comme apéritif? comme viande? comme légume? Que servent-ils d'autre?
4. En petits groupes, rejouez la scène en changeant le menu du repas.

Quels fromages préférez-vous?

³ A popular **apéritif** of white wine and **crème de cassis** (black currant liqueur).

Offrir à boire ou à manger

(rapports intimes et familiaux)

Je t'offre quelque chose à boire?
On se boit un petit apéro?[4]

Accepter

Oui, merci. Je veux bien.
Oui, merci bien.
Bonne idée.

Refuser

Non, merci. Ça va comme ça.
Merci.[5]

Faire resservir

Encore un peu de vin?
Tu en reprends un petit peu?

Accepter

Oui, merci. Bonne idée.
Avec plaisir.
Je me laisse tenter.

Refuser

Non, merci. Ça va comme ça.

Offrir à boire ou à manger

(rapports professionnels et formels)

Est-ce que je peux vous servir
    quelque chose?
Vous prendrez bien l'apéritif?

Accepter

Oui, merci. Je prendrai bien un kir.
Qu'est-ce que vous avez comme
    boisson gazeuse?[o]

Refuser

Non, merci. Je n'ai pas soif.
Rien, merci.
Rien, je vous remercie.

Faire resservir

Vous allez bien reprendre un peu de
    quiche?
Puis-je vous resservir?

Accepter

Volontiers. C'est tellement bon.
Je veux bien, mais c'est par
    gourmandise.

Refuser

Non, merci. C'est vraiment délicieux,
    mais je ne peux plus.
Non, merci. Ce ne serait pas
    raisonnable.

---

[4] très familier mais très français

[5] with slight shake of the head to indicate "no, thank you"

La nourriture et les boissons

MENU

L'Atrium vous propose...

Buffet froid *(cold dishes)*

Assiette de charcuterie *(cold cuts)*	27,40
Assiette-jambon de Paris	27,40
Oeuf dur *(hard-boiled egg)* mayonnaise	11,85

SALADES COMPOSÉES *(salads)*

Salade de tomates	11,50
Salade de saison *(seasonal salad)*	10,00
Thon *(tuna)* et pommes à l'huile	18,65
Salade niçoise (thon, anchois [*anchovies*], oeuf, pommes de terre, poivron [*green pepper*], tomate)	26,40

OEUFS

Omelette nature *(plain)*	12,90
Omelette jambon	15,75

Buffet chaud *(warm dishes)*

VIANDES

Côtelettes de porc *(pork chops)*	27,40
Côtes d'agneau *(lamb chops)* aux herbes	47,50
Brochette avec sauce barbecue	53,50
Steak frites	27,40
Choucroute *(sauerkraut)*	26,15
Lapin *(rabbit)*	24,35

LÉGUMES *(vegetables)*

Asperges *(asparagus)*	5,65
Epinards *(spinach)*	4,70
Petits pois *(peas)*	4,70

Divers

accueillir *to welcome, to greet*
A votre/ta santé! (A la vôtre!/A la tienne!) *To your health!*
Bon appétit! *Have a nice meal!*
une boisson gazeuse *carbonated drink*
Fais comme chez toi./Faites comme chez vous. *Make yourself at home.*
la gastronomie *the art of good cooking*
un gourmet *one who enjoys eating but eats only good quality food*
les pâtes *f noodles, pasta*
quelqu'un de gourmand *one who loves to eat and will eat anything, especially sweets*
Tchin tchin! *(familier) Cheers!*

Fromages *(cheeses)*

Gruyère-Camembert	8,95
Roquefort	9,85
Fromage blanc	9,50
Yaourt *(yogurt)*	4,70

Gourmandises

DESSERTS

Tarte aux pommes *(apple pie)*	12,20
Crème caramel	9,25
Coupe de fruits au Cointreau *(fruit salad with Cointreau)*	15,25

GLACES-SORBETS *(ice cream-sherbet)*

Coupe Lutèce (3 parfums au choix)	13,00
fraise, rhum, caramel, nougat, cassis, vanille, café, chocolat	
Poire Belle Hélène (poire, glace vanille, sauce chocolat, chantilly [*whipped cream*], amandes grillées)	21,85
Banana Split (glace vanille, fraise, chocolat, banane, chantilly)	21,85

Vins

au verre

Côtes du Rhône	7,60
Beaujolais	12,20
Sauvignon	7,60
Bordeaux blanc	7,60

Bières

Pression *(draft)*	6,95
Heineken	9,80
Kronenbourg	8,90

Boissons fraîches

Pepsi-Cola	10,85
1/4 Perrier	10,85
1/4 Vittel	8,80
India Tonic	10,85
Fruits frais pressés	12,05
Lait froid	4,70
Fanta	10,50

Service 15% compris

Nous acceptons la «Carte Bleue».

La direction n'est pas responsable des objets oubliés dans l'établissement.

Activités

A. Sur le vocabulaire. Le serveur se trompe! Trouvez son erreur dans les phrases suivantes.

1. Aujourd'hui, comme salades, nous avons... une salade au crabe / une salade niçoise / une omelette nature / du thon et des pommes à l'huile.
2. Comme plat de viande... du poulet / un steak / du lapin / une assiette de charcuterie.
3. Comme desserts... des côtes d'agneau / une crème caramel / une poire Belle Hélène / de la tarte.
4. Maintenant, c'est à vous de créer un exemple! Faites une liste de quatre plats dont l'un ne s'accorde pas avec les autres.

Liens culturels

Les repas en France

Pendant le repas, gardez les mains sur la table de chaque côté de votre assiette. Vous mettrez le pain directement sur la table. Mangez-le en petits morceaux que vous détachez discrètement sauf pendant le petit déjeuner. Les tartines du petit déjeuner se mangent entières.

En France, on fait souvent resservir les invités et il est poli de reprendre un peu de l'un des plats (même en petite quantité). Il est aussi poli de refuser en disant que c'est très bon mais qu'on ne peut plus manger. On ne mange pas, en général, entre les repas. Les repas sont donc plus longs.

Après le repas, restez pour bavarder avec vos hôtes. Si vous fumez, offrez des cigarettes aux autres.

En quoi les habitudes américaines sont-elles différentes?

B. Imaginez. Utilisez les nouveaux mots de vocabulaire et ceux que vous avez appris auparavant pour imaginer les repas suivants.

1. Décrivez le déjeuner de quelqu'un qui a toujours un énorme appétit.
2. Imaginez le repas de deux végétariens.
3. Vous invitez Julia Child à dîner chez vous. Qu'est-ce que vous préparez?
4. Décrivez votre repas préféré.

C. Vous désirez? Utilisez le menu aux pages 44–45 pour jouer les rôles de client(e) et serveur/serveuse au restaurant. Attention! Vous n'avez que 100F à dépenser!

D. Au café. Qu'allez-vous offrir[6] à ces personnes? Utilisez la situation et la liste des boissons à la page 45 comme guide. Employez aussi les différentes boissons de la liste à la page 47.

> *modèle:* Vous emmenez un ami au café.
> *Je t'offre un coca?*

1. Vous emmenez une cliente au restaurant.
2. Vous invitez un collègue à la maison pour prendre quelque chose à boire.
3. Vous allez en boîte avec des copains.
4. Votre patron prend l'apéritif chez vous.
5. Votre grand-mère est au café avec vous.

E. Oui ou non. Allez-vous accepter ou refuser? Avec un(e) partenaire, jouez les scènes suivantes. Variez vos réponses en faisant attention au degré de respect.

1. Une amie vous offre l'apéritif.
2. Votre mère vous offre du lait chaud et vous le détestez.
3. Le professeur de français vous offre un morceau de fromage de chèvre (*goat's cheese*) pendant une petite fête dans la salle de classe.
4. L'ambassadeur de France vous offre un kir à un cocktail officiel.
5. Un collègue vous invite à prendre un pot.
6. Le patron vous offre un chocolat chaud. Vous êtes allergique au chocolat.

[6] **Offrir** in this context means that you are going to buy your friend a drink.

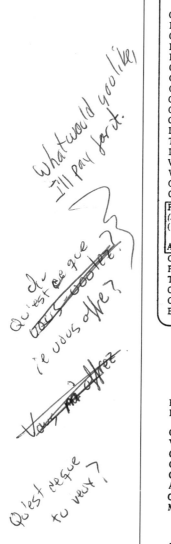

À L'HEURE DU THÉ

Café express	4
Express double	8
Café décaféiné	4
Double décaféiné	8
Pot de lait	2
Crème décaféiné	9
Crème express	9
Chocolat	9
Café viennois	12
Chocolat viennois	12
Cappuccino	12
Lait chaud	8
Thé avec lait ou citron	9
Infusions	9
Viandox	9
Vin chaud	9
Grog au rhum	15
Clacquesin chaud	15
Petit déjeuner complet	20
(Jusqu'à 11 heures seulement)	
(Café, thé ou chocolat, pain, beurre, confiture)	
Avec toast suppl.	
Croissant	4
Pain beurre	3
Toasts (2)	5
Confiture	4
Cake	5
Beurre, portion	1

alcools-liqueurs

Rhum, Calvados, Marc, Kirsch fant.	14
Rhum Saint-James, Négrita, Rhum blanc	20
Calvados hors d'âge	25
Vieux marc de Bourgogne	25
Cognac Camus Célébration	22
Cognac Camus Napoléon	25
Cognac Delamain	25
Armagnac Marquis de Puysegur	22
Gin	22
Marie-Brizard, Cointreau, Bénédictine, Fernet-Branca, Grand-Marnier rouge	22

Alcools blancs

Mirabelle	25
Questche	25
Prune sauvage	25
Kirsch d'Alsace	25
Poire William	25
Framboise	25
Marc de Gewurztraminer	25

Alcools verts

Chartreuse, Verveine, Izarra	25

Quelles boissons préférez-vous? Lesquelles prenez-vous le plus souvent?

boissons fraîches

Lait	6
Lait aromatisé	8
Orange ou citron pressé	12
1/4 eau minérale (Perrier, limonade, Vichy) avec sirop Quenot	10
Coca-Cola, Orangina	10
Schweppes, chocolat froid, Ricqlès	10
Jus de fruits Pampryl (Orange, raisin, pamplemousse, abricot, tomates, ananas)	10
Thé glacé	12
Café glacé	12
Marie-Brizard à l'eau	22
Peppermint Get sur glace	22
Menthe à l'eau 15°	12
Crème de cassis à l'eau 15°	12

	1/2 bout
Vittel	7
Vichy	7
Perrier	7

cognac
CAMUS NAPOLÉON

Armagnac
MARQUIS de PUYSÉGUR

PRIMA CASSIS
VÉRITABLE CRÈME DE CASSIS
DE VOUGEOT
HENRI QUENOT
DIJON

Après 22 heures tarif de nuit.
1 F par consommation.

Les consommations sont renouvelables
toutes les heures.

Les plats non chiffrés ne peuvent être servis.

Les Articles: choisir l'article approprié

You have reviewed the various types and forms of articles in **Révisons un peu**. The focus will now be on choosing the proper article.

A. The partitive article is used to indicate that you want *some* part of a quantity. It is used for "mass" nouns, things that cannot be or are not usually counted.

> D'abord il commande **des** crudités et **du** pain. Ensuite il prend **du** lapin, **des** asperges et **de la** salade.
> *First of all, he orders crudités and bread. Next he has some rabbit, asparagus, and salad.*

NOTE: A partitive article is also used when mentioning abstract qualities attributed to people:

> Le serveur a **de la** patience avec ce client.
> *The waiter has patience (is patient) with this customer.*

B. The definite article is used to...

• designate a specific object:

> Peux-tu me passer **le** sel et **le** poivre, papa? Et **l'**eau, s'il te plaît?
> *Can you pass me the salt and pepper, Dad? And the water, please?*

• express general likes, dislikes, and preferences:

> Comme boisson, j'aime **l'**eau minérale, Evian ou Perrier, et **le** café.
> *As a drink, I like mineral water, Evian or Perrier, and coffee.*

• make generalizations:

> J'admire **la** patience et **la** compétence chez un serveur.
> *I admire patience and competence in a waiter.*

> **Les** vins français sont plus secs que **les** vins américains.
> *French wines are drier than American wines.*

C. The indefinite article is used to talk about something that is not specified or specific. If you can count the number of items you are mentioning, you will often use the indefinite article.

> Il y a **une** orange sur la table.
> *There is an orange on the table.*

> Achetons **un** fromage de chèvre et **un** camembert.
> *Let's buy some goat's milk cheese and camembert.*

When speaking French, you will normally use **des** with a plural noun to express indefiniteness. In English we often omit this article.

> Le brie et le camembert sont **des** fromages à pâte molle.
> *Brie and camembert are soft cheeses.*

D. It can be difficult to differentiate between the definite article and the partitive article, especially when the definite article is used in a general sense. The statement **les pommes sont bonnes** means that all apples, or apples in general, are good. When talking in general terms the definite article is usually used. Common verbs used with the definite article to state a preference are: **admirer, adorer, aimer, détester, préférer,** and **aimer mieux.**

> Elle préfère **le** Beaujolais.
> *She prefers Beaujolais wine.*

Il y a des pommes sur la table implies that there are some apples on the table. The possible use of *some* in English should give you the hint that the partitive article is appropriate. Common verbs used when expressing a partitive are: **acheter, avoir, boire, demander, donner, manger, prendre, vendre.**

> Elle boit souvent **du** vin rouge.
> *She often drinks red wine.*

Observe these examples to help you discern the correct article:

L'article défini	L'article partitif
Elle adore **la** bière.	Elle vend **de la** bière dans son supermarché.
Il déteste **le** lait.	Il prend **du** lait seulement dans son café le matin.

NOTE: If you want to say that you like some type of food or drink, the following constructions can be used:

> J'aime **certains** fromages.
> Il y a **des** fromages que j'aime (et **certains** que je n'aime pas).

E. As you may remember, when you use an expression of quantity, no article follows **de**. The same is true for a negative expression of quantity.

> Il reste un peu **de** jus d'orange.
> *There is a little orange juice left.*

> Il y a **du** jus d'orange dans le réfrigérateur.
> *There is some orange juice in the refrigerator.*

> Il n'y a pas **de** jus d'orange dans le congélateur.
> *There is no orange juice in the freezer.*

> Tu veux **du** café, alors?
> *Do you want some coffee, then?*

> Non merci, je ne veux pas **de** café.
> *No thank you, I don't want any coffee.*

Activités

A. Conversation au café. Complétez les phrases suivantes en imaginant que vous êtes au café. N'oubliez pas de conjuguer les verbes et d'ajouter les articles appropriés.

1. Tu / préférer / boire / boissons gazeuses / ou / boissons alcoolisées?
2. Nous / commander / coca.
3. Moi, je / ne... jamais / prendre / boissons alcoolisées. Je / prendre / eau minérale.
4. Anglais / à cette table là-bas / boire / trop / vin!
5. serveuse / avoir / patience / avec / Anglais, n'est-ce pas?

B. Une lettre. Vous recevez une lettre qui a été endommagée *(damaged)* pendant son transport entre l'Amérique et la France. Lisez la lettre et complétez-la en utilisant l'article défini ou indéfini, le partitif ou **de**.

le 4 novembre

Cher Alain,

Dans ta dernière lettre tu m'as demandé _des_ nouvelles d'Allal. Tu sais qu'il devait partir le 8 septembre. Il a été très heureux de son séjour. _La_ semaine dernière, il a tenu à remercier ses amis pour tout ce qu'ils avaient fait pour lui pendant son séjour aux Etats-Unis. Il a décidé de nous inviter à prendre _le_ «brunch» chez lui. Il voulait servir _un_ repas français, marocain et américain. Il a servi _du_ jus d'orange et _du_ café au début. Il a mis beaucoup _de_ pain sur _la_ table. Il a préparé _une_ belle omelette décorée avec _des_ olives et _des_ tranches _de_ tomates. _La_ viande était assaisonnée avec _des_ épices arabes. _Le_ dessert était bien américain—_des_ «bananas splits»! Nous avons accompagné le tout d'un bon thé à la menthe. Dommage que tu n'aies pas pu être des nôtres.

Mille bises,

Jessica

C. Généralisations. Utilisez des idées stéréotypées pour compléter les phrases suivantes.

1. Les étudiants américains ont envie de...
2. Les professeurs de mon université n'ont pas...
3. Aux Etats-Unis on mange souvent...
4. En France on préfère...
5. Les Japonais font trop de...

D. Questions indiscrètes? Posez les questions suivantes à un(e) ami(e). Donnez un résumé de ses réponses à la classe.

1. *Le petit déjeuner.* A quelle heure prends-tu le petit déjeuner? Que bois-tu au petit déjeuner? Que manges-tu?
2. *Le déjeuner.* Où prends-tu le déjeuner? Manges-tu beaucoup au déjeuner? Qu'est-ce que tu préfères manger au déjeuner? Que manges-tu le plus souvent?
3. *Le goûter (snack).* Prends-tu un goûter? Et quand tu étais petit(e)? Manges-tu souvent entre les repas?
4. *Le dîner.* A quelle heure dînes-tu? Que prends-tu au dîner? Invites-tu souvent des amis à dîner? Parle de ce que tu leur sers.

Parlez d'un dîner de fête en famille.

«Interactions»

Use the information below to create conversations with a partner. Try to use the vocabulary and grammar from **Leçon 2** as much as possible.

A. Invitation à la maison. You want to invite a special friend to eat at your home. Before that day arrives, ask if he/she:

1. prefers meat or fish
2. enjoys French wine
3. likes coffee
4. watches television during meals
5. can leave (**laisser**) her/his dog at home
6. likes desserts

B. Invitation au café. You invite a good friend to have an aperitif with you in a neighborhood café.

1. Ask him/her what you can buy him/her to drink.
2. Discuss the weather and daily activities.
3. Offer him/her another drink.
4. Give a reason why you must leave.

BRAVO!
Culture et littérature

Comment poser des questions et répondre

Rappel: Have you reviewed interrogative adverbs? (text p. 34 and the accompanying exercises in the workbook)

«Conversation»
(conclusion)

Amélie

Après le repas, Marie, Georges et Mme Fournier se sont assis dans le salon. Ils sont en train de discuter de choses et d'autres°...

MARIE: A propos,° Madame, comment va votre nièce Amélie?

MME FOURNIER: La petite? Oh, elle va mieux maintenant. En fait,° elle est en vacances. Elle passe les vacances de ses rêves° au Canada.

MARIE: Formidable! Est-ce qu'elle voyage seule?

MME FOURNIER: Mais oui! Amélie est très indépendante.

MARIE: Où est-elle en ce moment? Quelles villes a-t-elle déjà visitées? Comment voyage-t-elle? J'aurais mille questions à lui poser. Quand va-t-elle revenir?

MME FOURNIER: A la fin du mois. Il faut qu'à son retour, vous veniez[7] toutes les deux dîner à la maison.

MARIE: Ça me ferait grand plaisir.
Plus tard...

MARIE: Je vous remercie infiniment, Madame. Tu es bien aimable, Georges. A bientôt.

MME FOURNIER: De rien, Marie. Au revoir.

GEORGES: A demain, Marie.

Observation et Analyse

1. Est-ce que Marie connaît bien Amélie? Comment le savez-vous?
2. Que fait Amélie en ce moment?
3. Qui Mme Fournier va-t-elle bientôt inviter?
4. Trouvez des mots spécifiquement utilisés pour poser des questions.
5. Quel est le voyage de vos rêves?

Je rêve d'aller en Afrique ou Australie.

«Expressions typiques pour... »

Poser des questions et répondre

• In general, when seeking information from someone, you should first use expressions that lead up to questions so as not to appear too rude or blunt. For example:

A un inconnu	A votre ami(e)
Pardon, Monsieur. Pourriez-vous me dire... ?	Est-ce que tu peux m'indiquer...
Excusez-moi, Madame, mais est-ce que vous savez... ?	Est-ce que tu sais...
J'aimerais savoir... , s'il vous plaît.	Dis-moi, s'il te plaît...

[7] **Il faut… veniez… dîner** is another way to invite. **Veniez** is in the subjunctive mood. (See **Chapitre 5**.)

- Asking questions can take many forms. You may wish to request information about time, location, manner, number or cause, such as in the following situation:

> VOYAGE À PARIS: Où se trouve la Tour Eiffel?
> Y a-t-il un ascenseur pour y monter?
> Mon Dieu! Pourquoi est-ce qu'il y a tant de touristes ici?

- Or, you may wish to ask about persons or things:

> Qui va monter avec moi? Mimi?
> Que fais-tu? Allons-y!
> Regarde la belle vue! Lequel de tous ces bâtiments est notre hôtel?

[handwritten: that which what →]

- Most answers to requests for information are fairly straightforward:

> Savez-vous où se trouve la sortie?
> Mais oui, Mademoiselle. Là-bas. Au fond à droite.

- However, an affirmative answer to a negative question requires the use of **si,** instead of **oui:**

> Paul n'est pas venu?
> **Si,** il est venu il y a une heure.

«Mots et expressions utiles»

Le voyage

annuler *to void, to cancel*
l'arrivée *arrival*
un billet *ticket or coupon*
composter son billet *to punch one's ticket*
un demi-tarif *half-fare*
le départ *departure*
desservi(e) *served*
les frais *m* d'annulation *cancellation fees*
un horaire *schedule*
indiquer *to show, to direct, to indicate*
une réduction *discount*
le renseignement *m information*
un tarif *fare, rate*
valable *valid*
un vol *flight; theft*

Horaire DU 31 Mai AU 26 Sept.

SNCF

Paris – Nice
- Paris
- Dijon
- Macon
- Lyon
- Valence
- Orange
- Avignon
- Arles
  Marseille
- Cannes
- Juan-les-Pins
- Antibes
- Cagnes-sur-Mer
- **Nice**

Cette fiche ne comporte que les horaires pour les relations au départ d'une localité ● à destination des localités ●   551A

Divers

à propos *by the way*
discuter de choses et d'autres *to talk about this and that*
en fait[8] *in fact*
les vacances de ses rêves *one's dream vacation*

---

[8] In this expression, the final **t** in **fait** is pronounced.

Activités

A. Entraînez-vous. Posez les questions suivantes de manière courtoise en utilisant «Les expressions typiques pour... ».

> *modèle:* (à un inconnu) où se trouve Notre-Dame
> —*Pardon, Monsieur. Pourriez-vous me dire où se trouve Notre-Dame?*

1. (à votre ami) à quelle heure est le dernier métro
2. (à votre ami) où on peut acheter une robe Dior
3. (à un inconnu) combien coûte un kilo de tomates
4. (à un inconnu) où je pourrais trouver une épicerie
5. (à votre ami) à quelle heure ouvre la cafétéria

B. A la gare St-Lazare. Un voyageur américain veut utiliser son Eurailpass pour la première fois. Remplissez les blancs avec les «Mots et expressions utiles» pour compléter ses questions. Faites les accords nécessaires.

—Pardon, Monsieur... J'ai besoin de quelques _des renseignements_ sur mon Eurailpass. Pourriez-vous me _indiquer_, par exemple, où il faut aller pour valider la carte? Je l'ai achetée il y a quatre mois. Est-ce que vous sauriez si elle est toujours _valable_? Si je ne veux pas l'utiliser, y aura-t-il des _frais d'annulation_? Aussi, pourriez-vous m'aider à comprendre _les horaires_ de trains? Je voudrais savoir quel est le prochain _départ_ pour Rouen, et quelles autres villes sont _desservies_ sur la route... Je vous remercie, Monsieur. Vous êtes bien aimable.

«Grammaire»

Les Pronoms interrogatifs

When forming questions in French, different forms are used according to whether you are referring to persons or things, and whether you are referring to a subject, direct object, or object of a preposition.

A. Questions sur les gens *(who/whom)*

Regardless of how it is used in the question, **qui** will be appropriate.

- **Qui** va au bal? *(subject)*

    Neither inversion nor **est-ce que** is used.
    Qui est-ce qui is an alternate form, although the simple **qui** is more commonly used.

- **Qui** est-ce que tu as rencontré? *(direct object)*
  Qui as-tu rencontré?

    Inversion or **est-ce que** must be used.

- Avec **qui** est-ce que tu vas au cinéma? *(object of preposition)*
  Avec **qui** vas-tu au cinéma?

    Inversion or **est-ce que** must be used.
    Questions about objects of prepositions begin with the preposition, contrary to spoken English.

    NOTE: **Qui** does *not* contract: **Qui** est ici?

B. Questions sur les choses *(what)*

The manner in which the word *what* is used in the sentence determines which interrogative expression is used. Note the different forms used below.

- **Qu'est-ce qui** se passe? *(subject)* "what's happening"

  Neither inversion nor **est-ce que** is used.

- **Que** buvez-vous? *(direct object)*

  Qu'est-ce que vous buvez?

  > Inversion or **est-ce que** must be used.
  >
  > **Que** contracts to **qu'** before a vowel or mute **h: Qu'**avez-vous bu?
  >
  > Short questions with a noun subject and simple tense use the following order: **que** + verb + subject. **Que** boivent tes amis?

- Avec **quoi** est-ce que je peux ouvrir cette bouteille de vin?

  (object of preposition)

  > Inversion or **est-ce que** must be used.

C. Demander une définition

Qu'est-ce que c'est? *What is it?*

Qu'est-ce que la démocratie? *What is democracy?*

Qu'est-ce que c'est que la démocratie? *What is democracy?*

In all three cases, you are asking for a definition or explanation of what something is.

Activités

A. Imaginez. Vous vous trouvez à une soirée offerte par le patron de votre fiancé(e). L'hôtesse et les invités vous ont posé beaucoup de questions. Voici vos réponses. Imaginez les questions qui ont inspiré chacune de vos réponses.

1. Je voudrais *un coca,* s'il vous plaît.
2. Je suis venu(e) avec *ma fiancée Julie/mon fiancé Guy.*
3. Ça? *Oh, ce ne sont que les initiales de mon nom.*
4. Malheureusement, *on ne passe pas grand-chose d'intéressant* au cinéma ce soir.
5. En dehors de mon travail, je m'intéresse surtout au *cinéma et au théâtre.*
6. C'est *un ami de Georges.*

B. Au restaurant. Dans un restaurant, vous entendez le garçon poser les questions suivantes. Remplissez les blancs avec **qui, que, quoi,** etc. N'oubliez pas d'utiliser **est-ce que** si nécessaire.

1. Bonjour, Monsieur. _____ aimeriez-vous manger aujourd'hui? *(What)*
2. _____ vous voudriez boire? *(What)*
3. Pardon, Monsieur, mais _____ a commandé la salade niçoise? *(who)*
4. _____ vous plairait comme dessert? *(What)*
5. _____ vous a recommandé ce restaurant? *(Who)*
6. _____ je pourrais vous offrir? *(What)*
7. «Un Cadillac»? _____? *(What is it?)* Une boisson?
8. _____ est-ce qu'un «Bloody Mary» est fait? *(Of what)*

Quel et *lequel*

A. Quel *(what, which)*

	Singulier	**Pluriel**
Masculin	quel	quels
Féminin	quelle	quelles

• **Quel** is an interrogative *adjective* and thus must agree in number and gender with the noun it modifies:

> **Quelle** boisson est-ce que tu préfères?
> De **quel** pays venez-vous?

• **Quel** is also used when asking someone to identify or describe himself/herself. The construction **quel** + **être** + noun asks *what is/are:*

> **Quelle est** votre nationalité?
> **Quelles sont** vos préférences?

NOTE: In the above examples, the noun that **quel** modifies follows the verb **être.**

> **Quelle est** votre nationalité? = **Quelle** nationalité avez-vous?

When asking for identification, **quel + être** + noun is used; when asking for a definition, **qu'est-ce que** is used.

> **Quelle est** votre profession?
> Je suis herboriste.
> **Qu'est-ce qu'**un herboriste?

B. Lequel *(which one, which)*

	Singulier	**Pluriel**
Masculin	lequel	lesquels
Féminin	laquelle	lesquelles

Lequel is an interrogative *pronoun* that agrees in number and gender with the noun it stands for. It always refers to one or more than one of a pair or group.

> Vous connaissez une des filles Dupont? **Laquelle?**

> **Lequel** de ces enfants est ton père? Je ne le reconnais pas sur cette photo.

Lequel contracts with **à** and **de** in the same manner as the definite article:

> **auquel, à laquelle**   *to, at, in which one*
> **auxquels, auxquelles**

> **duquel, de laquelle**   *of, about, from which one*
> **desquels, desquelles**

> Des 30 clubs sociaux de l'université, je m'intéresse le plus au club de tennis.

> **Auquel** est-ce que tu t'intéresses?

> —J'étais en train de parler d'un de mes cours.
> —Ah, oui? **Duquel** parlais-tu?

Activités

A. Au café. Un groupe d'amis se retrouvent dans un café près de l'université. Ils discutent de diverses choses. Remplissez les blancs avec une forme de **quel** ou de **lequel.**

1. —Je suis sortie avec un des assistants-professeurs hier soir.
   —Vraiment! Avec _____?
2. —Nous avons vu un film.
   —_____ film avez-vous vu?
3. —J'aime la plupart de mes cours ce semestre.
   —_____ est-ce que tu n'aimes pas?
4. —Vous savez, j'ai raté mon examen de... *(bruit à l'extérieur)* aujourd'hui.
   —Comment? _____ examen est-ce que tu as raté?
5. —_____ de ces bières est à moi?

B. Chez Marie. Marie et son amie Alice sont en train de parler de leurs enfants. Complétez la conversation en remplissant les blancs avec une forme de **quel** ou de **lequel.**

—Je sais qu'on ne doit pas comparer ses enfants, mais il faut dire que de mes deux enfants, Paul est l'athlète et Marc est l'intellectuel.
—Ah, oui? _____ est le plus âgé?
—Paul a trois ans de plus que Marc.
—_____ est-ce que j'ai vu avec toi l'autre jour?
—_____ jour?
—Tu te souviens, devant la boulangerie... ?
—Ah, oui, c'était Marc. Tiens! Voilà quelques photos d'eux.
—Elles sont très bien prises. J'aime bien ces deux-ci. Et toi, _____ est-ce que tu préfères?
—Je les aime toutes. Mais parlons de tes enfants. _____ âge a Cécile?
—Elle aura dix-neuf ans dans un mois.
—En _____ année de fac est-elle?
—Elle est en deuxième année et toujours à Bordeaux.

«Interactions»

Use the following information to create situations with a partner. Try to use the vocabulary and grammar from **Leçon 3** as much as possible.

A. Les vacances de mes rêves. Think of five to ten questions to ask your friend about his/her dream vacation. Be sure to use a variety of interrogative expressions in your questions. Your friend should respond truthfully.

B. Une question d'argent. Your boyfriend/girlfriend wants to borrow **(emprunter)** $100 from you. You really like this person and, in fact, may be in love. But, you have several questions to ask before lending **(prêter)** the money. Ask five to ten questions. Your boyfriend/girlfriend will answer.

C. Coup de téléphone. Call your French teacher on the telephone.[9] Someone else will answer. Verify that you have the correct number (46.22.68.23). Ask for your French teacher. Find out what the homework assignments are and when you must turn them in **(rendre les devoirs).**

BRAVO!
Culture et littérature

[9] See Appendix A for expressions related to telephone etiquette.

BEACH PLAZA
MONTE-CARLO
★★★★

L'HOTEL
Plage privée - Piscine
chauffée (eau douce).
306 chambres - 9 suites.
6 salles panoramiques
(conférences, banquets).
Un parking de 120 places.

LE SEA CLUB
Plage privée, 2 piscines
d'eau de mer, snack-bar,
vous ouvre ses portes
en saison.

LES RESTAURANTS
LE GRATIN
Lauréat de la Fourchette d'Or de la Gastronomie
Française. Accueil et raffinement.

LES TERRASSES
Au bord de la piscine, grillades au feu de bois.

LE CAFÉ
Dans un cadre agréable, un service soigné
pour vos déjeuners et dîners.

LE BAR
Calme et détente à l'heure de l'apéritif.
Ambiance musicale le soir.

22, Av. Princesse Grace - Monte-Carlo - Tél. : (93) 30.98.80

SYNTHÈSE

Activités orales

A. A Monte-Carlo. Invite your friend to have dinner with you at one of the restaurants in the Beach Plaza Hotel. Ask your friend where and at what time you can meet. He/She should respond accordingly and thank you for the invitation.

B. A table. In a group of three, one person plays the role of host/hostess and the other two are the guests. Role play a dinner scene in which the host/hostess insists that no one leaves the table hungry. The guests eventually depart, thanking their host/hostess for the excellent meal.

C. Est-ce que tu es libre… ? You are married and have a four-year-old child. Call up your babysitter Anne. You get a wrong number the first time, but finally reach her on the second try. Ask her if she can baby-sit (**garder ma fille/mon fils**) on a certain day. She will ask you pertinent questions such as what time and for how long. You respond and tell her what time you will pick her up (**venir chercher**).

Activités écrites

A. Journalistes/Célébrités. Pretend you are a reporter. Decide who is the one famous person, alive or dead, whom you would most like to interview. Write ten questions to ask him/her. Use a variety of interrogative adverbs, pronouns, and adjectives, making sure that no less than seven of your questions seek information, not a yes/no response.

B. En Amérique. You are an athlete from a French-speaking country attending a small college in the United States. Write a letter to your parents describing the school cafeteria. Describe a typical menu for each meal and give your opinion of the food.

Listen to Activity Tape, Chapitre 2, and complete the corresponding exercises in the Activity Tape section of your Workbook.

VOCABULAIRE

Leçon 1

Qui?

le chef *head, boss*
un/une collègue *fellow worker*
un copain/une copine *friend*
le directeur/la directrice *director*
le/la patron(ne) *boss*

Quand?

bientôt *soon*
dans une heure/deux jours *in an hour/two days*
samedi en huit/en quinze *a week/two weeks from Saturday*
tout de suite *right away*

Où?

aller en boîte *to go to a nightclub*
aller à un concert/au théâtre *to go to a concert/to the theater*
prendre un verre/un pot *(familier) to have a drink*
voir une exposition de photos/de sculptures *to see a photography/sculpture exhibit*
voir l'exposition Edouard Manet *to see the Edouard Manet exhibit*

Divers

à peu près *more or less, just about*
avoir envie de (+ infinitif) *to feel like (doing something)*
avoir quelque chose de prévu *to have plans*
ne... rien avoir de prévu *to have no plans*
emmener quelqu'un *to take someone (somewhere)*
être pris(e) *to be busy (not available)*
poser un lapin à quelqu'un *(familier) to stand someone up*
projeter de (+ infinitif) *to plan on (doing something)*
les projets *m plans*
    faire des projets *to make plans*
regretter/être désolé(e) *to be sorry*
remercier *to thank*
volontiers *gladly*

Leçon 2

La nourriture et les boissons

les anchois *m anchovies*
les asperges *f asparagus*
l'assiette *f* de charcuterie *cold cuts*
la bière *beer*
la boisson (gazeuse) *(carbonated) drink*
le buffet chaud *warm dishes*
le buffet froid *cold dishes*
la choucroute *sauerkraut*
les côtelettes *f* de porc *pork chops*
les côtes *f* d'agneau *lamb chops*
la coupe de fruits *fruit salad*
les épinards *m spinach*
le fromage *cheese*
la glace *ice cream*
le lait *milk*
le lapin *rabbit*
les légumes *m vegetables*
l'oeuf *m* dur *hard-boiled egg*
l'omelette *f* nature *plain omelette*
les pâtes *f noodles, pasta*
les petits pois *m peas*
le poivron *green pepper*
la pression *draft beer*
les salades *f* composées *salads*
la salade de saison *seasonal salad*
le sorbet *sherbet*
la tarte *pie*
le thon *tuna*
le vin *wine*
le yaourt *yogurt*

Divers

accueillir *to welcome, to greet*
A votre/ta santé! (A la vôtre!/A la tienne!) *To your health!*
Bon appétit! *Have a nice meal!*
Fais comme chez toi./Faites comme chez vous. *Make yourself at home.*
la gastronomie *the art of good cooking*
le gourmet *one who enjoys eating but eats only good quality food*
quelqu'un de gourmand *one who loves to eat and will eat anything, especially sweets*
Tchin tchin! *(familier) Cheers!*

Leçon 3

Le voyage

annuler *to void, to cancel*
l'arrivée *arrival*
un billet *ticket or coupon*
composter son billet *to punch one's ticket*
un demi-tarif *half-fare*
le départ *departure*
desservi(e) *served*
les frais *m* d'annulation *cancellation fees*
un horaire *schedule*
indiquer *to show, to direct, to indicate*

une réduction *discount*
le renseignement *m* *information*
un tarif *fare, rate*
valable *valid*
un vol *flight; theft*

Divers

à propos *by the way*
discuter de choses et d'autres *to talk about this and that*
en fait *in fact*
les vacances de ses rêves *one's dream vacation*

«Qui suis-je?»

Révisons un peu

The information presented on the next few pages is intended to refresh your memory of various grammatical topics that you have probably encountered before. Review the material and then test your knowledge by completing the accompanying exercises in the workbook.

Avant la première leçon

L'Adjectif possessif

Masculin	Féminin	Pluriel	Equivalent
mon	ma/mon	mes	*my*
ton	ta/ton	tes	*your*
son	sa/son	ses	*his/her/its*
notre	notre	nos	*our*
votre	votre	vos	*your*
leur	leur	leurs	*their*

• Possessive adjectives agree with the possessor in terms of meaning (**mon, ma, mes** versus **ton, ta, tes**) and with the object possessed in terms of gender and number (**mon** versus **ma** versus **mes**):

his/her dog = **son** chien
his/her car = **sa** voiture

• Feminine singular objects beginning with a vowel or **h** require the masculine form (**mon, ton, son**):

mon amie Annette
my friend Annette

• French possessive adjectives are repeated before each noun unless the nouns represent the same person or object possessed:

Où sont **mon** frère et **ma** soeur?

Je vous présente **mon** collègue et ami, Raphaël.

Avant la deuxième leçon

L'Adjectif qualificatif

A. Le Féminin singulier

• In general, an **e** is added to the masculine singular to form the feminine. If the masculine form already ends in an unaccented **e**, nothing is added.

content → contente   gâté → gâtée   poli → polie

BUT: sympathique/sympathique

• Some irregular patterns:

Masculin		Féminin	Exemples	
-eux	→	-euse	généreux	généreuse
-f	→	-ve	sportif	sportive
-el	→	-elle	professionnel	professionnelle
-il	→	-ille	gentil	gentille
-on	→	-onne	mignon	mignonne
-os	→	-osse	gros	grosse
-as	→	-asse	bas	basse
-en	→	-enne	ancien	ancienne

B. Le Pluriel

• In general, an **s** is added to the singular to form the plural:

content → contents   contente → contentes

• If the masculine singular adjective ends in an **s** or **x**, nothing is added to form the plural. Feminine adjectives follow the regular pattern in the plural:

les gros messieurs   les grosses femmes
les hommes généreux   les femmes généreuses

• Some irregular patterns:

Singulier		Pluriel	Exemples	
-eau	→	-eaux	nouveau	nouveaux
-al	→	-aux	légal	légaux

EXCEPTIONS: examen final   examens finals
roman banal   romans banals

C. Adjectifs avec plusieurs formes

Masculin	Masculin avant voyelle ou *h* muet	Féminin	Pluriels
vieux	vieil	vieille	vieux/vieilles
nouveau	nouvel	nouvelle	nouveaux/nouvelles
beau	bel	belle	beaux/belles
fou	fol	folle	fous/folles

Avant la troisième leçon

Les Verbes pronominaux

Pronominal verbs are verbs that must be conjugated with a reflexive pronoun. The basic patterns of use are:

A. Affirmatif

Je **me** couche tard.
Tu **te** couches tard.
Il/Elle **se** couche tard.
Nous **nous** couchons tard.
Vous **vous** couchez tard.
Ils/Elles **se** couchent tard.

B. Négatif

Nous **ne nous** couchons **pas** trop tôt.

Ils **ne se** détendent **pas** assez.

C. Interrogatif

Est-ce que tu t'appelles Marie?
(used most often)

T'appelles-tu Marie?

Ne t'appelles-tu pas Marie?

D. Impératif

Affirmatif: The reflexive pronoun follows the verb and is attached with a hyphen: (**te** changes to **toi**)

Lavez-vous les mains, les enfants! On va manger tout de suite!

Lucien, **dépêche-toi!**

Négatif: The reflexive pronoun precedes the verb:

Ne vous couchez **pas** trop tard.

Lucien, **ne te** couche **pas** tout de suite. Je veux te parler.

E. Infinitif

Je vais **me** reposer pendant quelques minutes.

Nous allons **nous** préparer à sortir.

Que faites-vous pour vous détendre?

Comment identifier les objets et les personnes

«Conversation»

Assis parmi d'autres clients, Etienne Dufour attend nerveusement son rendez-vous de 3h avec le psychiatre. Enfin c'est à lui d'entrer dans le cabinet.

Rappel: Have you reviewed possessive adjectives? (text p. 62 and the accompanying exercises in the workbook)

["p' sĕ kĕ ŏ tre]

LE PSYCHIATRE: Bonjour, M. Dufour. Comment allez-vous?

ETIENNE: Bonjour, Monsieur. Bien, et vous?

LE PSYCHIATRE: Très bien. Bon, est-ce que vous pourriez me dire un peu ce qui vous a amené à venir me voir?

ETIENNE: Eh bien, voilà. Je sais que vous écoutez le récit de toutes sortes de problèmes et que vous aidez les gens à s'en sortir. Mon histoire n'est pas très unique. J'ai presque toujours le cafard° et je ne sais pas quoi faire! En fait, il me devient de plus en plus difficile de m'occuper des° petites difficultés de la vie.

LE PSYCHIATRE: Voudriez-vous me décrire votre situation? Quelle sorte de travail faites-vous, par exemple?

ETIENNE: Oh, je suis programmeur pour une grande entreprise. Autrefois j'étais un bon programmeur, mais ça ne va plus depuis un certain temps. Je suis toujours en retard; je dépasse les dates limites; je tombe souvent malade; j'ai presque perdu tout intérêt pour mon travail...

LE PSYCHIATRE: Parlons de votre vie de famille. Est-ce que vous êtes célibataire,° marié, divorcé?

ETIENNE: Je suis marié depuis quinze ans, enfin presque. En fait, j'ai une photo de mes enfants... Voici notre fils Michel et notre fille Céline. Les deux gosses° sont un peu gâtés,° comme tous les enfants de nos jours, mais quand même ils sont assez bien élevés.°

A suivre.

Observation et Analyse

1. Quelles expressions Etienne utilise-t-il pour identifier sa profession?
2. Pourquoi Etienne est-il venu voir le psychiatre?
3. Décrivez la famille d'Etienne.
4. Selon la conversation, quel âge a Etienne? Quelle est, d'après vous, sa situation économique *(economic status)*?

«Expressions typiques pour... »

Identifier un objet

Qu'est-ce que c'est? | C'est un ordinateur.°
Ce sont des disquettes.

Identifier le caractère d'un objet

Quel type d'ordinateur/de magnétoscope° est-ce? | C'est un IBM/SONY.

Quelle marque de voiture est-ce que tu as? | J'ai une Peugeot.

Identifier une personne

Qui est-ce, là, sur cette photo? | C'est Alain.

Qui est Alain? | C'est le mari° de notre voisine Hélène.

Identifier les activités d'une personne

Que fait ton mari/ta femme? | Il/Elle est dentiste/psychiatre/ingénieur/ secrétaire/homme (femme) d'affaires/ vendeur (vendeuse).

Que fais-tu? | Je suis étudiant(e)/avocat(e)/biologiste/ professeur/banquier (banquière)/femme (homme) au foyer°/pilote.

Identifier la possession

A qui est° cet appareil-photo?° | C'est mon appareil-photo. Il est à moi (toi/lui/elle/nous/vous/eux/elles).[1]

«Mots et expressions utiles»

La famille
les arrière-grands-parents *great grandparents*
le beau-frère/beau-père *brother-/father-in-law or step-brother/-father*
la belle-soeur/belle-mère *sister-/mother-in-law or step-sister/-mother*
célibataire/marié(e)/divorcé(e) *single/married/divorced*
le demi-frère/la demi-soeur *half-brother/-sister*
une famille nombreuse *large family*
le mari/la femme *spouse; husband/wife*
le parent *parent; relative*
le troisième âge *old age*
la vie de famille *home life*

Les enfants
l'aîné(e) *elder, eldest*
bien/mal élevé(e) *well/badly brought up*
le cadet/la cadette *younger, youngest*
un fils/une fille unique *only child*

gâté(e) *spoiled*
un(e) gosse *kid*
un jumeau/une jumelle *twin*

La possession
C'est à qui le tour? *Whose turn is it? (Who's next?)*
C'est à lui/à toi. *It's his/your turn.*
être à (+ pronom disjoint) *to belong to (someone)*

Divers
l'appareil-photo *m camera*
avoir le cafard *to be depressed*
femme (homme) au foyer *housewife(husband)*
le magnétoscope *VCR*
s'occuper de *to deal with (manage, handle)*
l'ordinateur *m computer*

[1] Disjunctive pronouns. (See **Chapitre 6**.)

Activités

A. Une famille nombreuse. Imaginez que le portrait suivant est celui de votre propre famille. Identifiez chaque personne et indiquez comment il/elle gagne sa vie *(makes/earns a living)*.

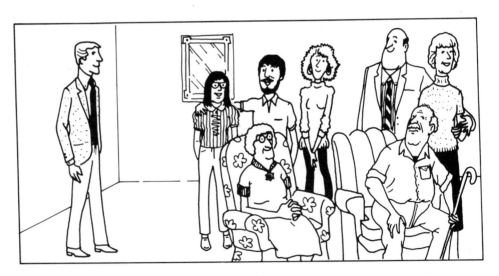

B. Ma famille. Ecrivez le nom de trois membres de votre famille immédiate ou de vos parents. Dites leurs liens de parenté *(family ties)* avec les autres parents et membres de votre famille en utilisant les «Mots et expressions utiles».

> *modèle: Georges: Georges est mon père. C'est le mari de ma mère Marthe et aussi le cadet de sa famille. C'est le beau-père de ma belle-soeur Céline qui est mariée à mon frère Paul.*

C. Questions indiscrètes. Posez les questions suivantes à un(e) ami(e). Donnez un résumé de ses réponses à la classe.

1. Est-ce que tu as un ordinateur? un magnétoscope? De quelle marque *(brand)* est-il?
2. Quelle marque de voiture ta famille a-t-elle?
3. Dans ta famille est-ce que tu es fils/fille unique? le cadet/la cadette? l'aîné(e)? Tu es gâté(e), n'est-ce pas?
4. Est-ce que tu es célibataire? marié(e)? divorcé(e)?
5. As-tu le cafard de temps en temps? Quand?

«Grammaire»

C'est versus *il/elle est*

A. When identifying or describing someone, you frequently say what that person's profession is. With **être, devenir,** and **rester,** no determiner is used before a profession unless it is modified by an adjective that expresses an opinion or judgment.

> Mon cousin est **pilote** dans l'Armée de l'Air et c'est **un pilote** célèbre.
> *My cousin is a pilot in the Air Force and he is a famous pilot.*

The same rule also applies to stating one's religion, nationality, political allegiance, social class, or relationships.

> Son beau-frère est **français** mais il n'est pas **catholique**.
> *His brother-in-law is a Frenchman but he is not a Catholic.*

> Il vient de devenir **papa** de jumeaux.
> *He's just become a father of twins.*

> ~~Je suis **une réceptionniste** très efficace~~ mais je voudrais devenir femme
> *l'homme* d'affaires.
> *I am a very efficient receptionist but I would like to become a business woman.*

C'est or **ce sont** must be used instead of **il/elle est** or **ils/elles sont** when the noun after **être** is modified by an adjective. An article or a determiner (possessive or demonstrative) must also be used.

> Je recommande chaudement le docteur Dupin. **C'est un** psychiatre brillant.
> *I highly recommend Dr. Dupin. He is a brilliant psychiatrist.*

> (Il est brillant; il est psychiatre; c'est un psychiatre brillant; c'est mon nouveau psychiatre.)

NOTE: **C'est** + article without an adjective can be used as well, although **il/elle** is more common.

> C'est un psychiatre. ⎱ *He is a psychiatrist.*
> Il est psychiatre. ⎰

B. Additional uses of *c'est*

- **c'est** + masculine adjective referring to an idea:

  100 francs le kilo? C'est cher!

- **c'est** + proper noun:

  C'est Marc à l'âge de douze ans.

- **c'est** + pronoun:

  Mlle Piggy dit toujours: «C'est moi!»

- **c'est** + noun identified:

  Qu'est-ce que c'est?
  C'est une marionnette.

C. Additional uses of *il/elle est*

- **il/elle** + adjective referring to a particular person or thing:

  Mon cours de français?
  Il est excellent.

- **il/elle** + preposition:

  La salle de classe? Elle est près d'ici.

A toutes celles qui portent un peu de ma maman autour de leur poignet... je pense.

L'IVOIRE C'EST CRUEL.

A. Sondage de télévision. Mme Le Bois reçoit un coup de téléphone d'une représentante d'Antenne 2 qui veut savoir ce qu'elle aime regarder à la télé. Choisissez l'expression appropriée afin de compléter chacune de ses réponses.

Allô? Bonjour, Madame. Oui, _____ (c'est/elle est) la résidence Le Bois... Mon mari? Non, _____ (ce n'est pas/il n'est pas) à la maison en ce moment, mais je pourrais répondre à vos questions... Sa profession? _____ (C'est/Il est) homme d'affaires... Ma profession? Je _____ (suis/suis une) femme au foyer... Oui, je _____ (suis/suis une) mère... de trois enfants... L'émission «Des chiffres et des lettres»? Oui, nous la regardons très souvent. Nous trouvons que (qu') _____ (c'est/elle est) souvent intéressant(e) mais _____ (c'est/il est) notre fils Paul qui l'aime le plus... Oui, _____ (c'est/il est) étudiant... Il veut _____ (devenir/devenir un) pilote... Pardon, Madame. On sonne à la porte. _____ (C'est/Il est) probablement mon voisin d'à côté *(next-door neighbor)*... Je vous en prie. Au revoir, Madame.

B. Notice nécrologique. Voici une description d'un auteur célèbre qui est mort récemment. Complétez la description en remplissant les blancs avec un article (si c'est nécessaire) ou **ce** ou **il/elle**.

Carlos B. était _____ écrivain connu du grand public depuis 45 ans. Il était _____ espagnol de naissance mais il est devenu _____ citoyen français en 1939 quand il a épousé Angélique, _____ jeune secrétaire française. Devenu _____ père de jumelles, il est entré au service de la maison d'édition Lhomond comme _____ lecteur, puis comme _____ directeur du service des ventes. _____ C(c)atholique dévoué, il est resté _____ socialiste pendant toute sa vie. _____ est lui qui a écrit *Le citoyen de demain*. Mais _____ est sa *Guerre des enfants* qui l'a rendu célèbre. _____ est un homme dont l'humour tendre nous manquera. _____ est très regretté de tous ceux qui l'ont connu de près et de loin.

C. Sondage pour les jeunes. Posez les questions suivantes à un(e) ami(e). Donnez un résumé de ses réponses à la classe.

1. Quelle est ta profession? nationalité? religion?
2. Appartiens-tu à un parti politique? Auquel?
3. Est-ce que tu as un emploi? Si oui, est-ce que ton emploi est près ou loin d'ici?
4. Que fait ton père? ta mère?
5. Quand tu étais petit(e), qu'est-ce que tu voulais devenir? Et aujourd'hui?

Les Pronoms possessifs

A. Saying what belongs to you or what you possess is another common use of the function of identifying. You reviewed the use of possessive adjectives to show ownership in **Révisons un peu.** Now you will learn to express possession with possessive pronouns. This method is preferred when making comparisons or contrasts.

		Adjectif possessif		**Pronom possessif**
la maison de Pierre	=	**sa** maison	=	**la sienne**
Pierre's house	=	*his house*	=	*his*

—A qui sont ces clés? —Elles sont **à moi.**
—Est-ce mon livre? —Non, c'est **le mien.**

Like possessive adjectives, possessive pronouns agree with both the possessor and the person or object possessed. Different, however, is the need for a definite article, as well as the **accent circonflexe** (ˆ) on **nôtre(s)** and **vôtre(s)**.

Masculin singulier	Féminin singulier	Masculin pluriel	Féminin pluriel	Equivalent
le mien	la mienne	les miens	les miennes	*mine*
le tien	la tienne	les tiens	les tiennes	*yours (familier)*
le sien	la sienne	les siens	les siennes	*his/hers/its*
le nôtre	la nôtre	les nôtres	les nôtres	*ours*
le vôtre	la vôtre	les vôtres	les vôtres	*yours*
le leur	la leur	les leurs	les leurs	*theirs*

B. Contrary to English, the following expression in French requires a possessive adjective (rather than a possessive pronoun):

> *a friend of mine* = un de **mes** amis
> *a cousin of ours* = un de **nos** cousins

NOTE: The usual contractions of **à** and **de** occur with the definite article preceding the possessive pronoun:

> J'ai écrit à mes parents. Est-ce que tu as écrit **aux tiens?**

Activités

A. C'est à qui? Vous et votre ami(e) êtes en train de déménager de votre appartement pour retourner chez vos parents pour l'été. Dans la première phrase, identifiez le possesseur de chaque objet avec un pronom possessif. Affirmez la possession en complétant la deuxième phrase avec un adjectif possessif ou un pronom disjoint.

1. —La chaîne stéréo? C'est _____ *(mine)*.
   —Tu es sûr(e)?
   —Oui, elle est à _____.
2. —Tous les disques? Ce sont _____ *(yours)*. Ils sont à _____.
3. —Cette belle plante appartient à ta mère, n'est-ce pas?
   —Oui, c'est _____ *(hers)*. C'est _____ plante.
4. —Ce pull-over bleu... Est-ce que c'est _____ *(yours)*? Tu m'entends?
   C'est _____ pull-over, hein?
5. —Ces affiches *(posters)*? Ce sont _____ *(mine)*. Elles sont à _____.
6. —Mon Dieu! Voilà les assiettes que j'ai empruntées à nos voisins d'à côté il y a longtemps. Ce sont _____ *(theirs)*, pas _____ *(ours)*.
   —Il faut leur rendre _____ *(their)* assiettes tout de suite!

B. On adore se vanter *(to brag)*! Deux petits gamins *(kids)* de sept ans se trouvent dans une cour d'école. Ils sont en train de se vanter. Finissez leurs phrases en donnant l'équivalent français des mots entre parenthèses.

1. Mes parents sont beaucoup plus riches que _____ *(yours)*.
2. Ah oui? Ecoute. Mon père est plus grand que _____ *(yours)*.
3. Mais ta soeur n'est pas aussi intelligente que _____ *(mine)*.
4. J'aime mieux notre chien que le chien de ton frère. _____ *(Ours)* est beaucoup mieux dressé *(trained)* que _____ *(his)*.
5. C'est possible, mais si on compare nos deux chats avec tes chats, il faut dire que _____ *(yours)* ne sont pas aussi gentils que _____ *(ours)*.

Liens culturels

Le troisième enfant

Aujourd'hui le taux de natalité (*birth rate*) est de 1,82, contre 2,84 en 1965. Pourquoi cette baisse? Les raisons possibles sont nombreuses: l'activité professionnelle de la femme, l'usage généralisé de la contraception, la légalisation de l'avortement (*abortion*), la diminution du nombre des mariages et, tout simplement, le «coût de l'enfant». Puisqu'il faut que chaque femme ait en moyenne 2,1 enfants pour assurer le remplacement des générations, le gouvernement a pris de nouvelles mesures pour encourager un 3ᵉ enfant. Parmi elles, le gouvernement finance les charges sociales versées par une famille à une personne employée à domicile pour garder un ou plusieurs enfants de moins de trois ans.

Adapté du
Journal Français d'Amérique,
7–20 novembre, 1986, p. 3

Plein cap sur le troisième enfant

Famille nombreuse, le gouvernement vous adore

«Interactions»

A. Interview. Your partner is an inquisitive journalist interviewing typical American consumers. You are the consumer who answers his/her questions regarding your marital status; your family; how you or your parents earn a living; your religion; what kind of car you or your parents own; if you have a computer and, if so, what type; where you live and what kind of lodging it is, etc. Then reverse roles.

B. A la douane. Play the role of a French customs official (**le douanier/la douanière**) questioning a teacher from France (your partner) who is returning from the U.S. with a tour group of high-school students (**lycéens**). Ask the teacher to identify the owner of:

- the green suitcase/brown purse
- the two bottles of California wine
- the radio/camera
- the bottle of maple syrup (**le sirop d'érable**)
- the cowboy boots (**bottes *f* de cow-boy**)
- your turn to make up some items!

BRAVO!
Culture et littérature

Comment décrire les objets et les personnes

«Conversation» (suite)

Rappel: Have you reviewed descriptive adjectives? (text pp. 62–63 and the accompanying exercises in the workbook)

Etienne continue à parler au psychiatre au sujet de sa vie...

LE PSYCHIATRE: Bien, vous m'avez décrit vos enfants. Maintenant, parlons de votre femme—comment est-elle?

ETIENNE: Isabelle? Euh, elle est... jolie, très sympa et affectueuse. Elle a 38 ans, mais elle ne fait pas son âge!°

LE PSYCHIATRE: Est-ce qu'elle travaille en dehors de la maison?

ETIENNE: Oui, elle est médecin. ⊃ mēdsɛ̃ [*setup*]

LE PSYCHIATRE: Quelle sorte de médecine est-ce qu'elle pratique?

ETIENNE: Elle est généraliste. Elle vient de s'installer° dans son propre cabinet. Avant ça elle travaillait dans un grand hôpital.

LE PSYCHIATRE: Très bien, très bien, mais... revenons à vous, Monsieur. Qu'est-ce que vous faites pendant votre temps libre?

ETIENNE: Euh, j'aime regarder les matchs de football à la télévision, et je lis un peu... Voilà. Vous voyez? J'ai un bon emploi, une femme formidable et d'adorables petits enfants, mais je suis (constamment) [*constantly*] déprimé.° [*depressed*] Qu'est-ce qui ne va pas?°

A suivre.

Observation et Analyse

1. Quelles expressions Etienne utilise-t-il pour décrire sa femme.
2. Décrivez le travail d'Isabelle.
3. Que fait Etienne pendant ses heures de loisir?
4. Pourquoi est-ce qu'Etienne va mal? Savez-vous quel est son problème?

«Expressions typiques pour... »

Décrire les personnes

Comment est-il/elle?	Il/Elle a les cheveux blonds/châtains/gris.
	Il/Elle a les cheveux longs/courts.
	Il/Elle a les yeux bleus/verts/marron.
Quel âge a-t-il/elle?	Il/Elle a (à peu près)... ans.
	Il/Elle est d'un certain âge/vieux (vieille)/ (assez) jeune.
Combien mesure-t-il/elle?	Il/Elle mesure... un mètre soixante/quatre-vingt-cinq.[2]
	Il/Elle est gros (grosse)/mince.
Quel genre d'homme/ de femme est-il/elle	Il/Elle est sympa/timide/drôle.
	Il/Elle a bon/mauvais caractère.
	C'est un imbécile!

[2] 1 mètre = 39 inches; 2,5 centimètres = 1 inch

Décrire les objets

Comment est-ce?	Il/Elle est petit(e)/grand(e).
	Il/Elle est long (longue)/court(e).
En quoi est-ce?	C'est en métal/plastique/coton/nylon.
A quoi est-ce que ça sert?	Ça sert à...
	C'est un truc *(familier)* pour...

«Mots et expressions utiles»

Les personnes

avoir la vingtaine/la trentaine, etc. *to be in one's 20s/30s, etc.*

avoir les cheveux
roux	*to have red hair*
châtains	*chestnut*
raides	*straight*
ondulés	*wavy*
frisés	*curly*

avoir une barbe/une moustache/des favoris *to have a beard/moustache/sideburns*
être chauve *to be bald*
être de petite taille *to be short*
être de taille moyenne *to be of average height*
être en forme *to be in good shape*
être grand(e) *to be tall*
être fort(e) *to be heavy, big, stout*
être marrant(e)/gentil (gentille)/mignon (mignonne)
  to be funny/nice/cute, sweet
ne pas faire son âge *to not look one's age*
porter des lunettes/des lentilles de contact *to wear glasses/contact lenses*

Les objets

être en argent/or/acier/laine *to be made of silver/gold/steel/wool*
être gros (grosse)/minuscule *to be big/tiny*
être haut(e)/bas (basse) *to be tall, high/short, low*
être large/étroit(e) *to be wide/narrow*
être lourd(e)/léger (légère) *to be heavy/light*
être pointu(e) *to be pointed*
être rond(e)/carré(e) *to be round/square*

Divers

l'aide *f help*
être déprimé(e) *to be depressed*
s'installer *to set up shop, to settle in*
Qu'est-ce qui ne va pas? *What's the matter?*
le succès *success*
  avoir du succès *to be successful*

Activités

A. Entraînez-vous. En groupes de deux, décrivez l'apparence physique et le caractère de votre meilleur(e) ami(e) ou de l'homme/de la femme de vos rêves.

B. Comment est-il/elle? Retournez au portrait qui correspond à l'exercice A à la page 66. Décrivez l'apparence physique de chaque personne dans le portrait. Imaginez aussi sa personnalité et décrivez-la.

C. Comment est-ce? Choisissez trois objets dans votre poche ou votre sac mais ne les montrez à personne. Les membres de la classe vont vous poser des questions concernant l'apparence et l'utilisation de ces objets. Vous devez répondre en donnant une description aussi détaillée que possible. Continuez jusqu'à ce que quelqu'un devine l'objet, après quoi montrez-le.

> *modèle:* —*En quoi est-ce?*
> —*C'est en acier.*
> —*Quelle est sa taille/forme?*
> —*C'est petit et court mais très lourd...*

D. Questions indiscrètes. Posez les questions suivantes à un(e) ami(e). Donnez un résumé de ses réponses à la classe.

1. Décris-toi. Parle de tes cheveux, de tes yeux, de ton âge, de ta taille.
2. Qu'est-ce qui est préférable—porter des lunettes ou des lentilles de contact? Pourquoi?
3. Est-ce que tu fais ton âge? Et tes grands-parents?
4. Tes parents sont-ils de taille moyenne? Et toi?
5. A ton avis, qu'est-ce qu'il faut faire pour être en forme?

«Grammaire»

L'Adjectif qualificatif

In order to make detailed descriptions in French, you must be able to use adjectives properly, that is, make them agree with the modified noun, and place them correctly in a sentence. You reviewed a series of adjective formation patterns in **Révisons un peu.** Below are some additional irregular patterns to form the feminine singular.

Masculin		Féminin	Exemples	
-er	→	**-ère**	premier	première
-et	→	**-ète**	inquiet	inquiète
-et	→	**-ette**	muet	muette
-c	→	**-che**	blanc	blanche
-c	→	**-que**	public	publique
-eur	→	**-eure**	supérieur	supérieure

BUT:

-eur	→	**-euse**	menteur	menteuse

(if adjective is derived from the present participle)

-eur	→	**-rice**	conservateur	conservatrice

(if adjective is not derived from the present participle)

A few adjectives follow no regular pattern:

Masculin	Féminin	Masculin	Féminin
doux	douce (*soft; sweet*)	frais	fraîche (*fresh*)
faux	fausse (*false*)	long	longue (*long*)
favori	favorite (*favorite*)	sec	sèche (*dry*)

Although adjectives generally agree in number and gender with the noun they modify, in the following situations the adjective remains invariable:

- a qualified color: des cheveux **châtain foncé** (*dark*)

- adjectives of color (**orange, citron, crème, marron,** etc.) that are also nouns: des rideaux (*curtains*) **crème**

- **snob, chic, bon marché:** Quelle femme **chic**!

- **demi** before **heure:** une **demi**-heure

  BUT: deux heures et **demie**

NOTE: When an adjective modifies two or more nouns of different genders, the masculine plural is used:

une fille et un fils **américains**

Activités

A. Qui suis-je? Complétez la description de Jeanne et de ses parents en utilisant la forme correcte de l'adjectif entre parenthèses.

J'ai un père et une mère _____ (célèbre) dont je suis très _____ (fier). Mon père est un journaliste _____ (indépendant) depuis long-temps. Il a reçu de _____ (nombreux) prix pour ses oeuvres _____ (créatif).

Ma mère est une artiste _____ (contemporain) de renommée (*fame*) _____ (mondial). Dans ses idées _____ (politique), elle est un peu _____ (conservateur) comme mon père, mais c'est une mère _____ (affectueux), _____ (gentil) et _____ (juste).

Moi, je ne suis pas du tout _____ (exceptionnel). Je suis une étu-diante _____ (ordinaire) et même _____ (moyen) dans une école _____ (privé) de Paris. Dans l'ensemble je ne suis ni très _____ (travailleur) ni trop _____ (paresseux). Mes parents pensent que je suis _____ (fou), mais un jour j'espère devenir actrice.

La Position des adjectifs

Adjectives in French usually follow the noun.

une histoire agréable   un livre intéressant

A. A few common adjectives are normally placed before the noun:

autre	nouveau	vilain	gros	haut
beau	jeune	bon	grand	long
joli	vieux	mauvais	petit	court

premier (-ière), deuxième, etc. (and all ordinal numbers)

NOTE: In formal speech, **des** becomes **de** before plural preceding adjectives.

de bons voisins   BUT: **les** bons voisins

B. When there is more than one adjective modifying a noun, the word order normally associated with each adjective is used:

une **belle** ville **pittoresque**   la **vieille** église **gothique**

C. Et is generally used if both adjectives follow the noun. If both precede, the use of **et** is optional:

un homme **intelligent et sympathique**
un **beau petit** garçon   une **grande et jolie** femme

When using two adjectives that are normally placed before the noun, there are two possibilites for word order:

un **beau petit** garçon   OR   un garçon **beau et petit**

D. The following adjectives change their meaning according to their placement:

ancien	mon ancien professeur	un livre ancien
	my former professor	*an ancient book*
certain	un certain homme	une victoire certaine
	a certain, particular man	*a sure win*
cher	mes chers collègues	des machines chères
	my dear colleagues	*expensive machines*
dernier	la dernière année	l'année dernière
	the final year (in a series)	*the last, preceding year*
même	la même idée	l'idée même
	the same idea	*the very idea*
pauvre	la pauvre famille	la famille pauvre
	poor, unfortunate family	*poor, penniless family*
propre	ma propre chambre	une chambre propre
	my own room	*a clean room*
prochain	la prochaine fois	la semaine prochaine
	next time (in a series)	*next week (one coming)*
seul	le seul homme	un homme seul
	the only man	*a solitary man*

Activités

A. Petites annonces. Voici quelques petites annonces incomplètes. Pour les terminer, mettez le nom et les adjectifs entre parenthèses à la bonne place, en faisant l'accord nécessaire. Ajoutez **et** s'il le faut.

1. Un _____ _____ (jeune, français) désire correspondre avec une _____ _____ (étudiante, américain).
2. Une _____ _____ _____ (femme, californien, beau) cherche un _____ _____ _____ (compagnon, gentil, francophone) pour aller voir des pièces de théâtre et des _____ _____ (films, français).
3. Une _____ _____ _____ (dame, raffiné, élégant), de 56 ans, de _____ _____ _____ (personnalité, gai, charmant), qui est une _____ _____ (maîtresse, très bon) de maison désire correspondre avec un monsieur dans la soixantaine, de _____ _____ (situation, aisé). Ecrire en fournissant des détails et une _____ _____ (photo, récent).

Liens culturels

La nouvelle image du couple: un homme *et* une femme

«Hier, les deux membres du couple avaient des rôles bien distincts. D'un côté, la mère-femme au foyer, de l'autre le père-chef de famille. Les couples d'aujourd'hui se reconnaissent de moins en moins dans cette description. Les rôles de l'homme et de la femme se sont rapprochés. Que ce soit pour faire la vaisselle... ou l'amour.» La raison? C'est surtout l'effet de la révolution féministe. Comment le couple américain a-t-il changé?

Mermet, *Francoscopie,* p. 82

B. Au secours! M. Gamblin, directeur d'une grande entreprise de Montréal doit afficher l'annonce suivante en anglais et en français. Ecrivez la version française pour lui.

> One of our fellow workers needs your help. This unfortunate man and his family lost their home in a fire last night. The only clothes they have are those (**ceux**) they are wearing. They especially need money and clean, new clothing. Please bring your generous donations (**contributions** *f*) to room 112 by Friday of next week. With your help, our drive (**effort** *m*) will be a sure success. Thank you very much.
>
> M. Gamblin

«Interactions»

A. Imaginez. Imagine that you have just been robbed. You saw the burglar leaving your house with your VCR and a bag full of other things that belong to you. Your partner should play the role of the police detective who questions you regarding what the robber looked like, as well as your stolen possessions. Use as many details in your description as possible. MOTS UTILES: *to steal* (**voler**); *burglar* (**le cambrioleur**); *robbery* (**le vol**)

B. Devinez mon nom. Pretend that you are your favorite TV character. Describe what you look like, your profession, and some personality traits. Do not tell what program you are on; however, give many details to describe what your character is like. The rest of the class will try to guess your identity.

BRAVO!
Culture et littérature

Comment décrire les routines et les rapports

«Conversation»

(conclusion)

Rappel: Have you reviewed pronominal verbs? (text p. 63 and the accompanying exercises in the workbook)

Etienne vient de se plaindre au psychiatre de ne pas comprendre ce qui le préoccupe...

LE PSYCHIATRE: Ne vous en faites pas.° Nous découvrirons bientôt votre problème. Mais je dois me renseigner° un peu plus sur vous. Est-ce que vous vous entendez bien avec° votre femme et vos enfants?

ETIENNE: Bien, euh, oui, nous avons de bons rapports.° Nous nous disputons° de temps en temps mais en général nous nous entendons bien.

LE PSYCHIATRE: Et... est-ce que vous faites de la gymnastique° régulièrement?

ETIENNE: Pas vraiment.

LE PSYCHIATRE: Non? Hmmm... Décrivez-moi, s'il vous plaît, votre routine personnelle.

ETIENNE: Oh, ce n'est pas très passionnant! Alors voilà, je me lève à 6h; je me prépare pour le travail; je vais à mon bureau et je reviens à 7h du soir. Je dîne; je regarde la télé; à 11h je me couche. Métro–boulot–dodo,[3] plus un peu de télé et de vie de famille.

LE PSYCHIATRE: *(après quelques moments)* Eh bien. Pensez-vous souffrir du stress causé par votre travail exigeant° et votre routine monotone?

ETIENNE: Euh, peut-être. Je ne sais pas.

LE PSYCHIATRE: Vous savez que 19% des Français souffrent de dépression. La cause principale en est l'accumulation des difficultés ou des frustrations dans la vie professionnelle, familiale ou personnelle. En tout cas, pour réduire° le stress et les tensions dans votre vie, je vous suggère de faire de la gymnastique quatre à cinq fois par semaine et de consacrer plus de temps aux loisirs. Est-ce qu'il est aussi possible que vous soyez un peu jaloux et frustré par le succès récent de votre femme dans sa carrière et par le manque de succès dans la vôtre?

ETIENNE: Non! Je ne crois pas. Je ne suis pas jaloux ou envieux.

LE PSYCHIATRE: Nous devrons en parler un autre jour parce que c'est l'heure. La semaine prochaine nous discuterons un peu plus en détail de vos rapports avec votre famille.

Observation et Analyse

1. Quelles expressions Etienne utilise-t-il pour décrire sa routine et ses rapports personnels?
2. Quelle sorte de rapports Etienne a-t-il avec sa famille?
3. D'après le psychiatre, pourquoi l'exercice physique est-il essentiel pour Etienne? L'exercice est-il important pour vous?
4. A votre avis, Etienne est-il vraiment jaloux de sa femme? Pourquoi ou pourquoi pas?

[3] Métro–boulot–dodo = *subway–work–sleep*: a common expression for the daily work routine.

«Expressions typiques pour... »

Décrire les routines

Quelle est votre routine typique?

Je me lève; je me lave (je prends une douche/un bain);
    je me peigne; je me brosse les dents;
    je m'habille; je me maquille;
    je prends mon petit déjeuner; je vais au... ;
    je déjeune à... ; je rentre à... ; je dîne à... ;
    je fais mes devoirs; je me déshabille; je me couche.

Décrire les rapports personnels

Quelle sorte de rapports avez-vous avec... ?

Je m'entends bien/mal avec mon petit ami/ma petite amie.
J'ai de bons/mauvais rapports avec lui/elle.
Nous sommes de très bons amis.
Nous nous disputons rarement/souvent/de temps en temps.
Nous (ne) nous comprenons (pas) bien.
Nous nous sommes rencontrés l'an dernier.
Nous nous sommes fiancés/mariés.

«Mots et expressions utiles»

Les rapports difficiles

une dispute *a quarrel*
se disputer *to argue*
exigeant(e) *demanding*
le manque de communication *communication gap*
rompre avec quelqu'un *to break up with someone*
se plaindre (de quelque chose à quelqu'un) *to complain (to someone about something)*
tendu(e) *tense*

Les bons rapports

le coup de foudre *love at first sight*
s'entendre bien/mal avec *to get along well/badly with*
se fiancer *to get engaged*
fréquenter quelqu'un *to go steady with someone*
se revoir *to see again*
taquiner *to tease*
tomber amoureux(-euse) de quelqu'un *to fall in love with someone*

Divers

améliorer *to improve*
s'en faire *to worry*
    Ne vous en faites pas! *Don't worry!*
faire la grasse matinée *to sleep late (sleep in)*
faire de la gymnastique *to exercise*
les liens *m* de parenté *relationship (family ties)*

les rapports *m* *relationship (personal ties)*
réduire *to reduce*
se rendre à *to go to*
se renseigner (sur) *to find out (about)*
se sentir mieux *to feel better*

Décrivez les rapports de ce jeune couple.

Activités

A. Entraînez-vous. Donnez deux phrases pour décrire vos rapports avec chaque personne ci-dessous. Variez vos réponses.

> *modèle:* votre mère
> *J'ai de bons rapports avec ma mère.*
> *Nous nous disputons rarement.*

1. votre soeur/frère
2. votre petit(e) ami(e)
3. votre père
4. votre camarade de chambre
5. un copain/une copine que vous connaissez depuis longtemps
6. votre professeur de français

B. Ma routine. Décrivez la routine d'un jour de semaine typique. Contrastez cette description avec celle d'un jour de week-end typique.

C. Questions indiscrètes. Posez les questions suivantes à un(e) ami(e). Donnez un résumé de ses réponses à la classe.

1. Es-tu jamais tombé(e) amoureux/amoureuse? Quand? Est-ce que c'était un coup de foudre? Est-ce que vous vous voyez toujours?
2. Quelles situations causent le plus de stress pour toi? Pourquoi? Qu'est-ce que tu fais pour réduire le stress?
3. Est-ce que tu te plains souvent? De quoi? A qui? D'habitude est-ce que tu te sens mieux après?

«Grammaire»

Les Verbes pronominaux

A. Pronominal verbs are often used when describing daily routines and personal relationships. You reviewed the basic patterns of use in **Révisons un peu.** The most common type of pronominal verbs, *reflexive verbs,* reflect the action back to the subject.

> Il se couche à 11h.
> *He goes to bed at 11:00.*

Many common reflexive verbs can be found in «Expressions typiques pour... ».
Additional reflexive verbs are listed below:

s'amuser *to have fun*	se fâcher contre *to get angry with*
s'arrêter *to stop*	s'inquiéter de *to worry about*
se couper *to cut oneself*	s'intéresser à *to be interested in*
se débrouiller *to manage, get along*	se moquer de *to make fun of*
se demander *to wonder*	se reposer *to rest*
se détendre *to relax*	

B. A second group of pronominal verbs, *reciprocal verbs*, describe an action that two or more people perform on or for each other rather than on or for themselves. These verbs are conjugated in the same way as reflexive verbs; however, they can only be used in the plural.

Nous nous aimons bien.   Nous nous parlons chaque jour.
We like each other a lot.   *We speak to each other every day.*

The addition of **l'un(e) l'autre** (for two people) and **les un(e)s les autres** (for more than two people) can be used if ambiguity exists.

Paul et Marie se comprennent.
Paul and Mary understand themselves.
OR: *Paul and Mary understand one another.*
BUT: Paul et Marie se comprennent l'un l'autre.
Paul and Mary understand one another.

Note the placement of a preposition:

Ils s'entendent bien, les uns **avec** les autres.
They get along fine with each other.

C. A third group, *idiomatic pronominal verbs,* change meaning when used in a pronominal construction:

Non-pronominal	**Pronominal**
aller *to go*	s'en aller *to go away*
attendre *to wait*	s'attendre à *to expect*
douter *to doubt*	se douter de *to suspect*
ennuyer *to bother*	s'ennuyer *to be bored, get bored*
entendre *to hear*	s'entendre (avec) *to get along (with)*
faire *to do, make*	s'en faire *to be worried*
mettre *to put, place*	se mettre à *to begin*
passer *to pass*	se passer de *to do without*
plaindre *to pity*	se plaindre de *to complain*
rendre compte de *to account for*	se rendre compte de *to realize*
servir *to serve*	se servir de *to use*
tromper *to deceive*	se tromper *to be mistaken*

Some verbs exist only in pronominal form:

se méfier de *to be wary, suspicious of*
se souvenir de *to remember*
se spécialiser en *to specialize, major in*
se taire *to be quiet*

Activités

A. Comment? Choisissez la phrase qui complète logiquement la situation décrite ci-dessous.

1. Je ne peux pas me passer de voiture.
   a. Une voiture est essentielle pour moi.
   b. Je ne laisse jamais passer une autre voiture.
2. Ils ne s'entendent pas bien.
   a. On doit toujours répéter ce qu'on dit quand on leur parle.
   b. On les entend souvent se disputer.
3. Nous nous doutons qu'elle est gravement malade.
   a. Elle n'est pas sortie de sa maison depuis longtemps.
   b. On l'a vue faire du ski récemment.
4. Je ne me trompe jamais.
   a. Je suis toujours honnête.
   b. J'ai toujours raison.
5. Claire s'ennuie beaucoup à la campagne.
   a. Elle dit qu'il n'y a rien à faire.
   b. Elle dit que les insectes sont très embêtants.

B. Ma famille. Annie, une jeune fille de 14 ans, doit écrire une composition sur sa famille. Traduisez sa composition en français en utilisant autant de verbes pronominaux que possible.

There are five of us in my family—my mother, father, half-sister, half-brother, and myself, the youngest. For the most part, we all get along fairly well. Of course I get angry with my older brother when he makes fun of me. But I tell him to be quiet and he usually stops. Maybe I am wrong but I suspect that he teases me because he gets bored. My older sister Hélène is majoring in science at the university. She has a lot of work but she never complains.

My parents have a great relationship. It's easy to see that they love each other very much.

And me? I am 14 years old. I get along fine at school, and like most of my classes, but I am mainly interested in vacations.

Qu'est-ce qu'on vend dans cette réclame (ad)? ↓

C. Interview. Utilisez les verbes et les adverbes interrogatifs ci-dessous pour interviewer un(e) camarade de classe.

1. se lever, se coucher: à quelle heure?
2. s'habiller: comment?
3. se débrouiller: à l'université?
4. s'intéresser: à quoi?
5. s'amuser: comment?
6. se fâcher: contre qui? quand?
7. s'inquiéter: de quoi?
8. se détendre: quand? comment?
9. s'ennuyer: quand?
10. se marier: un jour?

«Interactions»

A. Au café. You are at a café with a good friend. Gossip about Denise and Eric whom you both know. Discuss the fact that you heard (**entendre dire**) that they broke up, and you wonder why. Talk about whom Denise is now going with and what that person looks like. Gossip about how Eric is getting along, and that Eric and Denise are no longer seeing nor speaking to each other. Add details.

B. Imaginez. You are an elementary school teacher. Call the parents of one of your ten-year-old students (Christophe) and invite them to school for a conference (**un rendez-vous pour discuter**). They accept your invitation and you arrange the date and time. At the conference discuss the following:

- Christophe is not doing well in school;
- he is never quiet in class;
- you suspect he is bored.

Find out:

BRAVO!
Culture et littérature

- how he gets along with his parents and his older brothers;
- if he complains about headaches at home;
- if he goes to bed early enough.

SYNTHÈSE

Activités orales

A. Jouez le rôle. Role play a visit to the psychiatrist. Explain your real or imagined problems with your job, family, friends, etc. He/She will question you at length about your life in order to find out how to help you.

B. Décisions. You and a good friend (who will be your roommate next fall) discuss what you are going to bring from home or buy for your dorm room. Discuss your preferences regarding color, size, shape, etc. of each object, and who will be in charge of getting it. MOTS UTILES: *poster* (**l'affiche** *f*); *rug* (**le tapis**); *bedspread* (**le couvre-lit**); *refrigerator* (**le réfrigérateur**); *microwave oven* (**le four à micro-ondes**)

C. Le jeu des professions. Half of the class will act as contestants (**concurrents**) and the other half will be the studio audience (**spectateurs**). One student (or the teacher) plays the role of the game show host. Each contestant must describe his profession in detail without stating the name of it or using any form of the word. The studio audience must try to identify the profession of each contestant.

> modèle: —*Dans mon travail, je parle avec beaucoup de gens qui désirent obtenir de l'argent.*
> —*Est-ce que vous êtes banquier?*
> —*Oui, je suis banquier.*

Activités écrites

A. Une lettre. Write your first letter to your new French pen pal (**correspondant [e]**). Tell him/her what you look like. Describe your family, what a typical day is like at school, what your interests are (**s'intéresser à**), etc. Invite him/her to write to you.

B. Cher... Write a letter to a newspaper advice columnist describing a problem with your roommate, boyfriend/girlfriend, or parents.

Quelle sorte de magasin est-ce? «Absorba... Baby Botte»—Qu'est-ce que c'est?

VOCABULAIRE

Leçon 1

La famille

les arrière-grands-parents *great grandparents*
le beau-frère/beau-père *brother-/father-in-law or step-brother/-father*
la belle-soeur/belle-mère *sister-/mother-in-law or step-sister/-mother*
célibataire/marié(e)/divorcé(e) *single/married/divorced*

le demi-frère/la demi-soeur *half-brother/-sister*
une famille nombreuse *large family*
le mari/la femme *spouse; husband/wife*
le parent *parent; relative*
le troisième âge *old age*
la vie de famille *home life*

Les enfants

l'aîné(e) *elder, eldest*
bien/mal élevé(e) *well/badly brought up*
le cadet/la cadette *younger, youngest*
un fils/une fille unique *only child*
gâté(e) *spoiled*
un(e) gosse *kid*
un jumeau/une jumelle *twin*

La possession

C'est à qui le tour? *Whose turn is it? (Who's next?)*
C'est à lui/à toi. *It's his/your turn.*
être à (+ pronom disjoint) *to belong to (someone)*

Divers

l'appareil-photo *m camera*
avoir le cafard *to be depressed*
femme (homme) au foyer *housewife(husband)*
le magnétoscope *VCR*
s'occuper de *to deal with (manage, handle)*
l'ordinateur *m computer*

Leçon 2

Les personnes

avoir une barbe/une moustache/des favoris *to have a beard/moustache/sideburns*
avoir les cheveux roux/châtains/ondulés/raides/frisés *to have red/chestnut/wavy/straight/curly hair*
avoir la vingtaine/la trentaine, etc. *to be in one's 20s/30s, etc.*
être chauve *to be bald*
être en forme *to be in good shape*
être fort(e) *to be heavy, big, stout*
être grand(e) *to be tall*
être marrant(e)/gentil (gentille)/mignon (mignonne) *to be funny/nice/cute, sweet*
être de petite taille *to be short*
être de taille moyenne *to be of average height*
ne pas faire son âge *to not look one's age*
porter des lunettes/des lentilles de contact *to wear glasses/contact lenses*

Les objets

être en argent/or/acier/laine *to be made of silver/gold/steel/wool*
être gros (grosse)/minuscule *to be big/tiny*
être haut(e)/bas (basse) *to be tall, high/short, low*
être large/étroit(e) *to be wide/narrow*
être lourd(e)/léger (légère) *to be heavy/light*
être pointu(e) *to be pointed*
être rond(e)/carré(e) *to be round/square*

Divers

l'aide *f help*
être déprimé(e) *to be depressed*
s'installer *to set up shop, to settle in*
Qu'est-ce qui ne va pas? *What's the matter?*
le succès *success*
    avoir du succès *to be successful*

Leçon 3

Les rapports difficiles

une dispute *a quarrel*
se disputer *to argue*
exigeant(e) *demanding*
le manque de communication *communication gap*
se plaindre (de quelque chose à quelqu'un) *to complain (to someone about something)*
rompre avec quelqu'un *to break up with someone*
tendu(e) *tense*

Les bons rapports

le coup de foudre *love at first sight*
s'entendre bien/mal avec *to get along well/badly with*
se fiancer *to get engaged*
fréquenter quelqu'un *to go steady with someone*
se revoir *to see again*
taquiner *to tease*
tomber amoureux(-euse) de quelqu'un *to fall in love with someone*

Divers

améliorer *to improve*
s'en faire *to worry*
    Ne vous en faites pas! *Don't worry!*
faire la grasse matinée *to sleep late (sleep in)*
faire de la gymnastique *to exercise*
les liens *m de parenté relationship (family ties)*
les rapports *m relationship (personal ties)*
réduire *to reduce*
se rendre à *to go to*
se renseigner (sur) *to find out (about)*
se sentir mieux *to feel better*

CHAPITRE 4

«On ne croira jamais ce qui m'est arrivé... »

Révisons un peu: le passé composé; l'imparfait; le plus-que-parfait

Leçon 1: Comment dire qu'on se souvient/ne se souvient pas de quelque chose; le passé composé

Leçon 2: Comment raconter une histoire; l'emploi de l'imparfait

Leçon 3: Comment raconter une histoire (conclusion); l'emploi du plus-que-parfait

Thèmes: Les vacances, les moyens de transport, l'hôtel

Révisons un peu

The information presented on the next few pages is intended to refresh your memory of various grammatical topics that you have probably encountered before. Review the material and then test your knowledge by completing the accompanying exercises in the workbook.

Avant la première leçon

Le Passé composé

exemple	équivalent

J'ai **voyagé** partout. → { I traveled everywhere.
Tu **as voyagé**... { I have traveled everywhere.
Il { { I did travel everywhere.
Elle } **a voyagé**...
On }

Nous **avons voyagé**...
Vous **avez voyagé**...
Ils }
Elles } **ont voyagé**...

FORMATION: present tense of **avoir** or **être** (auxiliary verb) + past participle

A. Le Participe passé: formes régulières

• Change **-er** ending of infinitive to **é**.

• Change **-ir** ending of infinitive to **i**.

• Change **-re** ending of infinitive to **u**.

traverser → traversé
finir → fini
perdre → perdu

B. L'Auxiliaire

• Most verbs are conjugated with **avoir.**

• All pronominal (reflexive) verbs, as well as the following verbs of motion, require **être:**

naître	monter	aller	rester
mourir	descendre	venir	retourner
arriver	entrer	revenir	rentrer
partir	sortir	devenir	tomber
passer			

NOTE: All object and reflexive pronouns precede the auxiliary verb:

Il **m'**a regardé longtemps. Puis, il **s'en** est allé.

C. L'Accord du participe passé

• When the auxiliary verb is **être:**
past participle agrees (in gender and number) with the *subject.*

Claire est **arrivée** en retard, comme d'habitude.

• When the auxiliary verb is **avoir:**
usually no agreement.

Puis, elle a **débité** *(poured out)* ses excuses habituelles.

• With a *preceding direct object:*
past participle agrees (in gender and number) with the *direct object.*

Elle **les** a **présentées** d'un air contrit.
Les excuses qu'elle a **données** étaient assez pauvres.

• With a *preceding indirect object* or **en:**
no agreement.

On ne **lui** a pas **fait** beaucoup de compliments.

D. Le Négatif

Je **n'**ai **pas** oublié ton anniversaire, ma chérie, mais je **ne** me suis **pas** souvenu de t'envoyer une carte à temps!

E. L'Interrogatif

Est-ce que **vous avez** voyagé à l'étranger?
Avez-vous voyagé à l'étranger?

Est-ce que **vous** ne **vous êtes** pas arrêté(e) en Grèce?
Ne **vous êtes-vous** pas arrêté(e) en Grèce?

Avant la deuxième leçon

L'Imparfait

exemple	équivalent

J'**allais** à la plage... →

Tu **allais**...

Il
Elle } **allait**...
On

Nous **allions**...

Vous **alliez**...

Ils
Elles } **allaient**...

I used to go to the beach...
I was going to the beach...
I went to the beach...

FORMATION:

- *Stem:* **nous** form of present tense minus **-ons.**

  ONLY EXCEPTION: être (*stem:* **ét-**)

- *Endings:* -ais -ions
  -ais -iez
  -ait -aient

REMINDER: Verbs ending in **-cer** add a **cédille** to the c (ç) before the endings **-ais, -ait,** and **-aient;** verbs ending in **-ger** add **e** before the same endings.

Quand il **commençait** à faire chaud, nous allions à la plage.

Tes parents **voyageaient** souvent à l'étranger, n'est-pas?

→

Avez-vous passé des vacances dans une île tropicale? Racontez.

Avant la troisième leçon

Le Plus-que-parfait

exemple	équivalent

J'**avais** déjà **téléphoné** →
quand Marc est rentré.

Tu **avais téléphoné**...

Il
Elle } **avait téléphoné**...
On

Nous **avions téléphoné**...

Vous **aviez téléphoné**...

Ils
Elles } **avaient téléphoné**...

I had already telephoned when Marc got home.

FORMATION: imperfect tense of **avoir** or **être** + past participle

Agreement rules, word order and negative/interrogative patterns are the same as for the **passé composé.**

VOTRE PROCHAINE STATION FORT-DE-FRANCE...

UNE HISTOIRE D'AMOUR ENTRE CIEL & MER

MARTINIQUE

Comment dire qu'on se souvient/ne se souvient pas de quelque chose

«Conversation»

Rappel: Have you reviewed the **passé composé?** (text p. 86 and the accompanying exercises in the workbook)

Un groupe de jeunes Français est en vacances à Nice sur la Côte d'Azur. Ils sont assis à une table à la terrasse du petit restaurant Le Saëtone où ils ont goûté avec plaisir la cuisine niçoise. Ils s'amusent à regarder flâner° les touristes et à raconter des souvenirs° de vacances.

MARC: Chantal, est-ce que tu te souviens° encore des vacances que nous avons passées, il y a longtemps, en Espagne avec notre tante Hélène?

CHANTAL: Non, je ne m'en souviens plus.

MARC: Mais si, voyons! Tu ne veux peut-être pas t'en souvenir parce que tu as eu le mal du pays!°

CHANTAL: Je ne sais plus. Il y a si longtemps. Mais je me rappelle° bien le voyage d'école que nous avons fait il y a deux ans en Bretagne. Il y avait Yvette, Pierre, Philippe...

PHILIPPE: Qui pourrait oublier? Nous nous sommes trompés de train,° après quoi nous nous sommes perdus.° Les gendarmes nous ont ramenés° à l'école.

YVETTE: A propos de voyages en train, vous n'avez pas oublié nos vacances en Alsace de l'année passée? Vous vous souvenez des sandwiches que nous avons mangés dans le train et qui nous ont rendus si malades?

PIERRE: S'il te plaît! Ne nous rappelle pas de mauvais souvenirs!

MARC: Jeannette, tu es bien silencieuse. Parle-nous de ton voyage de l'année passée aux Etats-Unis avec ta soeur. J'ai entendu dire que c'était un voyage fantastique.

JEANNETTE: Absolument! Je ne l'oublierai jamais! L'avion a atterri° à l'aéroport Kennedy le 10 juillet et...

A suivre.

Observation et Analyse

1. Quelles expressions est-ce que les jeunes utilisent pour dire qu'ils se souviennent de quelque chose? Quelles expressions est-ce qu'ils utilisent pour demander à quelqu'un d'autre de raconter ses souvenirs?
2. Quelle sorte de liens ont Marc et Chantal? Et les autres?
3. Qui parle de ses vacances passées à l'étranger?
4. Quel événement mémorable leur est arrivé pendant le voyage en Alsace? Et pendant le voyage en Bretagne?

«Expressions typiques pour... »

Demander si quelqu'un se souvient de quelque chose

Est-ce que tu te souviens de (nos vacances à...)?
Est-ce que tu te rappelles (nos vacances à...)?
Vous n'avez pas oublié... ?

Dire qu'on se souvient

Je me souviens encore de...
Je me rappelle bien le...
Je ne l'oublierai jamais.

Dire qu'on ne se souvient pas

Je ne m'en souviens pas.
Tiens! Je ne me le rappelle plus!
J'ai complètement oublié.

Demander à quelqu'un de raconter ses souvenirs

Parle-moi du jour où tu...
Je comprends qu'une fois tu...
Une fois, n'est-ce pas, tu...

Commencer à raconter des souvenirs

J'ai de très bons/mauvais souvenirs de...
Je ne suis pas certain(e) des détails mais...
Si j'ai bonne mémoire...
Autant qu'il m'en souvienne°...
Je me souviens de l'époque où j'étais gosse et où j'aimais...

«Mots et expressions utiles»

Les vacances

une agence de voyages *travel agency*
aller à l'étranger *to go abroad*
avoir le mal du pays *to be homesick*
les congés *m* payés *paid vacation*
être en vacances *to be on vacation*
flâner *to stroll*
se perdre *to get lost*
rendre visite à (quelqu'un) *to visit (someone)*
un séjour *stay, visit*
un syndicat d'initiative *tourist bureau*
se tromper de (train) *to take the wrong (train)*
visiter (un endroit) *to visit (a place)*

Les moyens de transport

atterrir *to land*
la circulation *traffic*
une contravention *ticket, fine*
descendre de (la voiture, etc.) *to get out of (the car, etc.)*
un embouteillage *traffic tie-up/jam*
faire de l'auto-stop *to hitchhike*
faire le plein *to fill up (gas tank)*

garer la voiture *to park the car*
manquer le train *to miss the train*
  Tu me manques. *I miss you.*
monter dans (une voiture/un bus/un taxi/un avion/un train) *get into
  (a car/bus/taxi/plane/train)*
tomber en panne d'essence *to run out of gas*
un vol *flight*

Divers

autant qu'il m'en souvienne *as far as I remember*
pourtant *however*
la mémoire *memory (mental capacity)*
ramener *to bring someone (something) back again, to drive someone home*
rappeler quelque chose à quelqu'un *to remind someone of something*
un souvenir *memory, souvenir*
se souvenir de/se rappeler *to remember*

Activités

A. Souvenirs. Demandez à chaque personne suivante s'il/si elle se souvient de
l'événement donné. Un(e) camarade de classe va jouer les rôles. Variez la
forme des questions et des réponses en utilisant les «Expressions typiques
pour... ».

> *modèle:* votre bon(ne) ami(e): le voyage à New York
> — *Est-ce que tu te souviens du voyage à New York que nous
>   avons fait?*
> — *Oui, je m'en souviens bien.*

1. votre mère/père: le jour où vous êtes né(e)
2. votre petit(e) ami(e): votre premier rendez-vous
3. vos étudiants: les devoirs pour aujourd'hui
4. votre frère/soeur aîné(e): les vacances à...
5. votre ami(e): la première fois qu'il/elle a conduit une voiture
6. votre camarade de chambre: ce qu'il/elle a fait hier soir à la boum
   (*party* [*familier*])

B. En famille. Vous vous trouvez à une réunion familiale. Faites raconter aux
personnes suivantes les expériences ci-dessous. Un(e) camarade de classe va jouer
les rôles. Variez la forme des questions et des réponses.

> *modèle:* tante Christine et son accident de voiture
> — *J'ai entendu dire qu'une fois tu as eu un accident de
>   voiture.*
> — *Je ne suis pas certaine des détails mais...*

1. cousine Juliette et son voyage en Californie
2. vos grands-parents et leur noce
3. oncle Jean-Pierre et ses expériences comme coureur (*racer*) dans le Tour de
   France
4. vos parents et leur lune de miel (*honeymoon*)
5. oncle Mathieu et la croix de guerre qu'il a reçue pendant la Deuxième Guerre
   mondiale

Imaginez la scène.
Jouez les rôles avec des
camarades de classe.

C. Questions indiscrètes. Posez les questions suivantes à un(e) ami(e). Donnez un résumé de ses réponses à la classe.

1. Combien de semaines de congés payés les Américains ont-ils généralement? et tes parents? et toi?
2. Pendant ton dernier voyage, où est-ce que tu es allé(e)? Comment est-ce que tu as voyagé? As-tu rendu visite à quelqu'un? A qui?
3. Voyages-tu souvent en voiture? Quelle est la vitesse maximum permise sur les autoroutes américaines? Et sur les autoroutes françaises?[1]
4. As-tu jamais reçu une contravention pour excès de vitesse? A quelle vitesse roulais-tu? Combien est-ce que la contravention t'a coûté?
5. As-tu jamais eu un pneu crevé? *(flat tire)*? Si oui, qui a changé le pneu?
6. Es-tu jamais tombé(e) en panne d'essence sur la route? Qu'est-ce que tu as fait?

[1] En 1973, pour réduire le nombre d'accidents de la route et la consommation de produits pétroliers, la France a choisi de limiter la vitesse à 130 km à l'heure (84 miles/hr) sur les autoroutes.

«Grammaire» **Le Passé composé**

The **passé composé** is one of the past tenses used frequently in French to talk about past events. The following rules complete the description of how to form the tense, begun in **Révisons un peu**.

A. Le Participe passé: formes irrégulières. The following irregular verbs also have irregular past participles:

avoir	**eu**	**-u**	
craindre	**craint**	boire	**bu**
être	**été**	connaître	**connu**
faire	**fait**	courir	**couru**
mourir	**mort**	croire	**cru**
naître	**né**	devoir	**dû**
		falloir	**fallu**
-it		lire	**lu**
conduire	**conduit**	plaire/pleuvoir	**plu**
dire	**dit**	pouvoir	**pu**
écrire	**écrit**	recevoir	**reçu**
		savoir	**su**
-is		venir	**venu**
asseoir	**assis**	vivre	**vécu**
mettre	**mis**	voir	**vu**
prendre	**pris**	vouloir	**voulu**
-i		**-ert**	
rire	**ri**	découvrir	**découvert**
suivre	**suivi**	offrir	**offert**

B. Le Choix de l'auxiliaire. A few verbs—**descendre, monter, passer, sortir, retourner,** and **rentrer**—that normally use **être** as the auxiliary, take **avoir** and follow the **avoir** agreement rules when there is a direct object in the sentence. Notice how the meaning changes with some of the verbs in the examples below.

(C'est Mathieu qui parle.)

Hier je **suis descendu** voir mon amie Sylvie.	*(went down)*
La rue que j'**ai descendue** était en construction.	*(went down)*
Je **suis monté** à son appartement...	*(went up)*
et j'**ai monté** l'escalier.	*(climbed, went up)*
L'après-midi **est** vite **passé.**	*(went by, passed)*
En effet, j'**ai passé** tout l'après-midi chez elle.	*(spent)*
A 7h nous **sommes sortis** pour manger.	*(went out)*
Après le repas, j'**ai sorti** mon argent, mais elle a insisté pour partager l'addition.	*(took out)*
Je l'ai ramenée chez elle vers 10h, puis je **suis retourné** au restaurant pour chercher le parapluie que j'y avais laissé.	*(returned)*
J'ai eu une idée que j'**ai** tournée et **retournée** dans ma tête.	*(turned over)*
Pensif, je **suis rentré** chez moi.	*(came home)*
J'**ai rentré** la voiture au garage et je suis entré dans le salon.	*(put away)*
Finalement, j'ai téléphoné à Sylvie pour lui demander si elle voulait bien devenir ma femme.	

C. Le Passé composé des verbes pronominaux. As you know, pronominal verbs are conjugated with **être,** and the reflexive pronoun precedes the auxiliary.

> Malheureusement, il ne **s'est** pas **rappelé** mon adresse.

• The past participle will agree with the reflexive pronoun if it acts as a direct object. If the verb is followed by a direct object noun, the reflexive pronoun becomes the indirect object, and consequently no agreement is made:

> Elle s'est **lavée.**   Elle s'est **lavé** la figure.

• With verbs such as **s'écrire, se dire, se téléphoner, se parler, se demander,** and **se rendre compte,** the reflexive pronoun functions as an indirect object because the simple verbs **écrire, dire, téléphoner,** etc., take the construction **à quelqu'un.** Thus, agreement is not made.

> Les soeurs **se sont écrit** pendant la longue séparation.
> Elles **se sont écrit** l'une à l'autre.
> Elles **se sont téléphoné** une fois par semaine.

Activités

A. Les nouvelles. Voici quelques titres *(headlines)* tirés d'un numéro récent du *Figaro,* un journal français. Racontez ce qui s'est passé ce jour-là en mettant chaque titre au passé composé.

1. LE PREMIER MINISTRE ISRAELIEN <u>POURSUIT</u> SA VISITE A PARIS.
2. LES PAYS EUROPEENS <u>VEULENT</u> PRENDRE LEUR TEMPS POUR EXAMINER LES PROPOSITIONS SOVIETIQUES DE DESARMEMENT NUCLEAIRE.
3. L'EQUIPE DE FRANCE DE FOOTBALL <u>BAT</u> L'ISLANDE *(Iceland)* EN CHAMPIONNAT D'EUROPE.
4. L'EUROPE <u>SE PROTEGE</u> FACE AU JAPON.
5. LA BANQUE D'ANGLETERRE <u>REDUIT</u> D'UN DEMI-POINT LES TAUX D'INTERET *(interest rates).*

Est-ce que vous voudriez faire un séjour linguistique en France? Quel programme est-ce que vous choisiriez?

B. La Louisiane. Georgette raconte ses souvenirs de vacances en Louisiane. Complétez son histoire en remplissant les blancs avec le passé composé d'un des verbes entre parenthèses.

(lire / arriver / voir / ramener / aller / manquer)

Je me rappelle bien les vacances de l'été passé quand nous _____ en Louisiane. Avant de partir, notre agence de voyages nous avait donné (*had given*) des brochures touristiques que nous _____ avec grand plaisir. Donc quand nous _____ à la Nouvelle-Orléans nous ne _____ pas _____ de passer par le Vieux Carré (*the French Quarter*) où nous _____ la vieille cathédrale Saint-Louis.

(descendre / faire / partir / parcourir: *to travel up and down*)

Nous _____ aussi la rue Décatur pour visiter le Marché français. Une partie du groupe _____ les Bayous célèbres et d'autres _____ une croisière (*cruise*) sur le Mississippi.

(passer / découvrir / flâner / rentrer / offrir / boire)

Mais tout le monde _____ les délices extraordinaires de la cuisine créole. La Nouvelle-Orléans nous _____ toutes les spécialités louisianaises comme le jambalaya et les beignets (*doughnuts*) Calas. Et, bien sûr, nous _____ du café brûlot (*coffee mixed with whiskey*). Il faut dire que tout le monde _____ des vacances merveilleuses. Quand nous _____ en France, c'était avec regret.

C. En vacances. Utilisez les verbes et les mots ci-dessous pour interviewer un(e) camarade de classe au sujet de son dernier voyage.

1. passer les vacances: avec qui, comment
2. faire du tourisme: où
3. s'arrêter: dans quelles villes
4. s'amuser: comment
5. s'ennuyer: un peu/pourquoi
6. pleuvoir: pendant le voyage
7. lire/boire: qu'est-ce que
8. prendre des photos: combien
9. écrire des cartes postales: à qui
10. rentrer: quand

«Interactions»

A. Il était une fois... Play the role of your grandfather/grandmother or another older relative. Your partner will play your grandson or granddaughter and will try to get you to remember an incident that took place when you were younger. For example: your first day of school, your first date, the day you skipped school **(sécher les cours),** how you ran out of gas on your honeymoon. At first you can't remember, but after some encouragement, you finally do remember the incident and describe it to your partner.

B. Vacances exotiques. Imagine that you are on vacation in some exotic location that you have always wanted to visit. Write three postcards to friends and/or family members describing your experiences. Be sure to recount different events in each of the postcards.

BRAVO!
Culture et littérature

Comment raconter une histoire

«Conversation»
(suite)

Rappel: Have you reviewed the imperfect tense? (text p. 87 and the accompanying exercises in the workbook)

En ce moment nos jeunes Français se promènent le long de la plage. Ils parlent toujours de leurs aventures de vacances.

JEANNETTE: Et enfin, je suis partie de New York le 12 août, avec des souvenirs formidables.

YVETTE: Ah! Si seulement je pouvais passer deux mois à l'étranger!

PIERRE: Ecoutez. Il faut que je vous raconte mes vacances à Chamonix. Le rêve a tourné au cauchemar!°

JEANNETTE: Pierre! Qu'est-ce qui s'est passé?

PIERRE: C'était en décembre, il y a trois ans. Je faisais du ski à Chamonix avec Jacques Forestier. Vous le connaissez, n'est-ce pas? Il est grand...

CHANTAL: Oui, oui, continue l'histoire!

PIERRE: Eh bien. D'abord tout allait très bien. Il faisait froid et chaque jour il neigeait juste assez pour rendre le ski super. Alors, le dimanche matin nous avons décidé de skier sur la piste° la plus longue. Je savais que la météo avait indiqué la possibilité d'une tempête de neige, mais nous étions inconscients, vous savez, et nous croyions au beau temps. Bon, alors, nous venions de descendre du télésiège° au sommet quand tout à coup les télésièges se sont arrêtés. Au même moment il a commencé à neiger très fort. Quelle horreur! Il fallait descendre très vite, mais avec tous les arbres qui bordaient les pistes et la neige qui tombait dru,° c'était épouvantable!° La seule chose à faire c'était de descendre lentement en file indienne° en chasse-neige.° Finalement, après une descente éprouvante,° nous sommes arrivés en bas de la montagne.

PHILIPPE: Formidable! Si seulement il m'arrivait quelque chose d'extraordinaire!

MARC: Et personne ne s'est blessé?

PIERRE: Oui et non. J'ai fini par me fouler la cheville° en entrant dans l'hôtel avec mes skis!

A suivre.

Observation et Analyse

1. Que dit Pierre pour prendre la parole avant de commencer son histoire?
2. Quand est-ce que son aventure s'est passée? Où? Avec qui?
3. Quelles expressions est-ce qu'il utilise pour lier *(to link)* la suite *(series)* d'événements?
4. Quel souhait exprime Yvette? Et Philippe?
5. Le proverbe «Tout est bien qui finit bien», s'applique-t-il à cette histoire? Expliquez.

«Expressions typiques pour... »

Raconter une histoire

Prendre la parole

Est-ce que tu sais ce qui (m')est arrivé?
Tu ne croiras jamais ce qui (m')est arrivé!
Ecoute, il faut que je te raconte quelque chose.
Devine ce que je viens de faire!

Céder la parole

Dis-moi (vite)!
Raconte!
Je t'écoute.
Qu'est-ce qui s'est passé?

Lier une suite d'événements

Commencer

D'abord...
Au début...

Quand (je suis arrivé[e])...
J'ai commencé par (+ *infinitif*)...

Continuer

Et puis...
Alors...
Ensuite...
Au bout d'un moment...
En même temps/Au même moment...

Un peu plus tard...
Tout à coup... *suddenly*
Avant (de)... [2]
Après... [3]

Terminer

Enfin...
Finalement...

A la fin...
J'ai fini par (+ *infinitif*)...

«Mots et expressions utiles»

Divers

un cauchemar *nightmare*
en chasse-neige *snowplow style*
en file indienne *single file*
épouvantable *terrible, dreadful*
éprouvant(e) *nerve-racking; trying*
se fouler la cheville *to sprain an ankle*
une piste *slope, trail*
un télésiège *chairlift*
tomber dru *to fall thickly*

Activités

A. Entraînez-vous. En groupes de deux personnes, racontez une petite histoire en employant les expressions typiques pour prendre et céder la parole. Ensuite, changez de partenaire et utilisez les expressions sans regarder la liste.

[2] **avant** + noun; **avant de** + infinitive   EXEMPLE: avant midi / avant de partir

[3] **après** + noun/pronoun; **après** + past infinitive (infinitive of auxiliary + past participle)
EXEMPLE: après minuit / après avoir lu

B. Les événements. Racontez une suite de trois à cinq événements pour chaque sujet suivant. Utilisez les expressions pour lier les événements.

> *modèle:* comment vous avez commencé votre journée
>> ***D'abord** je me suis réveillé à 6h30. **Au bout d'un moment** je me suis levé. **Puis** je me suis lavé et je me suis habillé. **Ensuite** j'ai fait le lit. **Quand** j'ai finalement bu mon café, il était déjà 7h30.*

1. comment vous vous êtes préparé(e) à vous coucher hier soir
2. ce qui s'est passé dans la classe de français hier
3. ce que vous (et vos parents) avez fait pendant votre première visite sur le campus
4. comment vous avez étudié pour votre dernier examen
5. ce que vous avez fait hier soir

«Grammaire»

L'Emploi de l'imparfait

A. Along with the **passé composé**, the imperfect tense plays an important role when telling a story or describing any type of past events in French. Its main emphasis is on description, as the following uses illustrate:

- **Background description:** To say what the weather was like; what people were doing; what was going on; what the setting and time frame were.

    C'était en juin, en 1966. Il **faisait** très beau ce jour-là. Tout le monde **s'amusait** à la plage.

- **Habitual, repetitive action:** To describe or state past events that were repeated for an unspecified period or number of times.
  CLUES: **souvent, d'habitude, chaque semaine, toujours**

    On **allait souvent** au bord de la mer pendant ces étés tranquilles.

- **Conditions or states of mind:** To describe states or conditions that continued over an unspecified period of time.
  CLUES: **savoir, connaître, penser, être, avoir, vouloir, pouvoir, aimer, détester** (abstract verbs)

    Tout ce que je **voulais** faire, c'**était** me reposer et m'amuser avec mes meilleurs amis.

- **Continuous actions:** To describe how things were or an action that was going on when another action (in the **passé composé**) interrupted it.

    Un jour je **dormais** sur le sable chaud quand soudain j'ai entendu des appels au secours qui **venaient** de l'océan.

NOTE: To express that the action *had been* going on for a period of time before it was interrupted, use **depuis** + imperfect. This is the past equivalent of **depuis** + present.

    C'était Pierrot. Apparemment, il **était** en difficulté depuis une minute ou deux.

- **With *venir de* + infinitive:** To describe an action that *had just* happened. Notice that this is the past tense equivalent of **venir de** *(present tense)* + *infinitive.*

Je me suis levé à toute vitesse; j'ai couru vers lui aussi vite que j'ai pu, à la nage. Je **venais de** l'atteindre quand j'ai vu un requin *(shark)* qui s'avançait rapidement vers nous. Que faire... ?

B. The imperfect can also be used with **si** to carry out functions other than story-telling, such as:

- inviting someone to do something:

    Si nous **dînions** ensemble?
    How about having dinner together?

- suggesting a course of action:

    Si je **faisais** des réservations?
    Why don't I make the reservations?

- expressing a wish or regret:

    Ah, si seulement j'**étais** riche!
    If only I were rich!

Activités

A. Votre enfance. Posez les questions suivantes à un(e) ami(e). Donnez un résumé de ses réponses à la classe.

1. En général où est-ce que tes parents et toi alliez en vacances quand tu étais petit(e)?
2. Qu'est-ce que tu faisais pour t'amuser avec tes amis? Est-ce que vous vous disputiez souvent?
3. Qu'est-ce que tu voulais devenir? Et maintenant?
4. Dans quelle sorte de logement habitais-tu?
5. Aimais-tu l'école? Lisais-tu beaucoup?

Alliez-vous souvent à la plage quand vous étiez petit(e)? Où?

B. Invitations. Faites les invitations suivantes, en utilisant **si + l'imparfait.** Variez les sujets. Votre partenaire doit répondre.

> *modèle:* aller au concert
> —*Si nous allions au concert?*
> —*Oui, c'est une bonne idée.*

1. faire une promenade sur la plage
2. voir le dernier film de Lelouch
3. prendre un pot à votre café préféré
4. sortir ensemble demain soir
5. venir chez vous pour le dîner
6. boire un peu de champagne pour célébrer

L'Emploi du passé composé

A. Whereas the **imparfait** describes past actions or conditions with reference to their continuation, the **passé composé** describes past events from the point of view of their completion.

- **Completed, isolated action:** A reported event tells what happened or what someone did.

    Je **suis allée** faire du ski.

- **Action completed in a specified period of time:** The beginning and/or end of the period is specified.

    J'**ai passé** une semaine dans une station de ski.

- **Action that happened a specific number of times:** The number of times an action occurred is detailed or implied.

    Je **suis allée** sur les pistes tous les jours.

- **Series of events:** A series of actions are reported which advance the story. Each answer the question "And what happened next?"

    Le dernier jour de mes vacances je **suis montée** dans le télésiège comme d'habitude. Une fois arrivée, j'**ai respiré** à fond *(took a deep breath)*; je **me suis mise** en position de départ; je **me suis concentrée**; j'**ai pris** mes bâtons de ski; et **je suis partie.** Pour la première fois, j'**ai réussi** à ne pas tomber!

- **Change in state or condition:** Something occurs, the reaction to which causes alteration of an existing state or condition.

    Avant de descendre, j'**avais** peur de tomber.
    Quand je me suis rendu compte que je n'allais pas tomber, j'**ai été** très heureuse.

B. A few abstract verbs have special meanings when used in the **passé composé:**

	Imparfait	Passé composé
savoir	je savais *I knew*	j'ai su *I found out*
pouvoir	je pouvais *I could/was able*	j'ai pu *I succeeded in*
vouloir	je voulais *I wanted (to)*	j'ai voulu *I tried to*
		je n'ai pas voulu *I refused to*

Ce jour-là j'**ai pu** skier sans tomber... Le soir je **voulais** célébrer!

Comparaison entre l'imparfait et le passé composé

Almost any time that you tell a story in French, you need to use a combination of past tenses. Study the comparison chart below to further your understanding.

Imparfait	Passé composé
Françoise **allait** souvent à Vence pour rendre visite à ses grands-parents. *(habitual, repetitive action)*	
	Elle y **est allée** trois fois l'été passé. *(specific number of times)* Pendant sa dernière visite quelque chose de formidable **s'est passé.** *(specified period of time)* Elle **est tombée** amoureuse. *(completed, isolated action)*
C'**était** un jour splendide. Il **faisait** beau dans la petite ville mais il ne **faisait** pas trop chaud. *(background)*	
Françoise **voulait** acheter un petit cadeau pour sa grand-mère. *(condition/state)*	
	Alors, elle **a pris** son sac et elle **est sortie** de la maison. Elle **a traversé** la rue puis elle **a tourné** à gauche. *(series of events)*
Distraite par ses pensées, elle **marchait** sans regarder devant elle *(continuing action)*	
	jusqu'au moment où elle **s'est heurtée** contre *(collided with)* un jeune homme *(interruption)*
qui **regardait** une vitrine. *(condition/state)*	
	Surpris, ils **ont** tous les deux **été** gênés *(change in mental state)* et ils **ont commencé** à s'excuser. Cela **a été** le début d'un amour qui semble être éternel! *(specified period of time)*

NOTE: Although certain words may provide clues to a particular tense (e.g., **souvent** for the **imparfait** and **tout à coup** for the **passé composé**), the context will always provide the most help.

Activités

A. Faites une comparaison. Retournez à la «Conversation» de cette leçon et relisez l'histoire racontée par Pierre. Justifiez l'emploi du passé composé ou de l'imparfait dans chaque phrase en indiquant la sorte de condition ou d'action dont il s'agit. *It is a question of*

B. Complétez l'histoire. Terminez les phrases suivantes avec un verbe à l'imparfait pour indiquer le contexte des actions.

1. Hier soir j'ai téléphoné à mon amie parce que... *voulais parler avec moi,*
2. Je n'ai pas fait mes devoirs parce que... *je parlais tout le soir*
3. Quand je me suis couchée je... *brossais mes dents première*

Terminez les phrases suivantes avec un verbe au passé composé qui indique l'action survenue *(intervening)*.

4. Je dormais depuis une demi-heure quand le téléphone... *a sonné.*
5. J'étais certaine que c'était Jacques, alors je... *l'ai téléphoné a Jacques.*
6. J'avais raison. Pendant 15 minutes nous... *avons parlé*

Terminez les phrases suivantes avec l'imparfait ou le passé composé, selon le contexte.

7. Le lendemain il faisait très beau, par conséquent nous... *sommes allés à la plage*
8. Je venais de finir mon livre quand... *le telephone a sonné, mon amie m'a telephoné*
9. Puisque j'étais très fatiguée, je... *dormais tout le soir.*

"the next day"
Since

how do you say I saw a movie à l'imparfait or passé comp.

Racontez une histoire sur les vacances de ces personnes.

C. Les aventures d'un chat. Claire a une histoire à raconter au sujet de son chat.[4] Remplissez les blancs avec l'imparfait ou le passé composé du verbe entre parenthèses.

——Tu ne croiras jamais ce qui est arrivé.

——Raconte!

——Eh bien, l'autre jour je _____ (se faire bronzer) dans la cour quand je _____ (entendre) les cris épouvantables d'un chat. Les sons _____ (sembler) venir de l'autre côté de notre clôture *(fence)*. Bon, alors, je _____ (courir) à toute vitesse puisque je _____ (s'attendre) à trouver mon chat mort à la suite d'une bataille avec un autre animal. Mais ce _____ (ne pas être) le cas. Mon chat noir, bien vivant, _____ (être) là avec sa proie *(prey)*, une petite souris grise. Evidemment, il _____ (être) tellement fier de sa prouesse qu'il _____ (vouloir) me montrer sa prise. D'abord je _____ (se fâcher) parce qu'il m'avait fait peur. Mais, au bout de quelques secondes, je _____ (être) très contente. Mon chat, normalement indifférent à tout humain, m'avait invitée à entrer dans son monde à lui pendant quelques instants.

D. En vacances. Voici les pensées de M. Thibault pendant une journée lors de *(at the time of)* ses vacances à Paris. Le soir, il veut écrire ses pensées dans un journal. Récrivez les événements au passé pour son journal, en faisant attention au temps du verbe.

Ce matin il fait chaud et il fait du soleil. J'espère qu'il va faire beau toute la journée. Je vais au syndicat d'initiative à 10h parce que je veux faire une excursion dans le Val de Loire. Les employés du syndicat me donnent beaucoup de renseignements utiles. Avec leur aide je sais où m'adresser pour louer une voiture. Je les remercie.

La circulation à Paris est épouvantable et éprouvante, comme d'habitude, mais je réussis à sortir de la ville sans incident. Je conduis depuis une demi-heure quand j'entends un bruit d'éclatement *(blow-out)*. Zut, alors! Un pneu crevé! Je veux changer le pneu mais je ne sais pas comment faire. Il y a une station-service qui n'est pas trop loin, je décide donc d'y aller.

Il n'y a pas cinq minutes que je marche quand il commence à pleuvoir et qu'il se met à faire froid. Ce n'est pas mon jour de chance! Enfin j'arrive à la station-service où on m'aide. Au bout d'une heure, je peux reprendre la route du Val de Loire!

---

[4] Plus de la moitié des familles françaises ont un animal domestique, en général un chien ou un chat. On dit que les artistes, les intellectuels, les fonctionnaires et les instituteurs préfèrent les chats, tandis que les marchands, les agents de police, les artisans et les contremaîtres *(factory supervisors)* aiment mieux les chiens. Les chiens de race préférés sont le berger allemand et le caniche *(French poodle)*. *(France Today*, July 1987, p. 8)

Liens culturels

Les vacances—c'est sacré!

Depuis 1982, la loi garantit à chaque travailleur salarié français cinq semaines annuelles de congés payés. Malgré les efforts du gouvernement pour encourager les Français à étaler *(spread out)* leurs congés sur l'année, la majorité des Français prend ses vacances en août. Tout ou presque tout s'arrête. En fait, 95% des entreprises françaises ferment ou travaillent au ralenti *(experience slowdowns)* au mois d'août.

Mais où vont les Français?

Comme dans les années précédentes, la mer, la montagne et la campagne attirent ceux qui partent en vacances, c'est-à-dire, 54% de la population. De ce groupe, 57% font des séjours chez des proches (parents ou amis) ou dans leur propre résidence secondaire. A peu près 20% voyagent à l'étranger, surtout en Espagne et en Italie.

Adapté du
Journal Français d'Amérique

«Interactions»

A. Une blague *(joke).* Tell a joke in French to your classmates, using past tenses. Try to provide background description as well as a series of events. Don't forget to link the events using the expressions presented in the lesson.

> *modèle:* Alors, un jeune Français, qui avait très faim, est entré dans un restaurant qui se trouvait dans une banlieue de Londres. Il a demandé à la serveuse:
> —Mademoiselle, s'il vous plaît, donnez-moi le plat du jour et... un petit mot aimable.
> Au bout de quelques instants elle lui a apporté le plat. Puis elle est retournée à la cuisine. Le Français l'a rattrapée et lui a demandé:
> —Et mon petit mot aimable?
> Alors, elle s'est penchée à son oreille et lui a dit:
> —Ne mangez pas ça.

BRAVO!
Culture et littérature

B. Une histoire. Working in groups of four, have each person take the floor and tell a story. Your classmates will respond accordingly. Sample topics include: the first time you drove a car; what you did last night; a recent vacation; the day you first met a good friend.

Comment raconter une histoire (conclusion)

«Conversation» (conclusion)

Rappel: Have you reviewed the **plus-que-parfait?** (text p. 87 and the accompanying exercises in the workbook)

Le lendemain, les jeunes vacanciers se font bronzer sur la plage de Nice—à part Philippe qui fait des courses. Tout à coup Philippe arrive, tout agité et hors d'haleine.°

PHILIPPE: Vous ne croirez jamais ce qui m'est arrivé, à moi, à qui rien n'arrive jamais!

CHANTAL: Philippe! Enfin, calme-toi! Je dormais si bien. Je faisais même de doux rêves...

PHILIPPE: Mais... j'ai quelque chose à vous dire!

PIERRE: On t'écoute. Raconte.

PHILIPPE: Eh bien, il y a à peu près, euh, une heure, quoi, j'étais à la réception° de notre hôtel pour régler la note.° Bon. Le réceptionniste° avec qui je parlais venait de me demander si je voulais payer en espèces,° euh, ou par chèques de voyage,°...

JEANNETTE: Et alors?

PHILIPPE: Alors, l'autre réceptionniste parlait avec un homme qui demandait une chambre à deux lits° avec salle de bains°...

MARC: Assez de petits détails. Qu'est-ce qui s'est passé?

PHILIPPE: Eh bien, le réceptionniste lui a dit qu'il n'y avait pas de chambres libres. Il paraît que° cet homme avait fait une réservation il y a plus de trois mois, mais l'hôtel ne l'avait pas, quoi.

YVETTE: Ça ne me surprend pas.

PHILIPPE: De toute façon, le monsieur a commencé à hurler de rage.°

CHANTAL: Mais les hôtels perdent des réservations tous les jours, non?

PHILIPPE: Oui, mais cet homme s'est tellement fâché que, sans prévenir, euh, il a sorti un revolver de sa poche et il a menacé° de tirer° sur le pauvre réceptionniste.

YVETTE: Non! C'est incroyable!

JEANNETTE: C'est pas vrai! Et qu'est-ce qui s'est passé après?

PHILIPPE: Il s'est avéré que° le directeur de l'hôtel, qui était au fond du bureau, avait entendu la conversation. Il a donc vite téléphoné à la police pendant que l'homme brandissait son revolver.

CHANTAL: Et alors?

PHILIPPE: Alors, la police est arrivée à l'hôtel juste à temps pour l'arrêter. Voilà.

CHANTAL: Tout est bien qui finit bien, mais tu as dû avoir peur, hein?

Observation et Analyse

1. Quels petits mots et expressions utilise-t-on dans la conversation pour gagner du temps?
2. Quelles émotions les amis de Philippe expriment-ils dans leurs réactions à son anecdote? Citez plusieurs expressions pour chaque émotion.
3. Pourquoi l'homme brandissait-il son revolver?
4. Avez-vous jamais eu un problème avec des réservations d'hôtel? Racontez.

Gagner du temps pour réfléchir

Pause words enable you to stall for more time to think, and to let the listener know that you will continue to talk.

Au début de la phrase	Au cours du récit	A la fin de la phrase
—Eh bien...	...euh...	...n'est-ce pas?
—Euh...	...alors...	...quoi?
—Tu sais/vois...	...donc...	...tu vois?
—Bon...	...et puis...	...tu sais?
—D'après moi...	...et puis ensuite...	...tu comprends?
—Ben (très familier)...	...ensuite...	...tu ne crois pas?
—Dis donc°...	...mais...	...hein? (familier)
—Et bien, voilà...	...de toute façon/en tout	...voilà.
—A propos...	cas...	

Réagir à un récit

Exprimer la surprise

Non!
C'est incroyable!
Vraiment?
C'est (Ce n'est) pas vrai!/C'est vrai?
Je (ne) comprends pas!
Sans blague!° (familier)
Tiens! (familier)
Oh là là! (familier)
C'est (vachement°) bizarre!
Ça alors! (intonation descendante)

Exprimer que l'on comprend

Oui, oui.
Je comprends.
Et alors? (intonation ascendante)

Exprimer l'indifférence

Ça ne me surprend pas.
Ça ne m'étonne pas.
Et alors? (intonation descendante)
Et après?

Encourager celui/celle qui raconte

Et qu'est-ce qui s'est passé après?
Qu'est-ce que tu faisais pendant que... ?
Qu'est-ce que tu as fait après?
Est-ce que tu savais déjà... ?
Est-ce que tu t'étais déjà rendu compte que... ?

NOTE: Any of these expressions can be used with **vous**.

L'hôtel

une chambre à deux lits *double room (room with two beds)*
une chambre avec douche/salle de bains *room with a shower/bathroom*
la clé *key*
un grand lit *double bed*
payer en espèces/par chèques de voyage/par carte de crédit *to pay in cash/in travelers' checks/by credit card*
la réception *front desk*
le/la réceptionniste *hotel desk clerk*
régler la note *to pay/settle the bill*
réserver/retenir une chambre *to reserve a room*
le service d'étage *room service*

Divers

dis donc/dites donc *by the way, tell me, look here*
en fait/de fait *in fact*
hors d'haleine *out of breath*
hurler de rage *to scream/yell (in anger)*
il paraît que *it seems that*
il s'est avéré/se trouve que *it turned out that*
menacer *to threaten*
sans blague! *(familier) no kidding!*
tirer *to shoot*
vachement *(familier) very*

Activités

A. Les réactions. Vous vous trouvez à une soirée où les sujets de conversation sont variés. Quelle est votre réaction à ce que disent les gens autour de vous? Utilisez les «Expressions typiques pour... ».

> *modèle:* —Marie vient d'avoir des jumeaux...
> —*C'est vrai? Elle doit être contente!*

1. —... et puis ils ont divorcé...
2. —On m'a dit que Jeanine et Paul fêtent leur 20ᵉ anniversaire de mariage...
3. —De toute façon, je ne veux pas y aller avec vous.
4. —Bon. J'ai rentré ma voiture au garage et je suis entré dans le salon...
5. —Les Doublot partent pour l'Afrique demain...
6. —Est-ce que tu peux croire que son fiancé sort avec une autre fille?

B. Un film. Un scénariste a écrit le dialogue ci-dessous pour un nouveau film. Refaites son dialogue afin de le rendre plus naturel en insérant dans les phrases des expressions qui donnent du liant à la conversation. Jouez la scène avec un(e) camarade de classe.

> —Qu'est-ce que tu fais le week-end prochain?
> —Pas grand-chose. Je resterai à la maison, probablement.
> —Si nous allions faire du ski à Val Thorens?
> —C'est une bonne idée. Les pistes y sont excellentes.
> —Je ferai des réservations d'hôtel.
> —Je demanderai à mon frère de me prêter sa voiture.
> —Je te téléphone ce soir.
> —D'accord. Salut. A ce soir!

C. A l'hôtel. Imaginez que vous vous trouvez à la réception d'un hôtel en France. Jouez la scène avec un(e) camarade de classe. Demandez:

1. si une chambre est disponible
2. le prix de la chambre
3. comment on peut régler la note
4. où on peut garer la voiture

Le/La réceptionniste (votre partenaire) va vous demander:

1. combien de personnes sont avec vous
2. la durée de votre séjour à l'hôtel
3. le type de chambre que vous voulez
4. votre adresse

De quelle sorte de brochure est-ce qu'on a détaché cette fiche? A quoi sert-elle? Avez-vous jamais rempli une telle fiche aux Etats-Unis? Où? Imaginez que vous la remplissez après avoir joué la scène de l'exercice C.

VOLET DETACHABLE

*Faites-nous profiter
de votre expérience de clients
en remettant vos observations à la réception.*

*En vous consultant,
nous recherchons votre satisfaction.*

Séjour du : _____ Chambre n°_____

L'ACCUEIL :
qu'en pensez-vous ?

LE CONFORT :
l'utile vous est-il agréable ?

LA CHAMBRE :
répond-t-elle à votre usage ?

LE BAR :
vous en reste-t-il une idée ?

LE RESTAURANT :
l'accueil, le service ?

LA CUISINE :
l'avez-vous appréciée ?

Observations : _____
_____
_____
_____
_____
_____
_____
_____
_____
_____
_____

Mentions facultatives :

Nom : _____ Prénom : _____ Age :_____

Profession : _____

Adresse : _____
_____

ARCADE PARIS
2, rue Cambronne
75740 PARIS cedex 15
Tél. (1) 567.35.20
Telex ARCAPAR 203 842

L'Emploi du plus-que-parfait

The **plus-que-parfait** (pluperfect) is the last past tense you need to learn in order to tell a story in conversational French.[5] As you saw in **Révisons un peu,** its formation is like that of the **passé composé** except that it uses the imperfect of **avoir** or **être** instead of the present tense form.

The **plus-que-parfait** is used primarily in narration to report events that *had* already happened or had been completed *before* another past event took place. Thus, it might be called a "past" past tense.

Il s'est avéré que j'**avais** déjà **fait** sa connaissance il y a trois ans.
It turned out that I had already met him three years ago.

Sometimes in English the pluperfect is translated as a simple past tense, as in the examples below. However, in French, whenever it is clear that an action had been completed prior to another past action in the same time period, the **plus-que-parfait** must be used.

J'ai vu le film que vous m'**aviez recommandé.**
I saw the movie that you (had) recommended to me.

Le film était aussi bon que vous me l'**aviez dit.**
The movie was as good as you (had) said it would be.

The following is a summary of past tenses in French and their English equivalents:

plus-que-parfait	Il avait dit... *He had said...*
passé composé	Il a dit... *He said/has said/did say...*
imparfait	Il disait... *He said/was saying/used to say...*
venir **(imparfait)** de + infinitif	Il venait de dire... *He had just said...*
imparfait + depuis	Il disait... depuis... *He had been saying... for...*

NOTE: The **plus-que-parfait,** when used with **si,** expresses a wish or regret about past events:

Si seulement j'**avais gagné** à la loterie!
Si seulement je n'**avais** pas **perdu** tout mon argent!

Activités

A. Un voyage. Répondez aux questions suivantes sur votre dernier voyage.

1. Quels préparatifs aviez-vous déjà faits deux jours avant le départ?
2. Est-ce que vous aviez déjà visité cet endroit?
3. Où est-ce que vous êtes resté(e) (dans un hôtel, avec des amis, etc.)? Est-ce que vous y étiez resté(e) auparavant *(before)*?
4. Avant de partir, qu'est-ce que vous aviez projeté de faire pendant le séjour? Et est-ce que vous avez vraiment fait ce que vous aviez prévu?

[5] The **passé simple,** used only in works of literature, is listed in Appendix B.

B. En métro. Complétez l'histoire suivante sur un voyage en métro, en mettant le verbe entre parenthèses au passé composé, à l'imparfait ou au plus-que-parfait.

On lui _a dit_ (dire) [avait dit or] que le métro parisien _était_ (être) le meilleur du monde, mais Danielle _n'en était pas_ (n'en pas être) si sûre. Ce _était_ (être) son premier séjour à Paris; elle _venait_ (venir) d'une petite ville du Québec. Elle _voyageait_ (voyager) seule et elle _n'avait jamais pris_ (ne jamais prendre) de métro auparavant.

Elle _voulait_ (vouloir) aller au Centre Pompidou sur la Place Beaubourg. D'après le plan de métro qu'elle _avait consulté_ (consulter), Rambuteau _semblait_ (sembler) être la station de métro la plus proche. Avec quelques palpitations, donc, elle _est allé_ (aller) à la station Cambronne tout près de son hôtel, et elle _a acheté_ (acheter) ses premiers tickets de métro au guichet, un carnet de dix tickets.

Elle _a pris_ (prendre) la direction Charles-de-Gaulle-Etoile. Elle _a attendu_ (attendre) sur le quai l'arrivée de la rame *(subway train)*. Après être montée dans un wagon, elle _s'est rendu compte_ (se rendre compte) du fait qu'elle _devait_ (devoir) faire deux changements. Elle _avait peur_ (avoir peur) [turned out] de se tromper de ligne, mais il _s'est avéré_ (s'avérer) qu'elle _s'était inquiétée_ (s'inquiéter) pour rien. Avec l'aide des plans de métro affichés partout dans les stations et dans les voitures, elle _s'est rendue_ (se rendre) à Rambuteau sans le moindre problème.[6]

C. Une lettre. Chantal a écrit une lettre à son amie américaine. Voici la version anglaise. Quelle était la version française originale?

> Cher Jennifer—
> Dear Jennifer,
> Bonjour comme çava. Je vais bien. En effet, Je venais de rentré de
> Hi! How are you? I am doing fine. In fact, I had just returned from vacation when I received your letter.
> vacances quand j'ai reçu ta lettre.
> Les photos que tu m'as envoyées sont super. Sans blag. J'ai reconnu
> The photos you sent me were great! No kidding! I recognized several historic sites I had studied in my civilization course.
> plusieurs site historique que j'avais étudié dans mon cours de civilization.
> Tu ne vais jamais ce qui est arrivé à Philippe pendant notre vacances
> You will not believe what happened to Philippe during our vacation at the beach. (You remember Philippe, don't you?) He was in the process of paying the hotel bill when a crazy man (who was talking to the hotel clerk) pulled out a gun. Apparently the hotel had lost his reservation. The man got so upset **(se fâcher tellement)** that he threatened to kill the hotel clerk! And here I had always thought that I was high strung **(avoir peur d'un rien)**!
> à la plage. Tu te rappele Philippe, n'est pas? Il était en train de payer le note de l'hôtel quand un fou (qui parle au receptionist) a sorti a revolver. Apparemment l'hotel avait perdu sa reservation. L'homme s'est fâché tellement qu'il a menacé de tuer le receptionist. Et moi que toujours pensé que j'avais peur d'un rien.
> Joins le livre que j'ai promis de t'envoyer. J'espère
> I am enclosing **(joindre)** the book I promised to send you. I hope you like it **(plaire)**.
> te plais.
>
> Love, **(Grosses bises)**
> *Chantal*

---

[6] Aujourd'hui, on peut trouver, dans deux tiers des stations de métro des écrans-vidéo qui annoncent tout ce qui se passe dans la région parisienne, par exemple, des concerts, des pièces de théâtre et des expositions dans des musées.

Liens culturels

Connaissez-vous ces réalisations et ces formules de transport en France?

Airbus Industrie: Un consortium très dynamique de six pays, dont la France, qui fabrique et vend des avions dans le monde entier, y compris aux Etats-Unis.

Ariane: Une fusée spatiale *(space rocket)* européenne (à la fabrication de laquelle participe la France) qui lance des satellites de communication et de commerce.

Concorde: Une réalisation franco-britannique, c'est le seul avion supersonique au monde à faire des vols commerciaux. Durée du vol entre Paris et New York: un peu plus de trois heures.

Formule 1: Un billet qui permet l'accès à tous les transports parisiens (métro, bus, trains de banlieue) pour une journée. Le billet équivalent, valable pour une semaine ou un mois, s'appelle La Carte Orange. Celui qui est valable pour un an s'appelle La Carte Intégrale.

TGV: (Train à grande vitesse) Le plus rapide du monde (270 km/h maximum), caractérisé par le confort et l'économie.

«Interactions»

A. Une fête. Imagine that both you and a friend were at the same party last night. Role play a conversation in which the two of you discuss the party. Be sure to use hesitation devices and encourage each other to talk by using reactive listening expressions and questions. Possible topics include:

- who was there (and who was not there because they had not been invited)
- what everyone was wearing
- whether you had fun or not (**s'amuser**)
- a description of an incident that occurred at the party.

B. Eh bien. Working in groups of three, take turns telling a story related to one of the topics below or one of your choosing. Use hesitation devices to make your speech realistic. Your listeners will take an active role by reacting verbally to what you say and by encouraging you with their questions. Try to include at least one statement about a past action that had occurred before another past action (using the **plus-que-parfait**). Suggested topics: An incident that...

- happened during a vacation
- embarrassed you
- happened on the way to work/school
- happened when you went to France

BRAVO!
Culture et littérature

SYNTHÈSE

Activités orales

A. Mon pauvre Toutou. Over spring break you went to Florida and left your rather obnoxious dog with a friend. You have just returned and you call your friend who says that your dog unfortunately died during your absence. Role play the telephone conversation. Ask five to ten questions about how the tragic event occurred. Your friend will respond.

B. Le voyage de mes rêves. Give a narration about a vacation you have taken or would like to take. If possible, bring slides, photos, or pictures from travel books to show to the class. Describe where you went and with whom; how you got there; how the weather was; what preparations you had made before leaving; where you stayed; if you would go again; and any incident that might have happened. Use linking expressions liberally to make the storytelling go smoothly. The rest of the class should stop you as you go along to react and ask questions.

Activités écrites

Listen to Activity Tape, Chapitre 4, and complete the corresponding exercises in the Activity Tape section of your Workbook.

A. Bon anniversaire, bon anniversaire... Write a composition in which you describe your 16th or 21st birthday. Include the following information: the date; what songs/movies were popular at the time; where you were living; what you did to celebrate; what gifts you remember receiving.

B. Une histoire. Choose either Pierre's story in **Leçon 2** or Philippe's story in **Leçon 3** and rewrite it in the more formal style of a composition (told from the third person point of view). Remove hesitation devices pertinent to oral discourse (such as «euh», «quoi», «eh bien», and «bon»). Add different details, alter the chain of events, and write a different resolution. Pay attention to your choice of tenses.

Leçon 1

Les vacances

une agence de voyages *travel agency*
aller à l'étranger *to go abroad*
avoir le mal du pays *to be homesick*
les congés *m* payés *paid vacation*
être en vacances *to be on vacation*
flâner *to stroll*
se perdre *to get lost*
rendre visite à (quelqu'un) *to visit (someone)*
un séjour *stay, visit*
un syndicat d'initiative *tourist bureau*
se tromper de (train) *to take the wrong (train)*
visiter (un endroit) *to visit (a place)*

Les moyens de transport

atterrir *to land*
la circulation *traffic*
une contravention *ticket, fine*
descendre de (la voiture, etc.) *to get out of (the car, etc.)*
un embouteillage *traffic tie-up/jam*
faire de l'auto-stop *to hitchhike*
faire le plein *to fill up (gas tank)*
garer la voiture *to park the car*
manquer le train *to miss the train*
   Tu me manques. *I miss you.*
monter dans (une voiture/un bus/un taxi/un avion/un train) *get into (a car/bus/taxi/plane/train)*
tomber en panne d'essence *to run out of gas*
un vol *flight*

Divers

autant qu'il m'en souvienne *as far as I remember*
pourtant *however*
la mémoire *memory (mental capacity)*
ramener *to bring someone (something) back again, to drive someone home*
rappeler quelque chose à quelqu'un *to remind someone of something*
un souvenir *memory, souvenir*
se souvenir de/se rappeler *to remember*

Leçon 2

Divers

un cauchemar *nightmare*
en chasse-neige *snowplow style*
en file indienne *single file*
épouvantable *terrible, dreadful*
éprouvant(e) *nerve-racking; trying*
se fouler la cheville *to sprain an ankle*
une piste *slope, trail*
un télésiège *chairlift*
tomber dru *to fall thickly*

Leçon 3

L'hôtel

une chambre à deux lits *double room (two beds)*
une chambre avec douche/salle de bains *room with a shower/bathroom*
la clé *key*
un grand lit *double bed*
payer en espèces/par chèques de voyage/par carte de crédit *to pay in cash/in travelers' checks/by credit card*
la réception *front desk*
la/le réceptionniste *hotel desk clerk*
régler la note *to pay/settle the bill*
réserver/retenir une chambre *to reserve a room*
le service d'étage *room service*

Divers

dis donc/dites donc *by the way, tell me, look here*
en fait/de fait *in fact*
hors d'haleine *out of breath*
hurler de rage *to scream/yell (in anger)*
il paraît que *it seems that*
il s'est avéré/se trouve que *it turned out that*
menacer *to threaten*
sans blague! *(familier) no kidding!*
tirer *to shoot*
vachement *(familier) very*

(poupé ?)

(parterre) (floor)

(un meuble (another word for furniture))

(télécommande)

→ poste (another word for TV)

CHAPITRE

5

«Exprimez-vous!»

Révisons un peu: le
   subjonctif
Leçon 1: Comment dire ce
   que l'on veut; le subjonctif
   (la volition)
Leçon 2: Comment exprimer
   les sentiments et les
   attitudes; le subjonctif
   (l'émotion, l'opinion et le
   doute; l'infinitif)
Leçon 3: Comment
   persuader et donner des
   ordres; le subjonctif (la
   nécessité et l'obligation);
   le passé du subjonctif
Thèmes: Les médias—la
   télévision, la radio, la
   presse

Révisons un peu

The information presented on this page is intended to refresh your memory of a grammatical topic that you have probably encountered before. Review the material and then test your knowledge by completing the accompanying exercises in the workbook.

Avant la première leçon

Le Subjonctif

The subjunctive is used more frequently in French than in English. The subjunctive mood is used to express uncertainty or subjectivity. It expresses the personal feelings of the speaker, such as doubt, emotion, opinion, and volition. The subjunctive mood always occurs in a dependent clause beginning with **que.**

Main clause	Dependent clause
Le professeur veut	que je **finisse** mon devoir.

The present subjunctive of all verbs (except **avoir** and **être**) is formed by adding the following endings to the subjunctive stem: **-e, -es, -e, -ions, -iez, -ent.** The stem of many verbs is formed by dropping the **-ent** ending from the third-person plural form of the present tense.

	parler	rendre	finir	sortir
ils STEM:	**parl**ent	**rend**ent	**finiss**ent	**sort**ent
que je	parle	rende	finisse	sorte
que tu	parles	rendes	finisses	sortes
qu'il/elle/on	parle	rende	finisse	sorte
que nous	parlions	rendions	finissions	sortions
que vous	parliez	rendiez	finissiez	sortiez
qu'ils/elles	parlent	rendent	finissent	sortent

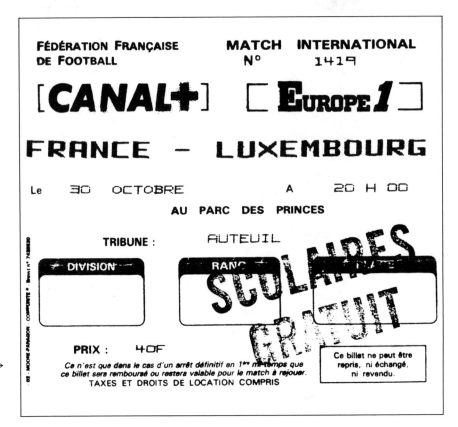

Voici un billet pour un match de football. Qui joue? Quand? Où?

Comment dire ce que l'on veut

«Conversation»

Rappel: Have you reviewed the regular formation of the subjunctive? (text p. 114 and the accompanying exercises in the workbook)

Juin 1986. La famille Derimay a fini de dîner. Bien qu'il soit en période d'examens, Julien, qui a dix-sept ans, tient à regarder la télévision ce soir-là. Il n'est pas le seul. Dans tous les foyers° français, les passionnés de football vont être rivés° à leur poste,° oubliant travail, devoirs et examens.

JULIEN: J'aimerais voir le match République fédérale d'Allemagne–Danemark sur TF1 à 19h50. Il y a aussi Uruguay–Ecosse à 22h05 que je voudrais voir.

MME DERIMAY: Tu sais, je préfère que tu étudies. Tu as encore deux examens, un en maths et un en allemand, n'est-ce pas?

JULIEN: Oui, mais c'est les quarts de finale de la Coupe du Monde ce soir.[1] Je veux voir comment joue l'équipe de la RFA. La France va jouer contre elle si elle gagne.

M. DERIMAY: Au fait, j'ai lu dans *Le Monde* que pour diffuser° les matchs, TF1 et A2 ont versé° chacune deux millions de francs à Télévisa. Tu sais, c'est une société privée de télédiffusion qui co-organise la Coupe du Monde avec la Radio-Télévision mexicaine.

MME DERIMAY: Tout ça, ce n'est que du commercialisme et de la concurrence°— concurrence entre les chaînes° pour avoir l'exclusivité des droits de diffusion des matchs, et concurrence sur le niveau humain entre des équipes qui se battent pour un ballon et une coupe... Vraiment, Julien, il vaut mieux que tu revoies ton allemand ou que tu travailles tes maths.

JULIEN: Maman, c'est peut-être vrai mais tout le monde va regarder ces matchs. Et tu sais que j'adore le foot. Mais je te fais une concession: demain, je t'assure que je travaillerai.

M. DERIMAY: Tu sais, Jeanine, il y a beaucoup plus de gens qui suivent la Coupe du Monde que les Jeux Olympiques. Le foot est un sport de plein air—c'est un sport sain, voyons. Je dois avouer que moi aussi, j'aimerais bien voir les matchs de ce soir.

MME DERIMAY: Ainsi soit-il donc.° Je ne suis pas de taille à lutter contre la Coupe du Monde!

Observation et Analyse

1. Quelles expressions utilise-t-on pour exprimer ce que l'on veut ou ce que l'on a l'intention de faire?
2. Le football est-il un sport populaire en France? Comment le savez-vous?
3. Décrivez Julien.
4. Julien va-t-il regarder les matchs? Et le père?
5. Aimez-vous le football? Pourquoi les Américains ne sont-ils pas aussi passionnés par le football que les Européens?

[1] Tous les quatre ans (1986, 1990, 1994, etc.) la Coupe du Monde permet aux meilleures équipes nationales de football de se disputer le titre de Champion du Monde. Le football, introduit en France en 1890, est devenu le sport le plus populaire. La Fédération Française de Football, qui compte 22.608 clubs, organise chaque année les Championnats de France et la Coupe de France.

«Expressions typiques pour... »

Dire ce que l'on a l'intention de faire

Je (veux) voudrais bien regarder la télévision.
J'ai l'intention de faire mes devoirs demain.
Je pense parler avec maman ce soir.
Je tiens à travailler dur demain.
Je compte aller à Paris pour la Coupe de France.
Je compte bien parler portugais.
J'ai envie de voir les matchs.

Dire ce que l'on espère faire

J'espère aller au Brésil.
J'aimerais regarder les matchs ce soir.

Dire ce que l'on préfère

Je préfère le sport.
J'aime mieux le foot.
J'aimerais mieux partir après le match.
Il vaut mieux partir tout de suite.

NOTE: To express what you do not want or hope not to do, make the above expressions negative.

«Mots et expressions utiles»

La télévision

les actualités *f news (in the press, but especially on TV)*
une chaîne *channel*
diffuser/transmettre *to broadcast*
une émission *broadcast*
un feuilleton *serial, soap opera*
le poste *TV set*
un programme *set of broadcasts*
un téléspectateur/une téléspectatrice *TV viewer*

La radio

un auditeur/une auditrice *member of (listening) audience*
une station *station*

La presse

une annonce *announcement, notification*
 les petites annonces *classified advertisements*
un compte-rendu *report; review*
un journal *newspaper*
un lecteur/une lectrice *reader*
un magazine *magazine*
les nouvelles *f printed news*
un reportage *newspaper report; live news or sports commentary*
une revue *magazine (of sophisticated, glossy nature)*
une rubrique *heading, item, column*

Divers

Ainsi soit-il donc. *So be it.*
la concurrence *competition*
un foyer *household*
rivé(e) *stuck on, fixed on*
verser *to pour (in); to pay*

Activités

A. Désirs, espoirs et intentions. En utilisant les «Expressions typiques pour... », exprimez à chaque personne ce que vous voulez faire dans les situations suivantes.

> *modèle:* votre père—vos projets pour les vacances de Pâques *(Easter)*
> *Papa, j'aimerais aller en Floride pour les vacances de Pâques.*

1. le professeur de français—votre intention de recevoir une bonne note
2. votre fille/fils—elle/il a une chambre en désordre
3. une amie—vous voulez emprunter sa voiture
4. un ami—vous allez au cinéma ensemble et vous voulez voir un film qu'il n'a pas envie de voir
5. une voisine—elle fait beaucoup de bruit
6. un camarade de classe—il parle avec un autre étudiant et vous n'entendez pas le professeur

Liens culturels

Les médias

En trente ans, la télévision est devenue le principal loisir des Français. L'utilisation de l'écran avec un ordinateur, le magnétoscope et les caméras-vidéo multiplient son utilité.

Les jeunes Américains passent de 900 à 1800 heures par an devant le petit écran; les jeunes Français de 400 à 1000 heures par an. 97% des foyers français possèdent un récepteur de télévision. Les adultes regardent la télévision en moyenne 2 heures 12 minutes par jour—les jeunes de huit à quatorze ans 2 heures par jour. Il est intéressant de remarquer que les enfants regardent moins la télévision que leurs parents. Depuis 1983 trois nouvelles chaînes de télévision ont modifié le paysage audio-visuel en France. Canal Plus (la télévision par câble—chaîne payante) a été la première chaîne privée. En 1986 on a vu la naissance de la cinquième et de la sixième chaîne. L'ère *(era)* de la télévision privée suscite beaucoup de commentaires dans tous les milieux et dans tous les médias.

Aujourd'hui un foyer sur dix est équipé d'un magnétoscope. De nombreux vidéoclubs permettent aux vidéomaniaques de louer le dernier film en vidéo. La plupart des téléspectateurs qui possèdent un magnétoscope l'utilisent pour enregistrer des émissions qu'ils ont envie de voir plus tard.

Combien de chaînes de télévision avez-vous? Possédez-vous un magnétoscope? Quel genre de vidéo préférez-vous? Combien d'heures par jour passez-vous devant la télévision?

Mermet,
Francoscopie, pp. 346–353.

Les rendez-vous

	LUNDI	MARDI	MERCREDI	JEUDI
	9 juin	10 juin	11 juin	12 juin
TF 1	19 H 50 FOOTBALL **France-Hongrie** Un match décisif. 21 H 50 CINÉMA **Senso ■ ■ ■** Le chef-d'œuvre de Visconti.	20 H 35 TÉLÉFILM **Madame Baptiste** Maupassant adapté par Santelli. 22 H 10 DOCUMENTAIRE **Le Fruit de vos entrailles** Une enquête courageuse.	19 H 50 FOOTBALL **Belgique-Paraguay** 22 H 05 FOOTBALL **Mexique-Irak**	20 H 30 SÉRIE **La Citadelle** 21 H 45 MAGAZINE **L'Enjeu**
A 2	20 H 35 TÉLÉFILM **Les Cinq Dernières Minutes** Une nouvelle enquête du commissaire Cabrol. 21 H 50 DOCUMENTAIRE **Le Défi mondial** Vive l'informatique !	20 H FOOTBALL **Bulgarie-Argentine** 21 H 55 FOOTBALL **Italie-Corée du Nord**	20 H 35 VARIÉTÉS **Le Grand Echiquier** Hommage à Barbara Hendricks.	20 H FOOTBALL **Brésil-Irlande** 21 H 55 FOOTBALL **Espagne-Algérie**
FR 3	20 H 35 CINÉMA **Police Python 357 ■ ■** Yves Montand flic et victime. 23 H 10 MAGAZINE **Urba** Les rues de la ville.	20 H 35 CINÉMA **Sand ■** Beaux paysages du Colorado…	20 H 35 MAGAZINE **Au nom de l'amour** Pierre Bellemare célèbre le vingt-cinquième anniversaire d'Amnesty International. 21 H 35 MAGAZINE **Thalassa**	20 H 35 CINÉMA **Le Gang des frères James ■ ■** Une remarquable chronique de l'Amérique du siècle dernier.
CANAL +	20 H 35 CINÉMA **Moi et Catherine ■** Une comédie laborieuse. 22 H 30 TÉLÉFILM **Sale affaire à Nairobi** Pour Charlton Heston.	20 H 35 CINÉMA **Tais-toi quand tu parles !** On ne saurait mieux dire… 22 H 10 CINÉMA **Le Professionnel ■** La énième aventure de Belmondo.	21 H CINÉMA **Assaut ■** Un « thriller » bien fait. 22 H 35 CINÉMA **La Traviata ■ ■** Des interprètes exceptionnels.	20 H 35 CINÉMA **Dead Zone ■** Fantastique et politique-fiction : impressionnant. 22 H 35 CINÉMA **Alligator ○**
LA 5	20 H 30 TÉLÉFILM **Les Veuves au parfum**	20 H 30 FEUILLETON **Flamingo Road** 21 H 25 SÉRIE **Arabesque**	20 H 30 FEUILLETON **Flamingo Road** 21 H 25 SÉRIE **L'Inspecteur Derrick** 22 H 25 MAGAZINE **Big Band**	20 H 30 JEU **Pentathlon** 22 H 15 MAGAZINE **Mode etc.**

du soir

VENDREDI	SAMEDI	DIMANCHE
13 juin	14 juin	15 juin
19 H 50 FOOTBALL **RFA-Danemark** **22 H 05** FOOTBALL **Uruguay-Ecosse**	**20 H 35** SÉRIE **Julien Fontanes** **magistrat** **22 H 05** MAGAZINE **Droit de réponse** La privatisation de TF 1 sur la sellette.	**20 H 35** CINÉMA **Boulevard** **du Rhum** ■ Bardot-Ventura, un couple insolite.
20 H 35 SÉRIE **Médecins de nuit** **21 H 30** MAGAZINE **Apostrophes** Voyages en Orient.	**20 H 35** VARIÉTÉS **Champs-Elysées** Lavilliers, Voulzy, Goldman et les autres. **21 H 55** SÉRIE **Histoires** **de l'autre monde**	**20 H 35** TÉLÉFILM **Les Enquêtes** **du commissaire Maigret** **22 H 05** MAGAZINE **Projection privée** Avec Mᵐᵉ Simone Rozès.
20 H 35 SÉRIE **Histoires singulières** **21 H 35** MAGAZINE **Taxi**	**20 H 05** DESSIN ANIMÉ **Disney Channel** **22 H 25** SÉRIE **Mission casse-cou**	**20 H 35** SÉRIE **Regards Caméra** Reichenbach au Mexique. **21 H 25** CINÉMA **Courts métrages**
21 H CINÉMA **Un tramway** **nommé Désir** ■ ■ ■ Un acteur nommé Brando. **23 H 05** CINÉMA **Cobra** ○	**20 H 30** SÉRIE **Espion à la mode** **22 H 05** SÉRIE **Hollywood Blues**	**20 H 35** CINÉMA **La Folle Histoire** **du monde**
20 H 30 VARIÉTÉS **Cherchez la femme** **22 H 20** MAGAZINE **Grand Prix**	**20 H 30** MUSIQUE **La nuit de** **toutes les couleurs** Concert de SOS Racisme. **23 H 30** MAGAZINE **Record**	**20 H 30** TÉLÉFILM **Le Chant** **du bourreau** **22 H 15** SPORT **Boxe** Championnats du monde des poids légers.

← Quelle émission choisis-
sez-vous de regarder le
vendredi 13 juin? Quelle
chaîne passe le plus de
films américains?

B. Les médias. Vous écoutez une émission de Radio-Québec. Vous n'entendez pas bien à cause de l'électricité statique. Complétez les blancs. Choisissez parmi les mots suivants: **émission / station / chaîne / lecteurs / auditeurs / nouvelles / petites annonces / compte-rendu / journal / revue / rubrique / presse.**

> Bonsoir. Ici Jacques Baumier. Voici un résumé des dernières _____. Aujourd'hui à Québec, selon le _____, *Le Devoir,* une réunion très importante entre le Président des États-Unis et le Premier Ministre canadien a eu lieu. La _____ de télévision TV 5 transmettra une spéciale ce soir. *L'Actualité,* la _____ québécoise de nouvelles, interviewera le Président américain et publiera un _____ sur son séjour à Ottawa. Les _____ pourront lire ce reportage dans la _____ dans deux jours. Bonsoir, Mesdames et Messieurs.

C. Vos projets d'avenir. Parlez avec un(e) ami(e) et expliquez ce que vous voulez faire dans l'avenir. Complétez les phrases suivantes. Les sujets suivants peuvent vous donner des idées: le travail, le mariage, le logement, les voyages, les visites.

1. J'aimerais...
2. J'ai l'intention de...
3. Je préfère...
    mais en ce moment je...
4. Dans cinq ans je compte... et je tiens surtout à...
5. Maintenant, il vaut mieux...

«Grammaire»

Le Subjonctif: formation irrégulière

In **Révisons un peu,** you reviewed the formation of verbs that are regular in the subjunctive. This section completes the discussion of how to form the subjunctive mood.

A. Verbs with spelling changes have two subjunctive stems—one for the **nous** and **vous** forms and one for the remaining forms. For example:

appeler

que j'**appelle**	que nous **appelions**
que tu **appelles**	que vous **appeliez**
qu'il **appelle**	qu'ils **appellent**
qu'elle **appelle**	qu'elles **appellent**
qu'on **appelle**	

The following verbs have two subjunctive stems:

croire	que je **croie**	que nous **croyions**
devoir	que je **doive**	que nous **devions**
envoyer	que j'**envoie**	que nous **envoyions**
mourir	que je **meure**	que nous **mourions**
prendre	que je **prenne**	que nous **prenions**
recevoir	que je **reçoive**	que nous **recevions**
venir	que je **vienne**	que nous **venions**
voir	que je **voie**	que nous **voyions**

B. The following verbs have completely irregular forms in the subjunctive and must simply be memorized:

	avoir	aller	être	faire
que je (j')	aie	aille	sois	fasse
que tu	aies	ailles	sois	fasses
qu'il/elle/on	ait	aille	soit	fasse
que nous	ayons	allions	soyons	fassions
que vous	ayez	alliez	soyez	fassiez
qu'ils/elles	aient	aillent	soient	fassent

	pouvoir	savoir	valoir	vouloir
que je	puisse	sache	vaille	veuille
que tu	puisses	saches	vailles	veuilles
qu'il/elle/on	puisse	sache	vaille	veuille
que nous	puissions	sachions	valions	voulions
que vous	puissiez	sachiez	valiez	vouliez
qu'ils/elles	puissent	sachent	vaillent	veuillent

NOTE: The irregular subjunctive form of **falloir** is **qu'il/elle/on faille.**

Le Subjonctif: la volition

As stated in **Révisons un peu,** the subjunctive mood is used to express the attitudes and opinions of the speaker. The verb in the subjunctive always occurs after **que** in the dependent clause. It is used after verbs of wishing, preference, desire, or will. Verbs of volition include: **aimer bien, désirer, exiger** *(to demand),* **préférer, souhaiter, vouloir,** and **vouloir bien.**

> Mon père ne veut pas que je **regarde** la télévision.
> Il veut que je **lise** un journal.
> *My father does not want me to watch television.*
> *He wants me to read a newspaper.*
>
> Je souhaite que la presse **soit** libre.
> *I wish that the press were free.*

Note that in French the **que** is required; English uses a very different construction.

Quels journaux lisez-vous? Lisez-vous des journaux ou des magazines français?

La météo

Aujourd'hui: Ensoleillé en matinée ennuagement en après-midi, averses
Minimum 10°   Maximum 20°
Demain: Nuageux, éclaircies risque d'averses
DÉTAILS PAGE A2

4

La Presse

LE PLUS GRAND QUOTIDIEN FRANÇAIS D'AMÉRIQUE

●● MONTRÉAL, SAMEDI 17 SEPTEMBRE 1988   104ᵉ ANNÉE Nº 323   258 PAGES, 16 CAHIERS

30 SUCCURSALES
OPTOMÉTRISTES

Îles de La Madeleine : 1 50   **1 25 $**

A. Deux opinions. Voici deux versions d'un article de journal dans lequel l'auteur parle d'une émission américaine. Complétez la discussion en remplissant les blancs avec les verbes suivants au subjonctif:

être / avoir / écrire / faire / pouvoir / savoir / trouver / prendre (prendre fin: *to end)*

C'est une triste semaine. «Santa Barbara», le feuilleton quotidien disparaît de TF1. Nous sommes de nombreux spectateurs français à souhaiter que cette émission _____ continuer. Nous aimerions que la chaîne _____ les moyens de reprendre cette émission. Cette chronique d'une ville californienne du vingtième siècle révélait admirablement les possibilités et les limites de la vie d'affaires. Nous ne voulons pas que ce programme qui nous rappelle l'univers de «Dallas» _____ fin. Pour ma part, je souhaite que la plupart des téléspectateurs _____ d'accord avec moi et qu'ils _____ à TF1.

Une autre opinion.

C'est une heureuse semaine. «Santa Barbara», émission donnant une image stéréotypée du monde riche et snob de la Californie du sud, disparaît enfin de TF1. On avait perdu depuis longtemps le fil de l'histoire. Les spectateurs français aimeraient bien que la télévision _____ purgée de tous les feuilletons quotidiens de ce genre. Nous désirons que TF1 et toutes les chaînes _____ que nous ne voulons plus de feuilletons remplis de personnages invraisemblables et de digressions insipides. Nous tenons à ce que ces émissions basées sur les possessions matérielles et la sexualité _____ fin et que les chaînes _____ plus attention à la qualité de leurs programmes. Je souhaite que ceux qui partagent mon avis _____ le bon sens d'écrire à TF1 pour demander la disparition de ces émissions à la «Dallas».

Adapté d'un article du *Monde Radio-Télévision*, lundi 16 juin 1986.

Connaissez-vous le feuilleton «Santa Barbara»? Avec qui êtes-vous d'accord? Expliquez.

B. Une lettre. Stéphane écrit à sa mère qui habite l'Est de la France. Il a pris des notes. Maintenant aidez-le à compléter la lettre. Faites attention aux temps des verbes!

Paris, le 25 novembre

Chère maman,

Je / savoir / que / tu / travailler / beaucoup / pour payer mes études à l'université. Je / te / demander / donc / un grand service. Mes amis / vouloir / que / je / aller / avec eux en Grèce au mois de mars. Il y a / vols d'étudiants / qui / être / bon marché. Je voudrais bien / que / tu / me / permettre / d'y aller avec eux. Je / désirer / aussi / que / tu / me / envoyer / 1600F pour le billet. Pour avoir les meilleurs prix, l'agence de voyage / exiger / que / nous / payer / le vol d'ici deux semaines. Évidemment tu / vouloir / que / je / obtenir / mon diplôme / et que / je / devenir / médecin. Je / travailler / de mon mieux / mais je / devoir / me / reposer / pendant deux semaines en mars. Ce voyage m'aidera à mieux travailler au printemps. Je / souhaiter / que / tu / comprendre.

Affectueusement,

Stéphane

C. Préférences. Avec un(e) partenaire complétez chaque phrase à l'aide d'un verbe approprié au subjonctif pour exprimer les préférences de ces personnes.

1. Le professeur de français veut que nous...
2. Je souhaite que le professeur de français...
3. Je désire que l'université...
4. Mon/ma camarade de chambre préfère que je...
5. J'aime bien que mes amis...
6. Les Américains veulent que le Président...
7. Les Français préfèrent que les Américains...

«Interactions»

BRAVO!
Culture et littérature

A. Un poste. You are discussing a job (that you would very much like to have) with a family member. Express your desire to have the job and why you would be good at it. Discuss your intentions for the future. State that you hope that someone will consider your application (**demande d'emploi**) seriously.

B. Samedi. A friend calls to ask you to go shopping on Saturday. Explain to him/her what you intend to do that day and why. Be assertive and ask him/her to join you, or compromise and do something you would both enjoy.

je veux que Pierre vienne avec moi
Pierre/désirer/Pierre/finir/ ses études.
Pierre désire finir ses études.

Pierre/désirer/ses parents/comprendre —
Pierre désire que ses parents comprennent

look up en french "Howar"

Si on vous invitait au Musée Picasso, que diriez-vous?

about Mona Lisa (la Joconde)

le /peinture / painting
tableau

She was disappointed that Mona Lisa is so small.
Elle était désue que le tableau soit si petit.

Comment exprimer les sentiments et les attitudes

«Conversation»

Deux étudiants étrangers et un étudiant français se retrouvent dans le salon de l'hôtel où ils logent. Ils s'apprêtent° à regarder la télévision—mais chacun a ses propres goûts...

PHILIPPE: *(étudiant français qui travaille à la réception)* A mon avis, il faut regarder le football, le sport le plus populaire de France.

PAMELA: *(étudiante américaine qui étudie à la Sorbonne)* Excusez-moi mais je préférerais regarder une émission un peu plus française.

HANS: *(étudiant allemand qui étudie à l'Institut catholique)* Je trouve ça merveilleux. Regardons donc *Apostrophes,* cette émission littéraire de Bernard Pivot. Le thème aujourd'hui est «Orient-Occident: le choc».

PHILIPPE: Franchement, Pivot me barbe.° J'ai vu ça une fois et je l'ai trouvé insupportable. J'ai été très déçu. Tout le monde parle, parle et on ne sait même pas de quoi ils parlent.

PAMELA: Choisissons donc quelque chose de différent. Le film américain «Un tramway nommé Désir» avec Marlon Brando est super. Il passe en version doublée.°

PHILIPPE: Oh là là! Brando? L'idole des machos? Il ne sait pas jouer.

HANS: Je ne suis pas de ton avis, Philippe. C'est un bon acteur. Il est évident que tu veux regarder les matchs de foot. J'ai peur qu'on ne trouve pas de solution.

PAMELA: Il est quand même bête de se disputer pour une émission de télévision. Nous nous disputons comme si nous étions des drogués de la télé. Je sais bien que, dans certaines maisons, la télé est devenue un membre de la famille—une personne tyrannique qui a priorité sur la conversation.

PHILIPPE: Ce n'est pas tout à fait vrai, Pam. Dans beaucoup de familles, les émissions à la télé stimulent° la conversation entre adolescents et entre parents et enfants.

HANS: Il faut aussi dire que la télévision enrichit° l'idée que les enfants se font de la vie. C'est une sorte d'école supplémentaire.

PAMELA: A mon avis, c'est moins une école qu'un rite communautaire. Le poste est souvent placé dans la pièce commune et on le regarde par habitude, tous ensemble, sans vraiment y penser. C'est dommage. On ne lit plus et on ne discute pas non plus!

PHILIPPE: Tu es éloquente, Pam, mais tu prends tout ça trop au sérieux.

HANS: J'ai lu récemment que les jeunes de quinze à vingt ans lisent davantage que leurs aînés.°²

PAMELA: C'est vrai? Je suis surprise qu'ils lisent autant. Je trouve ça admirable. Pensez-vous que les jeunes d'autres pays soient aussi orientés vers la lecture?

HANS: J'en doute—mais nous devons nous décider. On regarde la télévision, on lit comme les jeunes Français ou on va au café?

PAMELA: Allons au café et continuons notre conversation. Ce serait dommage d'interrompre cette conversation pour une émission de télé...

A suivre.

---

² Trente-quatre pour cent des jeunes disent qu'ils passent une heure par jour à lire.

1. Quelles expressions utilise-t-on pour dire qu'on est content, mécontent, déçu, inquiet *(worried)* ou gêné *(bothered)*?
2. Quel rôle joue la télévision en France?
3. A votre avis, lequel des personnages passe le plus de temps à regarder la télévision? le moins de temps à regarder la télévision?
4. Avec qui êtes-vous d'accord?
5. Y a-t-il des sujets de conversation qui sont fréquents chez les Américains?

«Expressions typiques pour... »

Dire qu'on est content... ou mécontent

| Je suis | content(e) heureux(-euse) enchanté(e) | qu'elle soit arrivée. |

Ça me plairait de revoir ce film.
C'est parfait.
Formidable!

| Je suis | agacé(e).° ennuyé(e).° fâché(e). en colère. |

Dire sa déception°

J'ai été très déçu par le film.
Ça m'a beaucoup déçu.

Exprimer sa crainte° et son inquiétude°

J'ai très peur de prendre l'avion.
Je crains l'altitude.
J'ai la frousse/la trouille.° *(familier)*
J'ai peur qu'elle ne vienne pas.
Je crains qu'on ne[3] soit en retard pour la réunion.

Exprimer son soulagement°

Heureusement!
On a eu de la chance!
Ouf! On a eu chaud!° *(familier)*

[handwritten note: when you've finished w/something big.]
[handwritten note: close call]

Exprimer la joie ou l'admiration

Je trouve ça magnifique!
C'est formidable/merveilleux/génial°/super!
Qu'est-ce que c'est beau/bien/bon!

---

[3] With expressions of fear, the **ne pléonastique** is used in more formal speech. It has no meaning.

Exprimer ses réticences ou son dégoût°

Je n'ai aucune envie de faire cela.
Ça ne me dit rien.
Ça m'embête.
Ça me dégoûte.
Je trouve ça dégoûtant/détestable.

Protester/exprimer l'irritation

C'est insupportable/inacceptable/révoltant!
Ça m'énerve!
Tu m'énerves!
J'en ai assez de ces histoires.
J'en ai marre° de vivre comme ça.
Ah, zut alors!

Dire des insultes

ATTENTION: Utilisez ces expressions quand vous êtes très fâché(e).

(En s'adressant à une personne)
Espèce d'idiot/de crétin!
Sale type!

(En parlant d'une personne)
C'est un(e) | imbécile!
            | débile mental(e)!
            | idiot(e)!

«Mots et expressions utiles»

Divers
agacé(e) *annoyed*
les aînés *m elders*
s'apprêter *to get oneself ready*
avoir chaud *to be hot*
  On a eu chaud! *That was a narrow escape!*
avoir la frousse/la trouille *to have the jitters*
en avoir marre *to be fed up*
barber *to bore*
la crainte *fear*
la déception *disappointment*
le dégoût *disgust, distaste*
doublé *dubbed*
ennuyé(e) *annoyed; bothered*
ennuyeux(-euse) *boring, tedious; annoying, irritating*
enrichir *to add to, to enrich*
génial(e) *fantastic*
l'inquiétude *f worry, anxiety*
le soulagement *relief*
stimuler *to evoke, to stimulate*
supporter *to put up with*

On a eu chaud!

Ras-le-bol!

Extra!

Les gestes sont très importants dans la communication des émotions. Quels sont les gestes typiquement américains?

Activités

A. Contradictions. Vous n'êtes pas d'accord avec votre ami et vous le contredisez systématiquement.

> *modèle:* —Je suis très heureux d'aller chez elle demain.
> —*Moi, ça m'embête. Je préfère rester à la maison.*

1. Je trouve ce tableau merveilleux.
2. Je suis content d'avoir choisi ce film.
3. Qu'est-ce qu'elle est belle, cette voiture!
4. Je trouve cette émission révoltante.
5. J'en ai marre de cette pluie.
6. J'adore écouter ses histoires.

B. Exprimez-vous. Expliquez à un(e) camarade de classe ce que vous dites dans les situations suivantes.

1. Vous venez de payer un repas $120. Il n'était pas très bon!
2. Vous venez de recevoir une contravention. L'agent de police est parti. Vous êtes fâché(e).
3. Votre soeur/frère vient d'arriver. Vous ne vous êtes pas vu(e)s depuis un an.
4. Vous venez de recevoir vos notes. Elles étaient très bonnes. Vous vous attendiez *(expected)* à de mauvaises notes.
5. Une personne vient d'accrocher *(run into)* votre voiture. Vous étiez garé(e) dans un parking.
6. Votre ami vient de vous offrir un très joli tableau.
7. Une amie vient de vous dire qu'elle n'a pas réussi au baccalauréat.

C. Questions indiscrètes? Posez les questions suivantes à un(e) ami(e). Donnez un résumé de ses réponses à la classe.

1. A quelles occasions es-tu content(e)?
2. Dans quelles circonstances es-tu mécontent(e)?
3. De quoi as-tu souvent peur?
4. Raconte un événement où tu as exprimé ton soulagement.
5. Pour qui as-tu de l'admiration?
6. Qu'est-ce qui te dégoûte?
7. Décris une situation où tu as protesté.

«Grammaire»

Le Subjonctif: l'émotion, l'opinion et le doute

A. The subjunctive mood is frequently used after expressions of emotion. As with verbs of volition, the subject of the main and dependent clauses must be different. Some of the expressions of emotion that are considered to be subjective statements are as follows:

> **être heureux(-euse) / content(e) / triste / désolé(e) / fâché(e) /
> furieux(-euse) / étonné(e) / surpris(e) / ravi(e) que**
> **regretter que**
> **avoir peur que / craindre que**

Je suis triste que nous ne **puissions** pas regarder la télévision.
  Le poste est en panne.

Elle est heureuse que la télé ne **soit** plus un monopole d'Etat.

Je regrette qu'on n'**ait** pas le temps de lire le journal.

B. Some impersonal expressions indicate points of view that are uncertain, hypothetical, or emotional. These begin with the impersonal **il** or, in less formal language, **ce.** For example:

> **il vaut mieux que**
> **il est bon / triste / étonnant / utile / curieux / bizarre /**
> **étrange / honteux / surprenant / important / naturel /**
> **regrettable que**
> **c'est dommage / ce n'est pas la peine que**
>
> Il est important que nous **voyions** ce match.
>
> Il vaut mieux que nous **attendions** le week-end pour aller au cinéma.

C. To express doubt and uncertainty or possibility, certain verbs and impersonal expressions are used:

> **douter que**
> **ne pas être sûr(e) / certain(e) que**
> **il est douteux / impossible / peu probable que**
> **il se peut que**
> **il est possible que**
> **il semble que**
>
> Il se peut que ce cinéma **soit** plein.
>
> Nous doutons qu'ils **viennent** au ciné-club avec nous.

NOTE: When the expressions **être sûr(e) que** and **être certain(e) que** are used in the affirmative, they take the indicative mood. The expressions **il me semble que** and **il est probable que** do *not* require the subjunctive.

> Il est probable qu'ils viendront.
>
> Il me semble qu'il a dit qu'ils allaient venir.
>
> Moi, je suis sûr qu'ils arriveront bientôt.

After verbs of thinking, believing, and hoping (**penser, croire,** and **espérer**) in the negative or interrogative, the subjunctive is used. These forms indicate uncertainty on the part of the speaker.

> Pensez-vous que la télé **soit** une drogue?
> Oui, je pense que la télévision est une drogue douce.
>
> Crois-tu que nous **ayons** le temps de regarder la télé ce soir?
> Non, je ne pense pas que vous **ayez** le temps ce soir.

L'Infinitif pour éviter le subjonctif

An infinitive is used instead of the subjunctive when the subject of the dependent clause is the same as that of the main clause or if the subject is not specified.

- With verbs of volition:

> Je veux le **voir.**
> *I want to see him.*
>
> Il préfère ne pas **partir** trop tôt.
> *He prefers not to leave too early.*

NOTE: In the present infinitive form, the **ne pas** precedes the infinitive.

- With impersonal expressions or with **être** + adjective + **de:**

    Il est bon de **se détendre** le mercredi après-midi, n'est-ce pas?
    It is good to relax on Wednesday afternoons, isn't it?

    Je suis content d'**écouter** cette émission.
    I am happy to listen to this program.

Activités

A. Doutes et certitudes. Nous avons souvent des doutes sur notre avenir. Un étudiant français qui est nouveau à l'Université de Dijon se parle à lui-même. Complétez ses pensées par un des verbes suivants:

devoir / donner / pouvoir / obtenir / trouver / être / aller

Je doute que les professeurs me _____ de bonnes notes. Je ne suis pas sûr de réussir à l'Université. Il se peut que je ne _____ pas mon diplôme de première année. Il est possible que mes parents _____ fâchés contre moi.

Je suis sûr, cependant, que je _____ beaucoup travailler. Il est probable qu'on me _____ souvent dans la salle d'études de la Maison des Etudiants. Il me semble qu'on _____ reconnaître mes efforts.

B. C'est le matin. Mal réveillée, Brigitte reprend ce que dit Thierry d'une façon un peu différente. Répondez comme elle aux déclarations suivantes de Thierry.

modèle: —Je suis content qu'on soit tranquille le matin.
        —*Tu es content d'être tranquille le matin?*

1. Il est bon qu'on lise le journal le matin.
2. Je préfère qu'on ne regarde pas la télévision le matin.
3. Je désire plutôt qu'on écoute la radio.
4. Il vaut mieux qu'on ne se parle pas le matin.
5. Il est important que je prenne une douche le matin.
6. Il n'est pas normal que je fasse des exercices le matin.

C. Vos opinions? Avec un(e) camarade de classe, exprimez vos opinions en choisissant une des phrases suivantes et en la complétant.

modèle: Il est curieux que la plupart des Américains
        ne parlent qu'une langue.

Il est important		les étudiants...
Il est triste		les professeurs...
Il est curieux		les enfants...
Il est étrange	que	les parents...
Il est bizarre		les Français...
Il est bon		les Américains...
Il est regrettable		le Président américain...
Il vaut mieux		???

Il est ~~triste~~ important que les enfants mangent de bonne nourriture.

Il est bon que les Français et les Americains soient ~~amicale~~ aimes.

Il est important que le Président Bush fasse bons relations avec le Russe.

D. Vos opinions sur les médias. Le professeur va vous poser des questions. Discutez de vos attitudes ensemble.

1. Pensez-vous que les enfants doivent regarder la télévision? Pourquoi ou pourquoi pas?
2. Souhaitez-vous que la publicité disparaisse de la télévision? Expliquez. Est-il possible que la publicité disparaisse de la télévision? Expliquez.
3. Pensez-vous que les feuilletons de télévision donnent une vue réaliste de la vie? Expliquez.
4. Etes-vous sûr(e) que les informations des journaux ou des magazines soient objectives? Expliquez.
5. Croyez-vous que la radio soit un moyen d'expression plus efficace que la télévision? Expliquez.

«Interactions»

BRAVO!
Culture et littérature

A. Excusez-moi. With two classmates, role play a situation in which you are very irritated. You are waiting in line to buy a magazine while the vendor is talking with someone else. You ask for help but are ignored. Express your feelings. The other people will react to your anger.

B. La personnalité. With a classmate, tell a story about each of these people. Imagine what is happening, what they are saying, and what they are thinking about. Let your imagination run free.

Comment persuader et donner des ordres

«Conversation»
(conclusion)

Pamela a téléphoné à son amie Sandrine (professeur d'anglais au lycée), qui l'a retrouvée au café avec Philippe et Hans.

SANDRINE: Je suis contente que tu m'aies téléphoné, Pamela. Merci d'avoir pensé à moi. Toute ma famille est en train de regarder le match de football. Je me sentais seule.

PAMELA: Nous étions en train de nous bagarrer° sur le choix d'une émission de télévision. Mais nous avons décidé de sortir au café.

HANS: On a décidé qu'il valait mieux discuter que regarder la télévision ou se droguer d'images, comme dit Pamela!

PAMELA: *(avec un clin d'oeil)* Tu vois, Sandrine. Je fais des disciples!

PHILIPPE: Mais, Pamela, il faut que tu me promettes de regarder le prochain match de foot avec moi!

PAMELA: C'est promis, Philippe! Mais j'ai l'impression que tu regardes trop souvent la télé. Je suis persuadée que tu gagnerais à lire plus de revues ou de livres.

HANS: Pamela, tu sais que les Français lisent beaucoup. Le problème, à mon avis, c'est que ce qu'ils lisent n'est pas formidable! A Paris c'est *Le Parisien libéré*[4] qui est le quotidien° le plus populaire.

SANDRINE: Si tu veux me faire plaisir, ne me parle pas de ça. Je trouve cela embarrassant. Tu dois dire, cependant, que le deuxième journal du point de vue de la popularité, *Le Monde,*[5] est un journal très sérieux.

PAMELA: C'est un très bon journal, mais pour une étrangère il est difficile à lire.

PHILIPPE: Moi, je préfère *L'Equipe*.

PAMELA: Philippe, qu'est-ce que tu lis de sérieux?

PHILIPPE: Voyons, je lis *l'Express* aussi.

HANS: Moi, je préfère *Le Nouvel Observateur* qui est plus près de mes idées. Je t'encourage à lire ça, Philippe. Ça te donnera de nouvelles idées.

SANDRINE: J'aimerais que mon fils lise des hebdomadaires° de ce genre. Il adore ces magazines de jeunes comme *Podium-Hit.* Je les trouve idiots.

PHILIPPE: Ils ne sont pas si mal que ça, Sandrine. Essaie de comprendre ton fils. Il ne peut pas être tout le temps sérieux.

PAMELA: A propos, Philippe, sois sérieux et offre-moi une bière-pression.

PHILIPPE: Marché conclu° si tu regardes les prochains matchs avec moi.

PAMELA: Entendu, Philippe.

---

[4] *Le Parisien libéré* est un journal assez populaire et qui n'hésite pas à exploiter le sensationnel.

[5] *Le Monde* est un journal de réputation internationale dépourvu de toute photo et généralement très respecté. *L'Equipe* est un quotidien sportif. *L'Express* est un hebdomadaire qui ressemble à *Time.* Il est assez conservateur et s'intéresse aux affaires. *Le Point* est un autre magazine qui a beaucoup de succès et dont la tendance politique est centriste. *Le Nouvel Observateur* en est l'équivalent à gauche. *Paris-Match,* un magazine de circulation importante, est récemment devenu plus sérieux et moins centré sur les photos de vedettes et de familles royales.

1. Cherchez les expressions qu'on utilise pour persuader et pour donner des ordres.
2. Pamela et Philippe se disputent-ils vraiment? Expliquez.
3. Quel journal choisiriez-vous: *Le Monde* ou *Le Parisien libéré?*
4. Parmi les magazines qu'ils ont mentionnés, lequel préférez-vous? Quels magazines lisez-vous maintenant?

«Expressions typiques pour... »

Persuader

Si tu me laisses/vous me laissez tranquille, je te/vous promets qu'on sortira dans 10 minutes.

Tu fermeras/vous fermerez la télévision, hein?

Pour me faire plaisir, ferme/fermez la porte.

Essaie de te calmer./Essayez de vous calmer.

Efforce-toi de te calmer./Efforcez-vous de vous calmer.

Sois gentil(le) et ne dis rien./Soyez gentil(le) et ne dites rien.

Qu'est-ce qu'il faut dire pour te/vous persuader de venir avec nous au cinéma?

Que dirais-tu d'une pizza?/Que diriez-vous d'un apéritif?

J'aimerais que tu viennes/vous veniez avec nous.

Je serais content(e)/heureux(-euse) que tu fasses tes devoirs/vous fassiez vos devoirs.

Je t'encourage à le faire./Je vous encourage à continuer.

Donner des ordres

Tu fermeras/vous fermerez la fenêtre.

Si tu regardes/vous regardez ce programme, je me fâche.

Je te/vous demande de me montrer cette photo.

Je te/vous défends d'ouvrir cette porte.

Je te/vous prie de me laisser seul(e).

Exprimer la nécessité ou l'obligation

Il est indispensable que tu étudies/vous étudiiez. *(subjonctif)*

Il est obligatoire que tu fasses tes devoirs/vous fassiez vos devoirs. *(subjonctif)*

Il faut que tu me laisses tranquille/vous me laissiez tranquille. *(subjonctif)*

Tu dois/vous devez dormir.

Tu as/vous avez besoin de cela pour mieux travailler.

«Mots et expressions utiles»

Divers

se bagarrer *to fight, to quarrel*

défendre *to forbid*

un hebdomadaire *weekly publication*

(le) marché (est) conclu *the deal is struck*

un mensuel *monthly publication*

la publicité *advertisement*

un quotidien *daily publication*

un spot publicitaire *advertisement (on television)*

Le porc, délicieusement

maigre

Parce qu'avec la viande de porc, la majeure partie du gras se retrouve à l'extérieur et s'enlève facilement, comme une pelure.

Et vous mangez une viande blanche, tendre, savoureuse, délicate qui se prête admirablement bien aux menus nouvelle cuisine.

La majeure partie du gras du porc s'enlève comme une pelure de banane

Gouvernement du Québec
Ministère de l'Agriculture,
des Pêcheries
et de l'Alimentation

Fédération
des producteurs
de porcs du Québec

C'est une publicité trouvée dans une revue québécoise. Comment cette publicité essaie-t-elle de vous persuader d'acheter ce produit?

Liens culturels

La presse

Jusqu'au milieu du XXᵉ siècle, les journaux et les livres ont assuré l'essentiel de l'information en France. La radio, qui a pris beaucoup d'importance pendant la Deuxième Guerre mondiale et la IVᵉ République (1946–1958), et la télévision, présente dans plus de 90% de foyers, ne les ont pourtant pas réduits à l'oubli. Les éditeurs de journaux et de magazines ont vite compris que la diversité était indispensable. Ils se sont adaptés aux intérêts des lecteurs. Même si le nombre de quotidiens connaît un déclin, les magazines connaissent une grande vitalité. En 1985 les magazines les plus importants par leur tirage *(circulation)* étaient: *Télé 7 jours, Télépoche, Modes et Travaux, Paris-Match, Art et Décoration, TéléStar, Sélections du Reader's Digest, Marie-Claire, Marie-France, Jours de France.* Quelles sortes de magazines sont-ils? Qu'est-ce qu'ils révèlent sur la société française? Selon vous, quels sont les magazines américains les plus importants?

Mermet,
Francoscopie, pp. 364–368

Activités

A. Un bon choix. Dans les situations suivantes, choisissez l'expression appropriée ou inventez-en une autre.

1. Votre fille de quatre ans veut regarder un film d'épouvante à la télévision. Vous dites:
   a. Si tu regardes cette émission, je t'envoie au lit.
   b. J'aimerais que tu regardes ce film avec moi.
   c. ?
2. Votre femme/mari ne veut pas vous acheter de cadeau d'anniversaire. Elle/Il ne veut pas dépenser trop d'argent. Vous dites:
   a. Je t'assure que je ne te parlerai plus jamais de la vie si tu ne m'achètes rien.
   b. Sois gentil(le) et achète-moi un petit quelque chose.
   c. ?
3. Vous avez froid. Votre camarade de chambre préfère les appartements froids. Vous dites:
   a. Si tu augmentes *(raise)* la température, je te prépare du thé glacé *(iced tea).*
   b. Il faut qu'on augmente la température. Je vais attraper un rhume, sinon.
   c. ?
4. Vous voulez sortir pour célébrer le Nouvel An. Votre fiancé(e) veut rester à la maison. Vous dites:
   a. Qu'est-ce qu'il faut faire pour te persuader de sortir? Je te promets un bon dîner demain...
   b. Chéri(e), je t'ordonne de sortir avec moi.
   c. ?

5. Vous voulez acheter une nouvelle voiture. Votre mère n'offre pas de vous prêter de l'argent. Vous dites:

    a. Tu me prêteras de l'argent, n'est-ce pas?

    b. Si tu ne me prêtes pas d'argent, je me roule par terre.

    c. ?

6. Vous avez choisi la voiture que vous voulez. Elle est trop chère. Vous dites au vendeur:

    a. Il est nécessaire que vous baissiez le prix de $1000.

    b. Je serai très content(e) de payer $1000 de moins.

    c. ?

B. Imaginez. Avec un(e) camarade de classe, lisez les phrases suivantes. Imaginez un scénario pour chacune des ces phrases.

1. Je vous encourage à me donner votre revolver.

2. Essaie de te calmer.

3. Pour me faire plaisir, souris un peu.

4. Il est essentiel que tu coures aussi vite que possible.

5. Je t'en prie. Ne me laisse pas seul(e). J'ai très peur.

6. Efforcez-vous de paraître contents.

«Grammaire»

Le Subjonctif: la nécessité et l'obligation

These expressions are followed by the subjunctive and will be helpful when you are requesting or persuading someone to do something:

> **demander que**
> **insister pour que**
> **empêcher que**
> **il faut que**
> **il est nécessaire que**
> **il est essentiel que**
> **il suffit que**

> Il est nécessaire que nous **choisissions** les meilleures émissions de télévision.
> *It is necessary that we choose the best television programs.*

> J'insiste pour que nous **regardions** les émissions sérieuses.
> *I insist that we watch serious programs.*

Certain expressions of obligation (**il est nécessaire que, il faut que, il est essentiel que**) can be replaced by **devoir** + infinitive. The meaning conveys less of a sense of obligation, however.

> Il est nécessaire qu'on y aille avec lui.
> On doit y aller avec lui.
> *It is necessary to go there with him.*

> Il faut que nous écrivions à sa soeur.
> Nous devons écrire à sa soeur.
> *We must write to his sister.*

Le Passé du subjonctif

The past subjunctive is a compound tense used to refer to actions or conditions that took place at any time prior to the time indicated by the main verb. It is formed from the present subjunctive of the auxiliary verbs **avoir** or **être** plus the past participle. You will choose the same auxiliary verb as you would for the **passé composé**.

regarder

que j'**aie regardé**	que nous **ayons regardé**
que tu **aies regardé**	que vous **ayez regardé**
qu'il qu'elle } **ait regardé** qu'on	qu'ils qu'elles } **aient regardé**

partir

que je **sois parti(e)**	que nous **soyons parti(e)s**
que **tu sois parti(e)**	que vous **soyez parti(e)(s)**
qu'il **soit parti**	qu'ils **soient partis**
qu'elle **soit partie**	qu'elles **soient parties**
qu'on **soit parti**	

se réveiller

que je **me sois réveillé(e)**	que nous **nous soyons réveillé(e)s**
que tu **te sois réveillé(e)**	que vous **vous soyez réveillé(e)(s)**
qu'il **se soit réveillé**	qu'ils **se soient réveillés**
qu'elle **se soit réveillée**	qu'elles **se soient réveillées**
qu'on **se soit réveillé**	

Il a demandé que je **parte** de très bonne heure.
He asked that I leave very early.

Il est content que je **sois partie** très tôt.
He is happy that I left very early.

Il sera content que **je revienne** tôt aussi.
He will be happy that I come back early too.

NOTE: There is no *future* subjunctive form. The *present* subjunctive is used to express future actions.

Activités

A. Exigences. Une Anglaise va bientôt faire un voyage en France. Elle est très difficile. Elle veut que l'hôtel soit parfait. Voici ses exigences. Traduisez-les en français pour elle.

I ask that the hotel be clean (**propre**). Furthermore (**de plus**), I insist that the employees smile (**sourire**). It is necessary that breakfast be on time and that the tea be hot. The croissants must be fresh. It is essential that the bed not be too soft (**mou**). I must sleep in silence. It is therefore necessary that the other guests (**clients**) be quiet.

B. Le cadeau d'anniversaire. C'est l'anniversaire de Stéphanie. Sébastien lui a acheté un cadeau mais il y a un problème. Réunissez et modifiez les phrases suivantes pour parler du problème.

> *modèle:* Stéphanie est heureuse. Sébastien lui a offert un cadeau.
> *Stéphanie est heureuse que Sébastien lui ait offert un cadeau.*

1. Stéphanie est contente. Sébastien lui a acheté une platine laser *(compact disc player)*.
2. Sébastien est triste. La platine laser a coûté une fortune.
3. Stéphanie est embêtée. Sébastien n'a pas pu sortir avec elle le lendemain de son anniversaire.
4. Sébastien est désolé. Stéphanie s'est fâchée contre lui.
5. Sébastien est surpris. Stéphanie a refusé de parler avec lui au téléphone.
6. Maintenant Sébastien est fâché. Il a dépensé son argent pour une fille ingrate.

C. Quel professeur! Un professeur parle avec ses étudiants. Un(e) étudiant(e) du fond de la salle répète moqueusement tout ce qu'il dit. Jouez le rôle de cet(te) étudiant(e) et répétez les déclarations suivantes.

> *modèle:* —Il faut que vous alliez au laboratoire de langues tous les jours.
> —*Vous devez aller au laboratoire de langues tous les jours.*

1. Il est nécessaire que vous écriviez ces phrases pour demain.
2. Il faut que trois étudiants me remettent *(hand in)* leurs cahiers demain matin.
3. Il est essentiel que nous lisions ce paragraphe tout de suite.
4. Il faut que Georges et Marie écrivent leurs réponses au tableau.
5. Il est nécessaire que vous fassiez attention à ce que je dis.
6. Il faut que Monique vienne me voir après le cours.

Que pensez-vous de ce professeur? Voulez-vous suivre son cours? Expliquez.

D. Que dois-je faire? Donnez trois suggestions à un(e) camarade de classe qui vous demande des conseils.

Que dois-je faire...
1. pour bien dormir?
2. pour bien manger?
3. pour être heureux(-euse)?
4. pour être riche?
5. pour rester jeune?
6. pour vivre longtemps?

«Interactions»

A. Une contravention. You return to your car and see a policeman (**un agent de police**) giving you a ticket for parking on the sidewalk (**une contravention pour stationnement sur le trottoir**). Explain that you were only parked for a few minutes because you had to take care of some urgent business. Give some details. Persuade him/her to not give you the ticket.

BRAVO!
Culture et littérature

B. Une publicité. Write a short advertisement for a product and present it to a small group of students. Use your advertisement to persuade them to buy your product.

Activités orales

A. Je m'excuse... You are in a restaurant buying a nice lunch for a friend and his/her mother. When the check arrives, you realize that you do not have your wallet **(le portefeuille)**. Role play your discussion with the headwaiter **(le maître d'hôtel)**. Express your regrets and explain your feelings about this matter. Persuade him to let you leave and return later with the money.

B. La loterie. You receive a phone call telling you that you have just won the lottery **(gagner à la loterie)**. Role play receiving the good news. Express your joy. Explain what you intend to do with the money. Persuade the person who called to celebrate with you.

Activités écrites

A. Un télégramme. Write a telegram to a close friend or family member. Give them some good or bad news. Express your feelings about the particular event. Explain what you intend to do next.

N° 698 TÉLÉGRAMME	Étiquettes		N° d'appel :
		Timbre à date	INDICATIONS DE TRANSMISSION
Ligne de numérotation			
ZCZC	N° télégraphique	Taxe principale.	
Ligne pilote		Taxes accessoires	N° de la ligne du P.V. :
		Total . .	Bureau de destination Département ou Pays
Bureau d'origine	Mots	Date	Heure	Mentions de service

Services spéciaux demandés : (voir au verso)

Inscrire en **CAPITALES** l'adresse complète (rue, n° bloc, bâtiment, escalier, etc...), le texte et la signature (une lettre par case ; **laisser une case blanche entre les mots**).

Nom et adresse | | | | | | | | | | | | | | | | | | | | | | | | | |

TEXTE et éventuellement signature très lisible

Pour accélérer la remise des télégrammes indiquer le cas échéant, le numéro de téléphone (1) ou de télex du destinataire
TF _____ TLX _____

Pour avis en cas de non remise, indiquer le nom et l'adresse de l'expéditeur (2) :

Listen to Activity Tape, Chapitre 5, and complete the corresponding exercises in the Activity Tape section of your Workbook.

B. Un vol annulé. You are waiting for a flight to Québec City when you are informed that the flight has been cancelled. The ticket agent arranges another flight through a different airline, but after you rush to the terminal, you find that the flight has already departed. Write a letter insisting that you be reimbursed for your inconvenience and describe the business that you lost. Demand that they send you a check as soon as possible. Begin: **Monsieur/Madame.** End with: **Veuillez croire, Monsieur/Madame, à mes sentiments les plus distingués.**

Leçon 1

La télévision

les actualités *f news (in the press, but especially on TV)*
une chaîne *channel*
diffuser/transmettre *to broadcast*
une émission *broadcast*
un feuilleton *serial, soap opera*
le poste *TV set*
un programme *set of broadcasts*
un téléspectateur/une téléspectatrice *TV viewer*

La radio

un auditeur/une auditrice *member of (listening) audience*
une station *station*

La presse

une annonce *announcement, notification*
    les petites annonces *classified advertisements*
un compte-rendu *report; review*
un journal *newspaper*
un lecteur/une lectrice *reader*
un magazine *magazine*
les nouvelles *f printed news*
un reportage *newspaper report; live news or sports commentary*
une revue *magazine (of sophisticated, glossy nature)*
une rubrique *heading, item, column*

Divers

Ainsi soit-il donc. *So be it.*
la concurrence *competition*
un foyer *household*
rivé(e) *stuck on, fixed on*
verser *to pour (in); to pay*

Leçon 2

Divers

agacé(e) *annoyed*
les aînés *m elders*
s'apprêter *to get oneself ready*
avoir chaud *to be hot*
    On a eu chaud! *That was a narrow escape!*
avoir la frousse/trouille *to have the jitters*
en avoir marre *to be fed up*
barber *to bore*
la crainte *fear*
la déception *disappointment*
le dégoût *disgust, distaste*
doublé *dubbed*
ennuyé(e) *annoyed; bothered*
ennuyeux(-euse) *boring, tedious; annoying, irritating*
enrichir *to add to, to enrich*
génial(e) *fantastic*
l'inquiétude *worry, anxiety*
le soulagement *relief*
stimuler *to evoke, to stimulate*
supporter *to put up with*

Leçon 3

Divers

se bagarrer *to fight, to quarrel*
défendre *to forbid*
un hebdomadaire *weekly publication*
(le) marché (est) conclu *the deal is struck*
un mensuel *monthly publication*
la publicité *advertisement*
un quotidien *daily publication*
un spot publicitaire *advertisement (on television)*

«Je ne vous dérange pas?»

Révisons un peu

The information presented on this page is intended to refresh your memory of various grammatical topics that you have probably encountered before. Review the material and then test your knowledge by completing the accompanying exercises in the workbook.

Avant la première leçon

Les Pronoms objets directs et indirects

A. Formes

Pronoms objets directs		Pronoms objets indirects	
me	nous	me	nous
te	vous	te	vous
le	les	lui	leur
la			

B. Fonctions

• *Direct* object pronouns replace nouns referring to persons or things that receive the action of the verb directly:

> Est-ce que tu as la clé?
> *Do you have the key?*
>
> Est-ce que tu l'as?
> *Do you have it?*

• When an adjective or an entire clause or phrase is replaced, the neuter pronoun **le** is used:

> Est-ce que tu penses que **tu as perdu la clé?**
> Non, je ne **le** pense pas.
> *No, I don't think so.*

• *Indirect* object pronouns replace nouns referring to persons (not things) that receive the action of the verb indirectly. In English *to* either precedes the noun or is implied.

> Alors, est-ce que tu as donné la clé à Anne?
> Oui! Je **lui** ai donné la clé!

NOTE: Certain verbs such as **écouter** *(to listen to)*, **regarder** *(to look at)*, **payer** *(to pay for)*, **chercher** *(to look for)*, and **attendre** *(to wait for)* take direct object pronouns in French, contrary to their English usage. Other verbs that take a direct object in English require an indirect object in French, such as **téléphoner à** *(to telephone)*, **demander à** *(to ask)*, **dire à** *(to tell)*, **plaire à** *(to please)*, and **offrir à** *(to offer)*.

Avant la deuxième leçon

La Position des pronoms objets

Affirmatif	La clé? Je l'ai.
Négatif	Je ne l'ai pas.
Interrogatif	L'as-tu, la clé?
Temps composé	Je l'ai perdue.[1]
	Non! La voilà. Je ne l'ai pas perdue.
Infinitif	Je vais **la** donner à Anne.
	Oui, je vais **lui** donner la clé.
Impératif	
affirmatif	Anne! Attrape-**la**!
	Regarde-**moi**!
négatif	Ne **la** perds pas, s'il te plaît.
	Ne **me** demande pas une nouvelle clé.

NOTE: In an affirmative command, **me** changes to **moi** and **te** changes to **toi**. They are placed after the verb. Both pronouns retain their usual form and placement in negative commands.

---

[1] Remember that past participles agree with preceding *direct* objects in gender and number.

Comment engager, continuer et terminer une conversation

«Conversation»

Sabine et Patrick, deux jeunes cadres, se trouvent dans une brasserie près de l'agence publicitaire où travaille Patrick. Ils viennent de déjeuner ensemble.

Rappel: Have you reviewed direct and indirect object pronouns? (text p. 142 and the accompanying exercises in the workbook)

SABINE: Au fait, Patrick, est-ce que tu as entendu à la radio que plusieurs étrangers ont été pris en otage°?

PATRICK: Ça alors! Est-ce qu'on n'arrêtera jamais cette violence insensée°!... Où est-ce que ça s'est produit°?

Un collègue de Patrick, Vincent, arrive et les interrompt. Tous se saluent.

VINCENT: Euh, je vous dérange?

PATRICK: Non, pas du tout.

VINCENT: Bon. Je voulais tout simplement te dire, Patrick, qu'on a changé l'heure de notre rendez-vous demain avec M. Gaulette. La réunion est fixée à 11h maintenant.

PATRICK: Entendu. En fait,° 11h me convient mieux... Euh, ne veux-tu pas t'asseoir un moment avec nous?

VINCENT: Non, merci. Il faut que je parte. Alors, on se revoit demain, hein? Au revoir, Sabine.

SABINE: Au revoir, Vincent. A la prochaine.

PATRICK: Ciao, Vincent... Bon, revenons à ce que tu disais, Sabine. Tu parlais d'une nouvelle prise d'otages... ?

SABINE: L'attentat° a eu lieu près de l'ambassade de France, à Beyrouth.

PATRICK: Et les victimes?

SABINE: Ils sont tous journalistes et fonctionnaires.° Les terroristes demandent qu'on livre° une grande quantité d'armes° et de matériel militaire en échange de leur vie. C'est affreux, hein?

Un inconnu l'interrompt.

L'INCONNU: Pardon, Monsieur, Mademoiselle. Est-ce que vous avez quelques instants? Je représente le Front national et si vous permettez, je pourrais vous renseigner un peu sur les prochaines élections.[2]

SABINE: *(regardant sa montre)* Zut, alors! Excusez-moi, Monsieur, mais je dois m'en aller. Peut-être que Patrick... ?

PATRICK: D'accord. Au revoir, Sabine. A ce soir.

SABINE: Ciao, Patrick. Au revoir, Monsieur.

L'INCONNU: Au revoir, Mademoiselle. Bien... D'abord, des brochures qui présentent le programme électoral° de notre candidat...

A suivre.

---

[2] En France, les élections présidentielles ont lieu tous les sept ans (1988, 1995, 2002, etc.).

1. Quelles expressions utilise-t-on pour engager une conversation? Et pour terminer une conversation?
2. Quels sont les rapports entre Patrick et Sabine? Et entre Patrick et Vincent?
3. Qu'est-ce que Sabine essaie de décrire à Patrick pendant la conversation?
4. Avez-vous jamais travaillé pour une campagne électorale *(election campaign)*? Quand? Où? Pour quel candidat?

Liens culturels

L'art de discuter

Il y a plusieurs différences entre l'art de discuter chez les Français et chez les Américains. D'abord, les Français se tiennent plus près les uns des autres quand ils se parlent. Mal interprétée quelquefois par les Américains qui y voient un acte agressif, cette coutume reflète tout simplement un moindre besoin d'espace personnel. Ce trait culturel est aussi évident dans les mouvements plus restreints que font les Français, comparés avec les mouvements et les gestes plus expansifs des Américains.

Il est aussi admis d'interrompre son interlocuteur avant qu'il ait terminé sa phrase dans une conversation française, ce qui produit un effet de chevauchement *(overlapping)*. En outre, pendant qu'un Français vous parle, un autre Français commencera peut-être à vous parler aussi. Il faut alors écouter deux conversations en même temps! Alors qu'interrompre quelqu'un est considéré comme impoli chez les Américains, l'absence d'interruptions chez les Français passe pour une certaine indifférence.

Imaginez la conversation entre ces deux filles. De quoi discutent-elles?

«Expressions typiques pour... »

Engager une conversation sur un sujet précis[3]

(rapports intimes et familiaux)

Je te dérange?
J'ai besoin de te parler...
Dis donc, Marc, tu sais que...
Au fait...

(rapports professionnels et formels)

Excusez-moi de vous déranger...
Je ne vous dérange pas?
Je peux prendre quelques minutes de votre temps?
Si vous permettez...
Pardon, Monsieur/Madame...

Prendre la parole

Eh bien./Bon./Ecoute(z).

Je	veux	dire que...
	voulais	demander que...
	voudrais	

Pour exprimer une opinion

Moi, je pense que...
A mon avis... [4]

Pour répondre à une opinion exprimée

Mais... /Oui, mais... /D'accord, mais...
Je comprends bien, mais...
Justement/Exactement... /Tout à fait...

Terminer une conversation (annoncer son départ)

Bon./Eh bien.	je dois m'en aller/partir.
Bon/Alors/Excusez-moi, mais...	il faut que je m'en aille/parte.
	je suis obligé(e) de m'en aller/partir.

On se revoit la semaine prochaine?
Alors, on se téléphone?
Il faut qu'on se revoie très bientôt, hein?

«Mots et expressions utiles»

La politique

une campagne électorale *election campaign*
un débat *debate*
désigner *to appoint*
discuter (de) *to discuss*
un électeur/une électrice *voter*
élire (past part.: **élu**) *to elect*
être candidat(e) (à la présidence) *to run (for President)*

se faire inscrire *to register (to vote)*
un mandat *term of office*
la politique étrangère *foreign policy*
la politique intérieure *internal policy*
un programme électoral *platform*
se représenter *to run again*
soutenir *to support*
voter *to vote*

---

[3] See **Chapitre 1, Leçon 2** for expressions to use when you want to make small talk but do not have a particular subject in mind.

[4] More expressions will be presented in **Leçon 2.**

Le terrorisme

les armes *f* *arms*
un attentat *attack*
céder (à) *to give up, to give in*
le chantage *blackmail*
l'espionnage *m* *spying*
un(e) fonctionnaire *civil servant*
insensé(e) *insane*

libérer *to free*
livrer *to deliver*
la peine de mort *capital punishment*
prendre en otage *to take hostage*
le preneur d'otages *kidnapper*
se produire *to happen, to take place*

Divers

au fait *by the way*

en fait/en réalité *actually*

Activités

A. Entraînez-vous. Engagez une conversation avec la personne mentionnée. Parlez du sujet donné, en employant les «Expressions typiques pour... ».

> *modèle:* votre père: un emprunt de $20
> —*Papa, je te dérange? Non? Je voulais te demander si tu pourrais me donner $20.*

1. vos amis: l'article sur la prise d'otages
2. un étranger dans la rue: le chemin pour aller à la pharmacie la plus proche
3. M. Voulzy, votre patron: une idée qui vous est venue au sujet de la nouvelle publicité
4. vos voisins d'à côté: le vol qui a eu lieu dans la maison en face de la vôtre
5. votre mari/femme: quelque chose que vous voulez acheter

B. Eh bien... Maintenant, imaginez que vous terminez chaque conversation que vous avez commencée dans l'exercice A. Que dites-vous dans chaque situation? Utilisez les «Expressions typiques pour... ».

> *modèle:* —*Bon, eh bien, papa. Merci. Je dois retourner à mes devoirs. J'en ai plusieurs pour demain.*

C. Sur le vocabulaire. Voici des phrases tirées d'un journal français. Remplissez les blancs avec le(s) mot(s) approprié(s) de la liste. Faites tous les changements nécessaires.

FRANCE-IRAN: LE FACE-À-FACE
ambassade / peine de mort / otage / attentat / céder

1. Téhéran accuse le premier secrétaire de l'_____ de France à Téhéran d'espionnage. Cette faute est punie de la _____ en Iran.
2. La France craint pour le sort *(fate)* des _____ français au Liban.
3. Le gouvernement français affirme: «Nous ne _____ pas au chantage.»

ÉLECTIONS PRÉSIDENTIELLES
électeur / se représenter / mandat / voter / débat

1. On ne sait pas si le président actuel recherchera un second _____ ou non.
2. S'il ne _____ pas, on dit que les Français voteront probablement pour un conservateur.
3. Le _____ politique sur l'attitude de la France à l'égard de l'immigration n'est pas nouveau.
4. Selon les experts, les _____ indécis sont à la clé de la prochaine élection.

«Grammaire»

Les Pronoms *y* et *en*

During a conversation, people often use pronouns to refer to persons, things, or ideas already mentioned. You reviewed direct and indirect object pronouns in **Révisons un peu.** Below you will find information relevant to the pronouns **y** and **en.**

A. L'usage du pronom *y*

• **Y** replaces a preposition of location (**à, en, sur, chez, dans, sous, devant,** etc., except for **de**) and its object. Translated as *there*, it is not always said in English, although it must be used in French:

>—Est-ce que tu es jamais allée au musée Rodin?[5]

>—Non. Je n'**y** suis jamais allée. Allons-**y.**

• **Là** must be used to express *there* if the place has not been previously mentioned:

>—Déposez vos sacs au vestiaire, juste **là,** derrière le pilier, avant d'entrer dans le musée.

• **Y** is also used to replace **à** + noun referring to a thing. Typical verbs requiring **à** before a noun object are: **s'intéresser, répondre, penser, jouer,**[6] and **réfléchir:**

>—La sculpture? Nous nous **y** intéressons beaucoup!

NOTE: **A** + person is replaced by an indirect object pronoun or a disjunctive pronoun. (Disjunctive pronouns will be discussed in the next lesson.)

>—Est-ce que tu sais où se trouve notre guide? Je voudrais **lui** poser une question sur «Le Penseur».

• In the future and conditional tenses of **aller, y** is not used:

>—Le musée Rodin est formidable! Je voudrais aussi voir le musée Picasso. Est-ce que tu **irais** avec moi?

B. L'usage du pronom *en*

• **En** is used to replace the preposition **de** and its noun object referring to a place or thing. If the noun object refers to a person, a disjunctive pronoun is normally used instead. Typical verbs and verbal expressions whose objects are introduced by **de** are: **avoir peur, avoir besoin, parler, se souvenir, penser,**[7] **discuter,** and **jouer:**

>—Est-ce que tu te souviens du mouvement de révolte étudiant qui a eu lieu en 1986?

>—Oui. Je m'**en** souviens bien. On **en** parle toujours.

---

[5] Auguste Rodin (1840–1917) est un des sculpteurs les plus connus de France.

[6] **Jouer à** is used for sports or games; **jouer de** is used with musical instruments.

[7] **Penser** only requires **de** before a noun object when it is in the interrogative form, asking for an *opinion*. In all other cases, it takes **à.**

- Nouns preceded by the partitive or an indefinite article are replaced by **en**. The English equivalent *(some/any)* may be expressed or understood, but **en** is always used in French:

> —Connais-tu des étudiants qui ont participé aux manifestations *(demonstrations)*?
>
> —Oui, j'**en** connais. Paul et Catherine, par exemple.

- **En** is also used to replace a noun referring to a person or thing preceded by a number or other expression of quantity (**beaucoup de, peu de, trop de, un verre de, plusieurs,** etc.). The noun object and the preposition **de** (if there is one) are replaced by **en;** only the number or expression of quantity remains. Although **en** may not be translated in English, it *must* be used in French:

> —Un grand nombre d'étudiants ont participé aux manifestations, n'est-ce pas?
>
> —Oui, il y **en** avait beaucoup, parfois plus de 100.000, qui se rassemblaient dans une seule manifestation.
>
> —Y a-t-il eu des morts?
>
> —Malheureusement, il y **en** a eu un, un jeune étudiant de 22 ans.[8]

*Additional notes on the use of **y** and **en:***

- Placement in a sentence follows the same rules as other object pronouns.

- Past participle agreement is never made with **y** or **en.**

- In general, **y** replaces **à** + noun; **en** replaces **de** + noun.

Activités

A. Sondage. Martine répond aux questions d'un journaliste qui fait un sondage pour *Femme Actuelle,* une revue française destinée aux jeunes adultes. Complétez ses réponses en utilisant **y** ou **en.**

1. Les sports? Oui, je m'_____ intéresse beaucoup.
2. Des enfants? Non, je n'_____ ai pas.
3. Le cinéma? Oui, nous _____ allons souvent.
4. Les élections? Non, je n'_____ ai pas discuté au bureau.
5. Le bridge? Non, je n'_____ joue jamais.
6. Plus d'argent? Bien sûr! J'_____ ai toujours besoin.
7. Des animaux domestiques? Oui, j'_____ ai deux: un chat et un oiseau.
8. Des amis américains? Oui, j'_____ ai plusieurs.
9. Le prochain concert de Sting? Oui, nous _____ allons.
10. Votre dernière question? Mais j'_____ ai déjà répondu!

[8] A la suite de la mort du jeune étudiant, Malek Houssékine, le Premier ministre Jacques Chirac a annoncé le retrait de la réforme de l'enseignement supérieur qu'il proposait.

B. Interview. Utilisez les verbes et les mots ci-dessous pour interviewer un(e) camarade de classe. Votre partenaire doit répondre en utilisant un pronom objet (direct, indirect, **y** ou **en**).

1. avoir trop (beaucoup, assez) de: temps / argent / petit(e)s ami(e)s / devoirs
2. s'intéresser à: la politique / l'art / la sculpture / les sports
3. connaître: la ville de New York / tous les étudiants de la classe / *(name of one student)*
4. se souvenir de: les devoirs pour aujourd'hui / mon nom / ton 16ᵉ anniversaire
5. aller souvent à: la bibliothèque / la cantine / un bar / chez tes grands-parents
6. hier téléphoner à: tes parents / le président de l'université / le professeur

C. La politique. Un homme qui travaille pour la campagne électorale d'un sénateur parle avec un électeur. Remplissez les blancs avec un pronom objet (direct, indirect, **y** ou **en**). N'oubliez pas de faire les changements nécessaires.

—Je ne vous dérange pas?
—Non. Vous ne _____ dérangez pas. Entrez.
—Est-ce que vous vous intéressez à la politique?
—Oui, je me _____ intéresse un peu.
—Bon. Je voulais vous parler un peu de Jean Matou qui est candidat au Sénat pour notre circonscription *(district)*. Est-ce que vous connaissez Jean Matou?
—Oui, je _____ connais. En fait, je _____ ai rencontré à une soirée il n'y a pas longtemps.
—C'est bien... Avez-vous vu ses deux interviews à la télé?
—Euh, je _____ ai vu une.
—Qu'est-ce que vous _____ avez pensé?
—Oh, j'ai pensé que... c'était bon.
—Très bien, Monsieur. J'aimerais préciser quelques points de son programme électoral. Auriez-vous deux minutes?
—Bon. D'accord. Allez-_____...
(L'homme commence à expliquer.)
—Enfin, téléphonez-_____ si vous souhaitez que je _____ donne plus de renseignements.
—D'accord. Je _____ téléphonerai si je _____ ai besoin.
—Une dernière chose—voulez-vous offrir à M. Matou une contribution d'argent ou de temps?
—Pourquoi pas. Je _____ enverrai un chèque demain.

«Interactions»

A. Trouvez quelqu'un qui... Try to find a different student for whom each item below is true. Politely begin a conversation with someone, introduce yourself, and ask your question. Do at least one follow-up question and then appropriately end the conversation. Whenever possible, your partner should use object pronouns in his/her responses.

1. watches the same TV program as you
2. was born in the same state as you
3. studies in the library
4. is from the same city as you
5. has the same number of family members as you

B. Au secours! Imagine that you often lose things around your apartment or house. A classmate will play your roommate. Ask him/her where various things of yours are. Don't forget to begin each conversational exchange appropriately. Your roommate will either say that he/she does not know where you put them, that he/she has not seen them anywhere, or that he/she knows where you put them because he/she found them somewhere.

MOTS UTILES: **sac à dos** *m (knapsack);* **livre de français, pull-over** *m* **marron; sur le plancher** *(floor);* **dans un tiroir** *(drawer);* **dans la panière à linge** *(laundry basket);* **ne... nulle part** *(not anywhere).*

Est-ce que vous voyez
de telles affiches aux
Etats-Unis? Si oui, où?

Comment exprimer une opinion

«Conversation» (suite)

Rappel: Have you reviewed the placement of object pronouns? (text p. 142 and the accompanying exercises in the workbook)

Après le départ du représentant du Front national, deux collègues de Patrick l'ont rejoint à table.

JULIE: Dites donc, j'étais au musée du Louvre l'autre jour. Vous savez que ça faisait longtemps que je n'y étais pas allée. J'ai donc vu pour la première fois les pyramides de Pei dans la cour Napoléon.

PATRICK: Et qu'est-ce que tu en as pensé?

JULIE: Bof! A mon avis, elles sont plutôt moches°! Je pense qu'on aurait dû faire construire quelque chose de plus traditionnel pour marquer l'entrée du niveau souterrain.°

ERIC: Ah non! Je ne suis pas du tout° d'accord avec toi. Moi je crois que les pyramides en verre° sont spectaculaires. De plus,° qu'est-ce qui pourrait être plus traditionnel que des pyramides égyptiennes?

PATRICK: Ça, c'est vrai.

JULIE: A propos, tu sais, je n'aime toujours pas la façade du centre Beaubourg. Je ne m'y suis jamais habituée.

ERIC: Moi non plus.° Un bâtiment ultra-moderne situé dans un si vieux quartier... C'est insensé!

PATRICK: Tout à fait... Puisque nous y sommes, nous ferions aussi bien de parler de l'autre musée controversé—le musée d'Orsay.

JULIE: Moi, je n'ai pas visité Orsay, mais j'ai entendu dire qu'il est étonnant sur le plan de l'espace et de la lumière.

ERIC: Je ne suis pas de ton avis. On a tout à fait° perdu l'ambiance intime du Jeu de Paume dans ce nouveau monstre de musée. Orsay, c'est une gare, pas un musée. Qu'est-ce que tu en penses, Patrick?

PATRICK: Oh, je ne suis pas sûr. Comme pour la Tour Eiffel, il faut du temps pour s'accoutumer° à toute nouveauté. On verra... L'avenir nous le dira.

A suivre.

Observation et Analyse

1. Quelles expressions utilise-t-on pour donner son avis? pour dire qu'on est d'accord ou qu'on n'est pas d'accord avec quelqu'un? qu'on est indécis?
2. Quel est l'avis de Julie sur la rénovation du Louvre? sur le centre Beaubourg? sur le musée d'Orsay?
3. Est-ce qu'Eric est toujours d'accord avec elle?
4. Quel genre de musée aimez-vous visiter? Est-ce que l'apparence physique d'un musée est importante pour vous? Pourquoi est-ce qu'elle l'est pour les Français?

Liens culturels

Trois grands musées

Le Louvre: L'ancienne résidence des rois au XVIe et au XVIIe siècles est devenue musée en 1791. Récemment, on y a ajouté un niveau souterrain, dessiné par l'architecte sino-américain I.M. Pei. Pour donner de la grandeur à l'entrée, Pei a fait construire une grande pyramide en verre de 20 mètres de hauteur entourée de trois pyramides plus petites, jointes par des fontaines.

Le centre Beaubourg: Le Centre National d'Art et de Culture Georges Pompidou est situé dans le vieux quartier Beaubourg. Bien qu'on ait commencé sa construction pendant la présidence de Pompidou, ce musée de l'art moderne n'a été fini qu'en 1977, après sa mort. Même aujourd'hui il continue à attirer l'attention à cause de son architecture singulière. Adoré ou détesté des Français, le centre Beaubourg est un des musées les plus fréquentés de Paris.

Le musée d'Orsay: En 1986, l'ancienne gare d'Orsay a été transformée en musée de l'art du XIXe siècle. Il contient les oeuvres *(works of art)* réalistes, impressionnistes, post-impressionnistes et fauvistes des années 1850 à 1914. Ces oeuvres étaient autrefois exposées dans le petit Jeu de Paume, le musée Rodin, Versailles et beaucoup d'autres petits musées et entrepôts *(warehouses)* dispersés dans Paris.

Que pensez-vous de l'apparence physique de ces trois musées? Laquelle préférez-vous et pourquoi?

«Expressions typiques pour... »

Demander son avis à quelqu'un

Quel est ton/votre avis?
Qu'est-ce que tu penses de... ?
Qu'est-ce que vous en pensez?
Est-ce que tu es/vous êtes d'accord
   avec... ?
Selon toi/vous, faut-il... ?
Comment tu le trouves?/Comment
   vous le trouvez?

Dire qu'on est d'accord

Ça, c'est vrai.
Absolument.
Tout à fait.
Je suis d'accord (avec toi/vous).
Je le crois.
Je pense que oui.
C'est exact/juste.
Moi aussi. (Ni) moi non plus.

Exprimer de l'indécision

Vous trouvez?
C'est vrai?
C'est possible.
Je ne sais (pas) quoi dire.
Je ne suis pas sûr(e)/certain(e).
On verra.

Exprimer une opinion

Je (ne) crois/pense (pas) que... [9]
Je trouve que...
..., je crois/pense.
A mon avis... /Pour moi...
D'après moi... /Selon moi...

... Avec moins de certitude

J'ai l'impression que...
Il me semble que...
..., vous ne trouvez pas?

Dire qu'on n'est pas d'accord

Ce n'est pas vrai.
Absolument pas.
Pas du tout.
Je ne suis pas d'accord (avec toi/
   vous).
Je ne le crois pas.
Je pense que non.
C'est absurde/idiot/honteux°!
C'est scandaleux!

«Mots et expressions utiles»

Les arts

honteux(-euse) *shameful*
insupportable *intolerable, unbearable*
laid(e) *ugly*
moche *(familier) ugly, ghastly*
une oeuvre *work (of art)*
passionnant(e) *exciting*
remarquable/spectaculaire *remarkable/spectacular*
réussi(e) *successful, well executed*
super *(familier) super*

[9] After the negative of **croire** and **penser,** the subjunctive is used to imply doubt: **Je ne crois pas
qu'il y aille.**

Divers

s'accoutumer à *to get used to*
cependant *however*
convaincre *to convince*
de plus/en plus/en outre *besides*
en verre *made of glass*
moi aussi/(ni) moi non plus *me too/me neither*
le niveau souterrain *underground level*
par contre *on the other hand*
pas du tout *not at all*
supprimer *to do away with*
tout à fait *absolutely*

Activités

A. Sondage. Un reporter du journal de votre campus voudrait votre opinion sur des sujets très variés. Donnez-la en utilisant les «Expressions typiques pour... ».

    modèle: —Qu'est-ce que tu penses de la musique de...
        (current rock group)?
        —*Moi, je la trouve super!*

1. Est-ce qu'il faut supprimer les partiels *(midterm exams)?*
2. Faut-il assister à tous les cours pour bien comprendre le français (la philosophie, les mathématiques)?
3. A ton avis, est-ce que... est un(e) bon(ne) président(e) pour notre université?
4. D'après toi, quelle est la meilleure cuisine du monde? Quel est le meilleur restaurant de la ville?
5. Que penses-tu de... *(name of new film)?*
6. Comment trouves-tu... *(name of current TV program)?*

B. Selon moi... Voici les résumés de plusieurs éditoriaux récents dans le journal de votre ville. Réagissez à chaque opinion, en disant si vous êtes d'accord ou non, et pourquoi.

    modèle: Il faut légaliser la marijuana.
        —*Je ne le crois pas. La marijuana est une drogue et je suis contre*
        toutes les drogues.

1. Ceux qui courent dans les marathons sont masochistes.
2. Il faut interdire aux gens de fumer dans les endroits publics.
3. M./Mme/Mlle... serait un(e) bon(ne) président(e) pour notre pays.
4. Les jeux de hasard *(gambling)* doivent être légalisés dans tous les états.
5. On ne doit pas permettre la possession d'armes à feu.

«Grammaire»

La Position des pronoms objets multiples

During the course of a conversation or debate you sometimes need to use more than one pronoun to refer to previously mentioned persons, things, or ideas. You have already reviewed placement of one object pronoun in **Révisons un peu.**

    The following chart illustrates pronoun order when you need to use two object pronouns. Note that the same order applies to negative imperatives:

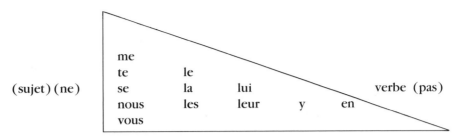

me				
te	le			
(sujet) (ne)	se	la	lui		verbe (pas)
	nous	les	leur	y	en
	vous				

—Les peintures de Degas? Vous **vous y** intéressez?
   Bien. Je **vous les** montrerai dans quelques minutes.
   Ne **vous en** allez pas...

In affirmative commands, all pronouns follow the verb and are connected by a hyphen:

		me (moi)		
	le	te (toi)		
verbe	la	lui	y	en
	les	leur		
		nous		
		vous		

As you can see, direct object pronouns come before indirect object pronouns, and **y** and **en** are always last.

—Vos sacs et vos paquets à la consigne? Oui, mettez-**les-y.**
   Ils seront sous bonne garde.

—Vos tickets? Donnez-**les-moi,** s'il vous plaît.

—Vos tickets? Donnez-**les-moi,** s'il vous plaît.
by **y** or **en** (**m'en/t'en**).

Activités

A. Visite au musée d'Orsay. Voici des questions posées par un groupe de touristes à leur guide. Imaginez comment répondrait le guide en substituant des pronoms objets pour les mots soulignés.

1. Est-ce qu'il y aura beaucoup de touristes aujourd'hui?
2. Est-ce que nous devons acheter les billets au guichet?
3. Est-ce qu'il faut vous donner les billets?
4. Est-ce que nous verrons des tableaux de Manet dans cette galerie?
5. Peut-on parler de l'art moderne à cet artiste qui est en train de peindre?
6. En général, est-ce qu'on donne un pourboire aux guides?

B. Mais je suis ta maman! Une mère donne les conseils suivants à son fils qui ne l'écoute pas très bien. Répétez chaque conseil en utilisant des pronoms objets.

1. Mange ton dîner, mon petit.
2. Ne donne pas trop de biscuits à ta soeur.
3. Sers-toi de ta fourchette, s'il te plaît.
4. Attention! Ne te coupe pas le doigt!
5. Donne-moi les allumettes immédiatement!
6. Ne laisse pas tes jouets sur le plancher.
7. Fais un gros mimi *(kiss)* à ta grand-mère.
8. Bonne nuit, mon chou. N'aie pas peur des monstres.

BEAUX ARTS MAGAZINE AU PRIX ETUDIANT - 20 % SUR VOTRE ABONNEMENT

C'est à voir   c'est dans   Beaux Arts

EXPO-ACTUALITÉ

Difficile de tout voir...
Avec Beaux Arts, vous ne ratez plus une seule exposition. Reportages, commentaires de spécialistes, reproductions, les expos du monde entier vous sont présentées mois après mois. Et si vous voulez quand même en aller voir de plus près, consultez le Calendrier International.

VOLUMES

Les œuvres d'architecture. A découvrir aux quatre coins du monde. Une architecture superbe ou provocante, étonnante ou bouleversante. Beaux Arts vous emmène au cœur même des pierres. Avec un regard neuf.

Gustav Klimt «Espoir I» (Ottawa National Gallery of Canada). Photo Centre George Pompidou. (détail)

«Les Halles» de Paul Chemetov. Photo Stéphane Couturier.

LE PRIX DE L'ART

Qui achète, combien et pourquoi ? Quelles sont les tendances du marché ? Une chronique régulière vous tient au courant de tout ce qui s'achète et se vend dans les salles de ventes.

DERRIERE LA TOILE, L'ATELIER

Qui sont-ils, ces génies de la peinture ou de la sculpture ? Comment vivent-ils ?
Beaux Arts Magazine vous ouvre les portes de leurs ateliers. Un privilège à ne pas manquer.

Aki Kuroda dans son atelier. Photo Alain Turpault.

PROFESSION PHOTOGRAPHE

Ils sont l'œil. Et l'art de réinventer le réel. Cartier Bresson, Bourdin, Sieff, Avedon, Beaux Arts vous présente les plus grands photographes de notre temps et leurs œuvres. Avis aux amateurs.

André Kertesz. «La pipe et les lunettes de Mondrian» Photo DR.

Pour profiter de cette offre, utilisez le bulletin d'abonnement au verso de ce dépliant.

Economisez 70 F en vous abonnant au prix étudiant soit - 20 % sur le prix de vente au numéro.
1 an : 280 F au lieu de 352 F

C'est   à revoir   avec Beaux Arts

Quels seraient les avantages d'un abonnement à ce magazine? Quel en est le prix étudiant en dollars américains?

Les Pronoms disjoints

moi	nous
toi	vous
lui	eux
elle	elles

When expressing opinions in French, you often need to use a special group of pronouns called the disjunctive pronouns in order to:

- emphasize your opinions:

    —**Moi,** je trouve cette idée déplorable!

- or say with whom you agree or disagree:

    —Je suis d'accord avec **lui;** c'est une idée absurde.

These and other functions of disjunctive pronouns are summarized below.

L'usage des pronoms disjoints

- To emphasize a word in a sentence.

    —**Toi**, tu ne sais pas ce que tu dis.
    You don't know what you are saying.

    —Mais non. Ce n'est pas **moi** qui ne sais pas où j'en suis! C'est **toi**!
    No. I'm not the one who is confused. You're the one!

Since voice inflection is not used in French and all words are stressed equally, emphasis is achieved by the addition of a disjunctive pronoun or **c'est/ce sont** + disjunctive pronoun.

- After most prepositions.

    —Pour **moi**, l'idée même de la peine de mort est insupportable.
    ... Mes parents? Selon **eux**, la peine de mort est justifiable.

NOTE: **Y** replaces the preposition **à** + a place or thing, and the indirect object pronouns replace **à** + a person. However, disjunctive pronouns are used after **à** or **de** when the object is a person with verbs and expressions such as: **penser à/de, faire attention à, s'habituer à, s'intéresser à,** and **être à.**

    —Qu'est-ce que vous pensez de ce nouvel homme politique, Paul?
    Qu'est-ce que vous pensez de **lui**?

    —Oh, je m'intéresse beaucoup à **lui**. Il me semble sincère.

- In compound subjects.

    —Mon mari et **moi**, nous ne sommes pas de votre avis.

Notice that the plural subject pronoun may be used in addition to the disjunctive pronoun.

- In one word questions and answers without verbs.

    —Qui est d'accord avec nous?
    —Pas **moi**!
    —Et **toi**, Marie?

- After **c'est/ce sont** in order to carry out the function of identifying.[10]

    —C'est **elle** qui trouve cet homme sans défaut.

C'est is used in all cases except for the third person plural which takes **ce sont**.

    —C'est nous qui avons raison; ce sont eux qui ont tort.

- In comparisons after **que**.

    —Evidemment, Marie n'est pas du même avis que **toi**.

- In the negative expressions **ne... ni... ni** and **ne... que**.

    —Elle n'écoute que **toi**. Elle n'écoute ni **lui** ni **moi**.

- With the suffix **-même(s)** to reinforce the pronoun.

    —Avec tous ses efforts, Marie va réussir à le faire élire par **elle-même**!
    With all her efforts, Marie is going to succeed in having him elected herself!

[10] See **Chapitre 3, Leçon 1.**

A. Au musée. Un groupe d'amis se trouvent au musée du Louvre où ils discutent de leurs tableaux préférés. Créez de nouvelles phrases en substituant les mots en italique avec les sujets entre parenthèses. Faites les changements nécessaires.

1. *J'*adore ce tableau de Delacroix. Selon *moi* c'est sa meilleure oeuvre. (Catherine/Tu/Tes soeurs)
2. *Paul* n'est pas d'accord avec *moi.* (Je, Paul/Nous, Paul et toi/Monique et toi, tes amis)
3. *Paul* va peindre un tableau *lui-même.* (Nous/Je/Tom et Guy)
4. Qui va au premier étage pour voir les oeuvres de Rubens? *Moi!* (Anne et Sylvie/Tu/Paul et toi)
5. C'est *Catherine* qui est perdue! (Nous/Chantal et Luc/Marc)

B. Questions indiscrètes. Posez les questions suivantes à un(e) ami(e). Donnez un résumé de ses réponses à la classe.

1. Est-ce que c'est toi ou ton (ta) camarade de chambre qui prépare les repas?
2. Est-ce que tu nettoies l'appartement/la maison toi-même?
3. As-tu jamais pensé à acheter un appartement en copropriété *(condominium)*?
4. Ton (ta) camarade de chambre et toi, sortez-vous souvent ensemble?
5. D'habitude, est-ce que ton (ta) camarade de chambre a plus de travail à faire que toi?

A. Imaginez. Play the role of a campaigning politician. Your partner will be a constituent who has not yet decided for whom she/he will vote. She/he will ask for your views on a variety of subjects. Answer her/his questions with imagination! *Suggested topics:* la peine de mort, l'échange de matériel militaire contre des otages, la réduction du déficit fédéral, l'euthanasie, la pollution, le service militaire obligatoire, le terrorisme international.

B. Petits débats. Working in groups of three, the first person will express her/his opinion on a topic and will ask the second person for her/his views. After the second person gives her/his opinion, the third person will agree or disagree and state why.

> *modèle:* la loi qui interdit de boire de l'alcool aux jeunes de 18 à 21 ans
> —*A mon avis, cette loi n'est pas juste. Qu'est-ce que tu en penses?*
> —*Je suis d'accord avec toi. Si on peut être envoyé à la guerre à 18 ans, on doit avoir le droit de boire de l'alcool au même âge.*
> —*Mais non, je ne suis pas de ton avis. Il y a trop d'accidents de voiture causés par de jeunes conducteurs ivres.*

1. la musique nouvelle vague *(new-wave)*
2. les dortoirs mixtes
3. les livres de Kurt Vonnegut, Jr.
4. la cohabitation avant le mariage
5. l'énergie nucléaire

BRAVO!
Culture et littérature

Comment exprimer la probabilité

«Conversation»
(conclusion)

En ce moment, il ne reste que Patrick et Eric à table, puisque Julie a dû partir pour retrouver un de ses clients.

PATRICK: Alors, aussitôt que Miles arrivera, nous pourrons commencer à travailler sur notre projet... Je me demande si Miles vient. Quelle heure est-il? 2h20? Il devait nous retrouver ici à 2h, non?

ERIC: Euh... je pense que oui. Il est peu probable que Miles l'ait oublié. Il a dû être retenu° par un client.

PATRICK: Oui, probablement... A propos, tu sais que son père travaille pour le Bureau national d'immigration?

ERIC: Non, je ne le savais pas.

PATRICK: Oui, d'après lui, le racisme et la xénophobie° sont en train d'empirer.° Pourtant, nos frontières sont quasi fermées depuis 1975.

ERIC: Il est bien évident qu'on devra faire quelque chose. On dit qu'environ 8% de la population aujourd'hui est étrangère.[11]

PATRICK: C'est vrai, mais ce n'est pas vraiment nouveau. La France est depuis toujours une terre d'accueil,° surtout pour les réfugiés politiques.

ERIC: Mais toutes ces agressions racistes contre les immigrés°—les menaces,° les hommes retrouvés au bord de la route roués de coups° et les incendies dans les taudis°—ce n'est pas accueillant.°

PATRICK: Certainement pas. C'est honteux!

ERIC: Et la situation empire. Quand on avait besoin de main d'oeuvre° bon marché, l'accueil était déjà déplorable. Avec les réductions de personnel et le chômage, les gens cherchent des boucs émissaires.°

PATRICK: Oui, mais que peut-on faire? Il ne semble pas qu'il y ait de solution simple ni même bonne au problème... Ah, voilà Miles. Sans doute pourra-t-il nous éclairer° sur ce sujet... Salut, Miles!

Observation et
Analyse

1. Quels mots et expressions ces jeunes gens utilisent-ils pour exprimer la probabilité des événements? et l'improbabilité?
2. Pourquoi Patrick et Eric attendent-ils l'arrivée de Miles avec un peu d'impatience?
3. Avez-vous un grand-parent ou un arrière-grand-parent qui a émigré d'un pays étranger pour venir ici? De quel pays?
4. Quelles sortes de problèmes est-ce qu'un nombre croissant *(increasing)* d'immigrants pose à un pays?

[11] Sur une population d'environ 55.000.000 d'habitants, environ 4.470.000 étrangers résidaient en France en 1984. Les Portugais, Algériens, Marocains, Italiens et Espagnols sont les plus nombreux. 63% des étrangers sont ouvriers.

Exprimer la probabilité des événements

*(The following expressions all take the indicative mood. Those with **devoir** are followed by an infinitive.)*

D'aujourd'hui ou de l'avenir

Sans doute qu'ils viendront dans quelques minutes.
Il est bien probable qu'ils viennent en voiture.
Ils doivent être en route.°
Il est probable qu'ils s'excuseront.

Du passé

Ils ont été retenus, sans doute.
Ils ont dû partir en retard.
Ils ont probablement oublié de nous téléphoner.

Exprimer l'improbabilité des événements

(The following expressions all take the subjunctive mood.)

Il ne semble pas que ce manque de ponctualité soit typique.
Il est improbable qu'ils aient oublié notre rendez-vous.
Il est peu probable qu'ils aient eu un accident de voiture.
Il est douteux qu'ils viennent.

L'immigration et le racisme

accroître *to increase*
l'accueil *m welcome*
   accueillant(e) *welcoming, friendly*
un bouc émissaire *scapegoat, fall guy*
blesser *to hurt*
le chômage *unemployment*
   un chômeur/une chômeuse *unemployed person*
croissant(e) *increasing, growing*
éclairer *to enlighten*
empirer *to worsen*
un(e) immigrant(e) *newly-arrived immigrant*
un(e) immigré(e) *an immigrant well-established in the foreign country*
un incendie *fire*
maghrébin(e) *from the Maghreb (Northwest Africa: Morocco, Algeria, Tunisia)*
la main d'oeuvre *labor*
une manifestation *demonstration, protest*
   se manifester *to arise, to emerge*
une menace *threat*
rouer quelqu'un de coups *to beat someone black and blue*
un taudis *slum*
la xénophobie *xenophobia (fear/hatred of foreigners)*

Divers

être en route *to be on the way*
être retenu(e) *to be held up (late)*
partir en retard *to get a late start*

Liens culturels

La France et le racisme

Depuis la récession des années 1972-82 et les succès électoraux du Front national de M. Jean-Marie le Pen, dont l'un des principaux slogans affirme «deux millions de chômeurs, c'est deux millions d'immigrés en trop», la question des immigrés, et par voie de conséquence, celle du racisme, est au centre du débat politique.

Selon un sondage réalisé en novembre 1984, 58% des Français pensaient que la proportion d'immigrés et de naturalisés était «trop forte»; 33% que ce n'était «pas un problème».

Les partisans d'un renvoi des immigrés, notamment maghrébins, leur reprochaient surtout d'aggraver le chômage, de ruiner la sécurité sociale, d'accroître l'insécurité et de créer des conditions de vie insupportables en raison des différences culturelles.

Pour défendre les immigrés, les antiracistes, représentés surtout par l'organisation S.O.S.-Racisme, font valoir que: les immigrés ont fourni à la France des ouvriers, des enfants et parfois des soldats; qu'ils peuvent l'enrichir de leurs cultures; et que plus de 11 millions de Français ont un arrière-grand-parent étranger.

Cependant, des incidents violents ont lieu çà et là, dans les grandes agglomérations (Marseille, Nice, Paris, Lyon). Même le petit emblème de S.O.S.-Racisme, une main ouverte portant l'inscription «Touche pas à mon pote (*friend,* familier)», se voit transformé négativement par ses ennemis en «Touche pas à la France, mon pote.»

Les Français sont-ils racistes? Aux élections législatives d'avril 1986, 32 candidats du Front national ont été élus à l'Assemblée nationale. Mais en juin 1988, un mois après la réélection de François Mitterrand et un score de 15% (soit 4.400.000 voix) pour Jean-Marie le Pen, un seul député du Front national (une femme) a été réélu.

Quelles conclusions tirer de ces résultats? Pour certains analystes, les Français ne veulent pas des mesures politiques contre l'immigration, mais des solutions aux problèmes économiques et sociaux qu'ils perçoivent dans leur vie quotidienne.

Sofres, *Opinion publique 1986; Le Monde* (avril, mai, juin 1988)

Activités

A. Les actualités. Voici des phrases tirées d'un journal français. Finissez chaque phrase en utilisant les «Mots et expressions utiles».

1. Depuis quelques années, les incidents entre _____ et Français se multiplient.
2. A cause de la crise économique et du _____, beaucoup de Français reprochent aux étrangers de s'approprier le travail revenant de droit aux nationaux.
3. En 1984, Frédéric Boulay, un _____ de 22 ans, a tué deux ouvriers turcs et en _____ cinq autres.
4. Dans le 20e arrondissement de Paris, de septembre à décembre 1986, trois _____ ont eu lieu dans des immeubles habités par des immigrés.
5. S.O.S.–Racisme a organisé une _____ antiraciste qui a rassemblé entre 200.000 et 400.000 personnes.

B. Imaginez. Jouez le rôle de quelqu'un qui peut prédire l'avenir. Créez deux prédictions avec les mots donnés et une expression de probabilité ou d'improbabilité.[12]

> *modèle:* ... le prochain président des Etats-Unis sera...
> —*Il est bien probable que le prochain président des Etats-Unis sera une femme.*
> —*Il est peu probable que je sois le prochain président des Etats-Unis.*

[12] See **Chapitre 7** for a review of the future tense.

1. ... le film qui gagnera l'Oscar pour le «meilleur film» cette année sera...
2. ... je finirai mes études universitaires en...
3. ... je me marierai avec...
4. ... j'aurai... enfants.
5. ... je serai... *(profession)*
6. ... (votre choix)

C. Qu'est-ce qui s'est probablement passé? Donnez une explication plausible pour chaque événement.

> *modèle:* Votre ami arrive en retard pour votre rendez-vous.
> —*Tu as dû partir en retard.*

1. Votre mari/femme ne vous offre rien pour votre anniversaire.
2. Votre enfant, au bord des larmes *(tears)*, vient vous voir.
3. Votre camarade de chambre veut vous emprunter $100.
4. Il est 7h du matin et on dit à la radio que l'université sera fermée aujourd'hui.

«Grammaire»

Le Verbe *devoir*

A. One of the principal ways of expressing probability is to use **devoir** + infinitive. (Remember that when **devoir** is followed directly by an object it means *to owe*.) Note the difference in meaning implied by each tense:

Présent:	Tu **dois** avoir raison, mon pote.	*(must, probably)*
Imparfait:	Je ne **devais** pas faire attention.	*(was probably)*
Passé composé:	J'**ai dû** oublier de fermer la porte à clé.	*(must have)*

B. Devoir also may be used to express necessity or moral obligation, as in the following examples:

Présent:	Nous **devons** réexaminer le problème des immigrés illégaux aux Etats-Unis.	*(must, have to)*
Passé composé:	L'année passée, les douaniers **ont dû** arrêter plus de 1,8 million de personnes qui essayaient d'entrer illégalement dans le pays.	*(had to)*
Imparfait:	Autrefois, nous ne **devions** pas nous préoccuper de ce problème.	*(used to have to)*
Futur:	Je crois que le président **devra** proposer de nouvelles mesures.	*(will have to)*
Conditionnel:	Combien d'immigrants par an un gouvernement **devrait**-il accepter?	*(should)*
Conditionnel passé:	Nous **aurions dû** étudier ce problème plus tôt.	*(should have)*

Activités

A. Questions indiscrètes. Posez les questions suivantes à un(e) ami(e). Donnez un résumé de ses réponses à la classe.

1. Qu'est-ce que tu dois faire ce soir?
2. Est-ce que tu devras travailler ce week-end aussi?
3. Tu dois être un(e) étudiant(e) exemplaire, non?

4. Quand tu étais petit(e), recevais-tu de l'argent de poche *(pocket money)* de tes parents? Quels genres de travaux ménagers *(chores)* est-ce que tu devais faire pour obtenir cet argent?

5. Tu as dû être un enfant sage, n'est-ce pas?

6. D'après toi, à quel âge est-ce que les parents devraient permettre aux enfants de sortir seuls?

B. Une lettre. Vous avez consenti à traduire en français une lettre écrite par les parents d'un de vos amis aux propriétaires d'un petit hôtel à Caen. Voici la lettre en anglais.

> Dear Mr. and Mrs. Lesage,
>
> You probably do not often receive letters from Americans, but my husband and I have to tell you how much we enjoyed your hotel this summer.
>
> Everyone was so friendly there, and the accommodations (**l'hébergement**) were great! We must have stayed at a dozen hotels during our trip, but yours was without any doubt the best.
>
> We thank you once again for the warm (**chaleureux**) welcome that you gave us.
>
> Sincerely,
>
> *Mr & Mrs. Charles Jackson*

Les Adjectifs et les pronoms indéfinis

Indefinite adjectives and pronouns are useful for carrying out practically any function of language. Examples of the more common adjectives and pronouns are given below.

Adjectifs	**Pronoms**

- **quelque, quelques**
  some, a few

  quelqu'un *someone, somebody*
  quelques-un(e)s *some, a few*

  Il y a **quelques** jours, des terroristes ont pris des otages.
  Quelques-uns des otages sont français.

- **chaque** *each*

  chacun(e) *each one*

  Les preneurs d'otages ont pris une photo de **chaque** otage.
  Comme on pouvait s'y attendre, **chacun** avait l'air pâle et effrayé.

- **tout(e)** (avant un nom singulier sans article) *every, any, all*

  tous[13], **toutes** *all*

  On a perdu presque **tout** espoir parce que les otages sont **tous** accusés d'espionnage.

- **tout, toute, tous, toutes**
  all, every, the whole

  tout (invariable)
  everything

  On espère que **toutes** les personnes enlevées seront bientôt libérées.
  Mais **tout** doit être fait pour éviter un affrontement *(confrontation)* militaire.

---

[13] The final **s** of **tous**, normally silent, is pronounced when it is used as a pronoun.

- **plusieurs** (invariable)
  several

  plusieurs (invariable)
  several

  Les preneurs d'otages ont **plusieurs** fois menacé la vie des prisonniers.
  On a peur que **plusieurs** d'entre eux ne soient déjà tués.

- **un(e) tel(le), de tel(le)s**
  such, such a

  Une **telle** affaire émeut *(moves)* profondément l'opinion publique.

Activités

A. Ecoutez-moi! Voici les phrases tirées d'un discours prononcé par un étudiant qui est candidat à la présidence du gouvernement étudiant. Traduisez les mots soulignés en anglais, et puis finissez chaque phrase en utilisant votre imagination.

1. Je crois que vous, les étudiants, êtes <u>tous</u>...
2. Si je suis élu, <u>chaque</u> étudiant va recevoir...
3. Quant au stationnement sur le campus, je promets que <u>tous</u> les étudiants...
4. De plus, je crois que <u>tout</u> professeur devrait...
5. J'ai <u>plusieurs</u> idées pour améliorer la qualité de la nourriture universitaire, par exemple...
6. Maintenant, si vous aimez mes idées, il faut que <u>chacun</u> de vous...

B. A la bibliothèque. Carole doit faire un exposé en classe sur l'art impressionniste. Elle se rend donc à la bibliothèque universitaire de la Sorbonne pour y faire des recherches. Complétez la conversation suivante entre elle et l'employée de la bibliothèque avec des adjectifs et des pronoms indéfinis.

CAROLE: Bonjour, Madame.

L'EMPLOYÉE: Bonjour, Mademoiselle.

CAROLE: Pourriez-vous m'aider? J'ai besoin de _____ *(several)* livres sur l'art impressionniste.

L'EMPLOYÉE: Oui, alors, consultez ce catalogue et notez les livres que vous désirez voir... Voilà _____ *(a few)* de nos livres et _____ *(several)* de nos diapositives. Vous ne voulez probablement pas _____ *(all)* ces livres?

CAROLE: Euh, je ne sais pas. Je voudrais regarder _____ *(everything)* ce que vous m'avez apporté, si c'est possible.

L'EMPLOYÉE: Bien sûr, Mademoiselle. Prenez votre temps pour étudier le _____ *(everything)*.

«Interactions»

A. Imaginez... In groups of three, think and talk about what your country and the world will be like in three years and in ten years. What changes will probably take place and what events are very *unlikely* to happen? Write down a brief summary of the predictions of your group for both periods, and then compare them with the rest of the class.

B. Au grand magasin. Pretend that you work in the women's/men's sportswear department of a large clothing store. Your partner will play a customer who comes in to return a sweater that has obviously been worn. Discuss the probability/im-probability of whether the sweater was worn and whether the store will offer a refund or an exchange. You might want to eventually tell the customer that she/he can talk to the manager, but that it probably will do no good. MOTS UTILES: **rendre quelque chose** *(to return something);* **porté** *(worn);* **un remboursement** *(refund);* **un échange; sale** *(dirty);* **il manque un bouton** *(it's missing a button);* **étendu** *(stretched out);* **ne servir à rien** *(to do no good).*

BRAVO!
Culture et littérature

Activités orales

A. Moi, je pense que... In groups of three or four, take turns describing a newspaper or magazine article concerning current events or social issues. Be sure to add your own opinion on the topic. Your listeners should react verbally to what you say and ask questions.

B. Faisons la fête! You are at an end-of-semester party at your friend Pam's house, where there are many people you know and don't know. Circulate freely among the guests (the class as a whole) and converse briefly with at least eight guests. Use appropriate expressions to begin, maintain, and end the conversations. **Sujets de conversation:** les examens de fin de semestre; vos notes probables; les projets de vacances; les cours du semestre prochain; un(e) petit(e) ami(e); un film récemment vu; les actualités.

Activités écrites

A. Immigration. Write a composition in which you compare the immigrant/racism issue in France with the illegal alien problem in the U.S. Include a discussion of the following questions:

• Quelles sont les ressemblances et les différences entre les deux situations?

• Est-ce que les immigrés viennent avec l'intention de rester en permanence dans les deux cas?

• Pourquoi est-il difficile de limiter l'entrée des immigrants?

• A votre avis, qu'est-ce qu'on doit faire pour résoudre le problème?

• Quelles seront, probablement, les conséquences si on n'y prête pas attention.

Listen to Activity Tape, Chapitre 6, and complete the corresponding exercises in the Activity Tape section of your Workbook.

B. Courrier. Write a letter to the editor of the monthly newsletter of the French department at your school. Express your opinions on a current problem and ask that something be done about it. *Suggested topics:* l'augmentation des droits d'inscription; la qualité de la nourriture servie dans les cafétérias; l'incompétence du gouvernement étudiant; le stationnement sur le campus; l'entraîneur sportif récemment renvoyé par le président de l'université; le manque de dortoirs mixtes; les heures d'ouverture limitées de la bibliothèque.

VOCABULAIRE

Leçon 1

La politique

une campagne électorale *election campaign*
un débat *debate*
désigner *to appoint*
discuter (de) *to discuss*
un électeur/une électrice *voter*
élire (*past part.:* **élu**) *to elect*
être candidat(e) (à la présidence) *to run for President*
se faire inscrire *to register (to vote)*
un mandat *term of office*
la politique étrangère *foreign policy*
la politique intérieure *internal policy*
un programme électoral *platform*
se représenter *to run again*
soutenir *to support*
voter *to vote*

Le terrorisme

les armes *f arms*
un attentat *attack*
céder (à) *to give up, to give in*
le chantage *blackmail*
l'espionnage *m spying*
un(e) fonctionnaire *civil servant*
insensé(e) *insane*
libérer *to free*
livrer *to deliver*
la peine de mort *capital punishment*
prendre en otage *to take hostage*
le preneur d'otages *kidnapper*
se produire *to happen, to take place*

Divers

au fait *by the way*
en fait/en réalité *actually*

Leçon 2

Les arts

honteux(-euse) *shameful*
insupportable *intolerable, unbearable*
laid(e) *ugly*
moche (*familier*) *ugly, ghastly*

une oeuvre *work (of art)*
passionnant(e) *exciting*
remarquable/spectaculaire *remarkable/spectacular*
réussi(e) *successful, well executed*
super (*familier*) *super*

Divers

s'accoutumer *to get used to*
cependant *however*
convaincre *to convince*
de plus/en plus/en outre *besides*
en verre *made of glass*
moi aussi/(ni) moi non plus *me too/me neither*
le niveau souterrain *underground level*
par contre *on the other hand*
pas du tout *not at all*
supprimer *to do away with*
tout à fait *absolutely*

Leçon 3

L'immigration et le racisme

accroître *to increase*
l'accueil *m welcome*
accueillant(e) *welcoming, friendly*
blesser *to hurt*
un bouc émissaire *scapegoat, fall guy*
le chômage *unemployment*
un chômeur/une chômeuse *unemployed person*
croissant(e) *increasing, growing*
éclairer *to enlighten*
empirer *to worsen*
un(e) immigrant(e) *newly-arrived immigrant*
un(e) immigré(e) *an immigrant well-established in the foreign country*
un incendie *fire*
maghrébin(e) *from the Maghreb (Northwest Africa: Morocco, Algeria, Tunisia)*
la main d'oeuvre *labor*
une manifestation *demonstration, protest*
se manifester *to arise, to emerge*
une menace *threat*
rouer quelqu'un de coups *to beat someone black and blue*
un taudis *slum*
la xénophobie *xenophobia (fear/hatred of foreigners)*

Divers

être en route *to be on the way*
être retenu(e) *to be held up (late)*
partir en retard *to get a late start*

«Qui vivra verra»

Révisons un peu: Le futur

Leçon 1: Comment parler de
ce qu'on va faire; l'usage
du futur; le futur antérieur

Leçon 2: Comment faire une
hypothèse, conseiller,
suggérer et avertir; les
phrases conditionnelles

Leçon 3: Comment faire des
concessions et exprimer
l'opposition; le subjonctif
après les conjonctions

Thèmes: La carrière, le
logement et la vie
économique

Révisons un peu

The information presented on this page is intended to refresh your memory of a grammatical topic that you have probably encountered before. Review the material and then test your knowledge by completing the accompanying exercises in the workbook.

Avant la première leçon

Le Futur

A. Verbes réguliers

The future tense is formed by adding the following endings to the infinitive: **-ai, -as, -a, -ons, -ez, -ont**. You will recall that the conditional uses the infinitive in its formation as well. With **-re** verbs, the final **e** is dropped before adding the future endings.

parler

je parler**ai**	nous parler**ons**
tu parler**as**	vous parler**ez**
il/elle/on parler**a**	ils/elles parler**ont**

finir

je finir**ai**	nous finir**ons**
tu finir**as**	vous finir**ez**
il/elle/on finir**a**	ils/elles finir**ont**

rendre

je rendr**ai**	nous rendr**ons**
tu rendr**as**	vous rendr**ez**
il/elle/on rendr**a**	ils/elles rendr**ont**

B. Changements orthographiques dans certains verbes en -er

Some **-er** verbs have spelling changes before adding the future endings. These changes are made in all forms of the future and conditional.

- Verbs like **acheter:** j'ach**è**terai; nous m**è**nerons

- Verbs like **essayer:** j'essa**i**erai; nous emplo**i**erons

- Verbs like **appeler:** j'appe**ll**erai; nous rappe**ll**erons

C. Verbes irréguliers

aller: j'**irai**	pleuvoir: il **pleuvra**
avoir: j'**aurai**	pouvoir: je **pourrai**
courir: je **courrai**	recevoir: je **recevrai**
devoir: je **devrai**	savoir: je **saurai**
envoyer: j'**enverrai**	tenir: je **tiendrai**
être: je **serai**	valoir: il **vaudra**
faire: je **ferai**	venir: je **viendrai**
falloir: il **faudra**	voir: je **verrai**
mourrir: je **mourrai**	vouloir: je **voudrai**

— *Je serai bref..*

Sempé.

Comment parler de ce qu'on va faire

«Conversation»

Rappel: Have you reviewed the formation of the future? (text p. 168 and the accompanying exercises in the workbook)

Une Française et une Américaine parlent de leur avenir° et comparent la vie américaine et française. Elles sont toutes les deux étudiantes et elles habitent dans la même résidence universitaire à Paris. Nathalie, la Française, a choisi d'étudier l'informatique.° Jane, une jeune Américaine noire,¹ a décidé d'étudier la médecine en France.

JANE: Je trouve que les jeunes français ont une attitude assez différente envers le travail. Ils veulent travailler pour vivre et non vivre pour travailler.

NATHALIE: Oui, je crois que c'est vrai et j'ai remarqué° que les jeunes américains sont beaucoup plus pratiques dans le choix de leur carrière. L'argent compte beaucoup pour eux.

JANE: Tu exagères un peu, je crois. L'intérêt du travail est très important aussi. Et depuis quelques années, les jeunes s'intéressent à nouveau à la littérature et aux arts.

NATHALIE: Peut-être, les jeunes français cherchent surtout à être autonomes. Ils rêvent de créer leur propre petite entreprise. Et toi, qu'est-ce que tu penses faire?

JANE: Je voudrais devenir médecin.

NATHALIE: Dis donc! Tu as un bel avenir devant toi! C'est un métier° où l'on gagne bien sa vie et qui est intéressant en plus.

JANE: Oui, mais, au jour le jour, le travail est fatigant et parfois ingrat.°

NATHALIE: Au moins, tu n'auras pas de problèmes de chômage!

JANE: Je l'espère. Il y a de plus en plus de médecins, mais je crois que lorsque j'aurai terminé ma formation,° j'aurai du travail.

NATHALIE: Où est-ce que tu comptes vivre? Est-ce que tu resteras en France?

JANE: Si je peux exercer° en France, je le ferai pendant quelques années. Les Etats-Unis me manqueront², j'en suis sûre, mais j'ai beaucoup à apprendre ici. On pourra en reparler dans cinq ou six ans! Mais toi, que feras-tu?

NATHALIE: Moi, c'est l'informatique qui m'intéresse. On est au beau milieu° d'une révolution technologique. Tous les six mois, il sort de nouvelles générations de microprocesseurs. Imagine-toi, quand tu seras médecin, on aura déjà vu 42 générations de microprocesseurs!

JANE: Oh là là! C'est impossible à imaginer! Ça me donne le vertige°!

NATHALIE: A propos, est-ce que ça te dirait de venir au ciné avec Paul et moi, demain soir à 7h30?

JANE: Avec plaisir, si je peux me libérer° à temps. Je vais vérifier mes heures de labo. Je te laisserai un mot dans ta boîte aux lettres.

A suivre.

¹ Il existe une tradition d'Américains noirs qui ont immigré ou vécu en France. Ce sont surtout des artistes qui ont été reconnus en France, avant d'être reconnus aux Etats-Unis. Parmi les plus célèbres sont Josephine Baker, actrice et danseuse; Theloneus Monk, pianiste de jazz; James Baldwin, écrivain et poète; Langston Hughes, écrivain.

² I will miss the U.S..

1. Quels temps du verbe utilise-t-on pour parler de l'avenir? Trouvez-vous
   plusieurs exemples pour chacun de ces temps?
2. Quelle sorte de travail les jeunes français préfèrent-ils?
3. Quels sont les avantages d'être médecin? les inconvénients *(disadvantages)*?
4. L'informatique présente-t-elle des inconvénients?
5. Selon vous, l'informatique est-elle une menace ou une chance à saisir?

«Expressions typiques pour... »

Dire ce qu'on va faire

Quand on fait référence au futur en français parlé, on utilise le présent du verbe
dans la plupart des cas.

Je pars	ce soir
Tu viens... (?)	demain
	la semaine prochaine

Qu'est-ce que tu fais... ?	demain
	ce week-end

Très souvent on utilise le futur proche (aller + infinitif) quand on parle d'un
événement plus éloigné dans le futur.

On va partir	mercredi en huit
	dans un mois

En français écrit et après **quand, lorsque, dès que, après que** et **aussitôt que,**
on utilise le futur.

Répondre à la question:—Allez-vous faire quelque chose?

Oui!	Je vais certainement/sûrement...
	On ne m'empêchera pas de...
	Je vais... , c'est sûr.
Oui, probablement.	Je vais peut-être...
	J'espère...
	J'aimerais...
Peut-être.[3]	Peut-être que oui/que non...
	Je ne suis pas sûr(e) mais...
Non, probablement pas.	Je n'ai pas vraiment envie de...
	Je ne vais probablement pas...
Non!	Ça m'étonnerait que je (+ subjonctif)...
	On ne m'y prendra pas°... !
	Ne t'inquiète pas/Ne te fais pas de souci,°
	je ne vais pas...

[3] When **peut-être** begins a sentence, a **que** must follow it or the subject must be inverted:
Peut-être qu'elle deviendra médecin. Peut-être Jane deviendra-t-elle médecin.

«Mots et expressions utiles»

Les carrières professionnelles

l'avenir *m future*
changer de métier *to change careers*
chercher du travail *to look for work*
le curriculum vitae *résumé, CV*
être au chômage *to be unemployed*
exercer *to practice*
la formation professionnelle *professional education*
occuper un poste *to have a job*
l'offre *f* d'emploi *opening, available position*
prendre sa retraite *to retire*
la promotion *promotion*
la recherche d'un emploi *search for a job*
la référence *reference*
remplir une demande d'emploi *fill out an application*
la réussite *success*
le service du personnel *personnel services*
le traitement mensuel *monthly salary*
trouver du travail *to find work*

Les métiers *(trades, professions, crafts)*

les professions *f* libérales: un médecin (une femme médecin), un(e) dentiste, un(e) avocat(e), un architecte, etc.

les fonctionnaires (employés de l'Etat): un agent de police, un douanier/une douanière, un magistrat *(judge)*, etc.

les affaires *f (business)* (travailler pour une entreprise): un(e) secrétaire, un(e) employé(e) de bureau, un(e) comptable *(accountant)*, etc.

le commerce (servir les clients): un boucher/une bouchère, un épicier/une épicière, un(e) marchand(e), etc.

l'industrie *f* (travailler dans une usine): un ouvrier/une ouvrière *(worker)*, un(e) employé(e), un(e) technicien(ne), un chef d'atelier *(shop)*, un ingénieur, un cadre (une femme cadre) *(executive manager)*, un directeur/une directrice, etc.

l'informatique *f (computer science)*: un(e) informaticien(ne) *(computer expert)*, un(e) analyste en informatique, un programmeur/une programmeuse, etc.

l'enseignement *m*: un instituteur/une institutrice, un professeur, etc.

Un métier peut être...

ingrat *(thankless)*, dangereux, malsain *(unhealthy)*, ennuyeux; intéressant, stimulant, passionnant; bien/mal payé; d'avenir/sans avenir

Divers

au beau milieu *right in the middle*
ça me donne le vertige *that makes me dizzy*
libérer *to free*
on ne m'y prendra pas *you won't catch me (doing that)*
remarquer *to notice*
un souci *worry*

Liens culturels

Les attitudes envers le travail

Un sondage *(survey)* indique que 65% des jeunes de 18 à 28 ans souhaitent créer leur propre entreprise. Ils y voient la possibilité d'une grande autonomie. Lisez les résultats ci-contre.

Mermet,
Francoscopie, pp. 274, 283

Quels sont les secteurs professionnels que vous préférez? Qu'est-ce qui vous attire dans ce secteur?

Les jeunes veulent un job branché

Population des 15-24 ans.

Quels sont les secteurs professionnels que vous préférez ?

1. Le commerce et l'artisanat	14 %
2. Les médias et la publicité	13 %
3. La mode	10 %
4. Une activité artistique	10 %
5. L'informatique	9 %
6. La santé	7 %
7. La recherche scientifique	7 %
8. L'espace	6 %
9. Une administration	6 %
10. L'aide sociale	6 %
11. L'enseignement	5 %
12. L'armée	4 %
13. L'industrie	4 %

Qu'est-ce qui vous attire dans ce secteur ?

1. L'intérêt du travail	50 %
2. Les contacts humains	35 %
3. L'avenir du métier	16 %
4. Le salaire	12 %
5. La sécurité de l'emploi	10 %
6. Aider les autres	10 %

L'Événement du jeudi - Antenne 2/Institut de l'enfant (19 décembre 1985)

Activités

A. Votre vie de travail. Vous cherchez un poste. Que faites-vous? Mettez les phrases dans l'ordre chronologique.

se présenter au service du personnel

trouver un bureau d'emploi

suivre un stage *(internship)* de formation professionnelle

préparer un curriculum vitae

demander des lettres de recommandation

remplir une demande d'emploi

accepter l'offre

B. Chez la voyante *(fortuneteller)*. La voyante vous fait les prédictions suivantes. Donnez une réaction en utilisant les expressions typiques.

modèle: L'année prochaine vous serez riche.
Ça m'étonnerait que je devienne riche.

1. Ce week-end | vous allez au cinéma.

vous allez étudier.

vous allez beaucoup dormir.

2. L'année prochaine | vous serez toujours étudiant(e).
vous allez changer de vie.
vous allez chercher du travail.
vous allez faire votre service militaire.
vous allez voyager.

3. Dans 15 ans | vous serez célèbre et riche.
vous serez au chômage.
vous aurez un métier dangereux.
vous aurez cinq enfants.

C. A l'agence locale de l'ANPE.[4] L'agent vous propose les métiers suivants. Donnez votre réaction pour dire ce que vous aimeriez ou n'aimeriez pas faire dans la vie et expliquez pourquoi.

1. la médecine
2. le droit *(law)*
3. le secrétariat
4. les affaires
5. l'enseignement
6. l'industrie du bâtiment
7. le commerce
8. votre choix

D. Faites des projets. Travaillez avec un(e) camarade de classe pour préparer des projets. Utilisez les mots et expressions de la leçon.

1. Ce week-end: décidez ce que vous allez faire et parlez de la préparation.
2. Les vacances: discutez de ce que vous allez faire pendant les prochaines vacances.
3. Votre vie professionnelle: parlez de votre avenir.

[4] Agence nationale pour l'emploi.

Parlez des emplois que vous avez eus. Comment les avez-vous trouvés?

L'Usage du futur

You reviewed the formation of the future in **Révisons un peu**. The future is used to express an action, event, or state that will occur in the future.

A. As previously mentioned in this lesson, you must use the future tense after **quand, lorsque** *(when),* **aussitôt que** *(as soon as),* **dès que** *(as soon as),* and **après que** when expressing a future action. In English the present tense is used.

> Dès qu'elle **aura** son diplôme, Monique fera un voyage aux Etats-Unis pour perfectionner son anglais.
> *As soon as she has her diploma, Monique will travel to the U.S. to perfect her English.*

> Quand elle nous **rendra** visite en juillet, nous l'emmènerons en Belgique avec nous.
> *When she visits us in July, we will take her to Belgium with us.*

B. The future tense states the result of a **si**-clause in the present tense.

> Si elle réussit à cet examen compétitif, elle **sera** professeur d'anglais et son emploi **sera** garanti.
> *If she passes this competitive exam, she will be an English professor and her employment will be guaranteed.*

Le Futur antérieur

A. The future perfect is formed with the future tense of the auxiliary **avoir** or **être** and the past participle of the main verb.

étudier

j'**aurai étudié**	nous **aurons étudié**
tu **auras étudié**	vous **aurez étudié**
il/elle/on **aura étudié**	ils/elles **auront étudié**

arriver

je **serai arrivé(e)**	nous **serons arrivé(e)s**
tu **seras arrivé(e)**	vous **serez arrivé(e)(s)**
il **sera arrivé**	ils **seront arrivés**
elle **sera arrivée**	elles **seront arrivées**
on **sera arrivé**	

se coucher

je me **serai couché(e)**	nous nous **serons couché(e)s**
tu te **seras couché(e)**	vous vous **serez couché(e)(s)**
il se **sera couché**	ils se **seront couchés**
elle se **sera couchée**	elles se **seront couchées**
on se **sera couché**	

Voici une photo de Jose-
phine Baker. Connais-
sez-vous d'autres
Américains noirs qui
ont immigré ou vécu
en France?

B. The future perfect is used to express an action that will have taken place *before* another action in the future. The future perfect is used in clauses beginning with **quand, lorsque, aussitôt que, dès que,** and **après que** to express a future action or state that will have taken place before another future action. The main verb will be in either the future or imperative.

> Quand nous arriverons à la bibliothèque, vous **serez** déjà **partis.**
> *When we arrive at the library, you will already have left.*

> Dès qu'il **aura choisi** son livre, nous partirons.
> *As soon as he has chosen (will have chosen) his book, we will leave.*

NOTE: When both clauses use the simple future, it is implied that both actions take place at the *same* time:

> Dès qu'il arrivera, nous partirons.
> *As soon as he arrives, we will leave.*

Activités

A. Demain. Dites ce qu'on aura déjà fait demain. Verbes utiles: **manger/prendre le déjeuner/étudier/parler/sortir/dîner/se coucher/se lever/enseigner/boire.**

> *modèle:* A six heures demain matin...
> *j'aurai déjà beaucoup dormi.*

1. A 8 heures du matin, je...
2. A 10 heures du matin, mes amis...
3. A midi, le professeur...
4. A 5 heures de l'après-midi, ma mère...
5. A 7 heures demain soir, je...
6. A 9 heures demain soir, nous...
7. A minuit demain, les étudiants...

B. Le courrier du coeur. Ce jeune homme a un problème. Il écrit au courrier du coeur pour demander conseil. Choisissez les verbes qui conviennent et complétez sa lettre. Attention au temps des verbes! Ensuite imaginez la réponse.

Chère Madame,

　　Je vous écris pour vous demander votre avis. Dans une semaine je _____ (me marier/me promener) avec une jeune fille que je connais depuis longtemps. Dès que nous _____ (commencer/passer) nos examens, nous _____ (s'échapper/quitter) en Angleterre. Nous y _____ (passer/aller) deux mois. Lorsque nous _____ (enseigner/perfectionner) notre anglais, nous _____ (partir/finir) pour les Etats-Unis. Nous espérons travailler comme interprètes dans la Silicon Valley. Vous voyez, mon amie et moi nous sommes spécialistes en informatique. Nous _____ (gagner/savoir) beaucoup d'argent en travaillant aux Etats-Unis. Lorsque nous _____ (avoir/être) riches, nous _____ (aller/rentrer) au Japon où nous _____ (continuer/dépenser) à travailler. Ma mère dit que nous n'avons pas les pieds sur terre. A-t-elle raison?

　　　　　　　　　　　　　　　　　　　　Un jeune idéaliste

C. L'avenir. Avec un(e) camarade, complétez les phrases suivantes en imaginant votre avenir selon les circonstances données.

1. Dès que j'aurai mon diplôme, je...
2. Je me marierai quand...
3. Aussitôt que je me marierai, je...
4. J'aurai des enfants lorsque...
5. Si je n'ai pas d'enfant, je...
6. Quand je travaillerai, je...
7. Si je ne trouve pas de travail, je...
8. Quand j'aurai gagné beaucoup d'argent, je...
9. Si je suis au chômage, je...
10. Je serai à la retraite quand...
11. En l'an 2000, je...

«Interactions»

A. Le week-end. Call a friend and ask him/her to take a short weekend trip with you. Talk about where you might go. Discuss what you will do at various destinations. Pick one place and make plans.

B. Une offre d'emploi. You are the manager of a small office. You need to hire a new secretary. You call an employment counselor and explain that you need a bilingual secretary. He/She will ask what duties the person will have to perform. You want him/her to answer the telephone and type letters. Explain that your budget is tight and that the salary may be low, but you can offer job security and a pleasant working atmosphere.

BRAVO!
Culture et littérature

Comment faire une hypothèse, conseiller, suggérer et avertir

«Conversation»
(suite)

Nathalie et Jane continuent leur conversation. Elles se promènent en ville et parlent des programmes d'échanges.

NATHALIE: Tu sais que beaucoup d'étudiants européens peuvent étudier n'importe où° en Europe maintenant, n'est-ce pas? Le Marché Commun° a créé un programme qui s'appelle ERASMUS et qui permet aux jeunes d'étudier dans l'université de leur choix à l'intérieur du Marché Commun.

JANE: Où étudient-ils en général?

NATHALIE: Ça, je ne sais pas.

JANE: Du côté américain, il y a toujours des étudiants qui viennent en France, comme moi. En fait, j'ai une amie qui a envie de venir en France pour étudier la langue et la littérature françaises. Elle ne sait pas où aller.

NATHALIE: Si j'étais elle, j'irais dans une ville de province. Je ne resterais pas à Paris. Tout y est tellement° cher.

JANE: Oui, mais les grandes villes sont toujours comme ça. Elles ont le prestige et... les inconvénients° du prestige. A Paris, on peut encore trouver une chambre d'étudiante pas trop chère.

NATHALIE: Une chambre de bonne° de deux mètres sur trois°! Et dans un quartier bruyant° et moche.° Je te signale que si elle vient en France, elle sera plus contente dans une ville plus calme. Pourquoi ne pas lui suggérer Tours ou Dijon?

JANE: Tiens! C'est une bonne idée. Elle sera près de Paris mais dans une ville plus saine. Et dans des régions plus agricoles et pittoresques. Où habite-rait-elle? Est-ce qu'il lui faudra trouver un agent immobilier°?

NATHALIE: Non, je suis sûre qu'il y a des résidences universitaires. Elle pourrait aussi chercher dans les petites annonces une chambre ou un studio à louer.° Ça, je te préviens, ce ne sera pas facile—mais ce n'est pas impossible.

JANE: Elle n'aura besoin que d'une chambre, avec cuisine, salle de bains et toilettes—comme nous, d'ailleurs.°

NATHALIE: Mais si elle habite une chambre à la Cité-U,° elle fera la connaissance d'autres étudiants. Elle pourra manger au restaurant universitaire, qui est très bon marché, comme tu le sais.

JANE: Oui, c'est une bonne suggestion... Tiens, il faut que je m'arrête à la banque pour toucher un chèque.° Je me demande si j'ai mon carnet de chèques.°

NATHALIE: Je peux te prêter° de l'argent. Tu as besoin d'un peu d'argent pour aujourd'hui?

JANE: Oui, pour le déjeuner. Ce prêt° me serait fait à quel taux d'intérêt°?

NATHALIE: Il vaut peut-être mieux que tu ailles à la banque. Ce sera moins cher pour toi!

JANE: Ce sera plus commode° si on va au distributeur automatique de billets° près d'ici.

NATHALIE: Fais gaffe,° hein! Sinon je vais te prendre pour une riche Américaine qui ne compte pas son argent!

JANE: Puisque tu me paies un dîner à la Tour d'Argent,[5] je t'offre un Coca, c'est la moindre des choses.

A suivre.

Observation et Analyse

1. Quelles expressions utilise-t-on pour suggérer quelque chose? pour faire une hypothèse? pour avertir *(to warn)* quelqu'un?
2. Que pense Jane des grandes villes? Qu'en pense Nathalie? Avec qui êtes-vous d'accord?
3. Quelle sorte de logement chercheriez-vous si vous étiez dans la situation de l'amie de Jane? Expliquez.
4. Nathalie va-t-elle vraiment demander des intérêts à Jane? Comment le savez-vous?
5. Connaissez-vous beaucoup d'Américains qui étudient en Europe?

«Expressions typiques pour... »

Faire une hypothèse

Si tu pars, où iras-tu?/Si vous partez, où irez-vous?
   (action vue comme possibilité réelle)
Si tu partais, où irais-tu?/Si vous partiez, où iriez-vous?
   (action vue comme hypothèse—irréelle au moment où on parle)

Conseiller[6]

Je te/vous conseille d'y aller.
Tu devrais/vous devriez manger au restaurant universitaire.
Il faut aller à la banque.
Il vaut mieux toucher ce chèque tout de suite.
Tu ferais/vous feriez mieux de louer un studio.
Si j'étais toi/vous, je l'achèterais.
Si j'étais à ta/votre place, je déposerais° mon chèque à la banque.
J'ai une très bonne idée/une idée sensationnelle...

Suggérer

Je te/vous suggère de	
Tu peux/vous pouvez	rester à l'hôtel.
Tu pourrais/vous pourriez	

| Tu as pensé à/vous avez pensé à | |
| Pourquoi ne pas | déménager°? |

Accepter une suggestion

Tiens! C'est une bonne idée.
D'accord.
Pourquoi pas?

Refuser une suggestion

Non, ce n'est pas une bonne idée.
Non, je ne veux/peux pas.
Merci de ton/votre conseil, mais ce n'est pas possible en ce moment.
Ça me paraît difficile.

---

[5] Un des restaurants les plus chers de Paris, avec vue sur Notre-Dame, l'Ile Saint-Louis et la Seine. En général, les étudiants n'y vont pas!

[6] Pour déconseiller, on transforme à la forme négative les structures utilisées pour conseiller.

Avertir

Je te/vous signale que Je te/vous préviens que	ce n'est pas facile.
Attention Fais/faites attention Fais gaffe° *(familier)*	aux voitures!

«Mots et expressions utiles»

Le logement

acheter à crédit *to buy on credit*
l'agent *m* immobilier *real estate agent*
l'appartement *m* *apartment*
les charges *f* *fees (for heat and maintenance of an apartment or condominium)*
la Cité-U(niversitaire) *student residence halls*
la copropriété *condominium*

coûter *to cost*
une HLM (habitation à loyer modéré) *moderate income housing*
l'immeuble *m* *apartment building*
le/la locataire *tenant*
louer *to rent*
le loyer *rent*
le/la propriétaire *owner; householder*
le studio *efficiency apartment*

Les avantages/inconvénients *(disadvantages)*

bien/mal conçu(e) *(designed)*, situé(e), équipé(e), entretenu(e) *(maintained)*, beau/belle, moche *(familier: shoddy)*, laid(e), solide, tranquille, calme, bruyant(e) *(noisy)*, isolé(e)

Une habitation peut être...

grande, petite, vieille, ancienne, neuve *(brand-new)*, récente, moderne, rénovée *(remodeled)*, confortable, agréable, sale, propre *(clean)*, commode *(convenient)*, pratique, facile à entretenir *(to maintain)*

La banque

le carnet de chèques *checkbook*
la carte de crédit *credit card*
la carte électronique *automatic teller card*
changer de l'argent *to change money*
le compte chèques *checking account*
déposer *to deposit*
le distributeur automatique de billets *automatic teller machine*

emprunter *to borrow*
l'intérêt *m* *interest*
le livret d'épargne *savings account*
ouvrir un compte *to open an account*
le prêt *loan*
prêter *to lend*
le taux d'intérêt *interest rate*
toucher un chèque *to cash a check*

Divers

une bonne *maid*
d'ailleurs *besides, moreover*
déménager *to move*
deux mètres sur trois *(measuring) two meters by three*
Fais gaffe! *(familier) Be careful! Watch out!*
le Marché Commun *Common Market*
n'importe où *anywhere*
tellement *so*

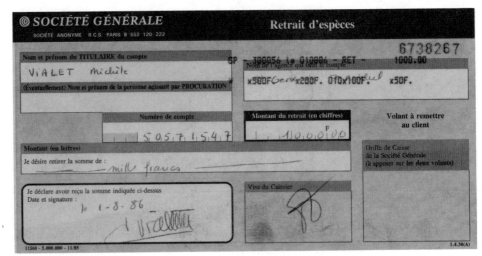

Combien d'argent cette personne a-t-elle retiré? A-t-elle un compte à cette banque?

Activités

A. Si j'étais à ta/votre place. En utilisant les «Expressions typiques pour... », donnez des conseils et des suggestions dans les situations suivantes.

> *modèle:* à un professeur qui veut préparer sa prochaine classe
> J'ai une très bonne idée. Annulez le cours!

1. à un(e) ami(e) qui veut aller au cinéma
2. à votre petit frère/petite soeur qui cherche un bon livre
3. à un(e) touriste qui cherche un bon restaurant dans votre ville
4. à un(e) ami(e) qui fume beaucoup
5. à un(e) ami(e) qui veut voyager à l'étranger
6. à un(e) inconnu(e) qui porte un chapeau dans la salle de cinéma

B. Que décider? Une amie américaine qui a hérité d'une maison en France vous demande de l'aider à écrire à un agent immobilier. Traduisez la lettre en français pour elle.

Cincinnati, May 5, 1990

Sir, Madam,

    I would be very obliged if you could give me some advice.[7] I have become the owner of an old house in Lyon. It is solid but badly maintained. I am renting it to a young couple who complains **(se plaint)**. They say that many things in the house do not work **(ne... pas marcher)**. I would be very grateful[8] if you could give me some suggestions. Should I sell the house? Should I borrow money to remodel **(rénover)** it? Should I destroy **(démolir)** it?

    I thank you in advance for your suggestions.

Sincerely,[9]

Justine Dupont

Après avoir traduit la lettre, jouez le rôle de l'agent immobilier et répondez à cette lettre. Quels conseils et suggestions avez-vous pour cette dame?

---

[7] ... très obligée de bien vouloir me donner...

[8] ... reconnaissante de...

[9] Veuillez agréer, Monsieur/Madame, l'assurance de mes sentiments distingués.

Décrivez ces trois logements. Lequel préférez-vous?

C. **Questions indiscrètes.** Interviewez un(e) ami(e) sur le logement et l'argent. Donnez un résumé de ses réponses à la classe.

1. Habites-tu un appartement? une maison? un studio? une chambre? une co-propriété? Décris ton logement.
2. Es-tu propriétaire ou locataire? Quels sont les avantages et désavantages d'être propriétaire? d'être locataire?
3. As-tu jamais emprunté de l'argent à la banque? Pour quoi faire? Te souviens-tu du taux d'intérêt?
4. Combien de comptes en banque as-tu? Préfères-tu un livret d'épargne ou un compte chèques? Pourquoi?
5. Aimes-tu les cartes électroniques? les cartes de crédit? Pourquoi?

Liens culturels

L'argent

«L'argent, pour les Français, c'est comme la Légion d'honneur. Ça ne s'exhibe pas, ça ne se demande pas, mais ça ne se refuse pas.» En France, l'argent vite fait est suspect. On dit que ce n'est pas un hasard si le mot «money-maker» n'existe pas en français. Il faut dire que la «France est fière de ses Rothschild, de ses Wendel» et qu'elle est fascinée par l'argent, mais on n'aime pas ceux qui font vite fortune. C'est une attitude qui est en train de changer. Quelle est l'attitude des Américains envers l'argent? Est-elle en train de changer?

Adapté de *l'Express* (1er mars 1985), p. 29.

Les Phrases conditionnelles

You reviewed the formation of the conditional in **Chapitre 1**; the formation of the imperfect is discussed in **Chapitre 4.**

The conditional is used to indicate a possible or hypothetical fact that is the result of a condition. Conditional tenses are used often in sentences with **si.**

si-clause	main clause
present	present, future, imperative
imperfect	present conditional

Si elle **va** à la Société Générale, elle **retirera** la somme de mille francs de son compte chèques.
If she goes to the Société Générale, she will withdraw the sum of 1000 francs from her checking account.

Si nous **voulions** de l'argent, nous **irions** à la Banque Populaire de Franche-Comté.
If we wanted some money, we would go to the Banque Populaire de Franche-Comté.

NOTE: Neither the conditional nor the future are to be used in the **si** clause. You will study conditional sentences that use the past conditional in **Chapitre 10.**

Activités

A. Quelle situation embarrassante! Imaginez que vous êtes dans les situations suivantes. Dites ce que vous feriez pour en sortir.

> *modèle:* Vous êtes à la station-service et vous vous rendez compte que vous n'avez pas d'argent. On a déjà fait le plein.
> *Si on avait déjà fait le plein et si je me rendais compte que je n'avais pas d'argent, je demanderais un prêt au propriétaire.*

1. Vous êtes perdu(e) dans une ville que vous ne connaissez pas.
2. Vous tombez malade dans un pays où vous ne pouvez pas parler la langue.
3. Vous faites du ski dans les Pyrénées et vous êtes pris(e) dans une tempête de neige.
4. Votre voiture tombe en panne *(breaks down)* au milieu de la nuit.
5. Vous travaillez dans une banque et il y a un hold-up.
6. Vous mangez au restaurant et vous apercevez votre acteur/actrice préféré(e).
7. Vous êtes à la terrasse d'un café et une mouche se noie *(a fly drowns)* dans votre verre de bière.

B. Questions indiscrètes. Posez les questions suivantes à un(e) ami(e). Donnez un résumé de ses réponses à la classe.

1. Que ferais-tu si tu avais un emploi horrible? si tu ne pouvais pas changer de travail pour des raisons financières? si tu avais un(e) patron(ne) que tu détestais?
2. Que ferais-tu si tu avais des quintuplé(e)s? Comment gagnerais-tu de l'argent pour les élever?
3. Que ferais-tu si tu gagnais à la loterie? Où irais-tu? Qu'achèterais-tu? Partagerais-tu avec tes amis?
4. Que ferais-tu si tu devais être isolé(e) pendant un an sur une île déserte? Si tu pouvais choisir, avec qui aimerais-tu passer ton séjour? Qu'est-ce que tu emporterais avec toi?

«Interactions»

A. Un prêt. Imagine that you want to get a loan. Look at the sheet below and discuss your ideas with the loan officer (your partner). Explain whether you want a loan for a house or a car. Tell how much money you want to borrow and how long you will take to repay. The loan officer will give you suggestions.

B. Que faire? You are 19 years old, French, and in your first year at the university. You did not do well on your exams at the end of the year. You are thinking of quitting the university and going to the United States as a **jeune fille/jeune homme au pair.** You think that this would be a good opportunity to practice your English, but you don't have any money—even in savings. You know that your parents will be very saddened by your decision. You are the youngest child and your other brothers and sisters have already left home. Ask two friends for advice.

BRAVO!
Culture et littérature

Comment faire des concessions et exprimer l'opposition

«Conversation»
(conclusion)

Nathalie et Jane ne sont pas d'accord sur plusieurs sujets... surtout en ce qui concerne la vie économique.

NATHALIE: Mais le socialisme est un système qui améliore le sort° de tout le monde!

JANE: Je n'en suis pas convaincue.° C'est vrai que tout le monde a droit aux mêmes écoles, aux mêmes soins° médicaux et à des logements bien équipés. Mais ceux qui travaillent paient des impôts° et des cotisations° sociales énormes.

NATHALIE: Mais tu sais, la France n'est pas plus socialiste que les autres pays d'Europe. C'est un choix de société. Nous pourrions laisser les chômeurs et les défavorisés° à leur sort, mais nous devrions payer les conséquences de leur pauvreté° en multipliant les abris,° les restaurants du cœur,° les centres de rééducation° juvénile et probablement les prisons.

JANE: Quand tu le dis comme ça, tu pourrais me convaincre.

NATHALIE: Tiens, prends notre système d'assurance°-maladie. Si j'allais à l'hôpital, tu sais combien je paierais?

JANE: Euh, tu serais remboursée de 80% de tes frais. Je n'avais pas pensé à ça.

NATHALIE: Tu n'es plus aussi capitaliste, hein?

JANE: Si, si! Le socialisme demande des impôts énormes, et puis, je crois que l'esprit de compétition est une chose importante dans une société.

NATHALIE: Tu sais, bien que le gouvernement se dise socialiste, il ne l'est pas vraiment dans sa politique. Il favorise la compétition et l'économie de marché.°

JANE: Oui, oui, peut-être... Il y a une chose qui me fait penser aux USA. Ce sont les jeux d'argent.° J'ai remarqué qu'il y a de plus en plus de Français qui font la queue pour jouer à des jeux d'argent comme le loto. Je trouve incroyable qu'un ouvrier puisse dépenser une partie de son salaire dans un jeu de hasard.°

NATHALIE: En France, l'Etat empoche° un quart des recettes° de jeux et réinvestit cet argent dans les budgets sociaux. Par exemple, la moitié du budget de l'Education nationale vient de ces recettes.

JANE: Apparemment, tu connais mieux la situation que moi.

Observation et Analyse

1. Quelles expressions utilise-t-on pour faire une concession? pour exprimer une opposition?
2. Quels peuvent être les avantages du système français d'impôts?
3. Décrivez la politique de la France selon Nathalie.
4. Les jeux d'argent sont-ils importants pour la France? Expliquez. Avez-vous jamais joué à un jeu de hasard?

«Expressions typiques pour... »

Faire une concession

A première vue, je ne suis pas d'accord avec toi/vous, mais tu connais/vous
    connaissez mieux la situation que moi.

Bien, tu m'as convaincu(e)/vous m'avez convaincu(e).

Je suis convaincu(e).

A bien réfléchir, je crois que tu as raison/vous avez raison...

Je dois mal me souvenir/me tromper.

Si/A moins que je ne me trompe... Si/A moins que je ne m'abuse...

Si c'est ce que tu penses/vous pensez...

Exprimer l'opposition

bien que/quoique (+ subjonctif)

> Bien qu'elle ait été prudente dans ses investissements, elle a perdu de
> l'argent à la Bourse *(Stock Market)*.

quand même, tout de même, néanmoins, pourtant, cependant, mais

> Elle a bien étudié ses investissements; elle a pourtant beaucoup perdu.

malgré, en dépit de, avec

> Malgré ses connaissances, elle a perdu beaucoup d'argent à la Bourse.

«Mots et expressions utiles»

La vie économique

l'assurance *f insurance*
la consommation *consumption*
la cotisation *contribution*
le développement *development*
l'économie *f economy*
exporter *to export*

importer *to import*
les impôts *m taxes*
le marché *market*
le progrès *progress*
le système *system*

Les conditions de travail

le bureau *office*
le congé *holiday, vacation*
le chef *leader*
l'employeur *employer*

l'horaire *m schedule*
la maison *firm, company*
le personnel *personnel*
l'usine *f factory*

Divers

l'abri *m shelter*
convaincu(e) *convinced*
les défavorisé(e)s *disadvantaged (people)*
empocher *to pocket*
le jeu d'argent *gambling*
le jeu de hasard *game of chance*
la pauvreté *poverty*
une recette *receipt*
la rééducation *rehabilitation*
le restaurant du coeur *soup kitchen*
les soins *m care and treatment*
le sort *fate*

Activités

A. Concessions et oppositions. En petits groupes, utilisez les expressions pour exprimer une concession ou une opposition aux points de vue suivants:

1. La liberté individuelle est la chose la plus importante de notre vie.
2. Il est dangereux de développer l'énergie nucléaire.
3. Le chômage aux Etats-Unis est (en grande partie) dû à un excès d'importations.
4. Les femmes qui travaillent à plein temps prennent la place des hommes qui veulent travailler.
5. Les congés payés ne sont pas assez nombreux.
6. Les chefs d'entreprise sont trop bien payés.
7. Les ouvriers doivent recevoir une partie des bénéfices *(profits)* de leur entreprise.
8. Les jeux d'argent font de l'Etat un spéculateur.

B. Le travail. Traduisez en français cette petite annonce pour un journal québecois.

> American Company looking for qualified people. We need trained workers to work in our factory in Orléans. We are also in need of managers, team leaders, and secretaries. We are interested only in people who are good workers. We offer good hours, excellent salary, and five weeks vacation.
> To apply, send résumés to M. Blanche.

C. Complétez. Chacune des phrases ci-dessous exprime une idée d'opposition. Complétez ces phrases en imaginant une situation pour chacune d'elles.

1. Nous avons beaucoup travaillé en dépit de...
2. Bien que nous ayons rapidement fait nos excuses...
3. Malgré nos sourires...
4. Nous sommes rentrés déçus, cependant...

Connaissez-vous des femmes qui sont chef d'entreprise? Décrivez leurs responsabilités?

Le Subjonctif après les conjonctions

Certain subordinate conjunctions require the subjunctive mood rather than the indicative because of their meaning.

A. Les conjonctions de concession
The conjunctions of concession indicate a concession on the part of the speaker towards what is either reality or something that could be so and is therefore hypothetical.

bien que/quoique	*although*

Bien que ce **soit** un métier mal payé, il veut être mécanicien.
Although it is not a well-paying trade, he wants to be a mechanic.

B. Les conjonctions de restriction
Other conjunctions express a restriction, real or possible.

à moins que (+ ne)[10]	*unless*
sans que	*without*

Il va tout acheter au Printemps **à moins que** les prix **ne soient** trop élevés.
He is going to buy everything at Le Printemps unless the prices are too high.

C. Les conjonctions de condition
These conjunctions introduce a condition that is not a reality.

pourvu que	*provided that*
à condition que	*on the condition that*

Il continuera à travailler dans son atelier **pourvu qu'**il **ait** assez de clients.
He will continue to work in his workshop provided that he has enough customers.

D. Les conjonctions de but
Some conjunctions express a goal or purpose. They are hypothetical and therefore also require the subjunctive mood.

pour que/afin que	*in order that, so that*
de peur que (+ ne)/de crainte que (+ ne)	*for fear that*

Il a tout fait **pour que** ses prix **baissent.**
He did everything so that his prices would lower.

E. Les conjonctions de temps
These conjunctions are concerned with actions that take place at some time after the action of the main clause and may depend on the other action taking place.

avant que (+ ne)	*before*
jusqu'à ce que	*until*
en attendant que	*waiting for*

Avant qu'il **n'aille** à la banque, il doit vérifier qu'il y a de l'argent dans son compte.
Before he goes to the bank, he must verify that there is some money in his account.

---

[10] The **ne pléonastique** should be used with **à moins que.** You will remember that it has no meaning but is used in formal speech. It is also used with **de peur que, de crainte que** (see **D.**) and **avant que** (see **E.**).

F. The following conjunctions can sometimes be replaced by a corresponding preposition followed by an infinitive. This is done when the subject of the subordinate clause (introduced by a conjunction requiring the subjunctive) is the same as the subject of the main clause. The most common prepositional counterparts are:

conjonction (+ subjonctif)	préposition (+ infinitif)
à moins que (+ ne)	à moins de
sans que	sans
à condition que	à condition de
afin que	afin de
pour que	pour
de peur que (+ ne)	de peur de
de crainte que (+ ne)	de crainte de
avant que (+ ne)	avant de
en attendant que	en attendant de

Il est rentré chez lui **sans** avoir fermé son atelier à clé. Il y est retourné **de crainte de** tout se faire voler *(to be robbed).* Il a sorti sa clé **afin de** verrouiller *(lock)* la porte. **Avant de** le faire, il a jeté un coup d'oeil dans l'atelier pour examiner ses outils *(tools).* Il s'est rendu compte que quelqu'un avait déjà tout volé!

In sentences with **bien que, quoique, pourvu que,** and **jusqu'à ce que,** the clause in the subjunctive cannot be replaced by an infinitive construction even when the subject of the main clause and dependent clause are the same. There is no prepositional construction.

Elle continuera à lire cet article **bien qu'**elle ne **soit** pas convaincue.
She will continue to read that article although she is not convinced.

Quoiqu'elle **apprécie** la Société Générale, elle a choisi le Crédit Agricole.
Although she likes the Société Générale, she chose the Crédit Agricole.

Activités

A. Les goûts culturels des jeunes. Avec un(e) partenaire, complétez ce paragraphe en choisissant la conjonction appropriée. (C'est une adaptation d'un article récent dans un journal.)

_____ (Bien que/Pourvu que/De peur que) les étudiants s'intéressent à la politique et à la vie économique, ils adorent surtout le cinéma. Leur mémoire est courte, cependant. _____ (De peur de/Jusqu'à/Quoique) se tromper dans le titre ou le nom du metteur en scène, 82% ont cité un film qui les avaient marqués dans les trois derniers mois. Comme metteur en scène, ils admirent Louis Malle. Le même sondage révèle que les étudiants français aiment aussi la musique _____ (avant que/afin de/à condition que) ce soit du rock. Ils aiment également lire et parler de leurs lectures _____ (de peur que/à moins de/pourvu que) il s'agisse d'écrivains modernes comme Faulkner, Dostoïevsky, Boris Vian, Jean-Paul Sartre et Steinberg. _____ (Pour ne pas/A moins de/En attendant de) trop généraliser les résultats de ce sondage, le lecteur doit savoir que cette enquête a été effectuée auprès de 382 étudiants.

B. Conditions de travail. Complétez les phrases suivantes. Mettez la phrase à la forme négative si vous n'êtes pas d'accord!

1. Moi, je réussirai dans mon travail à condition que...
2. Je paierai les assurances de crainte de...
3. Je pense que les assurances-maladies sont nécessaires afin que...
4. Les syndicats *(unions)* sont importants à moins que...
5. Je m'inscrirai au syndicat quoique...
6. Je travaillerai jusqu'à...
7. Je prendrai ma retraite avant de...

«Interactions»

A. Les livres perdus. You had borrowed two books from your roommate several months ago. She/He is angry that you have not returned them. Concede that you should have returned them and give some excuse for why you didn't. Explain that now you have lost them. Figure out a way to resolve the matter.

B. Jouez le rôle. You and your partner will play different roles. In each role, imagine a concession or an opposition to your partner. Use conjunctions wherever possible!

a. your husband/wife/best friend: his/her birthday
b. your child: his/her bedtime
c. your elderly mother/father: his/her lodging
d. your manager: your vacation
e. your secretary: his/her raise
f. your doctor: your health

BRAVO!
Culture et littérature

SYNTHÈSE

Activités orales

A. Un message. You are a bilingual secretary. You work for an American company in France. Explain this telephone message in French to your boss.

> Mr. Rafael returned your call. He says that it is difficult to know whether you should sell your house. It's well situated but poorly maintained. He left the name of Sophie Lambert. He says you should call her. She's a real estate agent who is very good. She will help you a lot and is very friendly. If you follow her advice, you should make some money. He alluded to **(faire allusion à)** several other investment possibilities that he will discuss with you later.

Listen to Activity Tape, Chapitre 7, and complete the corresponding exercises in the Activity Tape section of your Workbook.

B. L'avenir. With a partner, make up a story that will illustrate the proverb «Qui vivra verra». This expression is often used when discussing the future. Tell a fairy tale or a story about yourself or someone else. Your story should end with the proverb.

Activités écrites

A. Les offres d'emploi. You have clipped the following help wanted ads from a Canadian newspaper. Make a list of the advantages and disadvantages of each job. Then write a letter to your aunt and uncle who live outside of Montréal. Describe the job that interests you the most and explain why. Ask their advice on how to get the job. Find out whether you can stay with them if you get an interview.

B. Un travail idéal. Write an ad for the perfect job. Talk about the future and speculate about the success a person can have in this position. Each student will read his/her ad aloud for the whole class. The class will choose the best job.

VOCABULAIRE

Leçon 1

Les carrières professionnelles

l'avenir *m future*
changer de métier *to change careers*
chercher du travail *to look for work*
le curriculum vitae *résumé, CV*
être au chômage *to be unemployed*
exercer *to practice*
la formation professionnelle *professional education*
occuper un poste *to have a job*
l'offre *f* d'emploi *opening, available position*
prendre sa retraite *to retire*
la promotion *promotion to higher rank*
la recherche d'un emploi *search for a job*
la référence *reference*
remplir une demande d'emploi *fill out an application*
la réussite *success*
le service du personnel *personnel services*
le traitement mensuel *monthly salary*
trouver du travail *to find work*

Les métiers *(trades, professions, crafts)*

les professions *f* libérales: un médecin (une femme médecin), un(e) dentiste, un(e) avocat(e), un architecte, etc.
les fonctionnaires (employés de l'Etat): un agent de police, un douanier/une douanière, un magistrat *(judge)*, etc.
les affaires *f (business)* (travailler pour une entreprise): un(e) secrétaire, un(e) employé(e) de bureau, un(e) comptable *(accountant)*, etc.
le commerce (servir les clients): un boucher/une bouchère, un épicier/une épicière, un(e) marchand(e), etc.
l'industrie *f* (travailler dans une usine): un ouvrier/une ouvrière *(worker)*, un(e) employé(e), un(e) technicien(ne), un chef d'atelier *(shop)*, un ingénieur, un cadre (une femme cadre) *(executive manager)*, un directeur/une directrice, etc.
l'informatique *f (computer science)*: un(e) informaticien(ne) *(computer expert)*, un(e) analyste en informatique, un programmeur/une programmeuse, etc.
l'enseignement *m*: un instituteur/une institutrice, un professeur, etc.

Un métier peut être...

ingrat *(thankless)*, dangereux, malsain *(unhealthy)*, ennuyeux; intéressant, stimulant, passionnant; bien/mal payé; d'avenir/sans avenir

Divers

au beau milieu *right in the middle*
ça me donne le vertige *that makes me dizzy*
libérer *to free*
on ne m'y prendra pas *you won't catch me (doing that)*
remarquer *to notice*
un souci *worry*

Leçon 2

Le logement

acheter à crédit *to buy on credit*
l'agent *m* immobilier *real estate agent*
l'appartement *m apartment*
les charges *f* fees *(for heat and maintenance of an apartment or condominium)*
la Cité-U(niversitaire) *student residence halls*
la copropriété *condominium*
coûter *to cost*
une HLM (habitation à loyer modéré) *moderate income housing*
l'immeuble *m apartment building*
le/la locataire *tenant*
louer *rent*
le loyer *rent*
le/la propriétaire *owner; householder*
le studio *efficiency apartment*

Les avantages/inconvénients

bien/mal conçu(e) *(designed)*, situé(e), équipé(e), entretenu(e) *(maintained)*; beau/belle, moche *(familier: shoddy)*, laid(e) *(ugly)*, solide, tranquille, calme, bruyant(e) *(noisy)*, isolé(e)

Une habitation peut être...

grande, petite, vieille, ancienne, neuve *(brand-new)*, récente, moderne, rénovée *(remodeled)*, confortable, agréable, sale, propre *(clean)*, commode *(convenient)*, pratique, facile à entretenir *(to maintain)*

La banque

le carnet de chèques *checkbook*
la carte de crédit *credit card*
la carte électronique *automatic teller card*
changer de l'argent *to change money*
le compte chèques *checking account*
déposer *to deposit*
le distributeur automatique de billets *automatic teller machine*
emprunter *to borrow*
l'intérêt *m interest*
le livret d'épargne *savings account*
ouvrir un compte *to open an account*
le prêt *loan*
prêter *to lend*
le taux d'intérêt *interest rate*
toucher un chèque *to cash a check*

Divers

une bonne *maid*
d'ailleurs *besides, moreover*
déménager *to move*
deux mètres sur trois *(measuring) two meters by three*
Fais gaffe! *(familier) Be careful! Watch out!*
le Marché Commun *Common Market*
n'importe où *anywhere*
tellement *so*

Leçon 3

La vie économique

l'assurance *f insurance*
la consommation *consumption*
la cotisation *contribution*
le développement *development*
l'économie *f economy*
exporter *to export*
importer *to import*
le marché *market*
les impôts *m taxes*
le progrès *progress*
le système *system*

Les conditions de travail

le bureau *office*
le congé *holiday, vacation*
le chef *leader*
l'employeur *m employer*
l'horaire *m schedule*
la maison *firm, company*
le personnel *personnel*
l'usine *f factory*

Divers

l'abri *m shelter*
convaincu(e) *convinced*
les défavorisé(e)s *disadvantaged (people)*
empocher *to pocket*
le jeu d'argent *gambling*
le jeu de hasard *game of chance*
la pauvreté *poverty*
une recette *receipt*
la rééducation *rehabilitation*
le restaurant du coeur *soup kitchen*
les soins *m care and treatment*
le sort *fate*

«La vie n'est jamais facile»

Révisons un peu: **ne...**
pas; les pronoms relatifs
qui et **que**

Leçon 1: Comment se
plaindre et s'excuser; la
négation

Leçon 2: Comment
demander, donner et
refuser une permission; les
prépositions

Leçon 3: Comment demander
et donner des explications;
les pronoms relatifs

Thème: Les tribulations de la
vie quotidienne

Révisons un peu

The information presented on this page is intended to refresh your memory of various grammatical topics that you have probably encountered before. Review the material and then test your knowledge by completing the accompanying exercises in the workbook.

Avant la première leçon

L'Expression négative de base: *ne... pas*

The negative expression **ne... pas** is positioned in the following ways:

simple tense:	Je **ne** vois **pas** souvent Pierre.
with pronouns:	Je **ne** le connais **pas** très bien.
compound tense:	Nous **n'**avons **pas** vu Pierre depuis longtemps.
with pronouns:	Même Christine **ne** l'a **pas** vu.
inversion:	**N'**habite-t-il **pas** toujours Avenue des Gaulois?
infinitive:	Il est important de **ne pas** perdre contact avec ses amis.
imperative:	**N'**oublie **pas** de lui téléphoner!
with pronouns:	**Ne** l'oublie **pas**!

NOTE:
• While pronouns in affirmative commands *follow* the verb, in negative commands they *precede* the verb:

• The indefinite and partitive articles change to **de (d')** after **ne... pas:**

—Pierre habite avec un camarade de chambre, n'est-ce pas?
—Non, il **n'**a **pas de** camarade de chambre; il habite seul...

but, the definite article does not change:

et nous **n'**avons **pas** l'adresse de son nouvel appartement.

• **Si** is used instead of **oui** for an affirmative answer to a negative question:

—Tu **ne** vas **pas** essayer de le trouver?
—**Si,** je vais essayer de le trouver!

Avant la troisième leçon

Les Pronoms relatifs: *qui* et *que*

In order to provide more detailed explanations and descriptions, two clauses are often combined into a single sentence. Relative pronouns are used to relate the second clause to a noun or pronoun already mentioned in the first clause. For example: My sister is coming to visit. My sister lives in Chicago. → My sister, *who* lives in Chicago, is coming to visit. **Qui** is used when the relative pronoun functions as the *subject* of the relative clause; **que** (**qu'** before a vowel or mute **h**) is used when the relative pronoun acts as the *object*:

(subj.)(verb)
J'ai besoin de quelqu'un **qui** puisse m'aider avec cette lecture.
*I need someone **who** can help me with this reading.*

(obj.)(subj.)   (verb)
Voilà le passage **que** je ne comprends pas.
*Here is the passage **that** I don't understand.*

NOTE:
• The antecedents of **qui** and **que** can be either persons or things:

• Elision is never made with **qui:**

Où est l'assistante **que** j'ai vue il y a juste quelques minutes? Elle m'a parlé d'un dictionnaire **qui** est facile à utiliser.
Where is the assistant whom (that) I saw just a few minutes ago? She told me about a dictionary that is easy to use.

• Relative pronouns are not always expressed in English, but must be used in French:

La femme **que** tu as vue est là-bas.
The woman (that) you saw is over there.

Comment se plaindre et s'excuser

C'est samedi matin. M. Arnaud, qui est en train de faire des courses, se trouve à la blanchisserie.°

M. ARNAUD: Bonjour, Madame.

L'EMPLOYÉE: Bonjour, Monsieur. Qu'est-ce que je peux faire pour vous aujourd'hui?

M. ARNAUD: Euh... Je regrette de vous déranger, mais j'ai un problème avec ce pantalon qu'on a nettoyé à sec° la semaine passée. Il y a trois taches° ici, vous voyez, qui n'y étaient pas avant le pressing.°

L'EMPLOYÉE: Je suis désolée, Monsieur. Je n'ai aucune idée de la manière dont cela est arrivé, mais je vais m'en occuper tout de suite. Il sera prêt pour demain, et, bien sûr, gratuitement.°

M. ARNAUD: Très bien, donc. Merci beaucoup, Madame.

L'EMPLOYÉE: Je vous en prie, M. Arnaud.

Après avoir fait deux autres commissions,° M. Arnaud arrive, un peu fatigué, au rayon des produits électroniques d'un Darty,[1] pour faire sa dernière course du jour.

M. ARNAUD: Bonjour, Monsieur. J'ai une réclamation à faire.° J'ai acheté ce magnétoscope hier, mais il ne marche° pas. Je voudrais l'échanger.

VENDEUR: Je regrette, Monsieur, mais je ne peux pas vous aider. Nous n'en avons plus. Voulez-vous l'échanger contre un autre modèle?

M. ARNAUD: Non, je ne le crois pas. C'est le seul modèle qui ait toutes les caractéristiques que je veux... Dans ce cas, je suis obligé de vous demander un remboursement.°

VENDEUR: Désolé, Monsieur, mais ce n'est pas possible non plus. Nous ne faisons pas d'échange pour les articles vendus en solde.°

M. ARNAUD: Combien de temps faudrait-il pour le faire réparer?

VENDEUR: Probablement de six à huit semaines. Il faut l'envoyer à l'entrepôt.°

M. ARNAUD: Et qui paiera les frais° de réparation?

VENDEUR: Cela dépend d'où vient la panne.° Le moteur et un certain nombre d'éléments sont sous garantie pendant trois mois dans ce modèle-ci. Si la panne vient d'ailleurs, vous aurez à payer. Dans les deux cas, les frais d'expédition sont à votre charge.

M. ARNAUD: Mais, c'est inadmissible! A quoi bon un magnétoscope qui ne marche pas? Non, je ne peux pas accepter d'être traité comme cela. Je voudrais voir le chef de rayon.°

VENDEUR: Je suis navré,° Monsieur. Mme Bourbon ne travaille jamais le samedi. Vous pourrez lui parler la semaine prochaine.

M. ARNAUD: *(essayant de rester calme)* Décidément, je n'ai pas de chance...

A suivre.

[1] Darty est une chaîne de grands magasins *(department stores)* qui vend des appareils-ménagers, meubles et mille autres articles. Sa politique des prix est très concurrentielle *(competitive)*.

Observation et Analyse

1. Quelles expressions utilise-t-on pour se plaindre? pour s'excuser?
2. Décrivez la personnalité de M. Arnaud.
3. D'habitude dans votre famille, est-ce que c'est votre père ou votre mère qui fait les courses? Et si vous vous mariez, qui les fera?
4. Expliquez les raisons pour lesquelles M. Arnaud dit qu'il n'a pas de chance.
5. Avez-vous jamais eu les mêmes problèmes que M. Arnaud? Expliquez.

«Expressions typiques pour... »

Se plaindre auprès de quelqu'un

Excusez-moi, mais je pense que...
Pardon, Monsieur, mais je crois qu'il y a une erreur...
Je regrette de vous déranger, mais j'ai un problème...
Je voudrais que vous *(verbe au subjonctif)*...
Pardon, Monsieur. J'ai une réclamation à faire.

Répondre à une plainte

Je suis désolé(e), Mademoiselle.
Je regrette, Monsieur.
Je suis navré(e), Madame.
    (plus formel)

Accueil favorable; solution possible
Je vais m'en occuper tout de suite.
Voilà ce que je vous propose.
Je vais vous en commander/donner un(e) autre.
Nous allons le/la faire réparer.

Regrets; pas de solution
Mais nous n'en avons plus.
Je ne peux rien faire.
Il n'y a rien que je puisse faire pour vous dépanner.°
C'est un ancien modèle et il n'y a plus de pièces de rechange pour le réparer.

Si vous n'êtes pas satisfait(e) de la réponse

C'est inadmissible! C'est scandaleux!
Comment voulez-vous que j'accepte ça?
Je voudrais voir... *(le chef de rayon)*.
Voulez-vous bien appeler... *(le chef de service°)?*

S'excuser

Excusez-moi. Je suis désolé(e).
Je ne l'ai pas fait exprès.°
Je ne voulais pas te/vous blesser/faire de la peine.
Je ne savais pas ce qu'il fallait faire.
Je ne savais pas quoi faire.
Je ne le ferai plus, je te/vous l'assure.

Excuser et rassurer

Ne t'en fais pas./Ne vous en faites pas.
Ça ne fait rien.
Je ne t'en/vous en veux pas.°
Ce n'est pas vraiment de ta/votre faute.
Ce n'est pas bien grave.

«Mots et expressions utiles»

Les tribulations de la vie quotidienne

aller de mal en pis *to go from bad to worse*
annuler *to cancel*
un cas d'urgence *emergency*
    en cas d'urgence *in case of emergency*
une commission *errand*
débordé(e) de travail *swamped with work*
être navré(e) *to be sorry*
faire exprès *to do on purpose*
une panne *breakdown*
n'en plus pouvoir (je n'en peux plus) *to be at the end of one's rope,*
    to have had it
au secours! *help!*
en vouloir à quelqu'un *to hold a grudge against someone*

Les problèmes de voiture

démarrer *to get moving (car)*
dépanner *to repair a breakdown*
être en panne d'essence *to be out of gas*
être/tomber en panne *to break down*
les heures de pointe *rush hours*
la station-essence *gas station*
la station-service *service station*

Les pannes à la maison

l'électricien(ne) *electrician*
marcher *to run, work (machine)*
l'outil *m* *tool*
le plombier *plumber*

Les achats en magasin

la blanchisserie *dry cleaners*
le chef de rayon/service *departmental/service supervisor*
l'entrepôt *m* *warehouse*
faire une réclamation *to make a complaint*
les frais *m* *costs, charges*
le grand magasin *department store*
gratuit(e) *free (no cost)*
le nettoyage à sec/le pressing *dry cleaning*
la quincaillerie *hardware store*
le remboursement *refund*
une tache *stain*
vendu(e) en solde *sold at a reduced price, on sale*

Activités

A. **Sur le vocabulaire.** Où allez-vous ou qui appelez-vous quand vous avez les problèmes suivants? Utilisez les «Mots et expressions utiles».

1. Vous avez un pneu crevé.
2. Vous avez sali *(soiled)* une robe chère et délicate.
3. Vous voulez échanger un pantalon qui ne vous va pas bien.
4. Vous voulez installer un ordinateur mais vous n'êtes pas sûr(e) que les prises de courant *(outlets)* soient bonnes.
5. Votre lave-vaisselle ne marche pas mais vous pensez que vous pouvez le réparer vous-même.
6. Vous n'en pouvez plus! Il est impossible de réparer le lave-vaisselle sans outils professionnels!

B. **Entraînez-vous.** Plaignez-vous auprès de la personne indiquée (votre partenaire), en commençant chaque réclamation par des «Expressions typiques pour... ». Votre partenaire doit répondre de la façon appropriée.

> *modèle:* à la réceptionniste de l'hôtel: Il n'y a pas d'eau chaude dans votre salle de bains.
> —*Excusez-moi, Mademoiselle, mais je pense qu'il n'y a pas d'eau chaude dans ma salle de bains.*
> —*Je suis désolée, Monsieur. Je vais m'en occuper tout de suite.*

1. à l'épicier: Les champignons en boîte que vous avez achetés ce matin sont gâtés.
2. à la vendeuse de Carrefour: Il manque un bouton au pullover que vous avez acheté il y a trois jours.
3. à votre ami: Il a oublié de vous retrouver ce matin à l'arrêt du bus.
4. à l'agent de police: La surprise-partie des voisins d'à côté est trop bruyante.
5. à votre camarade de classe: Elle n'a pas le droit de fumer dans la salle de classe.

C. **Toujours des excuses...** Jouez les rôles. Pour chaque situation, une personne doit s'excuser en utilisant la raison donnée et l'autre doit répondre avec bienveillance *(kindly)*.

Personne qui s'excuse	à qui	raison
1. un enfant	sa mère	avoir cassé un vase
2. un professeur	sa classe	ne pas avoir corrigé les examens
3. une fille	sa soeur	avoir abîmé *(ruined)* sa robe
4. un(e) ami(e)	son ami(e)	avoir perdu le disque emprunté
5. un(e) employé(e) de bureau	son/sa patron(ne)	avoir oublié de mettre une lettre importante à la poste

«Grammaire»

La Négation

Negative expressions can be useful when you want to complain or apologize, or respond to someone else's complaint or apology. You have already reviewed the basic **ne... pas** pattern in **Révisons un peu.** Below are additional negative expressions. The ones starred are positioned in the same way as **ne... pas** and follow the same rules regarding the dropping or retaining of articles.

	ne... aucun(e)	*no, not any, not a single* (stronger than **ne... pas**)
*	ne... guère	*hardly, scarcely*
*	ne... jamais	*never*
	ne... ni... ni	*neither... nor*
	ne... nulle part	*nowhere*
*	ne... pas du tout	*not at all*
*	ne... pas encore	*not yet*
*	ne... pas non plus	*not either*
	ne... personne	*no one, not anyone, nobody*
*	ne... plus	*no longer, not any longer, no more*
	ne... que	*only*
*	ne... rien	*nothing*

A. The negative pronouns **personne, rien,** and **aucun(e)** can be used as subjects, objects of the verb, or objects of a preposition. When used as subjects, they are placed in the normal subject position, although **ne** still precedes the verb. With these expressions, **pas** is never used.

Le week-end passé, **personne ne** m'a téléphoné.

Rien ne s'est passé.

Mes amis fidèles? **Aucun ne** m'a rendu visite.

B. **Aucun(e)** frequently acts as an adjective, and thus is placed before the noun it modifies. It may modify a subject or an object, and no articles are needed.

Je **n**'ai eu **aucun** visiteur.

Aucune lettre **n**'est arrivée par la poste.

C. Used as the object of a verb in compound tenses, **personne** and **aucun(e)** follow the past participle, rather than the auxiliary verb. The negative adverb **nulle part** is also placed after the past participle.

Je **n**'ai vu **personne.**

Je **ne** suis allé **nulle part.**

D. With **ne... ni... ni,** the partitive and indefinite articles are dropped altogether. As with most negative expressions, however, the definite article is retained.

Je **n**'ai vu **ni** amis **ni** étrangers.

Je **n**'ai parlé **ni** avec le facteur **ni** avec la concierge.

E. The adverb **ne... que,** which is synonymous with **seulement,** is a restrictive expression rather than a true negative. Thus all articles are retained after it. **Que** is placed directly before the word group it modifies.

Je **n**'avais, ce week-end-là, **que** le chat pour me tenir compagnie... Et il **n**'a fait **que** dormir.

F. In sentences with multiple negative expressions, **ne** is used just once, and the second part of each negative expression is placed in its normal position.

> **Personne** n'a **jamais** frappé à ma porte.

> Quand mon appartement a été propre, je **n**'avais **plus rien** à faire.

G. Rien and **personne** can be further qualified by combining them with **de** plus a masculine singular adjective.

> Il **n**'y avait **rien de spécial** à la télé. *(nothing special)*

> **Personne d'intéressant** n'a participé à mon émission préférée du soir. *(nobody interesting)*

NOTE: The indefinite pronouns **quelque chose** and **quelqu'un** can be modified in the same way.

> **quelque chose d'amusant**   =   *something fun*
> **quelqu'un d'intelligent**   =   *someone smart*

H. Negative expressions such as **jamais, personne, rien,** and **pas du tout** can be used alone in answer to a question.

> Qui est venu me parler? **Personne!**

> Qu'est-ce qui s'est passé? **Rien!**

> Est-ce que j'ai aimé mon week-end solitaire? **Pas du tout!**

—*Il se sait pas encore que j'ai considérablement réduit son rôle.*

Activités

A. Au contraire. Les phrases suivantes représentent le contraire de ce qui s'est passé pendant la journée de M. Arnaud. Trouvez dans la conversation les phrases négatives qui rétablissent la vérité.

1. «Ces trois taches? Je sais très bien comment elles se sont faites.»
2. «Nous avons beaucoup de magnétoscopes dans le modèle que vous voulez.»
3. «Nous donnons toujours des remboursements, même pour les articles vendus en solde.»
4. «Notre chef de rayon sera ici dans quelques minutes.»
5. «J'ai toujours de la chance.»

B. Embouteillages. Les phrases ci-dessous sont adaptées d'un article sur les embouteillages dans les grandes villes françaises. Changez les phrases en ajoutant l'expression négative entre parenthèses. Faites tout autre changement nécessaire.

1. Bien que la circulation ait augmenté de 5% en trois ans, circuler en voiture au centre de Paris est devenu vraiment impossible. (ne... que)
2. Un chauffeur de taxi s'est garé pour aller au cinéma parce que c'était le blocage total. Quand il en est sorti, tout avait bougé. (ne... rien)
3. Les parkings aux portes de Paris *(on the outskirts)*, à l'intention des banlieusards *(suburb dwellers),* font gagner du temps. (ne... guère)
4. Les infrastructures routières sont adaptées à l'augmentation de la circulation. (ne... plus)
5. Il y a sûrement un remède miracle qui puisse satisfaire tout le monde. (ne... pas)

C. Plaignons-nous! Complétez chaque phrase en vous plaignant des difficultés de la vie quotidienne. Comparez vos réponses à celles de vos camarades de classe.

1. Personne ne...
2. Je ne... pas encore...
3. Je ne... plus... , parce que...
4. Rien ne m'agace plus que...
5. Je ne... guère... , parce que...
6. Mon professeur de... n'aime ni... ni...

«Interactions»

A. Je n'en peux plus! Role play a husband and wife or two roommates arguing over the household chores («Mais c'est moi qui fais toujours la lessive *(laundry).* Tu ne la fais jamais!»). Using negative expressions, complain to your partner that he/she never (or hardly ever) does the chores, and thus you are no longer (or are *only*) going to do certain ones. Your partner will sometimes apologize and sometimes complain to you. TRAVAUX MÉNAGERS SUGGÉRÉS: faire le marché, faire la cuisine, faire les courses, faire la vaisselle, nettoyer la maison, sortir les poubelles *(take out the garbage),* acheter les provisions, faire le repassage *(ironing),* faire le jardin.

B. C'est inadmissible! When you arrive at a hotel in which you've stayed before, you find that they do not have your reservation. Politely complain to the desk clerk and argue with the manager about giving you a room. After hearing sympathetic apologies but firm refusals, you may lose your patience and become somewhat obnoxious, stating that you will never stay in the hotel again and that you will no longer recommend it to either friends or colleagues.

BRAVO!
Culture et littérature

Comment demander, donner et refuser une permission

«Conversation»
(suite)

C'est jeudi après-midi, une semaine plus tard. Mme Arnaud, qui est professeur à l'université de Paris III, est en train de travailler chez elle quand son mari lui téléphone.

M. ARNAUD: Yvette, est-ce que ça t'embête° si je ne dîne pas à la maison ce soir? J'ai une réunion imprévue° ce soir et je ne pourrai probablement pas rentrer avant 11h.

MME ARNAUD: Oh... zut! C'est dommage—j'allais préparer un bon rôti de boeuf. Mais ne t'en fais pas... Je le mettrai au congélateur et nous le mangerons la semaine prochaine. Les enfants et moi mangerons quelque chose de vite fait.

M. ARNAUD: Tu es un ange. Je rentrerai au plus tôt.

MME ARNAUD: Au fait, j'allais te dire que le chef de mon département m'a dit qu'il voudrait que j'assiste° à un congrès° pédagogique le mois prochain en Belgique. Ça veut dire qu'il faudrait que tu te débrouilles tout seul avec les enfants pendant quelques jours...

M. ARNAUD: Bon, euh, je n'y vois pas de grands inconvénients, surtout que maman est tout près et qu'elle adore les gosses.

MME ARNAUD: Ce serait bien. Mais, nous en parlerons tout à l'heure ou demain. A ce soir, Denis. Bon courage pour ta réunion.

M. ARNAUD: Merci, Yvette. Je t'embrasse.

MME ARNAUD: A tout à l'heure, chéri.

On sonne à la porte et Mme Arnaud va ouvrir.

LE VISITEUR: Excusez-moi, Madame. Je travaille pour l'E.D.F.[2] *(Il lui montre sa carte.)* Est-ce que je pourrais relever votre compteur d'électricité?

MME ARNAUD: Certainement, Monsieur. C'est par ici.

LE VISITEUR: Merci, Madame... *(après quelques moments)* Euh, Mme Arnaud? C'est ce que je pensais, votre compteur ne marche pas bien. M'autorisez-vous à le réparer?

MME ARNAUD: Bien sûr, Monsieur. Allez-y.

LE VISITEUR: Euh, est-ce que vous permettez que je fume pendant que je travaille?

MME ARNAUD: Je suis vraiment désolée, mais ce n'est pas possible. Je suis allergique à la fumée.

LE VISITEUR: Pas de problème...

MME ARNAUD: *(à part)* Au moins il m'a demandé la permission!

A suivre.

---

[2] l'E.D.F. = Electricité de France; G.D.F. = Gaz de France. L'alimentation de la France en gaz et en électricité est gérée par ces deux compagnies nationales. L'agent E.D.F. relève *(reads)* le compteur d'électricité une fois par trimestre.

1. Quelles expressions utilise-t-on pour demander la permission? pour donner et refuser la permission?
2. Les emplois de M. et Mme Arnaud ont-ils une influence sur leur vie de famille? Comment résolvent-ils leurs problèmes?
3. De telles situations se sont-elles jamais présentées à vos parents? à vous-même? Expliquez.
4. Que veut l'homme qui sonne à la porte?
5. Pourquoi est-ce que Mme Arnaud ne permet pas que l'agent E.D.F. fume? Avez-vous jamais refusé la permission de fumer chez vous? dans votre voiture? à table au restaurant? Pourquoi?

«Expressions typiques pour... »

Demander la permission

Est-ce que je peux/pourrais... ?
J'aimerais/Je voudrais...
Est-ce qu'il serait possible
    de *(+ infinitif)*?
Est-ce qu'il serait possible que
    (+ subjonctif)?)
M'autorisez-vous à *(+ infinitif)*?
Est-ce que vous me permettez de
    (+ infinitif)?
Est-ce que vous permettez que
    (+ subjonctif)?

Avec des questions à la forme négative

Ça ne t'embête/te dérange pas si... ?
Ça ne t'embête/te dérange pas que...
    (+ subjonctif)?

Donner la permission

Oui, bien sûr!/D'accord!
Certainement!
Je n'y vois pas d'inconvénients.
Vous avez ma permission.
Je vous permets de/autorise à...

Refuser la permission

Je suis désolé(e), mais ce n'est
    pas possible.
Non, je regrette.
Mais non.
Mais non, pas question.
Il n'en est pas question.

On donne la permission

Mais non, pas du tout.
Bien sûr que non.

On refuse la permission

Si! Ça m'embête.
Si! Ça me dérange.

«Mots et expressions utiles»

Divers

amener quelqu'un *to bring someone over (along)*
assister à *to attend*
changer d'avis *to change one's mind*
une conférence *lecture*
un congrès *conference*
consentir à *to consent to*
défendre à quelqu'un de *to forbid someone to*
embêter *to bother, to annoy*
emmener quelqu'un *to take someone (somewhere)*
emprunter à quelqu'un *to borrow from someone*
imprévu(e)/inattendu(e) *unexpected*
prêter à quelqu'un *to lend to someone*
résoudre *(past part.:* **résolu***) (présent:* résous, résous, résout, résolvons, résolvez, résolvent*) to resolve, solve*

Liens culturels

Fumer ou ne pas fumer?

Un rapport récent a révélé que le tabac provoque en France au moins 53.000 morts par an et qu'il est la cause d'un quart des décès dus au cancer. Comme aux Etats-Unis, il y a eu une lente diminution du nombre des fumeurs parmi les hommes pendant les cinq dernières années en France, mais une petite augmentation parmi les femmes. Il existe aujourd'hui une campagne agressive à double action contre le tabagisme: d'une part, la dissuasion-prévention et, d'autre part, la dissuasion-augmentation des prix.

JACQUES FAIZANT

RÉPONSES PERTINENTES QUE PERSONNE NE FAIT JAMAIS, À DES QUESTIONS IDIOTES QUE TOUT LE MONDE POSE TOUJOURS.

ÇA NE VOUS DÉRANGE PAS QUE JE FUME?

NON. SI ÇA NE VOUS DÉRANGE PAS QUE JE TOUSSE.

Adapté du *Journal Français d'Amérique,* 9–22 octobre 1987, p. 4.

Activités

A. Entraînez-vous. Pour chaque situation, utilisez deux expressions de la liste des «Expressions typiques pour... » pour demander la permission.

1. Vous voulez inviter votre petit(e) ami(e) à dîner chez vous, dans votre appartement. Parlez-en avec votre camarade de chambre.
2. Vous êtes en train de passer un examen mais vous avez très soif et vous voulez aller boire de l'eau. Adressez-vous à votre professeur.
3. Vous allez avoir une surprise-partie ce soir et vous aimeriez que vos invités puissent garer leur voiture dans l'allée *(driveway)* de votre voisin. Parlez-en avec lui.
4. Vous voulez échanger vos heures de travail de samedi avec votre collègue. Parlez-en avec lui, puis avec votre patron que vous ne connaissez pas très bien.
5. Vous êtes en train de visiter une chambre à louer. Vous pensez que vous inviterez des amis de temps en temps chez vous. Adressez-vous à la propriétaire.

B. Imaginez... Donnez ou refusez la permission dans chaque situation, en variant vos réponses.

1. Votre enfant de 16 ans vous demande: —Maman/Papa, est-ce que je peux sortir avec mes amis ce soir?
2. Un(e) camarade de classe vous demande: —Est-ce que tu me permets de copier tes notes de classe? J'étais malade hier.
3. Votre voisine, avec qui vous êtes bons amis, vous demande: —Est-ce qu'il serait possible que je laisse mon enfant avec toi pendant une heure? Je dois assister à une réunion.
4. Votre camarade de chambre vous demande: —Ça ne t'embête pas si j'attends de nettoyer l'appartement jusqu'au week-end prochain?
5. L'instituteur de votre enfant vous envoie ce mot: —Je vous demande la permission d'emmener votre enfant à une sortie scolaire au Musée d'art moderne vendredi matin.

C. **Questions indiscrètes.** Posez les questions suivantes à un(e) ami(e). Donnez un résumé de ses réponses à la classe.

1. Quand quelqu'un te demande la permission de faire quelque chose que tu n'aimes pas, est-ce que tu dis ce que tu souhaiterais dire? Dans quelles circonstances est-ce que tu dis toujours la vérité? Quand est-ce que tu modifies un peu la vérité?
2. Est-ce qu'il y a, chez les autres, certains tics ou habitudes qui t'irritent? Lesquels?
3. De temps en temps, est-ce qu'il y a quelqu'un qui demande à emprunter ta voiture? Qui? Est-ce que tu la prêtes?

«Grammaire»   Prépositions demandées par les verbes

Several of the expressions introduced for asking, giving, and refusing permission include a preposition before an infinitive. The conjugated verb determines whether **à, de,** or no preposition is needed in French verb phrases. Below are listings of common verbs and their prepositions.

A. Verbs that require **à** before an infinitive:

aider à	encourager à
s'amuser à	enseigner à
apprendre à	s'habituer à
s'attendre à *(to expect)*	hésiter à
autoriser à	inviter à
avoir à *(to have to)*	se mettre à
commencer à	réussir à
consentir à	tenir à *(to insist on)*
continuer à	

Ma mère m'**a** toujours **encouragé à** faire de mon mieux. Elle m'**a enseigné à** respecter les droits des autres. Elle **tenait à** traiter chaque être humain d'une manière équitable. J'espère **réussir à** suivre son exemple.

B. Verbs that require **de** before an infinitive:

s'agir de *(to be about)*	parler de
s'arrêter de	refuser de
choisir de	regretter de
décider de	remercier de
se dépêcher de	rêver de
empêcher de *(to prevent)*	se souvenir de
essayer de	tâcher de *(to try)*
finir de	venir de *(to have just)*
oublier de	

avoir besoin de	avoir envie de
avoir l'intention de	avoir peur de

J'**avais décidé de** devenir médecin. Rien n'allait m'**empêcher de** finir mes études. J'**ai refusé** de me décourager pendant les longues années de préparation à cette carrière.

C. Verbs that are followed directly by an infinitive:

aimer	devoir	préférer
aller	écouter	savoir
compter	espérer	sembler
(to intend)	faire	souhaiter
croire	falloir	venir
désirer	penser	voir
détester	pouvoir	vouloir

Aujourd'hui je suis médecin, et je **compte** exercer la médecine dans un village. Il **faut** dire que j'**aime** pratiquer ce métier parce qu'avec mes connaissances je **peux** guérir *(cure)* mes semblables *(fellow men)*.

D. Verbs that require **à** before a person and **de** before an infinitive:

commander à quelqu'un de	écrire à quelqu'un de
conseiller à quelqu'un de	permettre à quelqu'un de
défendre à quelqu'un de	promettre à quelqu'un de
(to forbid)	reprocher à quelqu'un de
demander à quelqu'un de	suggérer à quelqu'un de
dire à quelqu'un de	téléphoner à quelqu'un de

Je **conseille à** chaque personne qui envisage la médecine comme profession **d'**y penser sérieusement. Je **suggèrerais à** tous ceux qui s'y intéressent **d'**être sûrs que c'est bien ce qu'ils veulent faire.

E. Etre + adjective + preposition + infinitive:
Most adjectives that follow the verb **être** require **de** before an infinitive.

Je suis content **de** te voir, chérie.

Tu es si gentille **de** me rendre visite.

In sentences beginning with the impersonal pronouns **il/elle est** + adjective, the preposition **de** must introduce the infinitive. The idea discussed follows the preposition **de:**

Il est merveilleux **de** revoir ses anciens amis.

In sentences beginning with **c'est** + adjective, the preposition **à** must introduce the infinitive. In this case the topic in question has already been mentioned; thus, **ce** refers back to the previously mentioned idea.[3]

—J'adore Monique.

—**C'est** facile **à** voir. Est-ce que tu n'es pas un peu amoureux d'elle?

Activités

A. La dispute. Violette Arnaud, qui a 14 ans, essaie sans succès d'obtenir de sa mère la permission d'aller passer la nuit chez son amie. Finissez la conversation en remplissant les blancs avec **à, de** ou en n'ajoutant pas de préposition.

—Maman, j'hésite _____ t'ennuyer puisque je sais que tu es occupée, mais je voudrais _____ te demander quelque chose.

—Oui, ma chère Violette. Qu'est-ce qu'il y a?

[3] For other uses of **c'est** and **il/elle est,** see **Chapitre 3.**

—Voilà. Mon amie Monique vient _____ téléphoner pour me demander si je voulais _____ passer la nuit chez elle.

—J'ai peur que ce ne soit pas possible, Violette. Tu as déjà promis _____ tante Louise _____ assister à un concert avec elle ce soir.

—Tante Louise est vraiment gentille _____ m'avoir invitée _____ l'accompagner au concert, mais puisque papa et toi y allez aussi, peut-être que... ?

—Non, ma petite chérie. Il n'est pas convenable _____ changer de projet simplement parce qu'on reçoit une meilleure proposition.

—Mais, maman... !

—Arrêtons _____ nous disputer. Je refuse _____ te donner la permission et c'est tout.

B. Les pensées de Violette. Voilà ce que pense Violette après la conversation avec sa mère. Faites tout changement nécessaire pour former des phrases correctes.

1. Je / conseiller / tous les parents / tâcher / comprendre / enfants.
2. Quand je / grandir / je / écouter attentivement / mes enfants.
3. Je / ne jamais défendre / enfants / sortir avec / amis.
4. Je / tenir toujours / être juste et compréhensif.
5. Je crois / il est important / ne jamais oublier / faire cela.
6. Ce / ne pas être / très facile / faire.

C. Les pensées de la mère de Violette. Donnez l'équivalent français des phrases suivantes.

1. It is difficult to know how to succeed at being a good parent these days.
2. Children do not always realize this.
3. They reproach us for being too strict and yet they seem to want our guidance (**conseils**, *m pl*).
4. Parents should expect to receive criticism (**critique**, *f*) from their children at times.
5. Probably nothing will prevent this.

Cette jeune fille veut aller au cinéma avec ses copains. Que dit-elle pour demander la permission à sa mère?

Les Prépositions et les noms géographiques

The definite article is used with most geographical locations except for cities:

l'Autriche   les Alpes   le Rhône   Paris   New York   Rome

unless an article is part of the name of the city:

Le Havre   Le Mans   La Nouvelle-Orléans

A. Les Villes

- To express location or destination, ("to," "at," or "in") use the preposition **à**:

    Je vais **à** San Juan.   Ils arrivent **au** Havre.

- To express origin ("from"), use the preposition **de**:

    Je viens **de** Québec. Il sont **de la** Nouvelle-Orléans.

B. Les Pays et les continents

- To express location or destination regarding continents or *feminine* countries, use **en**:

    en Afrique   **en** Belgique   **en** France   **en** Haïti

NOTE: All continents are feminine, and most countries that end in an unaccented **e** are feminine, with the exception of **le Mexique** and **le Zaïre.**

- With masculine countries, use **au(x)** to express location or destination:

    au Japon   **au** Sénégal   **au** Maroc   **aux** Etats-Unis

- Origin is expressed by **de** for continents and feminine countries, and **de** + *article défini* for masculine countries:

    de Suisse   **d'**Europe   **du** Mexique   **des** Etats-Unis

- Masculine singular countries beginning with a vowel use **en** to express location or destination and **d'** to express origin:

    en Iran   **en** Israël   **d'**Iraq   **d'**Afghanistan

C. Les Etats

- Most states ending in an unaccented **e** in French are feminine and thus use the same prépositions as feminine countries:

    en/de Floride   **en/de** Californie   **en/de** Caroline du Sud

EXCEPTIONS: **au/du** Maine and **au/du** Tennessee

- The expression of location or destination regarding masculine states varies with each but usually either **dans le** or **dans l'état de** can be used:

    Ma famille habite **dans l'état d'Ohio.**

    Je vais **dans le** Michigan.

EXCEPTIONS: **au** Texas, **au** Nouveau-Mexique

- Origin from a masculine state is usually expressed by **du (de l')**:

    Je viens **de l'**Arizona/**du** Wisconsin/**du** Texas/**de l'**Oregon.

D. Les Iles, les provinces et les régions

With islands (which are sometimes also countries), provinces, and regions usage is so varied that each case must be learned separately. Some examples are:

en Normandie	**de** Normandie
au Québec	**du** Québec
dans le Midi	**du** Midi
à Madagascar	**de** Madagascar
à Cuba	**de** Cuba
en/à la Martinique	**de/de la** Martinique
aux Antilles	**des** Antilles
aux Caraïbes	**des** Caraïbes

Summary	to/at/in	from
Cities	**à**	**de**
Feminine Countries	**en**	**de**
Masculine Countries	**au(x)**	**de** + definite article
Masculine Countries beginning w/vowel	**en**	**d'**
Feminine States	**en**	**de**
Masculine States	**dans le (l')** or **dans l'état de**	**du (de l')**

Activités

A. A l'agence de voyages. Après avoir parlé avec l'agent, Olivier a des difficultés à décider où il veut aller. Faites les changements nécessaires pour compléter ses phrases.

1. Je tiens à aller *en Chine*.
   Texas / Maroc / Angleterre / Moscou / Virginie
2. Mais peut-être que j'irai *au Zaïre*.
   Italie / Canada / Géorgie / Israël / Colombie
3. Je voudrais partir *de Paris* à la fin de l'été.
   Luxembourg / Colorado / Cuba / le Caire / Argentine
4. Non, non. Je voudrais partir *de Rome* en septembre.
   Oregon / Australie / le Havre / Monaco / Caraïbes

B. Le Sommet de la francophonie à Québec.[4] Voici quelques phrases tirées des articles sur le Sommet de Québec. Complétez chaque phrase en utilisant la préposition qui convient.

1. Le deuxième Sommet de la francophonie a eu lieu _____ Québec (ville) du 2 au 4 septembre 1987. (Le premier Sommet s'était déroulé _____ Paris en février 1986.)

2. Pour honorer l'occasion, le Tour cycliste de la francophonie a eu lieu _____ Abitibi, une ville canadienne, du 29 juillet au 2 août. Il a réuni des adolescents _____ Afrique, _____ Europe, _____ Antilles et _____ Canada.

3. Dans un rapport sur l'industrie du livre *(the publishing business)*, on a annoncé qu'il y a quelque 2000 éditeurs francophones dont plus de 90% se situent _____ France, _____ Québec, _____ Suisse et _____ Belgique.

4. On a fait savoir que dans le cadre d'un programme qui favorise l'échange de connaissances entre pays membres, des techniciens _____ Haïti sont allés se perfectionner dans un centre d'exploitation forestière _____ Gabon.

C. Le bon vieux temps *(The good old days).* Vous venez de passer le plus mauvais jour de votre vie—votre voiture est tombée en panne; quelqu'un a volé votre portefeuille et votre petit(e) ami(e) vous a quitté(e) pour un(e) autre. Pour vous remonter le moral, songez à d'heureux moments en d'autres lieux.

1. Ah! Le bon vieux temps! J'aime bien me souvenir des jours où j'habitais...
2. Je me souviens avec plaisir de nos voyages... où nous avons visité...
3. Qu'il serait bon d'être en ce moment... où je pourrais...
4. Un jour j'ai l'intention d'aller... parce que...
5. Je voudrais aussi visiter mon propre pays. Donc, à l'avenir, j'irai... parce que...

«Interactions»

A. Jouez les rôles. (groups of 3) You *really* want to spend the summer in Europe, but need your parents' permission. Two classmates will play your parents. Give them specific details about your itinerary, including the following: how you will get there; what cities you will visit; how many days you intend to stay; where you will stay; who will go with you; the advantages and disadvantages of your going; how much money you would like to borrow. Your parents may refuse right away, but you should plead your case hoping that they change their mind.

B. Je voulais vous demander... Since you have not been able to reach the following people by phone, write each of them a short note to ask permission:

1. M. Wallens: to audit his French literature course (**assister en tant qu'auditeur/auditrice**)
2. Coach Smith: to arrange a time to talk to him about playing on his soccer team
3. Mme Balmain: to turn in your French composition one day late
4. your best friend: to borrow his/her car tonight
5. your rich aunt who is quite fond of you: to borrow $500 to go to Florida over spring break.

BRAVO!
Culture et littérature

Exchange notes among your classmates. Imagine that you are unable to contact the person whose note you received, so you leave a telephone message on their answering machine. State your reasons for giving or refusing permission.

[4] Les chefs d'Etat et de gouvernements des 42 pays francophones s'y sont réunis. Un de leurs objectifs était de créer une nouvelle forme de coopération multilatérale entre les pays utilisant le français. (Adapté du *Journal Français d'Amérique*, 21 août-10 septembre 1987, p. 4.)

Comment demander et donner des explications

Enfin le week-end arrive. M. Arnaud se trouve dans son sous-sol°; il y fait ce qu'il adore faire pendant ses heures de loisir—du bricolage.° Son frère, qui habite tout près, vient le voir.

LE FRÈRE: Denis! Es-tu en bas?

M. ARNAUD: Eh, salut, Rémy! Descends me voir... Je tâchais de réparer cette fameuse lampe, mais... j'ai du mal à° trouver ce qui ne va pas... Aïe!° Je me suis pincé° le doigt!

LE FRÈRE: Ah, ça arrive... Je vois que tu es très occupé et je ne veux pas te déranger. Mais je voulais savoir si tu as vu Pierre récemment, ton voisin Pierre dont la fille est amie avec Violette? J'ai besoin de la perceuse électrique° que je lui ai prêtée il y a un mois. Personne ne répond chez lui.

M. ARNAUD: Je suis désolé, Rémy, mais tu ne vas pas le trouver.

LE FRÈRE: Je ne comprends pas. Je l'ai vu travailler dans son jardin le week-end passé. Est-ce qu'il est parti en vacances?

M. ARNAUD: Non, non. Ce que je voulais dire, c'est qu'il n'habite plus ici.

LE FRÈRE: Quoi?

M. ARNAUD: Je m'explique. De toute évidence, il s'est mis en colère contre sa femme lundi, ou peut-être que c'était mardi. En tout cas, on les entendait crier partout dans le voisinage. C'était affreux! Et puis, il est parti, avec toutes ses affaires.

LE FRÈRE: Qu'est-ce que tu veux dire, «parti»?

M. ARNAUD: En bien, il est parti à tout jamais. Autrement dit,° il a abandonné sa famille.

LE FRÈRE: Il a quitté sa femme et ses enfants? Mon Dieu! Qu'est-ce qui l'a poussé à faire une telle chose? Ils semblaient être une famille modèle!

M. ARNAUD: Qui sait? Ce qui me fait de la peine, c'est qu'il ne m'a même pas laissé comprendre° qu'il était malheureux. Moi! Son meilleur ami!

LE FRÈRE: C'est bizarre. Il faut croire que les gens ne sont pas toujours ce qu'ils semblent être, hein?

Observation et Analyse

1. Quelles expressions utilise-t-on pour expliquer quelque chose? et pour demander une explication?
2. Citez un des passe-temps de M. Arnaud.
3. Quel est le but de la visite de son frère? Est-ce qu'il l'a atteint? Va-t-il demander sa perceuse à la femme de Pierre?
4. Avez-vous jamais connu une personne qui s'est révélée être différente de ce que vous en pensiez?

«Expressions typiques pour... »

Demander une explication[5]

Pardon?/Comment?/Quoi?*(familier)*
Excusez-moi. Je ne (te/vous) comprends pas.
Qu'est-ce que tu veux/vous voulez dire...
Je ne comprends rien de ce que tu dis/vous dites.

Demander des raisons

Pourquoi? Pour quelle raison... ?
Pourquoi veux-tu/voulez-vous que (+ *subjonctif*)
Où veux-tu/voulez-vous en venir°?
Explique-toi./Expliquez-vous.
Qu'est-ce qui te/vous fait penser ça?

Expliquer/donner des raisons

Je m'explique...
Ce que je veux dire, c'est que...
J'entends par là...
C'est-à-dire...
Autrement dit...
En d'autres termes...
C'est la raison pour laquelle...
Si je pouvais expliquer...
... Tu vois/vous voyez ce que je veux dire?

«Mots et expressions utiles»

Vous êtes déconcerté(e)

avoir du mal à (+ infinitif) *to have problems (doing something)*
désorienté(e)/déconcerté(e) *confused, muddled*
mal comprendre (*past part.:* **mal compris**) *to misunderstand*
une méprise/une erreur *misunderstanding*
provoquer *to cause*
le sens *meaning*
la signification/l'importance *f significance, importance*
signifier *to mean*

Vous êtes irrité(e)

avoir du retard *to be late*
C'est la goutte (d'eau) qui fait déborder le vase! *That's the last straw!*
couper *to disconnect (telephone, gas, electricity, cable)*
débrancher *to disconnect/unplug (radio, television)*
faire la queue *to stand in line*
rentrer en retard *to get home late*

---

[5] Asking for an explanation is sometimes included in another context, such as making a complaint. Similarly, giving an explanation or reasons for having done something might be part of making an apology.

Vous êtes lésé(e)

bouleversé(e)/choqué(e) *shocked*
céder à quelqu'un *to give in to someone*
être en grève *to be on strike*
faire la grève *to go on strike*

le/la gréviste *striker*
léser quelqu'un *to wrong someone*
le syndicat *union*

Divers

Aïe! *Ouch! Ow!*
autrement dit *in other words*
le bricolage *tinkering about, odd jobs*
laisser comprendre à quelqu'un que *to hint to someone that*
Où veux-tu en venir? *What are you getting at?*
une perceuse électrique *electric drill*
pincer *to pinch*
se révéler (+ adjectif) *to prove to be (+ adjective)*
le sous-sol *basement*

Activités

A. Entraînez-vous. En groupes de deux personnes, entraînez-vous à employer les expressions pour demander et donner une explication dans les situations suivantes.

1. Vous êtes perdu(e). Demandez à votre professeur de français d'expliquer le sens du mot «bricolage».
2. M. Arnaud rentre chez lui à trois heures du matin au lieu de 11h du soir. Etant sa femme, vous demandez la raison de son retard.
3. Vous découvrez qu'on a coupé votre service télévisé par câble. Demandez une explication à la compagnie de télédistribution.
4. Votre enfant de huit ans vous dit qu'il a échoué à son examen de mathématiques. Demandez-lui de s'expliquer.
5. Depuis une demi-heure vous faites la queue pour acheter votre permis de parking; la queue n'a pas bougé. Demandez à la personne devant vous s'il/si elle connaît la raison de cette lenteur.
6. Vous et votre ami(e) français(e) avez respectivement échangé votre domicile pendant un mois. Après avoir passé une semaine dans son appartement à Caen, vous recevez l'annonce ci-dessous que vous ne comprenez pas. Demandez à la femme qui habite au troisième étage ce qu'elle signifie.

Liens culturels

«La vie n'est pas facile. Mais... »

En France, comme aux Etats-Unis, il arrive souvent qu'on regrette le bon vieux temps où la vie était plus facile. Cependant, du point de vue social et économique au moins, les Français sont beaucoup mieux nantis *(well-off)* qu'ils ne l'étaient après la Deuxième Guerre mondiale. Ainsi, dans les 40 dernières années, l'espérance de vie moyenne est passée de 68 ans à 74 ans. Par ailleurs *(Furthermore)*, en 1950, le travailleur moyen travaillait 2328 heures par an. Aujourd'hui il travaille 1800 heures (c'est-à-dire, 39 heures par semaine). Le confort ménager *(household conveniences)* s'est également considérablement amélioré. En 1960, 3% seulement des ménages possédaient à la fois une automobile, un réfrigérateur, une machine à laver et un téléviseur; 47,7% des ménages n'avaient aucun de ces quatre biens d'équipement. Aujourd'hui, 64% des ménages sont pourvus *(equipped with)* des quatre. 74% des résidences principales ont le téléphone et 97% des ménages ont un téléviseur.

Fourastié, *D'une France à une autre,* (Paris: Fayard, 1987), pp. 80, 98, 117.

B. Questions indiscrètes. Posez les questions suivantes à votre ami(e). Donnez un résumé de ses réponses à la classe.

1. Est-ce que tu as jamais attendu longtemps quelqu'un qui n'est jamais arrivé? Cette personne t'a-t-elle en fin de compte donné une explication?
2. Est-ce que ton service de téléphone/d'électricité/de câble a jamais été coupé? Pour quelle raison?
3. Cela t'ennuie-t-il de faire la queue? Dans quelles circonstances ferais-tu la queue pendant plus d'une heure?
4. Est-ce que tu as jamais été en grève? Connais-tu quelqu'un qui ait fait grève? Explique comment la dispute s'est résolue.

«Grammaire»

Les Pronoms relatifs

During an explanation, you frequently link ideas back to persons or things already mentioned (antecedents) by means of relative pronouns. Relative pronouns, thus, provide coherence and enable you to increase the length and complexity of oral and written speech.

You reviewed the use of **qui** and **que** in **Révisons un peu.** They are relative pronouns that act as subjects or objects of a relative clause. Rules governing other relative pronouns follow.

A. Objects of prepositions with specified antecedents

• When the relative pronoun functions as the object of a preposition in the relative clause, **qui** is used if the antecedent is a person, and a form of **lequel** (agreeing with the antecedent in gender and number) is used to refer to a thing. The usual contractions with **de** and **à** are made:

à + lequel = auquel; de + lesquelles = desquelles, etc.

—Une femme **avec qui** je travaille m'a dit que les membres de l'Union civile des employés publics du Canada sont en grève, les facteurs y compris.

—Ah, c'est la raison **pour laquelle** Michel a reçu ma lettre avec une semaine de retard.

• If the relative pronoun is the object of the preposition **de**, the invariable pronoun **dont** can be used instead of **de + qui** or **lequel**, and refers to either persons or things. **Dont** can be translated as "whose," "of whom/which," "from whom/which," or "about whom/which."

—L'argent **dont** on a besoin pour résoudre le conflit n'existe tout simplement pas.
The money they need (of which they have need) to resolve the dispute just does not exist.

NOTE: When **dont** is used to mean "whose," the word order of the relative clause beginning with **dont** must be *subject + verb + object,* regardless of the English word order.

—Un médecin canadien **dont** je connais le fils m'a dit que la grève durerait longtemps.
A Canadian doctor whose son I know told me that the strike would last a long time.

• After expressions of time and place (**le moment, le jour, l'année, le pays, la ville, la maison,** etc.), the relative pronoun **où** is used. With expressions of time, **où** can have the meaning "when."

—La ville **où** habitent le plus grand nombre de grévistes est Montréal.
The city where the largest number of strikers live is Montréal.

—Je ne sais pas le jour **où** la grève a commencé.
I don't know what day (when) the strike began.

NOTE: With expressions of place, a preposition followed by a form of **lequel** can also be used, although the shorter **où** is usually preferred.

—Le bureau **dans lequel (où)** mon ami Michel travaille est à Trois-Rivières.

B. Indefinite or unspecified antecedents

In all of the above cases, the relative pronoun referred to a specific antecedent characterized by gender and number. When the antecedent is not specified or is an idea, the following set of relative pronouns is used:

• Similar to **qui** and **que**, **ce qui** functions as the subject of the relative clause and **ce que** functions as the direct object.

—A propos de Mathieu, **ce qui** m'agace un peu chez lui, c'est son air arrogant. Tu sais **ce que** je veux dire?
What bothers me a bit about Mathieu is his apparent arrogance. You know what I mean?

Ce qui and **ce que** are also used if the antecedent is an entire idea composed of a subject and a verb rather than an individual word or phrase.

—Il prétend qu'il sait tout, **ce qui** est loin d'être le cas. Il se vante sans cesse, **ce que** je déteste.
He claims he knows everything, which is far from the truth. He brags continually, which I hate.

- After prepositions, **quoi** is used when the antecedent is unspecified.

> —D'habitude il nous entretient une heure de ses monologues ennuyeux, après **quoi** il s'en va.
> *Usually he entertains us for an hour with his boring monologues, after which he goes away.*

If the preposition required by the verb in the relative clause is **de, ce dont** is used:

> —Mathieu? Oh, il ne changera jamais.
> —C'est **ce dont** j'ai peur.
> *Matthew? Oh, he'll never change.*
> *That's what I'm afraid of!*

Summary

	Specified antecedent		Unspecified antecedent
	PERSON	THING	PERSON OR THING
SUBJECT	**qui**	**qui**	**ce qui**
DIRECT OBJECT	**que**	**que**	**ce que**
OBJECT OF PREPOSITION	prep. + **qui**	prep. + **lequel,** etc.	prep. + **quoi**
OBJECT OF **DE**	**dont**	**dont**	**ce dont**

Activités

A. Mon amour. Thierry vous parle de Marcelle, la femme de sa vie. Complétez ses phrases en vous servant du pronom relatif qui convient.

1. Marcelle est la fille...

_____ est dans ma classe d'histoire.

_____ je t'ai parlé.

_____ je suis tombé amoureux fou.

2. «Chez Arthur» est le restaurant...

_____ nous avons mangé pour la première fois.

_____ a la meilleure cuisine de la ville.

_____ je vais lui faire ma demande en mariage.

3. Où est le papier...

_____ j'ai écrit son numéro de téléphone?

_____ j'ai mis sur cette table?

_____ j'ai besoin?

4. L'amour me rend fou! Je ne sais pas...

_____ je fais!

_____ j'ai besoin!

_____ m'arrivera!

B. Le fanatique mécontent. Utilisez un pronom relatif pour compléter ce que dit un fanatique de baseball mécontent.

La compétition _____ il s'agit était le championnat du monde de base-ball *(World Series)*. Les Expos, _____ jouaient dans le championnat pour la première fois, devaient battre les Reds. Les Expos, sur _____ j'avais parié *(bet)* une somme d'argent considérable, ont perdu, malheu-reusement, au cours du septième match. Les reporters sportifs ont dit que _____ cette équipe avait besoin était un nouveau lanceur *(pitcher)*. Mais moi, je ne crois pas _____ ils disent. _____ ne va pas, c'est la gestion *(management)* et l'organisation de l'équipe.

C. Laisse-moi expliquer. Jacques arrive deux heures en retard pour son rendez-vous avec Alice. Aidez-le à s'expliquer. Combinez les deux phrases en une seule en utilisant un pronom relatif et en faisant les changements nécessaires.

1. Evidemment, j'ai conduit un peu trop vite. Je regrette d'avoir conduit un peu trop vite.
2. Voici la contravention pour excès de vitesse. Un agent de police m'a donné cette contravention.
3. J'ai dû suivre l'agent au commissariat de police. J'ai attendu longtemps au commissariat de police pour payer ma contravention.
4. De plus, ma montre s'était arrêtée. Je ne le savais pas.
5. Crois-moi... l'histoire est vraie. Je te raconte cette histoire.
6. Ne peux-tu pas me donner ton amour et ta compréhension? J'ai tant besoin de ton amour et de ta compréhension maintenant.

Pourquoi cette personne a-t-elle reçu cette contravention?

AVIS DE CONTRAVENTION	le 06.08.1986 à 10h29	17021044	
CONTRAVENTION AU STATIONNEMENT	Agent 394716 Service : 068		Collez ici la partie du timbre amende à conserver pour justification de votre paiement.
INTERDIT MATÉRIALISÉ **01**	Lieu d'infraction : *les 75 de la rue Chantereine*		
	Commune : *Paris 09* Dépt. 75		
UNILATÉRAL NON OBSERVÉ MATÉRIALISÉ **02**	Motif :		
DOUBLE FILE **50**	*enlèvement demandé*		
ARRÊT AUTOBUS **51**			
STATION DE TAXIS **52**			

					IMMATRICULATION		
					CHIFFRES	LETTRES	DEPARTEMENT
PASSAGE CLOUTÉ **53**	RENAULT **1**	CITROËN **2**	PEUGEOT **3**	TALBOT **4**	746	CXS	75
	FIAT **5**	OPEL **6**	FORD **7**				
SUR TROTTOIR **54**	AUTRES **8** *VW golf*			ÉTRANGER :			
PROLONGÉ DE PLUS D'UNE HEURE **03**	Pour le règlement de cette contravention, suivez les indications portées dans la notice numéro **2**						
DÉFAUT DE DISQUE **04**	Ce volet doit être conservé par le contrevenant pour justifier du paiement						

«Interactions»

A. L'entretien. You are being interviewed for a job that you would very much like to have. During the interview the personnel director brings up the following rather embarrassing facts. You have a very good explanation for each, and so you manage to explain your way out of a difficult situation. Be sure to make yourself sound articulate and sophisticated by using relative pronouns to combine short sentences.

- You only worked six months in your last job.
- You have listed no address on your application.
- You were absent about once a week in your last job.
- Not a single letter of reference has arrived.

B. Cher Monsieur. Today is the deadline for turning in your paper on Existentialism. Unfortunately, you have not quite finished it yet. Write a lengthy explanation and leave it in your teacher's mailbox. Be convincing. You don't want to lose any points. Use a liberal sprinkling of relative clauses in order to impress him with your abilities and seriousness of purpose.

BRAVO!
Culture et littérature

Activités orales

A. Au restaurant. You are in an elegant, expensive restaurant which you have enjoyed before. This time, however, everything goes wrong, and you finally ask to talk to the headwaiter (**maître d'hôtel**). Your complaints include:

- the champagne that you usually love was not chilled (**frappé**);
- the steak that you ordered was cold and overcooked (**trop cuit**);
- instead of peas (**petits pois**), you received a vegetable to which you happen to be allergic;
- the tablecloth (**la nappe**) was dirty;
- you were missing a fork.

The **maître d'hôtel** will apologize and give reasons (the electricity had gone out; the cook was on strike; the waiter was new).

B. Imaginez. Your friend bought your old car and paid for it with a check that has bounced (**être sans provision**). Role play a conversation during which you complain about the bounced check and your friend complains that the car has never started (**démarrer**). Both of you should complain, apologize, and give explanations in a civilized manner, since you want to remain friends.

Activités écrites

A. Je suis désolé(e). You lost your temper (**se mettre en colère**) with your boyfriend/girlfriend last night and had a big fight. It was all your fault, so write a note of apology to try and make up. Give reasons why you were in such a bad mood (**être de mauvaise humeur**), such as: problems at work, bad news you received that day, headache. Be sure to say that you had no intention of hurting him/her and that you would never want to lose him/her.

Listen to Activity Tape, Chapitre 8, and complete the corresponding exercises in the Activity Tape section of your Workbook.

B. Est-ce qu'il serait possible… ? Write a letter to some friends who own a summer house (**une villa**) on the Côte d'Azur. Ask if you can spend the last week in July there with a few friends and possibly your two dogs. You know these people well enough to ask their permission, but they are not close friends of yours.

Exchange letters with your classmates. Respond to the one you receive, giving or refusing permission, and explaining why.

Leçon 1

Les tribulations de la vie quotidienne

aller de mal en pis *to go from bad to worse*
annuler *to cancel*
un cas d'urgence *emergency*
   en cas d'urgence *in case of emergency*
une commission *errand*
débordé(e) de travail *swamped with work*
être navré(e) *to be sorry*
faire exprès *to do on purpose*
une panne *breakdown*
n'en plus pouvoir (je n'en peux plus) *to be at the end of one's rope, to have had it*
au secours! *help!*
en vouloir à quelqu'un *to hold a grudge against someone*

Les problèmes de voiture

démarrer *to get moving (car)*
dépanner *to repair a breakdown*
être en panne d'essence *to be out of gas*
être/tomber en panne *to break down*
les heures de pointe *rush hours*
la station-essence *gas station*
la station-service *service station*

Les pannes à la maison

l'électricien(ne) *electrician*
marcher *to run, work (machine)*
l'outil *m* *tool*
le plombier *plumber*

Les achats en magasin

la blanchisserie *dry cleaners*
le chef de rayon/service *departmental/ service supervisor*
l'entrepôt *m* *warehouse*
faire une réclamation *to make a complaint*
les frais *m* *costs, charges*
le grand magasin *department store*
gratuit(e) *free (no cost)*
le nettoyage à sec/le pressing *dry cleaning*
la quincaillerie *hardware store*
le remboursement *refund*
une tache *stain*
vendu(e) en solde *sold at a reduced price, on sale*

Leçon 2

Divers

amener quelqu'un *to bring someone over (along)*
assister à *to attend*
changer d'avis *to change one's mind*
une conférence *lecture*
un congrès *conference*
consentir à *to consent to*
défendre à quelqu'un de *to forbid someone to*
embêter *to bother, to annoy*
emmener quelqu'un *to take someone (somewhere)*
emprunter à quelqu'un *to borrow from someone*
imprévu(e)/inattendu(e) *unexpected*
prêter à quelqu'un *to lend to someone*
résoudre (*past part.:* **résolu**) (*present:* résous, résous, résout, résolvons, résolvez, résolvent) *to resolve, solve*

Leçon 3

Vous êtes déconcerté(e)

avoir du mal à (+ infinitif) *to have problems (doing something)*
désorienté(e)/déconcerté(e) *confused, muddled*
mal comprendre (*past part.:* **mal compris**) *to misunderstand*
une méprise/une erreur *a misunderstanding*
provoquer *to cause*
le sens *meaning*
la signification/l'importance *f significance, importance*
signifier *to mean*

Vous êtes irrité(e)

avoir du retard *to be late*
C'est la goutte (d'eau) qui fait déborder le vase! *That's the last straw!*
couper *to disconnect (telephone, gas, electricity, cable)*
débrancher *to disconnect/unplug (radio, television)*
faire la queue *to stand in line*
rentrer en retard *to get home late*

Vous êtes lésé(e)

bouleversé(e)/choqué(e) *shocked*
céder à quelqu'un *to give in to someone*
être en grève *to be on strike*
faire la grève *to go on strike*
le/la gréviste *striker*
léser quelqu'un *to wrong someone*
le syndicat *union*

Divers

Aïe! *Ouch! Ow!*
autrement dit *in other words*
le bricolage *tinkering about, odd jobs*
laisser comprendre à quelqu'un que *to hint to someone that*
Où veux-tu en venir? *What are you getting at?*
une perceuse électrique *electric drill*
pincer *to pinch*
se révéler (+ adjectif) *to prove to be (+ adjective)*
le sous-sol *basement*

«Je prendrais bien celui-ci... »

Révisons un peu

The information presented on this page is intended to refresh your memory of various grammatical topics that you have probably encountered before. Review the material and then test your knowledge by completing the accompanying exercises in the workbook.

Avant la première leçon

Les Adjectifs démonstratifs

Demonstrative adjectives are used to point out something or someone. They are the equivalent of *this, that, these,* and *those* in English. They must agree in gender and number with the nouns they modify.

	singulier	pluriel
masculin	ce (cet)	ces
féminin	cette	ces

Dans **cette** leçon-ci, nous étudions l'emploi des adjectifs démonstratifs. Nous avons besoin de **ces** petits mots lorsque nous voulons désigner une personne particulière ou un objet particulier.

NOTE: **Cet** is used before a masculine singular noun or adjective beginning with a vowel or mute **h**.

To distinguish between two elements, add **-ci** (when referring to something close to you) and **-là** (when referring to something far away).

—Que penses-tu de cette leçon-**là?**
—Moi, je préfère cette leçon-**ci.**

Les Adverbes

A. L'Usage. An adverb is used to qualify a verb, an adjective, or another adverb. Many adverbs in French end in **-ment;** the English equivalent is *-ly.*

B. La Formation. Most adverbs are formed by adding **-ment** to the feminine form of the adjective:

adjectif	adverbe
actif/active	activement
doux/douce	doucement
lent/lente	lentement
naturel/naturelle	naturellement
sérieux/sérieuse	sérieusement

BUT: If the masculine adjective ends in a vowel, this form is often used to form the adverb.

absolu	absolument
probable	probablement
rapide	rapidement
vrai	vraiment

• When the masculine adjective ends in **-ant** or **-ent,** the endings are replaced by **-amment** and **-emment** respectively. They are both pronounced [amã]:

constant	constamment
méchant	méchamment
évident	évidemment
patient	patiemment

• A few adverbs end in **-ément:**

précis	précisément
profond	profondément
confus	confusément
énorme	énormément

C. La Fonction

Adverbes de manière: ainsi *(in this way),* bien, mal, cher, vite, ensemble, debout *(standing),* plutôt *(rather),* sans doute *(probably),* vite, volontiers *(willingly)*

Adverbes de quantité et d'intensité: plus, moins, peu, assez, beaucoup, trop, à peu près *(more or less),* tellement *(so),* tant *(so much),* autant *(as much, so much),* aussi *(as),* davantage *(more),* tout à fait *(completely)*

Adverbes de temps: avant, après, avant-hier *(the day before yesterday),* hier, aujourd'hui, demain, après-demain *(the day after tomorrow),* aussitôt *(immediately),* tout de suite *(right away),* bientôt, déjà, alors *(then),* encore *(still),* enfin, ensuite, d'abord *(at first),* longtemps *(long, a long time),* maintenant, autrefois *(formerly),* auparavant *(before),* quelquefois *(sometimes),* soudain, souvent, toujours, tard, tôt

Adverbes de lieu: ici, là, là-bas *(over there),* près, loin, ailleurs *(someplace else),* devant, derrière, dedans *(inside),* dehors *(outside),* dessous *(underneath),* dessus *(on top),* nulle part *(nowhere),* partout *(everywhere),* quelque part *(somewhere)*

Adverbes de restriction: à peine *(scarcely),* peut-être *(possibly),* presque *(almost),* seulement, ne... jamais

Comment dire ce qu'on préfère

«Conversation»

Rappel: Have you reviewed demonstrative adjectives and the formation of adverbs? (text p. 222 and the accompanying exercises in the workbook)

Le marché aux puces° de Lyon se trouve dans la banlieue Est, à Vaux-en-Velin. Deux amies, Sophie et Emilie, toutes les deux étudiantes à l'Université de Lyon, s'y promènent.

SOPHIE: Regarde-moi ça! On trouve de tout au marché aux puces. Il y a des vêtements, des chaussures,° des bijoux,° tout pour la maison. Il y a même des sièges de voitures là-bas. Tiens! Regarde cette dame, en face. On dirait une tsigane.°

LA DAME: Mesdemoiselles?

EMILIE: C'est combien la boule de cristal?

LA DAME: Celle-ci? C'est un véritable cristal de voyante.° Elle a appartenu à une amie de ma tante. Vous n'avez même pas besoin d'avoir un don° de voyance pour vous en servir. Ce guide vous donne la signification de tout ce que vous y verrez.

SOPHIE: Et combien la vendez-vous?

LA DAME: Pour vous, 400F seulement.

EMILIE: J'aime bien ce genre de gadget, mais c'est un peu trop cher.

LA DAME: Vous préféreriez peut-être un jeu de tarot. C'est amusant et surprenant. Vous aurez la joie de prédire° l'avenir à peu de frais. Ce modèle-ci fait 50F.

SOPHIE: Allez, viens! Il vaut mieux partir. J'aimerais que tu viennes voir les tissus° avec moi.

EMILIE: Tu as raison mais je vais d'abord acheter ce jeu de tarot.
Elles poursuivent leur parcours.°

EMILIE: *(avec enthousiasme)* Il y a vraiment de tout! Des cuisinières, des poêles,° des cocottes-minute,° des plats° à micro-ondes!

SOPHIE: S'il te plaît, Emilie. Tu ne vas pas acheter des ustensiles de cuisine, ni un appareil-ménager° ici, non?

EMILIE: Non, mais je vais acheter ce beau plat en porcelaine bleue.
Un peu plus loin, elles aperçoivent une Antillaise qui habille un mannequin d'une robe en coton aux couleurs vives.°

LA DAME: Une robe pour la plage ou pour aller danser, Mesdemoiselles?

SOPHIE: Oh, regarde! Elle est chouette° celle-ci, tu ne trouves pas? Elle me fait penser à la mer, au soleil, et aux vacances dans les îles...

LA DAME: Je la vends toute faite ou à faire. Le tissu vaut 40F le mètre. Vous aurez la plus jolie robe du monde.

EMILIE: Sophie, ce n'est pas raisonnable.

SOPHIE: Ne me parle pas de ce qui est raisonnable, toi qui as acheté un jeu de tarot et un plat en porcelaine, et qui voulais acheter une boule de cristal!

EMILIE: Tu sais, il vaut mieux que nous partions avant d'acheter des choses vraiment trop bizarres!

A suivre.

1. Trouvez des phrases qui expriment les préférences.
2. Qu'est-ce qui intéresse Sophie? et Emilie?
3. Imaginez la personnalité d'Emilie d'après ce qui l'intéresse. A quoi, d'après vous, aime-t-elle consacrer ses moments de loisir?
4. Qu'achèteriez-vous dans un marché aux puces?
5. Etes-vous jamais allé(e) à un marché aux puces? Où? Parlez de votre visite.

Liens culturels

La mode

Des noms comme Chanel, Dior, Nina Ricci évoquent le prestige de la haute couture et des parfums délicats. Plus abordables *(affordable)* sont les collections de prêt-à-porter *(ready-to-wear)* et la confection industrielle *(clothing business)*, produite en masse et meilleur marché, que l'on trouve dans les boutiques, les grands magasins et les grandes surfaces *(hypermarkets)*.

La mode se démocratise et les frontières de son marché s'étendent de plus en plus. Cela signifie qu'une mode typiquement française, réservée à une classe sociale aisée *(well-off)*, n'existe plus à proprement parler. Presque toutes les couches *(levels)* de la société s'intéressent à la mode et essaient de la suivre.

Pour être appelées «haute couture»—une appellation contrôlée—les maisons de confection doivent: avoir leurs propres ateliers de production, employer au moins vingt personnes, présenter à la presse chaque année une collection de printemps-été et une collection d'automne-hiver d'au moins 75 modèles, et présenter à la clientèle ses collections sur trois mannequins vivants plusieurs fois par an.

Un des plus grands problèmes que les couturiers et créateurs de mode rencontrent est la contrefaçon *(counterfeiting)* de leur marque. Ce problème constitue une menace pour l'économie française et elle force les maisons de haute couture à payer de gros frais pour la surveillance de leur marque. De plus, la qualité médiocre de ces imitations peut ternir *(tarnish)* la réputation du créateur.

Selon vous, la mode est-elle un art ou une entreprise commerciale? Pensez-vous que la mode influence trop la vie de certaines personnes? Expliquez. Associez-vous certains traits de personnalité aux vêtements que portent les gens?

«Expressions typiques pour... »

Exprimer ses goûts et ses préférences

Moi, j'adore... parce que...

Je préfère les vêtements neufs (aux vêtements d'occasion) parce que...

Je préfère ce pantalon-ci à celui-là parce que...

Je préfère celui-ci parce que...

J'aime mieux le manteau marron (que le manteau vert) parce que...

J'aime bien les tennis (mais je préfère les chaussures de bateau) parce que...

Ce que je préfère, c'est...

Je n'aime ni les tennis ni les sandales, mais (à tout prendre), ce sont les tennis que je préfère.

Je n'aime pas du tout...

Je n'aime pas tellement...

J'ai horreur de...

Ça dépend de... parce que...

Parfois...

Ni oui ni non.

«Mots et expressions utiles»

Les meubles

l'armoire *f* *wardrobe*
le coussin *cushion, pillow*
l'étagère *f* *rack; shelf*
le fauteuil *easy chair*

le placard *cupboard*
le tapis *carpet*
le tiroir *drawer*

La vaisselle *(dishes)* et les appareils-ménagers *(household appliances)*

la casserole *(sauce)pan*
la cocotte-minute *pressure cooker*
la cuisinière *stove*
le four à micro-ondes *microwave oven*
la machine à laver (le linge) *washing machine*
le plat *dish (container); dish (part of meal), course*
la poêle *frying pan*
le sèche-linge *clothes dryer*

Les vêtements/la mode

les bas *m* *stockings*
les bijoux *m* *jewelry*
le blouson (en cuir) *(leather) jacket*
les chaussettes *f* *socks*
les chaussures *f* à hauts talons/à talons plats *high heeled/low heeled shoes*
la chemise *man's shirt*
le chemisier *woman's long-sleeved shirt; blouse*
le collant *pantyhose*
le costume *man's (three-piece) suit*
l'imperméable *m* *raincoat*
le maillot de bain *swimsuit*
le parapluie *umbrella*
le pardessus *overcoat*
les sous-vêtements *m* *underwear*
le tailleur *woman's tailored suit*
le tissu *fabric*
la veste *jacket*

changer de vêtements *to change clothes*
enlever (un vêtement) *to take (a piece of clothing) off*
être mal/bien habillé(e) *to be poorly/well dressed*
s'habiller/se déshabiller *to get dressed/to get undressed*
mettre un vêtement *to put (a piece of clothing) on*

Les vêtements sont: chics, élégants, en bon/mauvais état, sales, déchirés *(torn)*, râpés *(threadbare, worn)*, lavables *(washable)*, ajustés *(well-fitting)*, lâches *(loosely-fitting)*

Divers

chouette *(familier)* *great, nice, cute*
un don *talent, gift*
le marché aux puces *flea market*
poursuivre leur parcours *to continue their route*

prédire *to predict*
un(e) tsigane *gypsy*
vif(-ve) *bright*
un(e) voyant(e) *clairvoyant*

Activités

A. Sur le vocabulaire. Vous travaillez comme interprète pour un grand magasin à New York. Vous devez connaître le magasin par coeur pour pouvoir guider les touristes vers les rayons qu'ils recherchent. Etudiez la liste qu'on vous a donnée (ci-dessous). Avec un(e) camarade de classe, jouez les rôles d'un touriste français et de l'interprète. (N'oubliez pas qu'en France le rez-de-chaussée est le «first floor» américain.)

> *modèle:* —*Excusez-moi, Monsieur/Mademoiselle/Madame, mais où se trouvent les tissus?*
> —*C'est au troisième étage, Monsieur.*

DEPARTMENT	FLOOR	DEPARTMENT	FLOOR
Blouses-women's	2	Shirts-men's	3
Fabric	4	Shoes	2
Jewelry	1	Suits-men's	3
Stockings	1	Suits-women's	2
Pots and Pans	3	Swimwear	2
Furniture	5	Umbrellas	1

B. Préférences. En utilisant les «Expressions typiques pour... », donnez vos préférences sur les sujets proposés.

> *modèle:* villes: *En ce qui me concerne, j'aime mieux les grandes villes parce qu'il y a beaucoup de choses à y faire.*

la profession	le climat
la nourriture	la boisson
le sport	le pays
le petit déjeuner	les vêtements
les chaussures	les disques
le film	les restaurants

Décrivez cette cuisine.

C. Questions indiscrètes. Posez les questions suivantes à un(e) camarade de classe. Puis, donnez un résumé de ses réponses à la classe.

1. Que préfères-tu porter en classe? au cinéma? à une soirée? au lit?
2. Décris ta cuisine *(kitchen)*. Quels appareils-ménagers possèdes-tu? Lesquels voudrais-tu avoir?
3. Parle d'un film récent qui t'a plu. Explique pourquoi.
4. Parle de la cuisine *(type of cooking)* que tu préfères. Explique pourquoi.

«Grammaire»

Les Pronoms démonstratifs

A. Les Pronoms définis

The definite demonstrative pronoun agrees in number and gender with the noun which it replaces. It must always be used with **-ci** or **-là,** a preposition, or a relative pronoun. It is used to point out or designate something or someone.

	singulier	**pluriel**
masculin	celui...	ceux...
féminin	celle...	celles...

• Followed by **-ci** *(this one, these)* and **-là** *(that one, those)*:

> J'aime bien cette casserole-ci, mais le marchand me recommande **celle-là.**
> *I like this pan better but the salesperson recommends that one.*

When you are buying something and there is a big choice, you can say:

> Donnez-m'en deux (trois, etc.) de **ceux-là (celles-là),** s'il vous plaît.

The expressions **celui-là** and **celle-là** have a pejorative meaning when used to talk about a person who is not present. For example:

> —Tu connais le grand blond qui est avec Caroline?
> —Oh, **celui-là.** Ne m'en parle pas!

• With a preposition (usually **de**):

> Tiens, tu peux prendre mon pardessus, et **celui de** Georges aussi, s'il te plaît?
> *Say, can you take my overcoat and George's too, please?*

NOTE: With **de**, the demonstrative pronoun indicates the owner or possessor.

• In order to precisely indicate an object, the following words can be added:

celui	de gauche
celle	de droite
ceux	d'en bas
celles	d'en haut
	du milieu

• Followed by relative pronoun + clause:

> De tous les pardessus je préfère **ceux qui tiennent chaud.**
> *Of all the overcoats, I prefer those that keep you warm.*

> **Celui que** je préfère est en laine. Il est chaud.
> *The one I prefer is wool. It is warm.*

> C'est pour **ceux** qui aiment avoir chaud.
> *It's for those who like to be warm.*

B. Les Pronoms indéfinis

The indefinite demonstrative pronouns **ceci** *(this)* and **cela** *(ça)* *(that)* do not refer to a specific noun but to a concept or idea. **Ceci** is rarely used except to announce an idea to follow. **Ça** is considered informal; **cela** is used in written language.

> Dis-moi si tu comprends **ceci:** la laine est le tissu le plus recommandé pour se protéger du froid et de la pluie.

> **Cela** est facile à comprendre.

Activités

A. Trouvailles *(Lucky finds)*. Vous revenez du marché aux puces où vous avez acheté beaucoup de choses. Maintenant vous montrez vos trouvailles à votre soeur. Complétez les blancs par un pronom démonstratif.

1. —2,80 mètres de tissu exotique. C'est _____ que Sophie voulait pour se faire une robe.
2. —Trois Rolex, des imitations. Ce sont _____ de Martin.
3. —Deux paires ƒ de bottes *(boots)*. _____-ci est pour Julien; _____-là est pour Jessica.
4. —Ces pulls en acrylique sont exactement _____ dont ma mère avait besoin.
5. —Malheureusement, leurs manteaux n'étaient pas super et _____ que j'ai choisi est un peu râpé aux manches.
6. —Ces lunettes à bordure rouge sont _____ de Laurence.
7. —Ce walkman japonais est _____ que Bénédicte s'est acheté?
8. —Il y avait un choix énorme d'outils de bricolage. J'espère que _____ que j'ai choisi pour papa sera utile.

Préférez-vous les vêtements prêt-à-porter ou sur mesure? Pourquoi?

B. Une boutique chic. Imaginez que vous allez dans une boutique à Paris avec une amie de votre mère. Elle est riche et snob. Traduisez ce qu'elle dit. Ensuite, donnez votre réaction.

> I'm looking for a red dress. I like that one over there, but I prefer that it have long sleeves **(une manche)**.
>
> Oh, this wool pullover is much prettier than that one.
>
> What is that? Is that a skirt? It looks like a bag **(un sac)**! The ones that I prefer have a cut **(une coupe)** that suits me better than this! This one is for those who are taller.
>
> What is that woman doing over there? That one. Why is she staring at me **(dévisager comme cela)**? Let's leave!

Les Adverbes

You have already reviewed the formation of many adverbs in **Révisons un peu.** The irregular formation and placement of adverbs will now be discussed.

A. La Formation des adverbes irréguliers

• Some adverbs are formed in an irregular way.

adjectif	adverbe
bon/bonne *good*	bien *well*
bref/brève *brief*	brièvement *briefly*
gentil/gentille *nice*	gentiment *nicely*
mauvais(e) *bad, wrong*	mal *badly*
meilleur(e) *better*	mieux *better*
petit(e) *small*	peu *little*

> —Ce tissu en pure laine ferait un **bon** manteau, hein?

> —Ah, ça oui! La pure laine est **meilleure** que le synthétique pour le froid. Et ce tissu te va bien aussi.

• In certain expressions, an adjective may be used as an adverb. There is, therefore, no change in form.

> chanter faux *to sing off key*
> courir vite *to run quickly*
> coûter cher *to cost a lot*
> sentir bon/mauvais *to smell good/bad*
> travailler dur *to work hard*
> voir clair *to see clearly*

> —Ces croissants **sentent bon.**

> —Oui, mais ils **coûtent cher.**

• An adverb that is a direct equivalent to those we often use in English may not exist in French. For example:

> en colère *angrily*
> de façon permanente *permanently*
> avec confiance *hopefully*
> avec plaisir *gladly*

B. La Position des adverbes

• In general, adverbs follow the verb they modify in the simple tenses in French. In English they often precede the verb. This is *never* the case in French.

> Il fait **rapidement** un tour au marché aux puces.
> *He quickly takes a walk around the flea market.*

• In French, adverbs can begin a sentence. The most common are adverbs of place, time, manner, and **heureusement** and **malheureusement.**

> **D'abord** elle achète une paire de chaussures d'occasion.
> *First she buys a pair of second-hand shoes.*

• When a compound tense is used, the most common adverbs are usually placed between the auxiliary and the past participle.

> Elle s'est presque acheté un dentier d'occasion!
> *She almost bought second-hand dentures!*

> Aurait-elle **vraiment** fait cela?
> *Would she really have done that?*

NOTE: Adverbs may be placed after the past participle for emphasis:

> Ces jouets-là lui ont plu **énormément.** Elle a failli en acheter pour ses petits neveux.
> *Those toys pleased her enormously. She almost bought some for her little nephews.*

• When a verb is followed by an infinitive, common adverbs are placed between the two verbs.

> Elle va **sûrement** retourner au marché le week-end prochain.
> *She is surely going to go back to the market next weekend.*

• As in English, French adverbs precede the adjectives and adverbs that they modify.

> Elle a **très bien** fait de partir au bout d'une heure.
> *She did very well to leave after one hour.*

Activités

A. La vie universitaire. Un employé de l'université vous pose des questions pour apprendre si vous vous adaptez bien à la vie universitaire. Répondez à ses questions en employant un des adverbes de votre choix ou le dérivé d'un des adjectifs proposés ci-dessous.

régulier / vrai / précis / sûr / absolu / constant / naturel / franc / bref / gentil / énorme / complet / rare / heureux / malheureux / fréquent / petit / patient / bon

1. Etudiez-vous?
2. Dormez-vous sept heures par jour?
3. Mangez-vous trois fois par jour?

4. Sortez-vous?
5. Aimez-vous votre cours de français?
6. Vos professeurs sont-ils bons?
7. Etes-vous content(e) de l'université?
8. Allez-vous revenir l'année prochaine?

B. Une lettre. Laurent écrit une lettre à un ami. Vous trouvez que ce qu'il a écrit n'est pas très intéressant. Embellissez la lettre en ajoutant les adverbes suivants.

demain / hier / méchamment / énormément / gentiment / très / vraiment / trop / malheureusement / heureusement / presque / soudain / doucement / dehors / ailleurs / complètement / en même temps

---

Lyon, le 5 juin 1989

Cher Justin,
Tu ne vas pas croire ce qui m'est arrivé _____. J'étais dans le parking du grand magasin Carrefour et un chien a couru vers moi. Il aboyait *(was barking)* _____. Il était _____ costaud et avait l'air _____ féroce. _____ j'avais peur et je ne savais pas _____ quoi faire. J'étais _____ sûr que si je courais, il allait courir après moi. _____, j'ai eu une idée. Je lui ai parlé _____ et _____ je suis monté sur ma voiture! Les clients qui étaient dans le parking me regardaient comme si j'étais _____ fou! A l'avenir, je ferai mes courses _____.
Quel embarras!
En attendant de tes nouvelles, à bientôt.

Laurent

C. La réponse. Justin, un Américain, répond à son ami Laurent. Traduisez cette lettre en français pour lui.

Columbus, June 17, 1989

Dear Laurent,
I can just see you standing on your car! You can do better than that! They say that with dogs you must sing slowly—even if you sing off key (I know you sing well!)—and walk slowly. Frankly, you did precisely the wrong thing **(le contraire de ce qu'il fallait faire).** One should absolutely not show fear **(la peur)** to dogs. They are extremely sensitive **(sensible)** to fear. The next time, I hope that you will react **(réagir)** more intelligently **(d'une façon plus intelligente).**
Hope to hear from you soon.

Justin

Interactions

A. Les possibilités. You are looking through a catalog with a friend. You want to buy a stereo or compact disc player. Explain to your friend which one you prefer and why. See if he/she chooses the same one. Share your choices with the class.

⟨Ⓜ⟩ PIONEER ®

A La chaîne midi AMSTRAD. Platine disque semi-automatique, transmission par courroie, contrôle électronique de vitesses, cellule céramique. **Ampli** 2 x 5 W musicaux (2 x 2,5 W nominaux), réglage de balance et contrôle de tonalité, témoin lumineux de puissance, distorsion 1% à pleine puissance, bande passante 20 à 20000Hz. **Platine double cassette** permettant la copie rapide, et la lecture automatique d'une cassette sur l'autre. Pleurage et scintillement 0,2%. Prises jack 6,35 mm en façade pour micros extérieurs et casque. **Tuner stéréo PO-GO-FM** à témoin de réception stéréo FM. **Enceintes acoustiques** 1 voie : (larg. 26, haut. 39, prof 14 cm). **Meuble** sur roulettes, avec porte vitrée et capot anti-poussières. (larg. 39,7, haut 79, prof 37 cm).
GARANTIE 1 AN. S.A.V. ASSURÉ.
741.0675. **1790,00 F**
La chaîne Amstrad sans meuble, avec petites enceintes (larg. 18 x haut. 26 x prof. 14 cm). Dim. chaîne (larg. 36, haut 32, prof. 33 cm).
741.0667. **1590,00 F**

B La chaîne stéréo DAEWOO. Platine disque avec cellule magnétique et transmission par courroie. **Ampli** 2 x 12,5 W nominaux avec égaliseur 5 bandes, curseurs pour réglage mixage micro, balance, volume et sélecteur de fonctions (radio/cassette/phono/aux/CD). **Double cassette** offrant copie grande vitesse, lecture continue et système Dolby (réduction du souffle). Prises casque et micro (jack 6,35 mm). **Tuner stéréo PO.GO.FM. Enceintes acoustiques** 2 voies (larg. 18, haut. 26,7, prof. 18 cm). Entrées pour CD et appareil auxiliaire. Dim. chaîne : larg. 34, haut. 30,8, prof. 35,1 cm.
GARANTIE 1 AN. S.A.V. ASSURÉ.
741.1833. **2290,00 F**

C La chaîne stéréo PHILIPS (F1465). Platine disque semi-automatique, transmission par courroie. **Ampli** 2 x 10 W nominaux avec égaliseur 5 bandes, réglages balance volume et 4 touches de sélection (cassette/CD/aux/radio). **Double cassette** permettant copie grande vitesse et lecture continue. Ouverture amortie des trappes. **Tuner digital PO.GO.FM.** mémorisant 18 stations (6 par gammes d'ondes). **Enceintes acoustiques** 2 voies. Prises micro et casque (jack 6,35 mm) 1 entrée pour CD. Larg. 36, haut. 33,5, prof. 33 cm.
GARANTIE 1 AN. S.A.V. ASSURÉ.
741.1892. **2890,00 F**

D La chaîne stéréo TECHNIK AUDIO haute puissance télécommandée. Platine disque à transmission par courroie, avec stroboscope pour réglage électronique de la vitesse. **Ampli** 2 x 50 W nominaux, doté d'un filtre haute fréquence, d'une touche Loudness (accentuation des basses et des aigus) et de 4 touches fonctions (radio/cassette/phono/aux). Égaliseur 5 bandes. **Double cassette** offrant copie grande vitesse, lecture continue et réducteur de souffle. **Tuner digital PO.GO.FM.** avec recherche automatique des stations et mémorisation de 18 stations (6 par gamme). **Enceintes acous-**

tiques 3 voies (larg. 27, haut. 43,5, prof. 19,2 cm). 2 prises micro + 1 prise casque (jack 6,35 mm). 1 sortie pour 2 HP supplémentaires, 1 entrée pour CD ou autre appareil auxiliaire. Livrée avec télécommande de 28 fonctions. **Meuble** monté sur roulettes avec partie range-disques et 1 étagère pour placer un autre élément. Dim. chaîne : larg. 47,4, haut. 97, prof. 42 cm. En option, la platine compact-disc vendue ci-dessous.
GARANTIE 1 AN. S.A.V. ASSURÉ.
741.1817. 🖵 **3990,00 F**

E La platine compact disc UHER en option. Lecture programmable de 20 plages (jusqu'à 74 mn), avec répétition de la plage en cours, possibilité d'affichage de la plage ou du temps (en minutes et secondes), recherche rapide avant/arrière. Grande fiabilité et précision grâce au laser 3 faisceaux. Chargement frontal, prise casque avec ajustement de niveau. Bande passante 20 à 20000 Hz, distorsion harmonique — 0,004%, rapport signal/bruit 95 dB. Sortie casque 16 mW/8 Ohms, raccordement sur ampli par 2 fiches RCA. Consommation 12 W/h. Larg. 41,6 x prof. 29 x haut. 7 cm.
GARANTIE 1 AN. S.A.V. ASSURÉ.
741.4395. **1690,00 F**

F La chaîne stéréo PIONEER (6600) 2 x 40 W (normes hi-fi). Il suffit de lui adjoindre un magnétoscope pour qu'elle devienne une véritable chaîne audio-visuelle (1 entrée prévue à cet effet). **Platine disque** semi-automatique, transmission par courroie. **Ampli** 5 touches fonctions (phono/cassette/radio/aux/vidéo) et égaliseur 5 bandes. **Double cassette** avec copie grande vitesse, lecture continue et système Dolby (réducteur de souffle). **Tuner digital** PO.GO.FM. mémorisant 24 stations. **Enceintes acoustiques** 2 voies (larg. 21,5 haut. 34, prof. 20 cm). 1 prise micro (avec possibilité mixage), 1 prise casque. Larg. 36, haut. 34,2 prof. 38,4 cm. GARANTIE 1 AN. S.A.V. ASSURÉ.
741.1841. 🖵 **4490,00 F**

G La chaîne stéréo PIONEER (7000) 2 x 60 W (normes hi-fi) télécommandée. Mêmes caractéristiques que précédente avec en plus système auto-reverse pour le double cassette et télécommande 12 touches livrée. Larg. 36, haut. 34,2, prof. 38,4 cm.
GARANTIE 1 AN. S.A.V. ASSURÉ.
741.1876. 🖵 **5490,00 F**

H La platine compact-disc PIONEER (PDX88) en option. Compatible avec les 2 chaînes hi-fi vendues ci-dessus. Lecture programmable fixe ou aléatoire de 24 plages avec répétition de la plage en cours et recherche manuelle des plages. Affichage digital du temps restant, du nombre total de plages, du temps total et du temps écoulé. Peut fonctionner avec la télécommande de la chaîne vendue ci-dessus (G). Larg. 36, haut. 7,5, prof. 31,5 cm.
GARANTIE 1 AN. S.A.V. ASSURÉ.
741.1884. 🖵 **1990,00 F**

BRAVO!
Culture et littérature

B. Débat. In French, there is a proverb that says: «L'habit ne fait pas le moine *(monk).*» Can one judge the personality of a person by his/her clothes? Take sides in pairs or as a whole class and debate the issue.

Comment comparer

«Conversation»
(suite)

Sophie, qui est en deuxième année de sciences économiques, pense acheter un ordinateur. Elle retrouve Emilie à la cafétéria de l'Université pour en parler.

EMILIE: Tu sais que j'ai acheté un ordinateur, n'est-ce pas?

SOPHIE: Oui, tu me l'as dit. Je pense en acheter un aussi, mais ils sont tellement chers.

EMILIE: Oui, c'est vrai. Ça fait beaucoup d'argent! Est-ce que tu as regardé les portables? Ils sont meilleur marché et peut-être plus commodes.

SOPHIE: Oui... mais on dit qu'ils ont beaucoup moins de mémoire.

EMILIE: Ils en ont moins que les ordinateurs à disque dur°! Mais on peut se servir des mêmes logiciels.°

SOPHIE: A propos, de quels logiciels est-ce que tu te sers?

EMILIE: J'ai un programme de gestion° pour tenir nos comptes,° mais je me sers surtout d'un logiciel de traitement de texte.° Je fais tout avec. Je tape° mes notes de cours au propre, je fais mes devoirs, j'écris mon courrier.° C'est formidable! Je ne pourrais plus m'en passer, je crois!

SOPHIE: Et tu as une imprimante°?

EMILIE: Oui, une imprimante en qualité courrier.° Je pense écrire mon mémoire de maîtrise° sur l'ordinateur. Les imprimantes matricielles° sont moins chères et plus rapides. Ça te suffirait peut-être.

SOPHIE: Je crois que oui. J'y avais pensé. Est-ce tu as essayé d'imprimer une page de renseignements donnée sur le minitel? J'ai entendu dire que c'est facile à faire.

EMILIE: Il faut acheter une interface,° ce que je n'ai pas encore fait. L'année prochaine...

SOPHIE: Il faut encore choisir un écran°...

EMILIE: Oui, qu'est-ce que tu préfères, la couleur ou le monochrome?

SOPHIE: Il y a tant de choix à faire! Peut-être qu'il vaut mieux que je garde mes stylos à bille° ou que j'achète des plumes d'oie°! Ils sont plus faciles à utiliser et beaucoup moins chers!

A suivre.

Observation et
Analyse

1. Trouvez les expressions utilisées pour parler de similitude, de différence et d'égalité.
2. Comparez les ordinateurs portables et non-portables, les imprimantes et le logiciel.
3. Selon vous, Sophie va-t-elle acheter un ordinateur? une plume d'oie?
4. Avez-vous un ordinateur? Si oui, en êtes-vous content(e)? Sinon, en voulez-vous un?

Comparer

Similitude/égalité

Il n'y a aucune différence entre ces deux articles.

Ils sont | pareils.°
| semblables.°
| identiques.

Ils sont (plus ou moins) comparables.

C'est le même (logiciel).

Ils sont différents l'un de l'autre.

Ils se ressemblent comme deux gouttes° d'eau.

Cet ordinateur ressemble à l'autre.

Ils ont beaucoup de choses en commun.

Il n'y a pas beaucoup | de différences.
Il y a peu

C'est un peu plus rapide avec celui-ci.

Il a autant de mémoire que l'autre.

Il est aussi rapide que l'autre.

Ça me fait penser à l'autre.

Différence/infériorité/supériorité

Il est plus/moins rapide que l'autre.

Elle est de plus en plus/de moins en moins rapide.

Cet ordinateur n'est pas aussi rapide que l'autre.

Il est bien plus rapide que l'autre ordinateur.

Il a moins de/plus de mémoire que l'autre ordinateur.

Ils ont très peu de choses en commun.

Il y a beaucoup de différences.

Ils n'ont rien en commun.

C'est mieux/pire.

Les ordinateurs

le clavier *keyboard*

les commandes *f* *commands*

compatible *compatible*

le disque dur *hard (disk) drive*

le disque souple *floppy disk*

les disquettes *f* simple face/double face *single-sided/double-sided diskettes*

l'écran *m* *screen*

être dans l'informatique *to be in computers*

exécuter/effectuer des commandes *to execute commands*

formater *to format*

les graphiques *m* *graphics*

l'imprimante *f* matricielle/en qualité (proche) courrier *dot matrix/(near) letter quality printer*

l'informatique *f* *computer science; data processing*

l'interface *f* *interface*

le logiciel *software*
la mémoire *memory*
portable/non-portable *portable/desktop*
le programme *program*
programmer des menus *to program (create menus)*
puissant(e) *powerful*
(re)taper *to (re)type*
la touche *key*
le traitement de texte *word processing*

Divers

le courrier *mail*
la gestion *management, administration*
la goutte *drop*
un mémoire de maîtrise *Master's thesis*
pareil(le) *similar, alike*
la plume d'oie *quill (pen)*
semblable *similar*
le stylo à bille *ballpoint pen*
tenir ses comptes *to keep one's accounts*

Activités

A. Une compagnie d'informatique. Vous travaillez pour une compagnie américaine d'informatique qui souhaite vendre ses ordinateurs au Québec. Traduisez cette publicité.

We are presenting IZT's new portable computer with hard drive. It is compatible with any (**n'importe quel**) computer. It can use all software developed for IBT. The keyboard is sensitive (**sensible**), the screen is easy to adjust (**régler**). It is perfect for wordprocessing while you are travelling. It can read almost all printers' software. Isn't it time you bought the IZT portable computer?

B. Comparaisons. En petits groupes, comparez les sujets présentés ci-dessous.

modèle: les livres: *Les livres de poésie sont plus difficiles à lire que les livres de science-fiction.*
OU: *Les livres de James Joyce sont plus difficiles à lire que les livres de Robert Ludlum.*

les chaînes stéréo
les villes touristiques
les boissons
les voitures
les glaces
les vêtements
les films
les universités
les poésies
les ordinateurs

«Grammaire»   **Le Comparatif et le superlatif des adjectifs**

A. When comparing two things or people, **plus**, **moins**, or **aussi** is placed before the adjective and **que** after it.

> Cet ordinateur-ci est **plus** rapide **que** celui-là.
> *This computer is faster than that one.*

> Cet ordinateur-ci est **moins** cher **que** celui-là.
> *This computer is less expensive than that one.*

> Cet ordinateur-ci est **aussi** puissant que celui-là!
> *This computer is as powerful as that one!*

B. The superlative is used to compare three or more things or people. It is formed by placing **le**, **la**, or **les** and **plus** or **moins** before the adjective. The adjective is placed in its normal position—before or after the noun depending on the adjective. **De** is used after the adjective indicating the location or place. Do not use **dans** in this instance.

> C'est l'ordinateur **le plus** cher **de** ce magasin d'informatique.
> *That is the most expensive computer in this computer store.*

> C'est **le plus** petit écran **du** magasin.
> *That is the smallest screen in the store.*

With the adjectives that normally precede, it is also correct to put them after the noun:

> C'est l'écran **le plus grand**.
> *That is the biggest screen.*

NOTE: The following construction can always be used:

> Cet ordinateur est **le plus cher** de tous les ordinateurs qu'on vend dans ce magasin d'informatique.
> *That computer is the most expensive of all the computers that they sell in this computer store.*

De is used after the adjective. This is the equivalent of "in" or "of" in English.

C. The adjectives **bon** and **mauvais** are irregular in some forms.

	Comparatif	Superlatif
bon(ne)	meilleur(e)	le meilleur
		la meilleure
		les meilleur(e)s
	moins bon(ne)	le moins bon
		la moins bonne
		les moins bon(ne)s
	aussi bon(ne)	
mauvais(e)	plus mauvais(e), pire	le plus mauvais, le pire
		la plus mauvaise, la pire
		les plus mauvais(e)s, les pires
	moins mauvais(e)	le moins mauvais
		la moins mauvaise
		les moins mauvais(e)s
	aussi mauvais(e)	

NOTE: **Pire** is often used to express abstract judgments, whereas **plus mauvais** expresses concrete judgment:

Le mien—c'est **le meilleur** ordinateur du monde!
Mine is the best computer in the world!

Mais tu as **le plus mauvais** logiciel!
But you have the worst software!

Ça, c'est **la pire situation** possible!
That's the worst possible situation!

Le Comparatif et le superlatif des adverbes

A. The same constructions (**plus que, moins que, aussi que**) are used to compare adverbs.

Cet ordinateur marche **plus** vite **que** l'autre.
That computer runs faster than the other.

Cet ordinateur marche **moins** vite **que** l'autre.
That computer runs less quickly than the other.

Cet ordinateur marche **aussi** vite **que** l'autre.
That computer runs as fast as the other one.

B. When forming the superlative of adverbs, the articles do not change to agree in number and gender because adverbs are invariable.

Ce sont les ordinateurs qui marchent **le plus** vite.

C. The adverbs **bien** and **mal** are irregular.

	Comparatif	**Superlatif/**
bien	mieux	le mieux
	moins bien	le moins bien
	aussi bien	
mal	plus mal,	le plus mal,
	pis *(rarely used)*	le pis *(rarely used)*
	moins mal	le moins mal
	aussi mal	

Cet ordinateur-ci marche **le mieux.**
This computer works the best.

Celui-là marche **le moins bien.** Il est vieux.
That one works the worst. It is old.

Le Comparatif et le superlatif des noms

A. When comparing amounts or quantities of nouns, the expressions **plus de, moins de,** and **autant de** are used.

Cet ordinateur a **plus de** mémoire **que** l'autre.
That computer has more memory than the other.

Cet écran a **moins de** résolution **que** l'autre.
This screen has less resolution than the other.

Cet ordinateur-ci a **autant de** mémoire **que** l'autre.
This computer has as much memory as the other.

B. To form the superlative of nouns, the expressions **le plus de** and **le moins de** are used.

> Mais cet ordinateur-là a **le plus de** mémoire.
> *But that computer has the most memory.*

Activités

A. La vie au lycée et à l'université. Vous écrivez une composition qui a pour sujet la comparaison entre la vie au lycée et la vie à l'université. Choisissez l'expression appropriée en complétant les phrases suivantes avec le comparatif des adjectifs.

1. Les lycéens / être / plus (moins, aussi) / libre / que... parce que...
2. Les cours au lycée / être / moins (plus, aussi) / difficile / que... parce que...
3. Les repas au lycée / être / aussi (plus, moins) / bon / que... parce que...
4. La responsabilité des étudiants universitaires / être / moins (plus, aussi) / grand / que... parce que...
5. La vie sociale à l'université / être / plus (moins, aussi) / intéressant / que... parce que...
6. Les étudiants universitaires / être / aussi (plus, moins) / sage / que... parce que...
7. Les professeurs au lycée / être / plus (moins, aussi) / strict / que... parce que...

B. Super! Pour Lucien tout est super—surtout quand il parle de tous ses gadgets. Complétez les phrases pour lui avec le superlatif.

1. je / avoir / meilleur / ordinateur / de / monde.
2. il / marcher / mieux / tous / autres / ordinateurs.
3. il / avoir / plus / mémoire / tous / autres / ordinateurs.
4. écran / avoir / meilleur / résolution.
5. imprimante / marcher / vite / toutes / autres / imprimantes.
6. programme que j'ai écrit / avoir / graphiques / intéressants.
7. ordinateur / être / moins / cher / de tous / ordinateur-portables.
8. de tous les nouveaux magnétoscopes, / magnétoscope / enregistrer *(to record)* / beau / image *f.*
9. télévision / avoir / meilleur / couleurs possibles.
10. platine laser *(compact disc player)* / avoir / qualité de son / subtile / de toutes / platines laser / magasin.
11. répondeur téléphonique *(phone machine)* / marcher / avec / moins / difficulté / les vôtres.

   Connaissez-vous quelqu'un comme Lucien?

C. Trouvez quelqu'un qui... Pendant cinq minutes, posez ces questions en français à vos camarades pour savoir qui dans la classe...

1. has more money on him/her than you
2. has better grades than you
3. has as many courses as you
4. has a better car than you (newer, faster, more expensive, etc.)
5. has more brothers or sisters than you
6. has a better computer than you (more memory, costs less, is newer)

D. Comparaisons. Répondez aux questions suivantes. Comparez vos réponses aux autres étudiants de la classe.

1. Avez-vous jamais eu un job d'été? Si vous avez eu plusieurs jobs d'été, comparez-les. Parlez de l'horaire, de la nature du travail, du patron, des clients, etc.

2. Avez-vous jamais vécu ailleurs qu'ici? Où? Comparez les endroits où vous avez vécu. Parlez du climat, des loisirs, des amis, de la vie nocturne, etc.

3. Avez-vous voyagé? Où? Comparez vos voyages. Parlez des endroits, du climat, des loisirs, des gens, etc.

4. Avez-vous lu plusieurs livres récemment? Lesquels? Comparez-les en parlant des personnages, de la longueur, du style, de l'auteur, etc.

5. Avez-vous mangé au restaurant récemment? Dans quels restaurants? Comparez-les en parlant du service, de la cuisine, de l'ambiance, etc.

«Interactions»

A. Le nouveau propriétaire. Imagine that you are going to open a restaurant in a suburb of Paris. In order to decide what to plan for the menu that will attract a wealthy clientele, you consult the following survey with the help of a friend. Compare the favorite meals of the different social classes and make your decision accordingly. MOTS UTILES: **gigot** *(leg of lamb)*; **turbot** *(European flatfish)*; **pot-au-feu** *(boiled beef with vegetables)*; **choucroute** *(sauerkraut)*; **cassoulet** *(casserole dish of southwest France)*; **veau** *(veal)*; **poularde** *(fatted chicken)*

Le menu idéal des Français

Huîtres
Saumon fumé
Gigot
Camembert
Charlotte aux fraises
Bordeaux rouge
ou
Champagne
Cognac

LES PLATS PRÉFÉRÉS DES FRANÇAIS

Les plats	Gigot	Coq au vin	Steak au poivre	Bœuf bourguignon	Sole normande	Turbot sauce hollandaise	Pot-au-feu	Choucroute	Cassoulet	Blanquette de veau	Poularde à la crème	Aucun de ceux-ci	Sans opinion
Total (%)	43	30	27	26	24	23	22	22	20	18	10	1	1
Sexe													
Homme	41	33	32	31	17	18	22	23	23	14	8		
Femme	45	27	22	22	31	28	22	21	16	22	12		
Catégorie socioprofessionnelle													
• Agriculteur, salarié agricole	50	42	22	38	14	9	25	22	14	23	3		
• Petit commerçant, artisan	42	26	30	25	19	19	21	25	23	19	15		
• Cadre supérieur, profession libérale, industriel, gros commerçant	43	28	37	23	32	36	15	14	21	13	9		
• Cadre moyen, employé	41	29	31	23	27	30	18	26	21	14	12		
• Ouvrier	40	34	30	31	21	14	23	23	20	23	9		
• Inactif, retraité	46	25	16	24	25	25	27	19	18	18	9		
Option politique													
• Parti communiste	35	31	18	39	11	10	29	19	25	33	13		
• Parti socialiste	46	34	25	28	25	21	21	23	17	20	7		
• U.D.F.	43	27	29	21	28	27	28	23	17	15	11		
• R.P.R.	51	28	28	19	28	35	19	21	19	13	12		

B. Le choix de l'université. You are a counselor for a student who is choosing a university. Compare several universities and choose the most appropriate one. Compare the following items:

1. the classes
2. the professors
3. the students
4. the cost **(les frais *m* d'inscription)**
5. the housing
6. the social life
7. the distance from your family and friends
8. the geographical area

BRAVO!
Culture et littérature

Comment donner des instructions, des indications et des ordres

Sophie a décidé d'essayer différents modèles d'ordinateurs. Elle est dans un magasin d'informatique et une vendeuse est en train de lui montrer comment se servir d'un logiciel de traitement de texte.

LA DAME: Bon... Essayons ensemble. D'abord, vous allumez l'ordinateur. Prenez une disquette souple et puis introduisez-la dans le lecteur.° Cet ordinateur n'a pas de disque dur donc nous utiliserons une disquette souple. Cette disquette est déjà formatée pour faire du traitement de texte. Vous allez effectuer les commandes qui permettent d'éditer un texte avec ce logiciel. Il faut commencer par donner un nom au texte. Nous allons l'appeler «TEST». Maintenant, tapez et suivez les commandes qui apparaîtront sur l'écran.
Après quelques minutes...

SOPHIE: Excusez-moi mais je ne comprends pas comment je peux reculer° pour effacer° un mot.

LA DAME: Vous appuyez sur le bouton «control» et vous tapez un «s». Si vous voulez effacer un mot entier, vous appuyez les touches «control» et «t» en même temps.
Sophie exécute les commandes.

LA DAME: C'est bien. Maintenant essayons de déplacer° une partie du texte.

SOPHIE: Bon, d'accord.
Elle suit les commandes et déplace un des paragraphes du texte.

LA DAME: Vous êtes douée° pour ça!... Pensez à sauvegarder° votre texte au fur et à mesure° que vous éditez; surtout avant d'enlever° votre disquette du lecteur! Sinon, tout serait perdu! Je ne le dis jamais assez aux débutants! Lisez bien le mode d'emploi. Il vous indique très clairement comment sauvegarder ce que vous avez enregistré.

SOPHIE: C'est aussi facile que de suivre une recette de cuisine!

EMILIE: Je n'avais jamais pensé à faire la comparaison! Mais pourquoi pas!

Plus tard... Sophie est chez sa soeur qui fait la cuisine.

SOPHIE: J'ai envie d'acheter un ordinateur. Je suis passée en voir en ville.

DOMINIQUE: Ah bon? Si tu as besoin d'un ordinateur pour tes études, et si tu as l'argent, c'est sans doute une bonne idée. Ce n'est pas ça qui me rendrait heureuse°—tu le sais bien. Mais nous ne nous ressemblons pas! Je préfère la cuisine aux machines!

SOPHIE: Qu'est-ce que tu prépares de bon?

DOMINIQUE: Là? Je suis en train de faire une sauce caramel. Quand j'aurai fini, je vais faire des steaks et des frites. J'ai encore la salade à laver et le dîner sera prêt.

SOPHIE: Et la sauce caramel, c'est pour un flan?

DOMINIQUE: Non, pour un gâteau que j'ai fait ce matin.

SOPHIE: Mais que penses-tu de l'idée d'un ordinateur?

DOMINIQUE: Oh, moi, tu sais... je ne suis pas qualifiée pour te donner des conseils. Et puis... je ne pourrais pas t'aider pour ses menus à lui!

Observation et Analyse

1. Quelles expressions utilise-t-on pour donner des instructions?
2. Est-ce que Sophie se débrouille *(manage)* bien avec l'ordinateur? Comment le savez-vous?
3. Et maintenant, pensez-vous que Sophie va acheter un ordinateur? Pourquoi ou pourquoi pas?
4. Faites-vous du traitement de texte? Si oui, expliquez. Sinon, voudriez-vous apprendre à en faire?

FABRICATION

Les disques sont conçus à partir d'un film de polyester recouvert d'une couche d'oxyde magnétique d'une composition spécifique à MEMOREX. Ce système de revêtement unique permet une meilleure réception des signaux et donc de l'information. Des cercles de 3" 1/2, 5" 1/4 et 8" de diamètre sont découpés dans le film. L'axe central, l'index et les repères de sectorisation sont perforés. Le disque est poli pour augmenter les performances. Il est enfin

PRECAUTIONS D'EMPLOI

Introduire la disquette avec beaucoup de soin dans le lecteur pour éviter de la courber ou de la plier. La saisir de préférence par l'étiquette supérieure d'identification.

Préserver les étiquettes de l'humidité.

Ne pas toucher la surface polie de la disquette; les doigts, même parfaitement propres, laissent une empreinte suffisante pour détruire définitivement les données enregistrées.

Ne pas les exposer au soleil ou à une source de chaleur.

Se méfier d'éventuels champs magnétiques environnants ; une disquette peut être ainsi partiellement effacée.

Ne pas pincer ni agrafer.

Ne pas écrire avec un stylo à bille, notamment sur les étiquettes.

Remettre la disquette dans sa pochette après utilisation.

Quelles précautions faut-il prendre avec les disquettes?

«Expressions typiques pour... »

Donner des indications ou des instructions

D'abord/La première chose que vous faites, c'est...
Après cela/Puis...

PAR EXEMPLE: Suivez cette rue, puis allez à gauche...

Mettez cette pièce d'un franc dans la fente,° puis appuyez sur le bouton...

Prenez du beurre et, après cela, faites-le fondre° dans une casserole...

Vous branchez° l'appareil, puis vous sélectionnez la température...

Il faut d'abord faire bouillir° l'eau avant de mettre les oeufs dans la casserole...
Je vous explique comment vous devez faire pour faire marcher°...

   Vous allez mettre...

Vous mettez...
Là, tu enfonces bien la clé, tu tires la porte vers toi, et tu...
N'oublie pas de (+ infinitif)...
Fais attention à ne pas (+ infinitif)...
Pense bien à (+ infinitif)...

S'assurer que l'on comprend

Tu comprends?/Vous comprenez jusque là?
Tu y es?/Vous y êtes?°
Tu vois/Vous voyez ce que je veux dire?
Tu piges°? *(familier)*

Encourager

C'est bien... maintenant...
Très bien. Continue(z).
Tu te débrouilles°/Vous vous débrouillez très bien.
Tu t'y prends/Vous vous y prenez très bien.
Tu es/Vous êtes doué(e) pour ça.

Pour dire qu'on ne comprend pas

Je m'excuse mais je ne comprends pas ce que je dois faire.
Excuse-moi/Excusez-moi mais je ne comprends pas.
Peux-tu répéter, s'il te plaît?/Pouvez-vous répéter, s'il vous plaît?
Je (ne) pige pas. *(familier)* Tu peux répéter?

Donner des ordres

Tape cette lettre et trouve-moi... /Tapez cette lettre et trouvez-moi...
Je veux que tu téléphones/vous téléphoniez à...
Tu veux me chercher... , s'il te plaît?/Vous voulez me chercher... , s'il vous plaît?
Tu veux te mettre là?/Vous voulez vous mettre là?
Plus fort!/A gauche!/Pas si vite!/A table!

«Mots et expressions utiles»

Le traitement de texte

brancher *to plug in*
déplacer *to move*
les données *f data*
effacer *to erase*
enlever *to take out*

enregistrer *to record*
faire marcher *to make something work*
le lecteur de disquettes *disk drive*
reculer *to backspace*
sauvegarder *to save*

La cuisine

(faire) bouillir *to boil*
(faire) cuire *to cook*
(faire) fondre *to melt*
(faire) frire *to fry*

(faire) griller *to grill*
(faire) rôtir *to roast*
(faire) sauter *to sauté*

Divers

se débrouiller *to manage*
doué(e) *gifted*
la fente *slot, opening*
au fur et à mesure *as one goes along*
piger *(familier) to understand; to "get it"*
rendre heureux(-euse) *to make someone happy*
Tu y es?/Vous y êtes? *Do you get it?*

Activités

A. Une décoration. Regardez les images suivantes. Donnez les instructions à suivre pour fabriquer un artichaut bougeoir *(artichoke candle).*

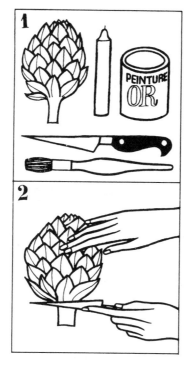 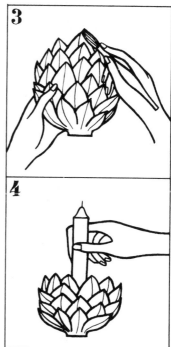

LES ARTICHAUTS BOUGEOIRS

B. Instructions. Avec un(e) partenaire, donnez des instructions pour faire un citron pressé *(fresh lemonade)*, du café, un hamburger, votre petit déjeuner préféré; ouvrir la porte de votre maison, prononcer votre prénom en français, faire marcher un ordinateur ou taper une lettre. N'oubliez pas de poser des questions si vous ne comprenez pas.

«Grammaire»

Faire causatif et les verbes de perception

A. The verb **faire** is commonly followed by an infinitive when meaning: 1) to have someone do something for you; 2) to make someone do something; or 3) to cause something to be done.

> Elle **a fait** faire une robe pour sa fille.
> *She had a dress made for her daughter.*

> Elle **a fait** travailler les mannequins pour les clients.
> *She made the models work for the customers.*

> Ses commentaires **feront** réfléchir les clients.
> *Her comments will cause the customers to think.*

The expression **se faire** + *infinitif* is used when the action is done for oneself. There is no agreement of the past participle.

> Elle **s'est fait** faire une robe.
> *She had a dress made for herself.*

NOTE: If one were performing the action oneself, the expression would be:

> Elle **a fait** une robe pour sa fille.
> *She made a dress for her daughter.*

B. The causative construction may have one or two objects. When it has only one object, the object is the direct object.

> Le couturier **a fait** travailler ses mannequins.
> Il **les a** vraiment **fait** travailler.
> *The fashion designer made his models work.*
> *He really made them work.*

When the construction has two objects, the person is the indirect object and the thing is the direct object.

> Il **a fait** couper cette robe à son assistante. (Il **la lui a fait** couper.)
> *He had his helper cut the dress. (He had her cut it.)*

NOTE: The objects are placed before the form of **faire**. The past participle is invariable in the causative construction because the real object is the infinitive phrase.

In affirmative commands, however, the object pronouns follow **faire**.

> **Fais-le** couper.   *Have it cut.*

C. The following are some very useful constructions with **faire**:

faire venir	*to have someone come; to send for*
faire voir	*to show*
faire tomber	*to drop something*
Ça me fait rire/pleurer/penser à...	*That makes me laugh/cry/think about...*

NOTE: The expression **rendre** + *pronom personnel* or *nom* is used with an adjective.

> Cette nouvelle **me rend** heureux. Ça **me fait** sourire!
> *That news makes me happy. That makes me smile!*

E. The verbs of perception **laisser, entendre,** and **voir** resemble the construction of the **faire causatif**. The past participles are invariable and the placement of the objects follows the same pattern.

> J'entends venir le couturier.
> *I hear the fashion designer coming.*

> J'ai vu arriver le mannequin il y a 10 minutes.
> *I saw the model arrive 10 minutes ago.*

> Je me demande s'il la laissera partir de bonne heure.
> *I wonder if he will let her leave early.*

Activités

A. Une recette. On vous a donné cette recette. Aujourd'hui, avec votre famille, vous décidez de l'essayer. MOTS UTILES: **les haricots** *m (beans);* **les moules** *f (mussels);* **refroidir** *(to cool down);* **mélanger** *(to mix);* **orner** *(to decorate);* **une rondelle** *(slice);* **verser** *(to pour).*

Salade de haricots aux moules

Nous / faire / cuire / haricots / avec / carotte, / deux oignons, / sel / et / poivre. Je / les / laisser / refroidir. Mike / ouvrir / les moules. Tu / préparer / vinaigrette. Tout ça / faire / réfléchir / mère. Elle / n'a pas l'habitude de / nous / entendre / travailler / la cuisine.

Au moment de servir, / nous / mélanger / les haricots / les moules (après en avoir réservé quelques-unes pour orner les rondelles de tomates) et les trois quarts de la vinaigrette. Tu / décorer / plat de rondelles de tomates. Je / verser / reste / de vinaigrette dessus. Mike / faire / voir / salade / maman. Ça / la / faire / sourire / et elle / nous / féliciter.

B. Votre réaction. Donnez votre réaction dans les situations suivantes.
(Ça me fait… /Ça me rend…)

1. Vous recevez un A dans le cours de français.
2. Votre mère/père vous offre un cadeau dont vous aviez envie depuis longtemps.
3. Un ami vous fait entendre ses disques de musique classique.
4. Vous lisez un livre très triste.
5. Un enfant vous sourit dans la rue.
6. Vous regardez un ancien film de Jerry Lewis.
7. Vous regardez un programme sur les sans-abri.
8. Vous lisez un livre sur l'éventualité d'une guerre nucléaire.

C. De quoi parle-t-on? Lisez les brefs scénarios ci-dessous et avec un(e) camarade imaginez ce dont on parle.

1. Nous l'avons laissé entrer. Il parlait rapidement, fort et sans s'arrêter.
2. Je te le ferai envoyer demain. Il est tellement grand que cela va nous coûter très cher.

3. Il leur en a fait entendre. Ils étaient très choqués.

4. Je l'ai vu venir. Il était grand, il avait de grandes dents et de grosses oreilles. Il nous a fait très peur.

5. A vous de créer une situation!

D. Questions indiscrètes. Parlez avec un(e) camarade. Ensuite, comparez vos réponses avec celles des autres étudiants.

Qu'est-ce qui te fait...

1. rire?
2. chanter?
3. réfléchir longuement?
4. rêver?
5. perdre patience?
6. crier *(yell out)*?
7. pleurer?

«Interactions»

A. Comment faire. Circulate among your classmates to complete the following activity.

- Tell your first classmate how to get to the bookstore.
- Tell the next one how to make a peanut butter (**beurre** *m* **de cacahouètes**) and jelly sandwich.
- Tell the next one how to start your car/motorcycle.
- Tell the next one how to find your apartment/house.

B. Descriptions. With a classmate, describe an activity connected with your hobby, work, or studies. If you are not sure how to say something, try to use other words to explain what you mean. Your partner will ask questions, then describe an activity when you are done. Afterwards, tell the class what you discussed.

BRAVO!
Culture et littérature

SYNTHÈSE

Activités orales

A. Un repas parfait. With a partner, make up the menu for a perfect meal. Describe the hors-d'oeuvre you want to make. Discuss your preferences and how to make the main dish, the vegetable, and the dessert. Explain why you prefer these recipes by comparing them to others.

B. Vous avez gagné! Imagine that you and a friend had the winning lottery ticket for a three-million-dollar drawing! Decide how you will spend the money. Compare your preferences in cars, houses, clothes, food, and vacation spots. If you do not agree, you will need to compromise.

Listen to Activity Tape, Chapitre 9, and complete the corresponding exercises in the Activity Tape section of your Workbook.

Activités écrites

A. Un schéma. Make a diagram with notes to tell how to cook a sauce, egg, or dessert the way you like it. Be prepared to share it with the class.

B. Un gadget. Write a description of a gadget. Describe how it works and compare it to other items. Have other students and/or the teacher guess what it is.

VOCABULAIRE

Leçon 1

Les meubles

l'armoire *f wardrobe*
le coussin *cushion, pillow*
l'étagère *f rack; shelf*
le fauteuil *easy chair*
le placard *cupboard*
le tapis *carpet*
le tiroir *drawer*

La vaisselle *(dishes)* et les appareils-ménagers *(household appliances)*

la casserole *(sauce)pan*
la cocotte-minute *pressure cooker*
la cuisinière *stove*
le four à micro-ondes *microwave oven*
la machine à laver (le linge) *washing machine*
le plat *dish (container); dish (part of meal), course*
la poêle *frying pan*
le sèche-linge *clothes dryer*

Les vêtements/la mode

les bas *m stockings*
les bijoux *m jewelry*
le blouson (en cuir) *(leather) jacket*
changer de vêtements *to change clothes*
les chaussettes *f socks*
les chaussures *f* à hauts talons/à talons plats *high heeled/low heeled shoes*
la chemise *man's shirt*
le chemisier *woman's long-sleeved shirt; blouse*
le collant *pantyhose*
le costume *man's (three-piece) suit*
enlever (un vêtement) *to take (a piece of clothing) off*
être mal/bien habillé(e) *to be poorly/well dressed*
s'habiller/se déshabiller *to get dressed/to get undressed*
l'imperméable *m raincoat*
le maillot de bain *swimsuit*
mettre un vêtement *to put (a piece of clothing) on*
le parapluie *umbrella*
le pardessus *overcoat*
les sous-vêtements *m underwear*
le tailleur *woman's tailored suit*
le tissu *fabric*
la veste *jacket*

Les vêtements sont: chics, élégants, en bon/mauvais état, sales, déchirés *(torn)*, râpés *(threadbare, worn)*, lavables *(washable)*, ajustés *(well-fitting)*, lâches *(loosely fitting)*

Divers

chouette *(familier) great, nice, cute*
un don *talent, gift*
le marché aux puces *flea market*
poursuivre leur parcours *to continue their route*
prédire *to predict*
un(e) tsigane *gypsy*
un(e) voyant(e) *clairvoyant*
vif(-ve) *bright*

Leçon 2

Les ordinateurs

le clavier *keyboard*
les commandes *f commands*
compatible *compatible*
le disque dur *hard (disk) drive*
le disque souple *floppy disk*
les disquettes *f* simple face/double face *single-sided/double-sided diskettes*
l'écran *m screen*
être dans l'informatique *to be in computers*
exécuter/effectuer des commandes *to execute commands*
formater *to format*
les graphiques *m graphics*
l'imprimante *f* matricielle/en qualité (proche) courrier *dot matrix/(near) letter quality printer*
l'informatique *f computer science; data processing*
l'interface *f interface*
le logiciel *software*
la mémoire *memory*
portable/non-portable *portable/desktop*
le programme *program*
programmer des menus *to program (create menus)*
puissant(e) *powerful*
(re)taper *to (re)type*
la touche *key*
le traitement de texte *word processing*

Divers

le courrier *mail*
la gestion *management, administration*
la goutte *drop*
un mémoire de maîtrise *Master's thesis*
pareil(le) *similar, alike*
la plume d'oie *quill (pen)*
semblable *similar*
le stylo à bille *ballpoint pen*
tenir ses comptes *to keep one's accounts*

Leçon 3

Le traitement de texte

brancher *to plug in*
déplacer *to move*
les données *f* *data*
effacer *to erase*
enlever *to take out*
enregistrer *to record*
faire marcher *to make something work*
le lecteur de disquettes *disk drive*
reculer *to backspace*
sauvegarder *to save*

La cuisine

(faire) bouillir *to boil*
(faire) cuire *to cook*
(faire) fondre *to melt*
(faire) frire *to fry*
(faire) griller *to grill*
(faire) rôtir *to roast*
(faire) sauter *to sauté*

Divers

se débrouiller *to manage*
doué(e) *gifted*
la fente *slot, opening*
au fur et à mesure *as one goes along*
piger *(familier)* *to understand, to "get it"*
rendre heureux(-euse) *to make someone happy*
Tu y es?/Vous y êtes? *Do you get it?*

CHAPITRE 10

«En somme... »

Leçon 1: Comment faire un compliment et féliciter; les mots exclamatifs; le participe présent

Leçon 2: Comment exprimer le regret et faire des reproches; le conditionnel passé

Leçon 3: Comment résumer; la voix passive

Thème: Les loisirs

Comment faire un compliment et féliciter

«Conversation»

Note: There is no **Révisons un peu** for this chapter.

C'est le grand triathlon annuel qui a lieu à Nice en octobre. Plus de 1000 participants venus de tous les pays du monde prennent part à trois épreuves° athlétiques épuisantes.° Parmi les milliers de spectateurs, Nadine et Marine viennent de se retrouver tout à fait par hasard.

NADINE: Quelle joie de te voir, Marine! Ça fait des mois que nous ne nous sommes pas vues... Quel joli ensemble tu as là!

MARINE: Ça? Oh, je l'ai acheté en solde au printemps dernier.

NADINE: La couleur va bien avec tes yeux.

MARINE: Tu es gentille de dire ça, Nadine, merci... C'est la première fois que j'assiste à un triathlon. C'est passionnant, hein?

NADINE: Absolument. J'y viens chaque année. Tu sais que c'est le plus grand triathlon du monde après celui d'Hawaii. Mais j'ai bien failli° ne pas pouvoir y assister cette fois-ci. J'ai rencontré tant d'embouteillages en venant ici! Mais je ne l'aurais pas manqué pour tout l'or du monde: j'ai un cousin qui y participe.

MARINE: Vraiment! Un triathlète dans la famille! Est-ce qu'il a des chances de gagner?

NADINE: Non, non, pas du tout. Il veut tout simplement se prouver, en participant, qu'il peut survivre° à ce genre d'épreuves physiques. C'est un défi.°

MARINE: Alors, qu'est-ce qu'ils font exactement, les participants?

NADINE: Oh, c'est incroyable. Ça change un peu chaque année, mais cette année, ils nagent 2400 mètres en mer, ils font 144 kilomètres en bicyclette, et puis 32 kilomètres de course° à pied.

MARINE: Qu'est-ce qu'ils doivent être résistants!

NADINE: Fous, tu veux dire!... Est-ce que tu sais si les premiers coureurs° sont arrivés?

MARINE: Oui, il y a juste quelques minutes. C'est l'Américain Mark Allen qui est arrivé premier° et puis...

NADINE: Lui encore! Tu sais qu'il a déjà gagné plusieurs triathlons à Nice. Il est presque devenu une idole pour les Français. Mais, regarde là-bas. On va interviewer un des gagnants, je crois. Allons-y...

LE JOURNALISTE SPORTIF: Et ici nous avons le jeune Français qui a fini troisième dans le triathlon... Toutes nos félicitations!

L'ATHLÈTE: Merci, Monsieur.

LE JOURNALISTE SPORTIF: C'est vraiment formidable, je dirais plutôt surhumain, ce que vous avez fait aujourd'hui dans la compétition. Tout en reprenant haleine,° est-ce que vous avez quelque chose à dire à vos admirateurs?

L'ATHLÈTE: Oh... je n'ai rien fait de si... extraordinaire... C'est vraiment... à la portée de° tous ceux qui... s'entraînent.°

LE JOURNALISTE
SPORTIF: Je ne suis pas sûr que tous nos spectateurs soient du même avis que vous!... Mais, vous devez être très content de votre performance, non?

L'ATHLÈTE: Oh, je ne sais pas. J'aurais pu mieux faire, vous savez...

A suivre.

Observation et Analyse

1. Quelles expressions utilise-t-on pour faire un compliment? pour accepter un compliment? pour féliciter?
2. Pour quelles raisons les deux filles assistent-elles au triathlon?
3. En quoi consiste le triathlon de Nice? Trouvez des détails descriptifs dans la conversation.
4. Avez-vous jamais assisté à un triathlon? En avez-vous jamais suivi un à la télévision? Quelle sorte de personne, à votre avis, prend part aux triathlons?

«Expressions typiques pour... »

Faire un compliment°

Tu as/vous avez bonne mine° aujourd'hui.
Quelle jolie robe!
J'adore tes/vos cheveux comme ça.
Qu'est-ce qu'elle est belle, ta/votre jupe!
Comme tu es/vous êtes/joli(e)/élégant(e)!
Ça te/vous va à merveille!

Accepter un compliment

Contrairement à l'anglais, quand vous répondez à un compliment en français, «merci» n'est pas la bonne réponse. En remerciant, vous risquez de paraître vous vanter, comme si vous étiez d'accord avec le compliment. D'abord, il vaut mieux refuser le compliment ou le minimiser. (Cela met en valeur la gentillesse de celui qui complimente.)

Tu trouves?/Vous trouvez?
Tu crois?/Vous croyez?
Cette robe? Je l'ai depuis longtemps.

Puis, si la personne qui vous complimente persiste, répondez aimablement:
Tu es/vous êtes très gentil(le) de dire ça.
C'est gentil de me dire ça.
Que tu es/vous êtes gentil(le).
Moi aussi, je l'aime bien. C'est un cadeau de ma mère.

Qu'est-ce qu'on dirait
pour féliciter ce jeune
couple?

Féliciter°

Je te/vous félicite.
Félicitations!
Toutes mes félicitations!
Tous mes compliments.
Bravo!

Chapeau! *(familier)*
C'est fantastique/formidable/génial!
Je suis content(e) pour toi (vous).
Je suis fier/fière de toi (vous).

Pour un mariage ou des fiançailles
Tous mes voeux° de bonheur.
Avec nos meilleurs voeux.

Accepter des félicitations

C'est si peu de chose.
J'aurais pu mieux faire.
Tu es/vous êtes trop bon.

Je n'ai rien fait de si extraordinaire!
C'est à la portée de tout le monde.
N'importe qui en aurait fait autant.

«Mots et expressions utiles»

La compétition

arriver/terminer premier *to finish first*
battre *to beat, break*
un(e) concurrent(e) *competitor*
un coureur/une coureuse *runner, cyclist*

une course *race*
le défi *challenge*
s'entraîner *to train*
l'entraîneur/l'entraîneuse *coach*
une épreuve (athlétique) *an (athletic) event, test*
épuisant(e) *grueling, exhausting*
faire du sport *to play sports*
un(e) fanatique de sport *sports enthusiast, fan*
un match nul *tied game*
une perte *loss*
à la portée de *within the reach of*
la pression *pressure*
le record du monde *world record*
reprendre haleine *to get one's breath back*
sportif(-ve) *athletic, sportsmanlike, fond of sports*
survivre (à) (*past part.*: **survécu**) *to survive*
un tournoi *tournament*
une victoire *win, victory*

Divers

avoir bonne mine *to look well*
faillir (+ infinitif) *to almost do something*
faire un compliment à quelqu'un sur quelque chose *to compliment
   someone for something*
féliciter quelqu'un de *to congratulate someone for something*
le voeu *wish*

Activités

A. Entraînez-vous. Avec un(e) partenaire, créez de petites conversations dans lesquelles vous faites et acceptez des compliments. Discutez vêtements, bijoux, voitures, chiens/chats et logements. MOTS UTILES: **une coiffure** *(hairstyle);* **une coupe** *(cut);* **un collier** *(necklace);* **une montre** *(watch);* **une bague** *(ring);* **les boucles** *f* **d'oreille** *(earrings)*

> *modèle:* —*Comme elle est belle, ta robe!*
>   —*Tu trouves? Je l'ai achetée en solde il y a longtemps.*
>   —*Ça ne se voit pas. Elle a l'air toute neuve.*
>   —*Tu es trop gentille.*

B. Félicitations! Vous félicitez la personne indiquée, jouée par votre partenaire, dans les circonstances données ci-dessous. Votre partenaire répond de façon appropriée.

1. votre ami(e) qui a fini cinquième dans le marathon de New York
2. votre mari/femme qui a reçu une promotion à son travail
3. de bons amis qui viennent de se marier
4. votre soeur/frère qui vient d'adopter un enfant
5. votre voisin(e) qui a trouvé un nouveau poste
6. votre fils/fille qui a obtenu un A à son dernier examen

C. **Questions indiscrètes.** Posez les questions suivantes à un(e) ami(e). Donnez un résumé de ses réponses à la classe.

1. Préfères-tu les sports en tant que spectateur ou en tant que participant? Quel(s) sport(s) pratiques-tu régulièrement?
2. Est-ce que tu prends part à des compétitions sportives? Lesquelles?
3. Décris une compétition sportive à laquelle tu as récemment assisté ou pris part. Combien de participants et de spectateurs y avait-il? Qui a terminé premier ou quelle équipe a gagné/perdu? Quel était le score final?
4. Est-ce que tu as l'esprit compétitif quand tu fais du sport? Est-ce que c'est important, pour toi, de gagner? Pourquoi?

«Grammaire»

Les Mots exclamatifs

A. Compliments are often in the form of exclamatory phrases or sentences. In French, the appropriate form of the interrogative adjective **quel** is used before the noun or another adjective, designating the person or thing that you wish to compliment. The indefinite article is not used in the French construction.

> **Quel** pianiste formidable!
> *What a terrific pianist!*

> **Quels** beaux accords il joue!
> *What beautiful harmonies he plays!*

> **Quelle** musique exquise!
> *What exquisite music!*

Of course not all exclamations are necessarily complimentary!

> **Quel** horrible chanteur!
> *What an awful singer!*

B. The exclamatory adverbs **comme, que, ce que,** and **qu'est-ce que** can be used at the beginning of a clause to express a compliment or an exclamation. Contrary to English, the grammatical structures that follow the exclamatory words are in the usual declarative word order.

> **Comme** vous chantez bien!
> *How well you sing!*

> **Qu'est-ce que** vous devez travailler dur!
> *How hard you must work!*

> **Ce que** j'aime vous entendre chanter!
> *How I love to hear you sing!*

Activités

A. **A merveille!** C'est vendredi après-midi et vous êtes de bonne humeur. En utilisant des mots exclamatifs, complimentez votre partenaire (qui doit répondre convenablement) sur:

1. trois de ses vêtements
2. son écriture
3. sa capacité de bien s'entendre avec les autres
4. son/sa camarade de chambre
5. son intelligence
6. un trait de votre choix

B. Quelle mauvaise journée! C'est lundi matin et vous arrivez au travail. Vous n'êtes d'humeur à faire des compliments à personne et vous grognez *(groan, moan)* à propos de tout (par exemple: les horaires de travail, la monotonie des journées, vos collègues, votre salaire, la durée des congés, le temps). Défoulez-vous *(Let out some steam)!*

Le Participe présent

A. Formation

The present participle of both regular and irregular verbs is formed by dropping the **-ons** ending from the present tense **nous** form and adding **-ant.** It is the equivalent of the verbal *-ing* form in English.

utilisons	→	utilisant	battons	→	battant
finissons	→	finissant	faisons	→	faisant

EXCEPTIONS

être	→	étant
avoir	→	ayant
savoir	→	sachant

B. Usage

The present participle functions as either a verb or an adjective.

• When used as an adjective, agreement is made with the noun that the past participle modifies:

> La maison n'avait pas l'eau **courante.**
> *The house had no running water.*

• When used as a verb, no agreement is made:

> En **courant** dans le marathon, la jeune femme s'est blessé au pied.
> *While running in the marathon, the young woman hurt her foot.*

• Although it may be used alone, the present participle is usually preceded by the preposition **en,** to express a condition or to show that two actions are going on simultaneously:

> Chacun à ses goûts. Mais chaque soir, **en faisant** mes devoirs, j'écoute la radio.
> *To each their own. But, each night, while doing my homework, I listen to the radio.*

> Les jours d'examen, je mets mon baladeur **en arrivant** en classe.
> *On test days, I put on my walkman upon arriving at class.*

NOTE: **Tout** can be used before **en** + present participle to accentuate the simultaneity or opposition of two actions:

> **Tout en répondant** aux questions de l'examen, j'écoute de la musique rock.

• The present participle can also express by what means something can be done:

> Comme je le dis à ma mère, c'est **en travaillant** à son propre rythme qu'on réussit.
> *As I say to my mother, it's by working at your own pace that you succeed.*

C. Différences entre le français et l'anglais

• The English present participle is translated by the infinitive form in French following all prepositions except **en:**

> J'ai passé tout mon temps libre **à me préparer** pour le triathlon. (passer son temps **à faire…**)
> *I spent all my free time preparing for the triathlon.*

> J'ai fini **par me placer** deuxième.
> *I ended up placing second.* (finir **par faire…**)

• The preposition **après** must be followed by the past infinitive, even though it may translate as *after + verb + -ing.*

> **Après être rentré,** j'ai mangé comme quatre.
> *After getting home (having gotten home), I ate a huge meal.*

• An infinitive in French is also used when the English present participle functions as the subject or object of a verb.

> **Courir** est bon pour la santé.
> *Running is good for your health.*

Activités

A. Comme vous êtes doué(e)! Quelles activités pouvez-vous accomplir simultanément? Finissez chaque phrase en utilisant un participe présent.

1. J'écoute le professeur en...
2. Je prends le dîner en...
3. Je fais mes devoirs en...
4. Je fais des promenades en...
5. Je regarde la télé en...

Mais, il y a des limites! Quelles activités trouvez-vous impossibles à accomplir simultanément? Utilisez un participe présent.

6. Je ne peux pas parler en...
7. Je ne peux pas mâcher du chewing-gum en...
8. Je ne peux pas étudier en...
9. Je ne peux pas penser en...
10. Je ne bois pas de boissons alcoolisées en...

B. Ecoute-moi! Pendant les Jeux Olympiques d'hiver de Calgary en 1988, le Français Franck Piccard a reçu la médaille d'or du slalom géant *(giant slalom)* et la médaille de bronze en descente *(downhill skiing)*, ce dont les Français sont très fiers. Voici des conseils qu'il donnerait peut-être aux athlètes qui se préparent pour les futurs Jeux Olympiques. Choisissez le mot approprié et remplissez les blancs avec le participe présent (utilisé comme adjectif ou comme verbe) ou l'infinitif du verbe.

1. On dit qu'on gagne des compétitions sportives en _____ régulièrement, et c'est tout à fait vrai. (s'entraîner/survivre)
2. La préparation comprend souvent beaucoup de séances d'entraînement _____. (épuiser/pleurer)
3. A moins de _____ le soutien de ses amis, il est difficile de persévérer. (être/avoir)

4. Avant de _____ dans une compétition il faut connaître ses adversaires. (partir/entrer)
5. Tout en _____ pour une compétition précise, il faut toujours penser à la suivante. (se préparer/terminer)
6. Après _____ un but, il faut immédiatement commencer à s'entraîner pour le suivant. (attendre/atteindre)
7. Plus on approche du début des Jeux, plus les journées longues et _____ deviennent la norme. (fatiguer/payer)
8. Mais, en _____ la médaille de la victoire, vous vous rendez compte que tous les sacrifices valaient la peine. (recevoir/savoir)

Jeux Olympiques d'hiver '92

Rendez-vous à Albertville, France

Quels seraient les avantages et les désavantages de recevoir les Jeux Olympiques dans votre ville? Avez-vous jamais assisté aux Jeux Olympiques? Les avez-vous suivis à la télé? Quel en a été pour vous le moment le plus passionnant?

«Interactions»

A. L'interview. You are a reporter for your college newspaper. Your partner is a well-known athlete who is spending a few days in your town. He/She has granted you an interview for an article in your newspaper. Find out everything you can about him/her for your article. You might begin your interview by congratulating him/her on his/her latest win. Possible topics of discussion: personal information (age, family, etc.); how he/she trains for competitions; how he/she deals with the pressure of winning; how to be successful; if he/she has ever broken a world record; which competition was his/her most difficult.

B. La lettre d'un admirateur. Write a fan letter to your favorite music star. Shower compliments upon this person because you really like him/her and also because he/she may send you a free record or tape. MOTS UTILES: *fabulous* (**sensationnel**); *instrumentation* (**orchestration** *f*); *meaningful lyrics* (**paroles** *f* **qui ont du sens**); *music video* (**le vidéo-clip**); *the release* (**la sortie**) of his/her new album.

BRAVO!
Culture et littérature

Comment exprimer le regret et faire des reproches

«Conversation»
(suite)

L'interview au triathlon de Nice continue entre le journaliste sportif et l'athlète français...

LE JOURNALISTE: Alors, vous avez terminé troisième, mais vous dites que vous n'êtes pas content de votre performance. Voulez-vous vous expliquer un peu?

L'ATHLÈTE: Eh bien, euh... finir troisième n'est pas mal, bien sûr, mais mon but personnel était de gagner la course. Je sais qu'on ne me considérait pas comme le favori, mais moi, je comptais gagner, vous savez. Je suis assez satisfait de ma performance en natation et en vélo, mais enfin j'aurais dû mieux faire dans le marathon.

LE JOURNALISTE: Alors, qu'est-ce qu'il vous aurait fallu faire pour gagner le triathlon?

L'ATHLÈTE: Oh, je ne sais pas. J'aurais probablement mieux fait de passer plus de temps à m'entraîner pour le marathon. Je crois que je me suis trop entraîné pour la natation... De plus, j'ai eu tort de ne pas m'arrêter à toutes les haltes le long de la route où l'on distribuait de l'eau. Je me suis déshydraté. Il faisait très chaud...

LE JOURNALISTE: Ça, c'est vrai! Si seulement il n'avait pas fait si chaud, n'est-ce pas? ... Eh bien, si vous voulez, j'ai une dernière question à vous poser. Qu'est-ce que vous pensez du jeune Africain Lamotte qui a dû abandonner la course à cause d'une blessure à la jambe?

L'ATHLÈTE: C'est bien regrettable qu'il n'ait pas pu finir, c'est certain. Je crois, pourtant, que ce n'était pas bien de revenir à la compétition si tôt après sa première blessure.

LE JOURNALISTE: C'est bien possible... Alors, encore une fois, félicitations, et bonne chance pour l'avenir.

L'ATHLÈTE: Merci!

A suivre.

Observation et Analyse

1. Quelles expressions utilise-t-on pour exprimer le regret et le reproche? et pour se reprocher quelque chose à soi-même?
2. Est-ce que la performance du jeune athlète français a été à la mesure de ce qu'il attendait de lui-même? Expliquez.
3. Qu'est-ce qu'il regrette de ne pas avoir fait avant et pendant la course?
4. Dans quelles situations créées par d'autres exprimez-vous des regrets? Dans quelles circonstances est-ce que vous vous reprochez des actions passées?

«Expressions typiques pour... »

Exprimer le regret

Je regrette qu'elle soit déjà partie.
C'est bien regrettable/dommage que...
Malheureusement, je suis arrivé(e) en retard.
Je suis désolé(e) | que Paul (+ subjonctif)...
| de te/vous dire (+ indicatif)...
Si seulement elle était restée plus longtemps!
Si seulement j'avais pu venir plus tôt!

Reprocher quelque chose à quelqu'un

Pour une action que vous ne jugez pas trop grave

Tu n'aurais/vous n'auriez pas dû faire ça...
Il ne fallait pas...
Tu as/vous avez eu tort de...
Ce n'était pas bien de...
J'aurais pu mieux faire.
Je n'aurais pas fait cela comme ça.

Pour une action que vous jugez plus grave

Comment as-tu/avez-vous pu faire ça?
C'est très grave ce que tu as/vous avez fait.
C'est inadmissible! C'est scandaleux!

Se reprocher quelque chose de passé

Je n'aurais pas dû faire ça...
Que je suis bête/imbécile/idiot(e)!
Ce n'était pas bien de...
J'ai eu tort de...
J'aurais dû...
J'aurais mieux fait de...

«Mots et expressions utiles»

Actions regrettables

avoir mal aux cheveux/la gueule de bois *to have a hangover*
échouer à/rater un examen *to fail/flunk an exam*
être fauché(e) *to be broke (out of money)*
être ivre *to be drunk*
être sans un sou *to be without a penny*
grossir/prendre des kilos *to put on weight*
ne pas mettre d'huile *f*/de lotion *f* solaire *to not put on suntan oil/lotion*
oublier d'attacher/de mettre sa ceinture de sécurité *to forget to fasten/put on one's seatbelt*
prendre un bain de soleil/se faire bronzer *to sunbathe*
prendre un coup de soleil *to get sunburned*
un rendez-vous (avec quelqu'un qu'on ne connaît pas) *(blind) date; meeting*
ne pas se réveiller à temps *to oversleep*
sécher un cours *to cut a class*

Madame Ruth Zürcher, ses enfants et petits-enfants,

Monsieur Raymond Zürcher, au Mont-de-Buttes ;

Monsieur et Madame Pierre Zürcher et leurs enfants, à Neuchâtel .

Monsieur et Madame Bernard Zürcher et leurs filles, au Mont-de-Buttes ;

Monsieur et Madame Georges Zürcher et leurs enfants, à Saint Sulpice ;

Monsieur Francis Zürcher, au Mont-de-Buttes ;

Madame Tilda Jaurès, à Reconvilier,

Les familles parentes, amies et alliées ont le regret de vous faire part du décès de

Monsieur Léopold ZURCHER

leur bien cher époux, père, grand-père, beau-père, frère, oncle, parent et ami que Dieu a repris à Lui subitement à l'âge de 83 ans.

Mont-de-Buttes, le 9 juillet 1969.

> Veillez et priez car vous ne savez ni l'heure ni le jour où le Seigneur viendra.

———

L'ensevelissement aura lieu à Buttes le vendredi 11 juillet 1969, à 13 h. 15.

Départ du Mont-de-Buttes à 13 heures.

Culte pour la famille à 12 h. 30.

MONTANDON & CIE, FLEURIER

De quel type de faire-part s'agit-il? Devinez le sens des mots *enseve-lissement* et *culte*. Comparez ce faire-part avec un faire-part américain du même genre.

Activités

A. Entraînez-vous. En utilisant les «Expressions typiques pour... », exprimez votre regret dans chaque situation.

1. Vous vous trouvez aux funérailles de votre oncle. Exprimez vos condoléances à votre tante.
2. Votre voisin(e) déménage et va s'installer dans une autre ville. C'est la dernière fois que vous vous voyez avant qu'il/elle ne déménage.
3. Vous n'avez pas terminé votre devoir pour le cours de français. Donnez votre excuse au professeur.
4. Parlez avec votre ami(e) au sujet d'un(e) autre ami(e) que vous aviez invité(e) à votre soirée, mais qui n'est pas venu(e).

B. Vous êtes fâché(e)! Faites un reproche à la personne indiquée pour les circonstances données ci-dessous. (ATTENTION: Evaluez la sévérité de chaque action avant de formuler votre reproche.)

1. Votre fils de sept ans a demandé à son grand-père de l'argent pour acheter un nouveau jouet.
2. Votre petit(e) ami(e) a admis qu'il/elle sort avec quelqu'un d'autre depuis un mois.
3. Votre professeur vous a donné un examen inattendu.
4. Un(e) ami(e) vous donne un cadeau de Noël, mais vous ne lui en avez pas acheté un.
5. Votre camarade de chambre a oublié de vous dire que votre ami(e) a téléphoné pour dire qu'il/elle ne pouvait pas venir vous voir à 7h ce soir. Vous l'avez su à 7h moins cinq.

C. Que je suis bête! Vous vous faites des reproches dans les situations suivantes.

1. C'est le week-end et vous êtes sans un sou!
2. Vous avez raté votre examen de chimie.
3. L'inconnu(e) avec qui vous aviez rendez-vous a parlé de lui-même/d'elle-même sans cesse pendant toute la soirée.
4. Vous êtes très fatigué(e) ce matin parce que vous n'avez dormi que trois heures la nuit dernière.
5. Vous avez la gueule de bois aujourd'hui.
6. Vos vêtements ne vous vont plus. Ils vous serrent trop *(are too tight)*.
7. Vous avez pris un coup de soleil.
8. Vous avez manqué un examen inattendu hier parce que vous aviez séché le cours précédent.
9. Vous avez eu un accident de voiture et maintenant vous êtes hospitalisé(e) pour plusieurs jours.

«Grammaire»

Le Conditionnel passé

The past conditional in French expresses what *would have happened* if another event had taken place or if certain conditions had been present. Thus, it is commonly used in expressions of regret and reproach.

> Je **serais venu** plus tôt si j'avais su que tu avais besoin de mon aide.
> *I would have come earlier if I had known that you needed my help.*

A. Formation

• To form the past conditional, an auxiliary verb in the simple conditional is followed by the past participle. The rules of agreement common to all compound tenses are observed.

> Je serais arrivée...   Nous aurions fini...
>
> Tu lui aurais parlé...   Vous vous seriez fâchés...
>
> Cette lettre? Paul ne l'aurait pas écrite.
>
> Jeanne et Guillaume, l'auraient-ils écrite?

B. Usage

• Common ways of expressing regret and reproach in English are "could have" and "should have." In French, "could have done something" is expressed by the conditional past of **pouvoir** + infinitive.

> Tu **aurais pu** me téléphoner!
> *You could have called me!*

"Should have done something" is expressed by the conditional past of **devoir** + infinitive.

> Tu as raison. J'**aurais dû** te téléphoner.
> *You're right. I should have called you.*

NOTE: Either the simple conditional or the past conditional must be used following the expression **au cas où.**

> Au cas où tu **aurais** encore des problèmes, tu **pourrais** me donner un coup de fil.
> *In case you have further problems, you could give me a call.*
>
> Au cas où le technicien n'**aurait** pas **pu** venir réparer ta machine à laver, donne-moi un coup de fil.
> *In case the repairperson isn't able to come repair your washing machine, give me a call.*

Les Phrases conditionnelles

The conditional past is seen most often in conditional sentences, in which the verb in the **si**-clause is in the **plus-que-parfait.**

> Si tu me l'**avais dit**, j'**aurais pu** apporter tous les outils nécessaires pour réparer ta machine à laver.
>
> Tu n'**aurais** pas **eu** à faire venir un plombier si tu m'**avais parlé** de tes difficultés.

SUMMARY OF CONDITIONAL SENTENCES[1]

si-clause	main clause
présent	futur/présent/impératif
imparfait	conditionnel
plus-que-parfait	conditionnel passé

---

[1] Other sequences of tenses may occur occasionally; however, future or conditional tenses can *never* be used in the **si**-clause.

Activités

A. Dans ma boule de cristal. Prévoyez ce qui se serait passé dans les cas suivants, en formant des phrases avec les éléments donnés. Faites tout changement nécessaire.

Si j'avais étudié davantage pour l'examen de français hier soir...
1. ...je / obtenir / une meilleure note
2. ...professeur / être / content
3. ...je / impressionner / camarades de classe
4. ...je / recevoir / mon diplôme / cette année
5. ...C'est à vous de décider!

Si John F. Kennedy n'avait pas été assassiné en 1963...
6. ...il / être / réélu / en 1964
7. ...nous / gagner / la guerre du Viêt-Nam
8. ...les années 60 / être / différent
9. ...Jackie Kennedy / ne pas épouser / Aristote Onassis
10. ...C'est à vous de décider!

B. Ah, les regrets... Avec un(e) camarade, complétez chaque phrase en utilisant le plus-que-parfait ou le conditionnel passé.

1. Je n'aurais pas échoué à l'examen si...
2. J'aurais fait du jogging ce matin si...
3. Si tu m'avais invité(e) à ta soirée
4. Si j'avais passé plus de temps à la bibliothèque le semestre/trimestre passé...
5. J'aurais dormi plus de cinq heures hier soir si...
6. Si nous n'avions pas tant bu hier soir...
7. Vous n'auriez pas pris de coup de soleil si...

C. Si seulement... ! La grand-mère de Béatrice et de Jean, qui a 68 ans et qui souffre de nombreuses maladies, leur parle des regrets de sa vie passée. Elle donne aussi des conseils aux jeunes gens d'aujourd'hui pour prolonger leur vie. Utilisez le mode (indicatif, conditionnel, infinitif, participe, impératif) et le temps approprié pour finir chaque phrase.

Mes médecins me disent que je _____ (pouvoir) ajouter au moins dix ans à ma vie si j'avais suivi leurs conseils. Donc, si je les avais écoutés, je _____ (faire) davantage de gymnastique et je _____ (consommer) moins de sel et moins de graisses *(fat)*. Mais c'est trop tard maintenant.

Oh là là, _____ (regarder) ma peau sèche. Je _____ (ne pas devoir) prendre des bains de soleil sans _____ (mettre) de la lotion solaire, c'est certain. Et mes poumons—mon Dieu! Après _____ (fumer) pendant plus de 50 ans, ils ne sont plus en bonne santé, je vous assure! Je _____ (ne jamais devoir) commencer à fumer.

Si j'étais vous, je _____ (s'arrêter de fumer) aujourd'hui même. De plus, je _____ (manger) moins de viande et plus de légumes et de fruits frais. Au cas où vous _____ (douter) de la valeur de ces conseils, vous _____ (n'avoir que) à regarder la longévité des Japonais.

Mais, surtout, si vous _____ (vouloir) vivre bien et longtemps, il faut rester en bonne forme en _____ (faire) du sport et en _____ (éviter) les excès d'une vie trop sédentaire.

Voilà mes conseils pour la postérité! _____ (Ecouter) cette vieille femme qui vous aime et _____ (profiter) de ses erreurs!

Liens culturels

Les Français et le sport

Les années 80 auront été marquées en France et dans la plupart des pays occidentaux par la redécouverte du corps et de la forme physique. On croit qu'une meilleure résistance physique aide à mieux supporter les agressions de la vie moderne. L'apparence est aussi importante dans une société qui valorise la forme autant que le fond. Globalement, la pratique des sports est en forte hausse. 52% des hommes et 40% des femmes s'adonnent à une activité sportive (dont deux sur trois régulièrement). Quels sports? Le jogging, la natation, le football, la gymnastique (aérobic, etc.), le tennis, le vélo, le ski et la voile sont respectivement les sports les plus populaires en France. Le trait national d'individualisme se manifeste dans la popularité de sports tels que le jogging (un Français sur cinq pratique le jogging) et l'aérobic (un sur huit pratique la gymnastique). Quant aux sports collectifs, le football reste toujours le premier sport. Quels sports sont les plus populaires aux Etats-Unis? Quels sports préférez-vous?

Adapté de Mermet, *Franco-scopie*, pp. 373-377.

Avez-vous participé à une course à pied quelconque? A quelle occasion? Savez-vous d'où vient le mot «marathon»?

«Interactions»

A. Jouez le rôle. You know you will be receiving a failing grade in one of your classes at the end of the semester/quarter. Two classmates will play the role of your parents as you give them the regretful news in person. They will reproach you for the bad grade, stating how it could have been avoided (you should have studied more, watched TV less, told them sooner so they could have hired a tutor, etc.). You should alternately apologize and explain.

B. Composition. It is the first day of fall classes. The professor in your French Composition course wants you to write about your summer vacation from the following point of view:

En quoi est-ce que votre été aurait été différent si vous aviez disposé d'une somme d'argent illimitée et du temps nécessaire pour la dépenser?

BRAVO!
Culture et littérature

Comment résumer

«Conversation»
(conclusion)

Il est 9h45, le soir du triathlon de Nice. Marine vient de rentrer chez elle.

LA MÈRE: Marine! Tu arrives enfin! Nous nous inquiétions un peu.

MARINE: Oh, je suis désolée, maman. J'aurais dû te téléphoner, je suppose.

LA MÈRE: Où étais-tu, chérie?

MARINE: Bon, euh, ce qui s'est passé, c'est que j'ai rencontré par hasard mon amie Nadine. Tu te souviens d'elle? Alors, après que la plupart des concurrents ont eu terminé, nous sommes parties manger un morceau.

LA MÈRE: Ah, ça devait être très bien... mais téléphone-moi la prochaine fois, hein?

MARINE: D'accord.

LA MÈRE: A propos, avant que je n'oublie, tu as eu un coup de téléphone de ta cousine Claire il y a à peu près une demi-heure.

MARINE: Ah oui? Est-ce qu'elle a laissé un message?

LA MÈRE: Oui, une invitation. Enfin, je lui ai parlé pendant un quart d'heure ou presque. Quelle jeune fille aimable!

MARINE: Tout à fait... Qu'est-ce qu'elle avait à dire?

LA MÈRE: En bref, que tu es invitée à passer le week-end chez eux.

MARINE: Chouette! Je vais la rappeler tout de suite!

LA SOEUR: Marine! Attends une minute... Avant que tu ne lui donnes un coup de fil, dis-moi comment tu as trouvé le triathlon. J'attends depuis des heures de t'en parler. J'espère que maman me permettra d'y aller l'année prochaine.

MARINE: Oh, pour tout dire, c'était super! Une fanatique de sport comme toi, tu adoreras ça! Mais écoute! «Sports dimanche soir» commence dans quelques secondes et je suis sûre qu'ils vont parler du triathlon. Peut-être que je serai à la télévision!

LE REPORTER: Et les nouvelles sportives les plus importantes de ce jour étaient, bien sûr, le triathlon de Nice... Des milliers de spectateurs ont assisté à une série d'épreuves extraordinaires, dans lesquelles la vigueur physique° de plus de 1000 athlètes a été poussée au-delà des limites de l'ordinaire... Nul doute que pas mal de° spectateurs se sont demandé aujourd'hui ce qu'il faut pour gagner une telle épreuve. Nous avons interrogé un grand nombre d'athlètes connus sur ce sujet. Pour résumer leurs réponses, je dirai que les qualités nécessaires pour réussir dans ce sport sont le courage, la détermination et la vigueur. De plus, une attention scrupuleuse doit être apportée au régime alimentaire. Et, bien sûr, on doit aussi avoir de la chance...

Observation et Analyse

1. Quelles expressions utilise-t-on pour résumer?
2. Expliquez pourquoi Marine est rentrée en retard.
3. D'après l'enquête *(poll)* de l'émission sportive, quel type de personne gagne un triathlon? Quelle qualités faut-il?
4. Selon vous, pour quelles autres activités est-ce que ces qualités sont utiles sinon nécessaires?

«Expressions typiques pour... »

Résumer[2]

Donc,...
Enfin bref,...
Pour résumer, je dirai que...
Je résume en quelques mots...
En bref,...
Pour tout dire,...
En somme,...

Somme toute,°...
Ce qu'il a dit, c'était que...
Ce qu'il faut (en) retenir, c'est que...
Ce qui s'est passé, c'est que...
En deux mots, le gangster a été
   tué par la police...

Guide pour vous aider à résumer un film/une pièce/un roman

Savez-vous le nom du réalisateur°/du metteur en scène°/de l'auteur?
Combien de personnages y a-t-il dans le film/la pièce/le roman?
Qui sont-ils? Décrivez ces personnages.
Quand l'action se déroule°-t-elle? Où?
Y a-t-il des retours en arrière?°
De quoi s'agit-il dans le film/la pièce/le roman?
Résumez l'intrigue.°
Quel est le sens du titre?
Quel est le thème principal?
Comment trouvez-vous le film/la pièce/le roman?
      Est-ce qu'il/elle est intéressant(e)? passionnant(e)?
      ennuyeux(-euse)? médiocre?

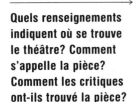

Quels renseignements indiquent où se trouve le théâtre? Comment s'appelle la pièce? Comment les critiques ont-ils trouvé la pièce?

[2] Since summarizing can involve telling a shortened version of a story, you may find it helpful to review the expressions used for telling a story in **Chapitre 4.**

«Mots et expressions utiles»

Un film

C'est un film à ne pas manquer. *The film is a must.*
un cinéaste *film-maker*
un compte-rendu *review (film, book, theater)*
une critique *review, criticism*
un(e) critique de cinéma *movie critic*
le dénouement *ending*
se dérouler/se passer *to take place*
l'entracte *m intermission*
un film doublé *dubbed film*
un four *flop*
des genres de films *types of films*

    une comédie *comedy*   un film d'épouvante *horror movie*
    un dessin animé *cartoon*   un film d'espionnage *spy story*
    un documentaire *documentary*   un film de guerre *war movie*
    un film d'amour *love story*   un film policier *police story*
    un film d'aventures *adventure film*   un western *western*

l'intrigue *f plot*
un navet *third-rate film, novel*
l'ouvreuse *f usher*[3]
le personnage (principal) *(main) character*
le réalisateur/la réalisatrice *director*
un retour en arrière *flashback*
un(e) scénariste *scriptwriter*
(avec) sous-titres *m (with) sub-titles*
le thème *theme*
tourner un film *to shoot a film*
Tout est complet. *It's sold out.*
la vedette *star*
en version originale (v.o.) *in the original language*

Une pièce

un(e) critique de théâtre *theater critic*
l'éclairage *m lighting*
frapper les 3 coups *to knock 3 times (heard just before the curtain goes up in French theaters)*
le metteur en scène *stage director*
la mise en scène *staging*
un rappel *curtain call*
une représentation *performance*
(avoir) le trac *(to have) stage fright*

Divers

l'enquête *f poll*   somme toute *when all is said and done*
pas mal (de) *quite a few, a lot (of)*   la vigueur physique *physical stamina*
réussi(e) *successful*

[3] En France, une ouvreuse (les ouvreuses subsistent de leurs pourboires) vous conduit dans la salle de cinéma et vous aide à vous placer. Aucun rafraîchissement n'est vendu à l'entrée. Par contre, l'ouvreuse sert des bonbons et des glaces à l'intérieur de la salle pendant l'entracte.

A. En bref... Résumez en une ou deux phrases le contenu des trois conversations d'un chapitre précédent, en utilisant les expressions pour résumer.

> *modèle:* (Chapitre 5, Leçon 2)
> *Enfin bref, un groupe d'étudiants qui se retrouvent dans le salon de l'hôtel où ils logent, discutent de leurs émissions préférées à la télé. Ils finissent par aller dans un café sans arriver à se mettre d'accord sur une émission.*

B. Etes-vous cinéphile? Ecrivez les noms de dix films que vous avez vus (américains et étrangers) pendant les deux dernières années. Classez chaque film d'après son genre. Comparez votre liste et votre classification avec celles de vos camarades. Discutez de votre genre de film préféré.

C. Oscars/Césars. Quels sont les films qui ont reçu des Oscars cette année (ou l'année passée) pour les catégories: meilleur film, meilleur réalisateur, meilleur acteur, meilleure actrice? Qu'est-ce que vous avez pensé des décisions des membres du jury? Est-ce que vous avez vu les films qui ont reçu le plus d'Oscars? Savez-vous quels films français ont gagné le plus de Césars[4] cette année (ou l'année passée)?

D. En peu de mots... Choisissez une pièce ou un film que vous avez vu(e) récemment. Donnez-en un petit résumé.

«Grammaire»

La Voix passive

A. Formation

The passive voice is useful in a number of contexts, including reporting the facts and summarizing what went on.

> Ce qui se passe à la fin du roman *Une rage fatale,* c'est que le mari **est tué** par sa femme jalouse.

An active voice construction is characterized by normal word order, where the subject of the sentence performs the action and the object receives the action.

Sujet	Verbe actif	Objet	
La femme	a vu	son mari et sa maîtresse	dans un restaurant.

In a passive voice construction, the subject is acted upon by the object (called the agent) and thus switches roles with the object.

Sujet	Verbe passif	Agent	
Le mari et sa maîtresse	ont été vus	par la femme	dans un restaurant.

In French, only verbs that are followed directly by an object (i.e., no preposition precedes the object) can be put into the passive voice.

---

[4] Les Césars sont l'équivalent français des Oscars d'Hollywood. Ils représentent la récompense la plus prestigieuse du cinéma français.

NOTE: The past participle agrees with the subject of the verb **être**. The formation is as follows:

> subject + **être** + past participle (+ **par/de** + agent)

> La femme **avait été arrêtée par** la police à une autre occasion; elle **était soupçonnée** d'avoir commis un vol.

An agent is not always mentioned. If one is expressed, it is usually introduced by **par.** However, **de** is used when the passive voice denotes a state. Typical past participles that are likely to be used with the preposition **de** are: **aimé, détesté, haï, respecté, admiré, craint, dévoré, entouré,** and **couvert.**

> Durant toutes leurs années de mariage, elle **était dévorée de** jalousie.

B. Pour éviter la voix passive

The passive voice construction is used much less often in French than in English. The following are alternatives to the use of the passive voice:

• If an agent is expressed, transform the sentence to the active voice. Thus, the agent is made the subject of the sentence and the passive subject becomes the direct object.

> PASSIVE: *Une rage fatale* **a été écrit** par un romancier célèbre.
> ACTIVE: Un romancier célèbre **a écrit** *Une rage fatale.*

• If an agent is not expressed and is a person, use the indefinite **on** as the subject, followed by the active verb in the third person singular form.

> PASSIVE: Le roman **est connu** dans de nombreux pays.
> ACTIVE: **On connaît** le roman dans de nombreux pays.

• Certain common, habitual actions in English expressed in the passive voice can be rendered in French by pronominal verbs, assuming that the subject is inanimate. Common pronominal verbs used in this situation are: **se manger, se boire, se parler, se vendre, s'ouvrir, se fermer, se dire, s'expliquer, se trouver, se faire,** and **se voir.**

> Le roman ne **se vend** pas bien en ce moment.
> *The novel is not selling very well right now.*

> Mais cela **s'explique** facilement, puisqu'il vient seulement de sortir en librairie.
> *But that is easily explained, since it just came out in the bookstores.*

Activités

A. Un film à ne pas manquer. Vous trouverez ci-dessous des phrases adaptées d'un compte-rendu du film «Le Moine *(Monk)* et la sorcière».[5] Mettez ces phrases à la voix active.

1. L'époque médiévale a été recréée par la réalisatrice et sa scénariste.
2. Animé d'une foi aveugle, le moine est attiré par les agissements *(schemes)* d'une jeune femme...
3. La femme est connue de tous comme guérisseuse *(healer).*

[5] Réalisé par Suzanne Schiffman, 1988. (*France-Amérique,* 7-13 avril 1988, p. 12)

4. Un soir, en train d'invoquer un saint, elle est surprise par le moine...
5. «Le Moine et la sorcière» est présenté comme un hymne à la nature.
6. L'histoire a été traitée par la réalisatrice d'une façon sobre, presque ascétique.

B. **«La Passion Béatrice».**[6] Voici des extraits du compte-rendu d'un autre film. Mettez les phrases à la voix passive.

1. Le scénario nous entraîne vers le Moyen Age.
2. Après avoir passé plusieurs années de captivité dans les prisons anglaises, François de Cortemart, un seigneur que les scrupules n'ont jamais beaucoup étouffé *(never cramped his style)*, est enfin de retour à son château.
3. Entre-temps, sa fille Béatrice a pris la direction *(management)* de ses affaires.
4. Pendant cette période, elle a vendu une grande partie de ses terres pour payer sa rançon *(ransom)*.
5. Elle a attendu le retour de son père avec impatience, joie et enthousiasme.
6. Malheureusement, la longue captivité a changé son père en un être brutal et sans vergogne *(shameless)*...
7. Tout le monde avait déjà admiré Bernard-Pierre Donnadieu (qui joue le rôle de Cortemart) dans le film «Le Retour de Martin Guerre».
8. «La Passion Béatrice» n'attirera sans doute pas un large public et c'est bien dommage, car c'est un film merveilleux.

C. Au cinéma. Un touriste américain est au cinéma en France. Il cherche dans son dictionnaire les mots pour poser les questions ci-dessous. Aidez-le en utilisant des verbes pronominaux.

1. Is French spoken here?
2. Where is popcorn **(le pop-corn)** sold?
3. Are soft drinks **(boissons non-alcoolisées)** sold in this theater?
4. Tipping the ushers—is that still done in France?
5. Was a car key found near the entrance? I lost mine this morning.
6. I'm not French. Does it show?

[6] Réalisé par Bertrand Tavernier, 1988. (*France-Amérique*, 24-30 mars 1988, p. 14)

Jouez la scène entre une ouvreuse et un(e) cinéphile.

«Interactions»

A. En bref... Look at the headlines and summary section from the front page of a daily newspaper (preferably a French paper) and skim the contents of several of the articles. Summarize for your classmates three or four of the events listed on your page.

> *modèle:* *Le Soir (journal belge), le 20 juillet 1987*
> *En peu de mots, voici les événements principaux. L'écrivain égyptien Toufik El Hakim est mort à l'âge de 88 ans; le programme nucléaire est soutenu par les électriciens; dix mille chômeurs risquent de perdre leur allocation de chômage; les collections d'automne Ricci, Dior et Ungaro se dévoilent (are unveiled).*

D. Pour résumer... Summarize a book that you have recently read in two or three paragraphs. Pay careful attention to your use of passive and active voice constructions, and use the guide to help structure your writing. Give an oral presentation of your book review to your classmates, and be prepared to answer their questions after your presentation.

BRAVO!
Culture et littérature

SYNTHÈSE

Activités orales

A. En somme... In one or two sentences, give a brief summary of what took place in each of the following situations. Don't forget to begin each summary with an appropriate expression.

1. The contents of a telephone conversation that you recently had.
2. What happened in French class yesterday.
3. What the weather report is for your area tomorrow.
4. The major highlights of the last sports event that you attended (or saw on TV).
5. What happened during the last meeting you attended (your residence hall organization, club, sorority/fraternity, church, job).

B. Imaginez... Imagine that you are Nadine's cousin who competed in the Triathlon of Nice. You managed to complete the events, but you finished 894th out of 1000. Your partner is a reporter for *Onze* (French sports magazine) and wants to interview you for an article on the triathlon featuring the winners and the losers. DISCUSSION TOPICS: personal information; what you expected to gain from the competition; what you needed to have done in order to finish among the first ten; if you have competed in a triathlon before; if you will compete in one again.

Activités écrites

A. Mon journal... Write a page in your diary in which you summarize the major events that have characterized your life during the past semester/quarter. Include what things you did and what you could have and should have done.

Listen to Activity Tape, Chapitre 10, and complete the corresponding exercises in the Activity Tape section of your Workbook.

B. Lettre à un(e) ami(e). You recently received a letter from your best friend who moved to Canada. Answer the letter and explain why you didn't write sooner. Compliment him/her on having lost weight (he/she told you this and it is obvious from a photo) and for his/her new hairstyle. Tell your friend about a movie/play you recently saw. Since you loved (or hated) this film/play, summarize it and give your opinion. Invite your friend to visit you soon.

Leçon 1

La compétition

arriver/terminer premier *to finish first*
battre *to beat, break*
un(e) concurrent(e) *competitor*
un coureur/une coureuse *runner, cyclist*
une course *race*
le défi *challenge*
l'entraîneur/l'entraîneuse *coach*
s'entraîner *to train*
une épreuve (athlétique) *an (athletic) event, test*
épuisant(e) *grueling, exhausting*
faire du sport *to play sports*
un(e) fanatique de sport *sports enthusiast, fan*
un match nul *tied game*
une perte *loss*
à la portée de *within the reach of*
la pression *pressure*
le record du monde *world record*
reprendre haleine *to get one's breath back*
sportif(-ve) *athletic, sportsmanlike, fond of sports*
survivre (à) (*past part.:* **survécu**) *to survive*
un tournoi *tournament*
une victoire *win, victory*

Divers

avoir bonne mine *to look well*
faillir (+ infinitif) *to almost do something*
faire un compliment à quelqu'un sur quelque chose *to compliment someone for something*
féliciter quelqu'un de *to congratulate someone for something*
le voeu *wish*

Leçon 2

Actions regrettables

avoir mal aux cheveux/la gueule de bois *to have a hangover*
échouer à/rater un examen *to fail/flunk an exam*
être fauché(e) *to be broke (out of money)*
être ivre *to be drunk*
être sans un sou *to be without a penny*

grossir/prendre des kilos *to put on weight*
ne pas mettre d'huile f/de lotion f solaire *to not put on suntan oil/lotion*
oublier d'attacher/de mettre sa ceinture de sécurité *to forget to fasten/put on one's seatbelt*
prendre un bain de soleil/se faire bronzer *to sunbathe*
prendre un coup de soleil *to get sunburned*
un rendez-vous (avec quelqu'un qu'on ne connaît pas) *(blind) date; meeting*
ne pas se réveiller à temps *to oversleep*
sécher un cours *to cut a class*

Leçon 3

Un film

C'est un film à ne pas manquer. *The film is a must.*
un cinéaste *film-maker*
un compte-rendu *review (film/book/theater)*
une critique *review, criticism*
un(e) critique de cinéma *movie critic*
le dénouement *ending*
se dérouler/se passer *to take place*
l'entracte m *intermission*
un film doublé *dubbed film*
un four *flop*
les genres de films *types of films*
  une comédie *comedy*
  un dessin animé *cartoon*
  un documentaire *documentary*
  un film d'amour *love story*
  un film d'aventures *adventure film*
  un film d'épouvante *horror movie*
  un film d'espionnage *spy story*
  un film de guerre *war movie*
  un film policier *police story*
  un western *western*
l'intrigue f *plot*
un navet *third-rate film, novel*
l'ouvreuse f *usher*
le personnage (principal) *(main) character*
le réalisateur/la réalisatrice *director*
un retour en arrière *flashback*
un(e) scénariste *scriptwriter*
(avec) sous-titres m *(with) sub-titles*
le thème *theme*
tourner un film *to shoot a film*
Tout est complet. *It's sold out.*
la vedette *star*
en version originale (v.o.) *in the original language*

Une pièce

un(e) critique de théâtre *theater critic*
l'éclairage *m lighting*
frapper les 3 coups *to knock 3 times (heard just before the curtain goes up in French theaters)*
le metteur en scène *stage director*
la mise en scène *staging*
un rappel *curtain call*
une représentation *performance*
(avoir) le trac *(to have) stage fright*

Divers

l'enquête *f poll*
pas mal (de) *quite a few, a lot (of)*
réussi(e) *successful*
somme toute *when all is said and done*
la vigueur physique *physical stamina*

Expressions supplémentaires

Les Nombres

Les nombres cardinaux

1	un/une	28	vingt-huit
2	deux	29	vingt-neuf
3	trois	30	trente
4	quatre	31	trente et un
5	cinq	32	trente-deux
6	six	40	quarante
7	sept	41	quarante et un
8	huit	42	quarante-deux
9	neuf	50	cinquante
10	dix	51	cinquante et un
11	onze	52	cinquante-deux
12	douze	60	soixante
13	treize	61	soixante et un
14	quatorze	62	soixante-deux
15	quinze	70	soixante-dix
16	seize	71	soixante et onze
17	dix-sept	72	soixante-douze
18	dix-huit	80	quatre-vingts
19	dix-neuf	81	quatre-vingt-un
20	vingt	82	quatre-vingt-deux
21	vingt et un	90	quatre-vingt-dix
22	vingt-deux	91	quatre-vingt-onze
23	vingt-trois	92	quatre-vingt-douze
24	vingt-quatre	100	cent
25	vingt-cinq	101	cent un
26	vingt-six	200	deux cents
27	vingt-sept	201	deux cent un

1000	mille
1001	mille un
1300	treize cents/mille trois cents
1740	dix-sept cent quarante/ mille sept cent quarante
8.000	huit mille
10.000	dix mille
100.000	cent mille
1.000.000	un million
1.000.000.000	un milliard

NOTE:

• When **quatre-vingts** and multiples of **cent** are followed by another number, the **s** is dropped.

quatre-vingts   quatre-vingt-trois
deux-cents   deux cent quinze

Mille is always invariable: quatre mille habitants

• French and English are exactly the opposite in their use of commas and decimal points.

15,000 in English is **15.000** in French (or **15 000**)

Les nombres ordinaux

1er	premier	*first*
(1e)	(première)	
2^e	deuxième, second(e)	*second*
3^e	troisième	*third*
4^e	quatrième	*fourth*
5^e	cinquième	*fifth*
6^e	sixième	*sixth*
7^e	septième	*seventh*
8^e	huitième	*eighth*
9^e	neuvième	*ninth*
10^e	dixième	*tenth*
11^e	onzième	*eleventh*
20^e	vingtième	*twentieth*
21^e	vingt et unième	*twenty-first*
100^e	centième	*one hundredth*

NOTE:

• In titles and dates, cardinal numbers are always used, except for "the first."

François **1**^{er} (Premier)
Louis **XVI** (Seize)

le **1**^{er} (premier) avril
le **25** (vingt-cinq) décembre

• Contrary to English, the cardinal number always precedes the ordinal number when both are used.

les deux premiers groupes
the first two groups

les vingt premières pages
the first twenty pages

Les Jours

lundi
mardi
mercredi
jeudi
vendredi
samedi
dimanche

Les Mois

janvier
février
mars
avril
mai
juin
juillet
août
septembre
octobre
novembre
décembre

Les Saisons

l'été   en été
l'automne   en automne
l'hiver   en hiver
BUT: le printemps   au printemps

Les Dates

le _____ _____ _____
   (nombre) (mois) (année)

EXEMPLES: le 15 juin 1989
            le 1er avril 1992

Les Expressions de temps

Il fait beau.	*The weather is nice.*
Il fait mauvais.	*The weather is bad.*
Il fait (du) soleil.	*It is sunny.*
Il fait chaud.	*It is warm.*
Il fait froid.	*It is cold.*
Il fait frais.	*It is cool.*
Il fait du vent.	*It is windy.*
Il fait humide.	*It is humid.*
Il fait sec.	*It is dry.*
Il fait brumeux.	*It is misty.*
Il fait jour.	*It is daylight.*
Il fait nuit.	*It is dark.*
Il se fait tard.	*It is getting dark.*
Il pleut.	*It is raining.*
Il neige.	*It is snowing.*
Il gèle.	*It is freezing.*
Il grêle.	*It is hailing.*
Il y a un orage.	*There is a storm.*
Il est couvert (nuageux).	*It is cloudy.*
La température est de 20°C.	*The temperature is 20 degrees Celsius.*

L'Heure

Quelle heure est-il?

1h	Il est une heure.
3h	Il est trois heures.
6h10	Il est six heures dix.
5h50	Il est six heures moins dix.
8h15	Il est huit heures et quart.
8h45	Il est neuf heures moins le quart.
10h30	Il est dix heures et demie.
12h	Il est midi (minuit).

NOTE: The French equivalents of A.M. and P.M. are **du matin** *(in the morning)*, **de l'après-midi** *(in the afternoon)*, and **du soir** *(in the evening)*.

Les Couleurs

beige *(beige)*
blanc/blanche *(white)*
bleu/bleue *(blue)*
brun/brune *(brown)*
crème *(cream)*
jaune *(yellow)*
gris/grise *(grey)*
marron *(chestnut brown)*
noir/noire *(black)*
orange *(orange)*
pourpre *(crimson)*
rose *(pink)*
rouge *(red)*
vert/verte *(green)*
violet/violette *(purple)*

bleu clair *(light blue)*
rouge foncé *(dark red)*

NOTE: **Marron, orange,** and **crème** are invariable, as well as any adjective modified by **clair** or **foncé.**

Expressions au téléphone

Allô? Bonjour, Monsieur.	Allô, oui. Bonjour.
C'est bien le 12.53.55.87?	Oui.
	Non, vous faites erreur.
	Quel numéro demandez-vous?
Ici, c'est Madame Dubois.	C'est…
A qui ai-je l'honneur (de parler)?	
Qui est-ce?	
Pourrais-je parler à… ?	En personne.
Puis-je parler à… ?	Mais oui. Ne quittez pas. *(Hold on.)*
	Je l'appelle./Je vous le/la passe. *(I'll put him/her on.)*
	Ne coupez pas. *(Don't hang up.)*

Les Temps littéraires

Four past tenses, two indicative and two subjunctive, are used in written French in formal literary style. The literary tenses are the **passé simple,** the **passé anté-rieur,** the **imparfait du subjonctif,** and the **plus-que-parfait du subjonctif.**

Le Passé simple

Many French authors express themselves in writing using the tense **le passé simple,** and thus it is used in several of your readings. This literary tense is the equivalent of the **passé composé;** in fact, the same distinctions that exist between the **passé composé** and the **imparfait** are made with the **passé simple** and the **imparfait.** However, whereas the **passé composé** is used in all forms of the spoken language and in correspondence, the **passé simple** is reserved exclusively for use in literary narrative writing. Since it is not likely that you will need to actively use this tense, you only need to learn to recognize and understand the forms.

The **passé simple** is composed of just one form. Regular verbs use the infinitive minus the **-er, -ir,** or **-re** endings as the stem, and add the following endings:

- **-er** verbs, including **aller:**

je parl**ai**	nous parl**âmes**
tu parl**as**	vous parl**âtes**
il/elle/on parl**a**	ils/elles parl**èrent**

- **-ir** verbs, including verbs like **partir, dormir, servir**

je pun**is**	nous pun**îmes**
tu pun**is**	vous pun**îtes**
il/elle/on pun**it**	ils/elles pun**irent**

- **-re** verbs

je rend**is**	nous rend**îmes**
tu rend**is**	vous rend**îtes**
il/elle/on rend**it**	ils/elles rend**irent**

As for the irregular verbs, some verbs use the past participle as the stem, while others do not. Most irregular verbs and their stems are listed below. The endings for the irregular verbs are:

je	**-s**	nous	**-mes**
tu	**-s**	vous	**-tes**
il/elle/on	**-t**	ills/elles	**-rent**

A circumflex (ˆ) is placed above the last vowel of the stem in the **nous** and **vous** forms, as in the example below.

croire

je crus	nous crûmes
tu crus	vous crûtes
il/elle/on crut	ils/elles crurent

Stems of irregular verbs

apercevoir	**aperçu-**	mettre	**mi-**
asseoir	**assi-**	mourir	**mouru-**
atteindre	**atteigni-**	naître	**naqui-**
avoir	**eu-**	offrir	**offri-**
boire	**bu-**	ouvrir	**ouvri-**
conduire	**conduisi-**	paraître	**paru-**
convaincre	**convainqui-**	plaire	**plu-**
connaître	**connu-**	pleuvoir	**il plut**
courir	**couru-**	pouvoir	**pu-**
craindre	**craigni-**	prendre	**pri-**
croire	**cru-**	recevoir	**reçu-**
devenir	**devin-**	résoudre	**résolu-**
devoir	**du-**	rire	**ri-**
dire	**di-**	savoir	**su-**
écrire	**écrivi-**	suivre	**suivi-**
être	**fu-**	taire	**tu-**
faillir	**failli-**	valoir	**valu-**
faire	**fi-**	venir	**vin-**
falloir	**il fallut**	vivre	**vécu-**
fuir	**fui-**	voir	**vi-**
lire	**lu-**	vouloir	**voulu-**

Le Passé antérieur

The **passé antérieur** is a literary tense used to designate a past event that occurred prior to another past event that is usually expressed in the **passé simple**. It often appears after the conjunctions **quand, lorsque, dès que, aussitôt que** and **après que**. The **passé antérieur** is formed with the **passé simple** of **avoir** or **être** and the past participle.

parler

j'eus parlé	nous eûmes parlé
tu eus parlé	vous eûtes parlé
il eut parlé	ils eurent parlé
elle eut parlé	elles eurent parlé
on eut parlé	

partir

je fus parti(e)	nous fûmes parti(e)s
tu fus parti(e)	vous fûtes parti(e)(s)
il fut parti	ils furent partis
elle fut partie	elles furent parties
on fut parti	

se réveiller

je me fus réveillé(e)	nous nous fûmes réveillé(e)s
tu te fus réveillé(e)	vous nous fûtes réveillé(e)(s)
il se fut réveillé	ils se furent réveillés
elle se fut réveillée	elles se furent réveillées
on se fut réveillé	

L'Imparfait du subjonctif

The **imparfait du subjonctif** may be used in subordinate clauses when the verb in the main clause is in a past tense or in the conditional. It is formed by dropping the ending of the **passé simple** and adding the endings below. The **imparfait du subjonctif** corresponds in meaning to the present subjunctive and, in fact, in spoken language the present subjunctive is used.

aller

(passé simple: j'allai, etc.)

que j'allasse	que nous allassions
que tu allasses	que vous allassiez
qu'il allât	qu'ils allassent
qu'elle allât	qu'elles allassent
qu'on allât	

finir

(passé simple: je finis, etc.)

que je finisse	que nous finissions
que tu finisses	que vous finissiez
qu'il finît	qu'ils finissent
qu'elle finît	qu'elles finissent
qu'on finît	

croire

(passé simple: je crus, etc.)

que je crusse	que nous crussions
que tu crusses	que vous crussiez
qu'il crût	qu'ils crussent
qu'elle crût	qu'elles crussent
qu'on crût	

Le Plus-que parfait du subjonctif

The **plus-que-parfait du subjonctif** may replace the **plus-que-parfait** or the **conditionnel passé**. It may be used in subordinate clauses for events that occurred prior to the time of the verb in the main clause. Like the **imparfait du subjonctif,** it is used when the main-clause verb is in a past tense or in the conditional. It is formed with the **imparfait du subjonctif** of **avoir** or **être** and the past participle. The **plus-que-parfait du subjonctif** corresponds in meaning to the **passé du subjonctif.**

parler

que j'eusse parlé	que nous eussions parlé
que tu eusses parlé	que vous eussiez parlé
qu'il eût parlé	qu'ils eussent parlé
qu'elle eût parlé	qu'elles eussent parlé
qu'on eût parlé	

venir

que je fusse venu(e)	que nous fussions venu(e)s
que tu fusses venu(e)	que vous fussiez venu(e)(s)
qu'il fût venu	qu'ils fussent venus
qu'elle fût venue	qu'elles fussent venues
qu'on fût venu	

Les Verbes

Les Verbes réguliers

INFINITIF	PRÉSENT	IMPÉRATIF	PASSÉ COMPOSÉ	IMPARFAIT
parler *(to talk, speak)*	je **parle** tu **parles** il **parle** nous **parlons** vous **parlez** ils **parlent**	**parle** **parlons** **parlez**	j'**ai parlé** tu **as parlé** il **a parlé** nous **avons parlé** vous **avez parlé** ils **ont parlé**	je **parlais** tu **parlais** il **parlait** nous **parlions** vous **parliez** ils **parlaient**
finir *(to finish)*	je **finis** tu **finis** il **finit** nous **finissons** vous **finissez** ils **finissent**	**finis** **finissons** **finissez**	j'**ai fini** tu **as fini** il **a fini** nous **avons fini** vous **avez fini** ils **ont fini**	je **finissais** tu **finissais** il **finissait** nous **finissions** vous **finissiez** ils **finissaient**
rendre *(to give back)*	je **rends** tu **rends** il **rend** nous **rendons** vous **rendez** ils **rendent**	**rends** **rendons** **rendez**	j'**ai rendu** tu **as rendu** il **a rendu** nous **avons rendu** vous **avez rendu** ils **ont rendu**	je **rendais** tu **rendais** il **rendait** nous **rendions** vous **rendiez** ils **rendaient**
se laver *(to wash oneself)*	je **me lave** tu **te laves** il **se lave** nous **nous lavons** vous **vous lavez** ils **se lavent**	**lave-toi** **lavons-nous** **lavez-vous**	je **me suis lavé(e)** tu **t'es lavé(e)** il/elle **s'est lavé(e)** nous **nous sommes lavé(e)s** vous **vous êtes lavé(e)(s)** ils/elles **se sont lavé(e)s**	je **me lavais** tu **te lavais** il **se lavait** nous **nous lavions** vous **vous laviez** ils **se lavaient**

PASSÉ SIMPLE	FUTUR	CONDITIONNEL	SUBJONCTIF	PARTICIPE PRÉSENT
je **parlai** tu **parlas** il **parla** nous **parlâmes** vous **parlâtes** ils **parlèrent**	je **parlerai** tu **parleras** il **parlera** nous **parlerons** vous **parlerez** ils **parleront**	je **parlerais** tu **parlerais** il **parlerait** nous **parlerions** vous **parleriez** ils **parleraient**	que je **parle** que tu **parles** qu'il **parle** que nous **parlions** que vous **parliez** qu'ils **parlent**	**parlant**
je **finis** tu **finis** il **finit** nous **finîmes** vous **finîtes** ils **finirent**	je **finirai** tu **finiras** il **finira** nous **finirons** vous **finirez** ils **finiront**	je **finirais** tu **finirais** il **finirait** nous **finirions** vous **finiriez** ils **finiraient**	que je **finisse** que tu **finisses** qu'il **finisse** que nous **finissions** que vous **finissiez** qu'ils **finissent**	**finissant**
je **rendis** tu **rendis** il **rendit** nous **rendîmes** vous **rendîtes** ils **rendirent**	je **rendrai** tu **rendras** il **rendra** nous **rendrons** vous **rendrez** ils **rendront**	je **rendrais** tu **rendrais** il **rendrait** nous **rendrions** vous **rendriez** ils **rendraient**	que je **rende** que tu **rendes** qu'il **rende** que nous **rendions** que vous **rendiez** qu'ils **rendent**	**rendant**
je **me lavai** tu **te lavas** il **se lava** nous **nous lavâmes** vous **vous lavâtes** ils **se lavèrent**	je **me laverai** tu **te laveras** il **se lavera** nous **nous laverons** vous **vous laverez** il **se laveront**	je **me laverais** tu **te laverais** il **se laverait** nous **nous laverions** vous **vous laveriez** ils **se laveraient**	que je **me lave** que tu **te laves** qu'il **se lave** que nous **nous lavions** que vous **vous laviez** qu'ils **se lavent**	**se lavant**

Les Verbes en -er avec changement d'orthographe

INFINITIF	PRÉSENT	IMPÉRATIF	PASSÉ COMPOSÉ	IMPARFAIT
acheter *(to buy)*	j'**achète** tu **achètes** il **achète** nous **achetons** vous **achetez** ils **achètent**	**achète** **achetons** **achetez**	j'**ai acheté** tu **as acheté** il **a acheté** nous **avons acheté** vous **avez acheté** ils **ont acheté**	j'**achetais** tu **achetais** il **achetait** nous **achetions** vous **achetiez** ils **achetaient**
Verbs like **acheter**:				

amener *(to bring [someone])*, **élever** *(to raise)*, **emmener** *(to take away [someone])*, **enlever** *(to take off, remove)*, **peser** *(to weigh)*

INFINITIF	PRÉSENT	IMPÉRATIF	PASSÉ COMPOSÉ	IMPARFAIT
appeler *(to call)*	j'**appelle** tu **appelles** il **appelle** nous **appelons** vous **appelez** ils **appellent**	**appelle** **appelons** **appelez**	j'**ai appelé** tu **as appelé** il **a appelé** nous **avons appelé** vous **avez appelé** ils **ont appelé**	j'**appelais** tu **appelais** il **appelait** nous **appelions** vous **appeliez** ils **appelaient**

Verbs like **appeler**: **épeler** *(to spell)*, **jeter** *(to throw)*, **rappeler** *(to recall, call back)*, **rejeter** *(to reject)*

INFINITIF	PRÉSENT	IMPÉRATIF	PASSÉ COMPOSÉ	IMPARFAIT
préférer *(to prefer)*	je **préfère** tu **préfères** il **préfère** nous **préférons** vous **préférez** ils **préfèrent**	**préfère** **préférons** **préférez**	j'**ai préféré** tu **as préféré** il **a préféré** nous **avons préféré** vous **avez préféré** ils **ont préféré**	je **préférais** tu **préférais** il **préférait** nous **préférions** vous **préfériez** ils **préféraient**

Verbs like **préférer**: **célébrer** *(to celebrate)*, **espérer** *(to hope)*, **inquiéter** *(to worry)*, **posséder** *(to own)*, **protéger** *(to protect)*, **répéter** *(to repeat)*, **sécher** *(to dry)*, **suggérer** *(to suggest)*

INFINITIF	PRÉSENT	IMPÉRATIF	PASSÉ COMPOSÉ	IMPARFAIT
manger *(to eat)*	je **mange** tu **manges** il **mange** nous **mangeons** vous **mangez** ils **mangent**	**mange** **mangeons** **mangez**	j'**ai mangé** tu **as mangé** il **a mangé** nous **avons mangé** vous **avez mangé** ils **ont mangé**	je **mangeais** tu **mangeais** il **mangeait** nous **mangions** vous **mangiez** ils **mangeaient**

Verbs like **manger**: **arranger** *(to fix, arrange)*, **changer** *(to change)*, **corriger** *(to correct)*, **déménager** *(to move one's residence)*, **déranger** *(to disturb)*, **diriger** *(to manage, run)*, **nager** *(to swim)*, **négliger** *(to neglect)*, **obliger** *(to oblige)*, **partager** *(to share)*, **plonger** *(to dive)*, **protéger** *(to protect)*, **ranger** *(to put in order, put away)*, **songer à** *(to think of)*, **voyager** *(to travel)*

INFINITIF	PRÉSENT	IMPÉRATIF	PASSÉ COMPOSÉ	IMPARFAIT
commencer *(to start, begin)*	je **commence** tu **commences** il **commence** nous **commençons** vous **commencez** ils **commencent**	**commence** **commençons** **commencez**	j'**ai commencé** tu **as commencé** il **a commencé** nous **avons commencé** vous **avez commencé** ils **ont commencé**	je **commençais** tu **commençais** il **commençait** nous **commencions** vous **commenciez** ils **commençaient**

Verbs like **commencer**: **annoncer** *(to announce)*, **avancer** *(to move forward)*, **effacer** *(to erase)*, **lancer** *(to throw, launch)*, **menacer** *(to threaten)*, **placer** *(to put, set, place)*, **remplacer** *(to replace)*, **renoncer** *(to give up, renounce)*

INFINITIF	PRÉSENT	IMPÉRATIF	PASSÉ COMPOSÉ	IMPARFAIT
payer *(to pay, pay for)*	je **paie** tu **paies** il **paie** nous **payons** vous **payez** ils **paient**	**paie** **payons** **payez**	j'**ai payé** tu **as payé** il **a payé** nous **avons payé** vous **avez payé** ils **ont payé**	je **payais** tu **payais** il **payait** nous **payions** vous **payiez** ils **payaient**

Verbs like **payer**: **employer** *(to use, employ)*, **ennuyer** *(to bore, annoy)*, **envoyer** *(to send)* (except in future and conditional), **essayer** *(to try)*, **essuyer** *(to wipe)*, **nettoyer** *(to clean)*

PASSÉ SIMPLE	FUTUR	CONDITIONNEL	SUBJONCTIF	PARTICIPE PRÉSENT
j'achetai	j'achèterai	j'achèterais	que j'achète	achetant
tu achetas	tu achèteras	tu achèterais	que tu achètes	
il acheta	il achètera	il achèterait	qu'il achète	
nous achetâmes	nous achèterons	nous achèterions	que nous achetions	
vous achetâtes	vous achèterez	vous achèteriez	que vous achetiez	
ils achetèrent	ils achèteront	ils achèteraient	qu'ils achètent	
j'appelai	j'appellerai	j'appellerais	que j'appelle	appelant
tu appelas	tu appelleras	tu appellerais	que tu appelles	
il appela	il appellera	il appellerait	qu'il appelle	
nous appelâmes	nous appellerons	nous appellerions	que nous appelions	
vous appelâtes	vous appellerez	vous appelleriez	que vous appeliez	
ils appelèrent	ils appelleront	ils appelleraient	qu'ils appellent	
je préférai	je préférerai	je préférerais	que je préfère	préférant
tu préféras	tu préféreras	tu préférerais	que tu préfères	
il préféra	il préférera	il préférerait	qu'il préfère	
nous préférâmes	nous préférerons	nous préférerions	que nous préférions	
vous préférâtes	vous préférerez	vous préféreriez	que vous préfériez	
ils préférèrent	ils préféreront	ils préféreraient	qu'ils préfèrent	
je mangeai	je mangerai	je mangerais	que je mange	mangeant
tu mangeas	tu mangeras	tu mangerais	que tu manges	
il mangea	il mangera	il mangerait	qu'il mange	
nous mangeâmes	nous mangerons	nous mangerions	que nous mangions	
vous mangeâtes	vous mangerez	vous mangeriez	que vous mangiez	
ils mangèrent	ils mangeront	ils mangeraient	qu'ils mangent	
je commençai	je commencerai	je commencerais	que je commence	commençant
tu commenças	tu commenceras	tu commencerais	que tu commences	
il commença	il commencera	il commencerait	qu'il commence	
nous commençâmes	nous commencerons	nous commencerions	que nous commencions	
vous commençâtes	vous commencerez	vous commenceriez	que vous commenciez	
ils commencèrent	ils commenceront	ils commenceraient	qu'ils commencent	
je payai	je paierai	je paierais	que je paie	payant
tu payas	tu paieras	tu paierais	que tu paies	
il paya	il paiera	il paierait	qu'il paie	
nous payâmes	nous paierons	nous paierions	que nous payions	
vous payâtes	vous paierez	vous paieriez	que vous payiez	
ils payèrent	ils paieront	ils paieraient	qu'ils paient	

Les Verbes irréguliers

Sommaire

In the list below, the number at the right of each irregular verb corresponds to the number of the verb, or of a similarly conjugated verb, in the tables that follow. Verbs conjugated with **être** as an auxiliary verb in the compound tenses are marked with an asterisk (*). All other verbs are conjugated with **avoir**.

absoudre *(to forgive)* 1
accueillir *(to receive, to welcome)* 15
acquérir *(to acquire, to get)* 2
admettre *(to admit)* 26
*****aller** *(to go)* 3
*****s'en aller** *(to go away)* 3
apercevoir *(to perceive)* 34
apparaître *(to appear)* 10
appartenir *(to belong)* 43
apprendre *(to learn)* 33
*****s'asseoir** *(to sit down)* 4
atteindre *(to attain)* 13
avoir *(to have)* 5
battre *(to beat)* 6
*****se battre** *(to fight)* 6
boire *(to drink)* 7
combattre *(to combat)* 6
comprendre *(to understand)* 33
conclure *(to conclude)* 8

conduire *(to drive, to conduct)* 9
connaître *(to know)* 10
conquérir *(to conquer)* 2
construire *(to construct)* 9
contenir *(to contain)* 43
convaincre *(to convince)* 41
convenir *(to agree)* 43
coudre *(to sew)* 11
courir *(to run)* 12
couvrir *(to cover)* 29
craindre *(to fear)* 13
croire *(to believe)* 14
cueillir *(to pick, to gather)* 15
cuire *(to cook)* 9
décevoir *(to deceive)* 34
découvrir *(to discover)* 29
décrire *(to describe)* 19
déplaire *(to displease)* 30
détruire *(to destroy)* 9
*****devenir** *(to become)* 43

devoir *(must, to have to, to owe)* 16
dire *(to say, to tell)* 17
disparaître *(to disappear)* 10
dormir *(to sleep)* 18
écrire *(to write)* 19
élire *(to elect)* 25
*****s'endormir** *(to fall asleep)* 18
envoyer *(to send)* 20
éteindre *(to turn off)* 13
être *(to be)* 21
faire *(to do, to make)* 22
falloir *(to be necessary)* 23
fuir *(to flee)* 24
*****s'inscrire** *(to join, to sign up)* 19
interdire *(to forbid, to prohibit)* 17
joindre *(to join)* 13
lire *(to read)* 25
maintenir *(to maintain)* 43
mentir *(to lie)* 38
mettre *(to put, to place)* 26

INFINITIF	PRÉSENT	IMPÉRATIF	PASSÉ COMPOSÉ	IMPARFAIT
1. **absoudre** *(to forgive)*	j'**absous** tu **absous** il **absout** nous **absolvons** vous **absolvez** ils **absolvent**	**absous** **absolvons** **absolvez**	j'**ai absous** tu **as absous** il **a absous** nous **avons absous** vous **avez absous** ils **ont absous**	j'**absolvais** tu **absolvais** il **absolvait** nous **absolvions** vous **absolviez** ils **absolvaient**
2. **acquérir** *(to acquire, to get)*	j'**acquiers** tu **acquiers** il **acquiert** nous **acquérons** vous **acquérez** ils **acquièrent**	**acquiers** **acquérons** **acquérez**	j'**ai acquis** tu **as acquis** il **a acquis** nous **avons acquis** vous **avez acquis** ils **ont acquis**	j'**acquérais** tu **acquérais** il **acquérait** nous **acquérions** vous **acquériez** ils **acquéraient**
3. **aller** *(to go)*	je **vais** tu **vas** il **va** nous **allons** vous **allez** ils **vont**	**va** **allons** **allez**	je **suis allé(e)** tu **es allé(e)** il/elle **est allé(e)** nous **sommes allé(e)s** vous **êtes allé(e)(s)** ils/elles **sont allé(e)s**	j'**allais** tu **allais** il **allait** nous **allions** vous **alliez** ils **allaient**

*mourir (to die)   27
*naître (to be born)   28
 obtenir (to obtain, to get)   43
 offrir (to offer)   29
 ouvrir (to open)   29
 paraître (to appear)   10
 parcourir (to travel over)   12
*partir (to leave)   38
*parvenir (to arrive, to succeed)   43
 peindre (to paint)   13
 permettre (to permit)   26
*se plaindre (to complain)   13
 plaire (to please)   30
 pleuvoir (to rain)   31
 poursuivre (to pursue)   39
 pouvoir (to be able, can)   32
 prédire (to predict)   17
 prendre (to take)   33
 prévoir (to foresee)   45
 produire (to produce)   9

promettre (to promise)   26
recevoir (to receive, to get)   34
reconnaître (to recognize)   10
reconstruire (to reconstruct)   9
recouvrir (to recover)   29
*redevenir (to become again)   43
réduire (to reduce)   9
remettre (to postpone)   26
reprendre (to take back)   33
résoudre (to resolve, to solve)   35
retenir (to reserve)   43
*revenir (to come back)   43
revoir (to see again)   45
rire (to laugh)   36
rompre (to break)   6
savoir (to know)   37
sentir (to smell)   38
*se sentir (to feel)   38
servir (to serve)   38
*se servir de (to use)   38

*sortir (to go out)   38
 souffrir (to suffer)   29
 soumettre (to submit)   26
 sourire (to smile)   36
 soutenir (to support)   43
*se souvenir (to remember)   43
 suivre (to follow)   39
 suprendre (to surprise)   33
 survivre (to survive)   44
*se taire (to be quiet)   40
 tenir (to hold)   43
 traduire (to translate)   9
 transmettre (to transmit)   26
 vaincre (to conquer)   41
 valoir (to be worth)   42
*venir (to come)   43
 vivre (to live)   44
 voir (to see)   45
 vouloir (to wish, to want)   46

PASSÉ SIMPLE	FUTUR	CONDITIONNEL	SUBJONCTIF	PARTICIPE PRÉSENT
N'existe pas	j'absoudrai tu absoudras il absoudra nous absoudrons vous absoudrez ils absoudront	j'absoudrais tu absoudrais il absoudrait nous absoudrions vous absoudriez ils absoudraient	que j'absolve que tu absolves qu'il absolve que nous absolvions que vous absolviez qu'ils absolvent	absolvant
j'acquis tu acquis il acquit nous acquîmes vous acquîtes ils acquirent	j'acquerrai tu acquerras il acquerra nous acquerrons vous acquerrez ils acquerront	j'acquerrais tu acquerrais il acquerrait nous acquerrions vous acquerriez ils acquerraient	que j'acquière que tu acquières qu'il acquière que nous acquérions que vous acquériez qu'ils acquièrent	acquérant
j'allai tu allas il alla nous allâmes vous allâtes ils allèrent	j'irai tu iras il ira nous irons vous irez ils iront	j'irais tu irais il irait nous irions vous iriez ils iraient	que j'aille que tu ailles qu'il aille que nous allions que vous alliez qu'ils aillent	allant

INFINITIF	PRÉSENT	IMPÉRATIF	PASSÉ COMPOSÉ	IMPARFAIT
4. **s'asseoir** *(to sit down)*	je **m'assieds** tu **t'assieds** il **s'assied** nous **nous asseyons** vous **vous asseyez** ils **s'asseyent**	**assieds-toi** **asseyons-nous** **asseyez-vous**	je **me suis assis(e)** tu **t'es assis(e)** il/elle **s'est assis(e)** nous **nous sommes assis(es)** vous **vous êtes assis(e)(es)** ils/elles **se sont assis(es)**	je **m'asseyais** tu **t'asseyais** il **s'asseyait** nous **nous asseyions** vous **vous asseyiez** ils **s'asseyaient**
5. **avoir** *(to have)*	j'**ai** tu **as** il **a** nous **avons** vous **avez** ils **ont**	**aie** **ayons** **ayez**	j'**ai eu** tu **as eu** il **a eu** nous **avons eu** vous **avez eu** ils **ont eu**	j'**avais** tu **avais** il **avait** nous **avions** vous **aviez** ils **avaient**
6. **battre** *(to beat)*	je **bats** tu **bats** il **bats** nous **battons** vous **battez** ils **battent**	**bats** **battons** **battez**	j'**ai battu** tu **as battu** il **a battu** nous **avons battu** vous **avez battu** ils **ont battu**	je **battais** tu **battais** il **battait** nous **battions** vous **battiez** ils **battaient**
7. **boire** *(to drink)*	je **bois** tu **bois** il **boit** nous **buvons** vous **buvez** ils **boivent**	**bois** **buvons** **buvez**	j'**ai bu** tu **as bu** il **a bu** nous **avons bu** vous **avez bu** ils **ont bu**	je **buvais** tu **buvais** il **buvait** nous **buvions** vous **buviez** ils **buvaient**
8. **conclure** *(to conclude)*	je **conclus** tu **conclus** il **conclut** nous **concluons** vous **concluez** ils **concluent**	**conclus** **concluons** **concluez**	j'**ai conclu** tu **as conclu** il **a conclu** nous **avons conclu** vous **avez conclu** ils **ont conclu**	je **concluais** tu **concluais** il **concluait** nous **concluions** vous **concluiez** ils **concluaient**
9. **conduire** *(to drive,* *to conduct)*	je **conduis** tu **conduis** il **conduit** nous **conduisons** vous **conduisez** ils **conduisent**	**conduis** **conduisons** **conduisez**	j'**ai conduit** tu **as conduit** il **a conduit** nous **avons conduit** vous **avez conduit** ils **ont conduit**	je **conduisais** tu **conduisais** il **conduisait** nous **conduisions** vous **conduisiez** ils **conduisaient**
10. **connaître** *(to know)*	je **connais** tu **connais** il **connaît** nous **connaissons** vous **connaissez** ils **connaissent**	**connais** **connaissons** **connaissez**	j'**ai connu** tu **as connu** il **a connu** nous **avons connu** vous **avez connu** ils **ont connu**	je **connaissais** tu **connaissais** il **connaissait** nous **connaissions** vous **connaissiez** ils **connaissaient**
11. **coudre** *(to sew)*	je **couds** tu **couds** il **coud** nous **cousons** vous **cousez** ils **cousent**	**couds** **cousons** **cousez**	j'**ai cousu** tu **as cousu** il **a cousu** nous **avons cousu** vous **avez cousu** ils **ont cousu**	je **cousais** tu **cousais** il **cousait** nous **cousions** vous **cousiez** ils **cousaient**

PASSÉ SIMPLE	FUTUR	CONDITIONNEL	SUBJONCTIF	PARTICIPE PRÉSENT
je m'assis tu t'assis il s'assit nous nous assîmes vous vous assîtes ils s'assirent	je m'assiérai tu t'assiéras il s'assiéra nous nous assiérons vous vous assiérez ils s'assiéront	je m'assiérais tu t'assiérais il s'assiérait nous nous assiérions vous vous assiériez ils s'assiéraient	que je m'asseye que tu t'asseyes qu'il s'asseye que nous nous asseyions que vous vous asseyiez qu'ils s'asseyent	s'asseyant
j'eus tu eus il eut nous eûmes vous eûtes ils eurent	j'aurai tu auras il aura nous aurons vous aurez ils auront	j'aurais tu aurais il aurait nous aurions vous auriez ils auraient	que j'aie que tu aies qu'il ait que nous ayons que vous ayez qu'ils aient	ayant
je battis tu battis il battit nous battîmes vous battîtes ils battirent	je battrai tu battras il battra nous battrons vous battrez ils battront	je battrais tu battrais il battrait nous battrions vous battriez ils battraient	que je batte que tu battes qu'il batte que nous battions que vous battiez qu'ils battent	battant
je bus tu bus il but nous bûmes vous bûtes ils burent	je boirai tu boiras il boira nous boirons vous boirez ils boiront	je boirais tu boirais il boirait nous boirions vous boiriez ils boiraient	que je boive que tu boives qu'il boive que nous buvions que vous buviez qu'ils boivent	buvant
je conclus tu conclus il conclut nous conclûmes vous conclûtes ils conclurent	je conclurai tu concluras il conclura nous conclurons vous conclurez ils concluront	je conclurais tu conclurais il conclurait nous conclurions vous concluriez ils concluraient	que je conclue que tu conclues qu'il conclue que nous concluions que vous concluiez qu'ils concluent	concluant
je conduisis tu conduisis il conduisit nous conduisîmes vous conduisîtes ils conduisirent	je conduirai tu conduiras il conduira nous conduirons vous conduirez ils conduiront	je conduirais tu conduirais il conduirait nous conduirions vous conduiriez ils conduiraient	que je conduise que tu conduises qu'il conduise que nous conduisions que vous conduisiez qu'ils conduisent	conduisant
je connus tu connus il connut nous connûmes vous connûtes ils connurent	je connaîtrai tu connaîtras il connaîtra nous connaîtrons vous connaîtrez ils connaîtront	je connaîtrais tu connaîtrais il connaîtrait nous connaîtrions vous connaîtriez ils connaîtraient	que je connaisse que tu connaisses qu'il connaisse que nous connaissions que vous connaissiez qu'ils connaissent	connaissant
je cousis tu cousis il cousit nous cousîmes vous cousîtes ils cousirent	je coudrai tu coudras il coudra nous coudrons vous coudrez ils coudront	je coudrais tu coudrais il coudrait nous coudrions vous coudriez ils coudraient	que je couse que tu couses qu'il couse que nous cousions que vous cousiez qu'ils cousent	cousant

INFINITIF	PRÉSENT	IMPÉRATIF	PASSÉ COMPOSÉ	IMPARFAIT
12. **courir** *(to run)*	je **cours** tu **cours** il **court** nous **courons** vous **courez** ils **courent**	**cours** **courons** **courez**	j'**ai couru** tu **as couru** il **a couru** nous **avons couru** vous **avez couru** ils **ont couru**	je **courais** tu **courais** il **courait** nous **courions** vous **couriez** ils **couraient**
13. **craindre** *(to fear)*	je **crains** tu **crains** il **craint** nous **craignons** vous **craignez** ils **craignent**	**crains** **craignons** **craignez**	j'**ai craint** tu **as craint** il **a craint** nous **avons craint** vous **avez craint** ils **ont craint**	je **craignais** tu **craignais** il **craignait** nous **craignions** vous **craigniez** ils **craignaient**
14. **croire** *(to believe)*	je **crois** tu **crois** il **croit** nous **croyons** vous **croyez** ils **croient**	**crois** **croyons** **croyez**	j'**ai cru** tu **as cru** il **a cru** nous **avons cru** vous **avez cru** ils **ont cru**	je **croyais** tu **croyais** il **croyait** nous **croyions** vous **croyiez** ils **croyaient**
15. **cueillir** *(to pick, to gather)*	je **cueille** tu **cueilles** il **cueille** nous **cueillons** vous **cueillez** ils **cueillent**	**cueille** **cueillons** **cueillez**	j'**ai cueilli** tu **as cueilli** il **a cueilli** nous **avons cueilli** vous **avez cueilli** ils **ont cueilli**	je **cueillais** tu **cueillais** il **cueillait** nous **cueillions** vous **cueilliez** ils **cueillaient**
16. **devoir** *(must, to have to; to owe)*	je **dois** tu **dois** il **doit** nous **devons** vous **devez** ils **doivent**	**dois** **devons** **devez**	j'**ai dû** tu **as dû** il **a dû** nous **avons dû** vous **avez dû** ils **ont dû**	je **devais** tu **devais** il **devait** nous **devions** vous **deviez** ils **devaient**
17. **dire** *(to say, to tell)*	je **dis** tu **dis** il **dit** nous **disons** vous **dites** ils **disent**	**dis** **disons** **dites**	j'**ai dit** tu **as dit** il **a dit** nous **avons dit** vous **avez dit** ils **ont dit**	je **disais** tu **disais** il **disait** nous **disions** vous **disiez** ils **disaient**
18. **dormir** *(to sleep)*	je **dors** tu **dors** il **dort** nous **dormons** vous **dormez** ils **dorment**	**dors** **dormons** **dormez**	j'**ai dormi** tu **as dormi** il **a dormi** nous **avons dormi** vous **avez dormi** ils **ont dormi**	je **dormais** tu **dormais** il **dormait** nous **dormions** vous **dormiez** ils **dormaient**
19. **écrire** *(to write)*	j'**écris** tu **écris** il **écrit** nous **écrivons** vous **écrivez** ils **écrivent**	**écris** **écrivons** **écrivez**	j'**ai écrit** tu **as écrit** il **a écrit** nous **avons écrit** vous **avez écrit** ils **ont écrit**	j'**écrivais** tu **écrivais** il **écrivait** nous **écrivions** vous **écriviez** ils **écrivaient**

PASSÉ SIMPLE	FUTUR	CONDITIONNEL	SUBJONCTIF	PARTICIPE PRÉSENT
je **courus**	je **courrai**	je **courrais**	que je **coure**	**courant**
tu **courus**	tu **courras**	tu **courrais**	que tu **coures**	
il **courut**	il **courra**	il **courrait**	qu'il **coure**	
nous **courûmes**	nous **courrons**	nous **courrions**	que nous **courions**	
vous **courûtes**	vous **courrez**	vous **courriez**	que vous **couriez**	
ils **coururent**	ils **courront**	ils **courraient**	qu'ils **courent**	
je **craignis**	je **craindrai**	je **craindrais**	que je **craigne**	**craignant**
tu **craignis**	tu **craindras**	tu **craindrais**	que tu **craignes**	
il **craignit**	il **craindra**	il **craindrait**	qu'il **craigne**	
nous **craignîmes**	nous **craindrons**	nous **craindrions**	que nous **craignions**	
vous **craignîtes**	vous **craindrez**	vous **craindriez**	que vous **craigniez**	
ils **craignirent**	ils **craindront**	ils **craindraient**	qu'ils **craignent**	
je **crus**	je **croirai**	je **croirais**	que je **croie**	**croyant**
tu **crus**	tu **croiras**	tu **croirais**	que tu **croies**	
il **crut**	il **croira**	il **croirait**	qu'il **croie**	
nous **crûmes**	nous **croirons**	nous **croirions**	que nous **croyions**	
vous **crûtes**	vous **croirez**	vous **croiriez**	que vous **croyiez**	
ils **crurent**	ils **croiront**	ils **croiraient**	qu'ils **croient**	
je **cueillis**	je **cueillerai**	je **cueillerais**	que je **cueille**	**cueillant**
tu **creillis**	tu **cueillera**	tu **cueillerais**	que tu **cueilles**	
il **cueillit**	il **cueillera**	il **cueillerait**	qu'il **cueille**	
nous **cueillîmes**	nous **cueillerons**	nous **cueillerions**	que nous **cueillions**	
vous **cueillîtes**	vous **cueillerez**	vous **cueilleriez**	que vous **cueilliez**	
ils **cueillirent**	ils **cueilleront**	ils **cueilleraient**	qu'ils **cueillent**	
je **dus**	je **devrai**	je **devrais**	que je **doive**	**devant**
tu **dus**	tu **devras**	tu **devrais**	que tu **doives**	
il **dut**	il **devra**	il **devrait**	qu'il **doive**	
nous **dûmes**	nous **devrons**	nous **devrions**	que nous **devions**	
vous **dûtes**	vous **devrez**	vous **devriez**	que vous **deviez**	
ils **durent**	ils **devront**	ils **devraient**	qu'ils **doivent**	
je **dis**	je **dirai**	je **dirais**	que je **dise**	**disant**
tu **dis**	tu **diras**	tu **dirais**	que tu **dises**	
il **dit**	il **dira**	il **dirait**	qu'il **dise**	
nous **dîmes**	nous **dirons**	nous **dirions**	que nous **disions**	
vous **dîtes**	vous **direz**	vous **diriez**	que vous **disiez**	
ils **dirent**	ils **diront**	ils **diraient**	qu'ils **disent**	
je **dormis**	je **dormirai**	je **dormirais**	que je **dorme**	**dormant**
tu **dormis**	tu **dormiras**	tu **dormirais**	que tu **dormes**	
il **dormit**	il **dormira**	il **dormirait**	qu'il **dorme**	
nous **dormîmes**	nous **dormirons**	nous **dormirions**	que nous **dormions**	
vous **dormîtes**	vous **dormirez**	vous **dormiriez**	que vous **dormiez**	
ils **dormirent**	ils **dormiront**	ils **dormiraient**	qu'ils **dorment**	
j'**écrivis**	j'**écrirai**	j'**écrirais**	que j'**écrive**	**écrivant**
tu **écrivis**	tu **écriras**	tu **écrirais**	que tu **écrives**	
il **écrivit**	il **écrira**	il **écrirait**	qu'il **écrive**	
nous **écrivîmes**	nous **écrirons**	nous **écririons**	que nous **écrivions**	
vous **écrivîtes**	vous **écrirez**	vous **écririez**	que vous **écriviez**	
ils **écrivirent**	ils **écriront**	ils **écriraient**	qu'ils **écrivent**	

INFINITIF	PRÉSENT	IMPÉRATIF	PASSÉ COMPOSÉ	IMPARFAIT
20. **envoyer** *(to send)*	j'**envoie** tu **envoies** il **envoie** nous **envoyons** vous **envoyez** ils **envoient**	**envoie** **envoyons** **envoyez**	j'**ai envoyé** tu **as envoyé** il **a envoyé** nous **avons envoyé** vous **avez envoyé** ils **ont envoyé**	j'**envoyais** tu **envoyais** il **envoyait** nous **envoyions** vous **envoyiez** ils **envoyaient**
21. **être** *(to be)*	je **suis** tu **es** il **est** nous **sommes** vous **êtes** ils **sont**	**sois** **soyons** **soyez**	j'**ai été** tu **as été** il **a été** nous **avons été** vous **avez été** ils **ont été**	j'**étais** tu **étais** il **était** nous **étions** vous **étiez** ils **étaient**
22. **faire** *(to do, to make)*	je **fais** tu **fais** il **fait** nous **faisons** vous **faites** ils **font**	**fais** **faisons** **faites**	j'**ai fait** tu **as fait** il **a fait** nous **avons fait** vous **avez fait** ils **ont fait**	je **faisais** tu **faisais** il **faisait** nous **faisions** vous **faisiez** ils **faisaient**
23. **falloir** *(to be necessary)*	il **faut**	*N'existe pas*	il **a fallu**	il **fallait**
24. **fuir** *(to flee)*	je **fuis** tu **fuis** il **fuit** nous **fuyons** vous **fuyez** ils **fuient**	**fuis** **fuyons** **fuyez**	j'**ai fui** tu **as fui** il **a fui** nous **avons fui** vous **avez fui** ils **ont fui**	je **fuyais** tu **fuyais** il **fuyait** nous **fuyions** vous **fuyiez** ils **fuyaient**
25. **lire** *(to read)*	je **lis** tu **lis** il **lit** nous **lisons** vous **lisez** ils **lisent**	**lis** **lisons** **lisez**	j'**ai lu** tu **as lu** il **a lu** nous **avons lu** vous **avez lu** ils **ont lu**	je **lisais** tu **lisais** il **lisait** nous **lisions** vous **lisiez** ils **lisaient**
26. **mettre** *(to put, to place)*	je **mets** tu **mets** il **met** nous **mettons** vous **mettez** ils **mettent**	**mets** **mettons** **mettez**	j'**ai mis** tu **as mis** il **a mis** nous **avons mis** vous **avez mis** ils **ont mis**	je **mettais** tu **mettais** il **mettait** nous **mettions** vous **mettiez** ils **mettaient**
27. **mourir** *(to die)*	je **meurs** tu **meurs** il **meurt** nous **mourons** vous **mourez** ils **meurent**	**meurs** **mourons** **mourez**	je **suis mort(e)** tu **es mort(e)** il/elle **est mort(e)** nous **sommes mort(e)s** vous **êtes mort(e)(s)** ils/elles **sont mort(e)s**	je **mourais** tu **mourais** il **mourait** nous **mourions** vous **mouriez** ils **mouraient**

PASSÉ SIMPLE	FUTUR	CONDITIONNEL	SUBJONCTIF	PARTICIPE PRÉSENT
j'**envoyai** tu **envoyas** il **envoya** nous **envoyâmes** vous **envoyâtes** ils **envoyèrent**	j'**enverrai** tu **enverras** il **enverra** nous **enverrons** vous **enverrez** ils **enverront**	j'**enverrais** tu **enverrais** il **enverrait** nous **enverrions** vous **enverriez** ils **enverraient**	que j'**envoie** que tu **envoies** qu'il **envoie** que nous **envoyions** que vous **envoyiez** qu'ils **envoient**	**envoyant**
je **fus** tu **fus** il **fut** nous **fûmes** vous **fûtes** ils **furent**	je **serai** tu **seras** il **sera** nous **serons** vous **serez** ils **seront**	je **serais** tu **serais** il **serait** nous **serions** vous **seriez** ils **seraient**	que je **sois** que tu **sois** qu'il **soit** que nous **soyons** que vous **soyez** qu'ils **soient**	**étant**
je **fis** tu **fis** il **fit** nous **fîmes** vous **fîtes** ils **firent**	je **ferai** tu **feras** il **fera** nous **ferons** vous **ferez** ils **feront**	je **ferais** tu **ferais** il **ferait** nous **ferions** vous **feriez** ils **feraient**	que je **fasse** que tu **fasses** qu'il **fasse** que nous **fassions** que vous **fassiez** qu'ils **fassent**	**faisant**
il **fallut**	il **faudra**	il **faudrait**	qu'il **faille**	*N'existe pas*
je **fuis** tu **fuis** il **fuit** nous **fuîmes** vous **fuîtes** ils **fuirent**	je **fuirai** tu **fuiras** il **fuira** nous **fuirons** vous **fuirez** ils **fuiront**	je **fuirais** tu **fuirais** il **fuirait** nous **fuirions** vous **fuiriez** ils **fuiraient**	que je **fuie** que tu **fuies** qu'il **fuie** que nous **fuyions** que vous **fuyiez** qu'ils **fuient**	**fuyant**
je **lus** tu **lus** il **lut** nous **lûmes** vous **lûtes** ils **lurent**	je **lirai** tu **liras** il **lira** nous **lirons** vous **lirez** ils **liront**	je **lirais** tu **lirais** il **lirait** nous **lirions** vous **liriez** ils **liraient**	que je **lise** que tu **lises** qu'il **lise** que nous **lisions** que vous **lisiez** qu'ils **lisent**	**lisant**
je **mis** tu **mis** il **mit** nous **mîmes** vous **mîtes** ils **mirent**	je **mettrai** tu **mettras** il **mettra** nous **mettrons** vous **mettrez** ils **mettront**	je **mettrais** tu **mettrais** il **mettrait** nous **mettrions** vous **mettriez** ils **mettraient**	que je **mette** que tu **mettes** qu'il **mette** que nous **mettions** que vous **mettiez** qu'ils **mettent**	**mettant**
je **mourus** tu **mourus** il **mourut** nous **mourûmes** vous **mourûtes** ils **moururent**	je **mourrai** tu **mourras** il **mourra** nous **mourrons** vous **mourrez** ils **mourront**	je **mourrais** tu **mourrais** il **mourrait** nous **mourrions** vous **mourriez** ils **mourraient**	que je **meure** que tu **meures** qu'il **meure** que nous **mourions** que vous **mouriez** qu'ils **meurent**	**mourant**

INFINITIF	PRÉSENT	IMPÉRATIF	PASSÉ COMPOSÉ	IMPARFAIT
28. **naître** *(to be born)*	je **nais** tu **nais** il **naît** nous **naissons** vous **naissez** ils **naissent**	**nais** **naissons** **naissez**	je **suis né(e)** tu **es né(e)** il/elle **est né(e)** nous **sommes né(e)s** vous **êtes né(e)(s)** ils/elles **sont né(e)s**	je **naissais** tu **naissais** il **naissant** nous **naissions** vous **naissiez** ils **naissaient**
29. **ouvrir** *(to open)*	j'**ouvre** tu **ouvres** il **ouvre** nous **ouvrons** vous **ouvrez** ils **ouvrent**	**ouvre** **ouvrons** **ouvrez**	j'**ai ouvert** tu **as ouvert** il **a ouvert** nous **avons ouvert** vous **avez ouvert** ils **ont ouvert**	j'**ouvrais** tu **ouvrais** il **ouvrait** nous **ouvrions** vous **ouvriez** ils **ouvraient**
30. **plaire** *(to please)*	je **plais** tu **plais** il **plaît** nous **plaisons** vous **plaisez** ils **plaisent**	**plais** **plaisons** **plaisez**	j'**ai plu** tu **as plu** il **a plu** nous **avons plu** vous **avez plu** ils **ont plu**	je **plaisais** tu **plaisais** il **plaisait** nous **plaisions** vous **plaisiez** ils **plaisaient**
31. **pleuvoir** *(to rain)*	il **pleut**	*N'existe pas*	il **a plu**	il **pleuvait**
32. **pouvoir** *(to be able, can)*	je **peux** tu **peux** il **peut** nous **pouvons** vous **pouvez** ils **peuvent**	*N'existe pas*	j'**ai pu** tu **as pu** il **a pu** nous **avons pu** vous **avez pu** ils **ont pu**	je **pouvais** tu **pouvais** il **pouvait** nous **pouvions** vous **pouviez** ils **pouvaient**
33. **prendre** *(to take)*	je **prends** tu **prends** il **prend** nous **prenons** vous **prenez** ils **prennent**	**prends** **prenons** **prenez**	j'**ai pris** tu **as pris** il **a pris** nous **avons pris** vous **avez pris** ils **ont pris**	je **prenais** tu **prenais** il **prenait** nous **prenions** vous **preniez** ils **prenaient**
34. **recevoir** *(to receive, to get)*	je **reçois** tu **reçois** il **reçoit** nous **recevons** vous **recevez** ils **reçoivent**	**reçois** **recevons** **recevez**	j'**ai reçu** tu **as reçu** il **a reçu** nous **avons reçu** vous **avez reçu** ils **ont reçu**	je **recevais** tu **recevais** il **recevait** nous **recevions** vous **receviez** ils **recevaient**
35. **résoudre** *(to resolve, to solve)*	je **résous** tu **résous** il **résout** nous **résolvons** vous **résolvez** ils **résolvent**	**résous** **résolvons** **résolvez**	j'**ai résolu** tu **as résolu** il **a résolu** nous **avons résolu** vous **avez résolu** ils **ont résolu**	je **résolvais** tu **résolvais** il **résolvait** nous **résolvions** vous **résolviez** ils **résolvaient**

PASSÉ SIMPLE	FUTUR	CONDITIONNEL	SUBJONCTIF	PARTICIPE PRÉSENT
je **naquis** tu **naquis** il **naquit** nous **naquîmes** vous **naquîtes** ils **naquirent**	je **naîtrai** tu **naîtras** il **naîtra** nous **naîtrons** vous **naîtrez** ils **naîtront**	je **naîtrais** tu **naîtrais** il **naîtrait** nous **naîtrions** vous **naîtriez** ils **naîtraient**	que je **naisse** que tu **naisses** qu'il **naisse** que nous **naissions** que vous **naissiez** qu'ils **naissent**	**naissant**
j'**ouvris** tu **ouvris** il **ouvrit** nous **ouvrîmes** vous **ouvrîtes** ils **ouvrirent**	j'**ouvrirai** tu **ouvriras** il **ouvrira** nous **ouvrirons** vous **ouvrirez** ils **ouvriront**	j'**ouvrirais** tu **ouvrirais** il **ouvrirait** nous **ouvririons** vous **ouvririez** ils **ouvriraient**	que j'**ouvre** que tu **ouvres** qu'il **ouvre** que nous **ouvrions** que vous **ouvriez** qu'ils **ouvrent**	**ouvrant**
je **plus** tu **plus** il **plut** nous **plûmes** vous **plûtes** ils **plurent**	je **plairai** tu **plairas** il **plaira** nous **plairons** vous **plairez** ils **plairont**	je **plairais** tu **plairais** il **plairait** nous **plairions** vous **plairiez** ils **plairaient**	que je **plaise** que tu **plaises** qu'il **plaise** que nous **plaisions** que vous **plaisiez** qu'ils **plaisent**	**plaisant**
il **plut**	il **pleuvra**	il **pleuvrait**	qu'il **pleuve**	**pleuvant**
je **pus** tu **pus** il **put** nous **pûmes** vous **pûtes** ils **purent**	je **pourrai** tu **pourras** il **pourra** nous **pourrons** vous **pourrez** ils **pourront**	je **pourrais** tu **pourrais** vous **pourrait** nous **pourrions** vous **pourriez** ils **pourraient**	que je **puisse** que tu **puisses** qu'il **puisse** que nous **puissions** que vous **puissiez** qu'ils **puissent**	**pouvant**
je **pris** tu **pris** il **prit** nous **prîmes** vous **prîtes** ils **prirent**	je **prendrai** tu **prendras** il **prendra** nous **prendrons** vous **prendrez** ils **prendront**	je **prendrais** tu **prendrais** il **prendrait** nous **prendrions** vous **prendriez** ils **prendraient**	que je **prenne** que tu **prennes** qu'il **prenne** que nous **prenions** que vous **preniez** qu'ils **prennent**	**prenant**
je **reçus** tu **reçus** il **reçut** nous **reçûmes** vous **reçûtes** ils **reçurent**	je **recevrai** tu **recevras** il **recevra** nous **recevrons** vous **recevrez** ils **recevront**	je **recevrais** tu **recevrais** il **recevrait** nous **recevrions** vous **recevriez** ils **recevraient**	que je **reçoive** que tu **reçoives** qu'il **reçoive** que nous **recevions** que vous **receviez** qu'ils **reçoivent**	**recevant**
je **résolus** tu **résolus** il **résolut** nous **résolûmes** vous **résolûtes** ils **résolurent**	je **résoudrai** tu **résoudras** il **résoudra** nous **résoudrons** vous **résoudrez** ils **résoudront**	je **résoudrais** tu **résoudrais** il **résoudrait** nous **résoudrions** vous **résoudriez** ils **résoudraient**	que je **résolve** que tu **résolves** qu'il **résolve** que nous **résolvions** que vous **résolviez** qu'ils **résolvent**	**résolvant**

INFINITIF	PRÉSENT	IMPÉRATIF	PASSÉ COMPOSÉ	IMPARFAIT
36. **rire** *(to laugh)*	je **ris** tu **ris** il **rit** nous **rions** vous **riez** ils **rient**	**ris** **rions** **riez**	j'**ai ri** tu **as ri** il **a ri** nous **avons ri** vous **avez ri** ils **ont ri**	je **riais** tu **riais** il **riait** nous **riions** vous **riiez** ils **riaient**
37. **savoir** *(to know)*	je **sais** tu **sais** il **sait** nous **savons** vous **savez** ils **savent**	**sache** **sachons** **sachez**	j'**ai su** tu **as su** il **a su** nous **avons su** vous **avez su** ils **ont su**	je **savais** tu **savais** il **savait** nous **savions** vous **saviez** ils **savaient**
38. **sortir** *(to go out)*	je **sors** tu **sors** il **sort** nous **sortons** vous **sortez** ils **sortent**	**sors** **sortons** **sortez**	je **suis sorti(e)** tu **es sorti(e)** il/elle **est sorti(e)** nous **sommes sorti(e)s** vous **êtes sorti(e)(s)** ils/elles **sont sorti(e)s**	je **sortais** tu **sortais** il **sortait** nous **sortions** vous **sortiez** ils **sortaient**
39. **suivre** *(to follow)*	je **suis** tu **suis** il **suit** nous **suivons** vous **suivez** ils **suivent**	**suis** **suivons** **suivez**	j'**ai suivi** tu **as suivi** il **a suivi** nous **avons suivi** vous **avez suivi** ils **ont suivi**	je **suivais** tu **suivais** il **suivait** nous **suivions** vous **suiviez** ils **suivaient**
40. **se taire** *(to be quiet)*	je **me tais** tu **te tais** il **se tait** nous **nous taisons** vous **vous taisez** ils **se taisent**	**tais-toi** **taisons-nous** **taisez-vous**	je **me suis tu(e)** tu **t'es tu(e)** il/elle **s'est tu(e)** nous **nous sommes tu(e)s** vous **vous êtes tu(e)(s)** ils/elles **se sont tu(e)s**	je **me taisais** tu **te taisais** il **se taisait** nous **nous taisions** vous **vous taisiez** ils **se taisaient**
41. **vaincre** *(to conquer)*	je **vaincs** tu **vaincs** il **vainc** nous **vainquons** vous **vainquez** ils **vainquent**	**vaincs** **vainquons** **vainquez**	j'**ai vaincu** tu **as vaincu** il **a vaincu** nous **avons vaincu** vous **avez vaincu** ils **ont vaincu**	je **vainquais** tu **vainquais** il **vainquait** nous **vainquions** vous **vainquiez** ils **vainquaient**
42. **valoir** *(to be worth, to deserve, to merit)*	je **vaux** tu **vaux** il **vaut** nous **valons** vous **valez** ils **valent**	**vaux** **valons** **valez**	j'**ai valu** tu **as valu** il **a valu** nous **avons valu** vous **avez valu** ils **ont valu**	je **valais** tu **valais** il **valait** nous **valions** vous **valiez** ils **valaient**
43. **venir** *(to come)*	je **viens** tu **viens** il **vient** nous **venons** vous **venez** ils **viennent**	**viens** **venons** **venez**	je **suis venu(e)** tu **es venu(e)** il/elle **est venu(e)** nous **sommes venu(e)s** vous **êtes venu(e)(s)** ils/elles **sont venu(e)s**	je **venais** tu **venais** il **venait** nous **venions** vous **veniez** ils **venaient**

PASSÉ SIMPLE	FUTUR	CONDITIONNEL	SUBJONCTIF	PARTICIPE PRÉSENT
je **ris** tu **ris** il **rit** nous **rîmes** vous **rîtes** ils **rirent**	je **rirai** tu **riras** il **rira** nous **rirons** vous **rirez** ils **riront**	je **rirais** tu **rirais** il **rirait** nous **ririons** vous **ririez** ils **riraient**	que je **rie** que tu **ries** qu'il **rie** que nous **riions** que vous **riiez** qu'ils **rient**	riant
je **sus** tu **sus** il **sut** nous **sûmes** vous **sûtes** ils **surent**	je **saurai** tu **sauras** il **saura** nous **saurons** vous **saurez** ils **sauront**	je **saurais** tu **saurais** il **saurait** nous **saurions** vous **sauriez** ils **sauraient**	que je **sache** que tu **saches** qu'il **sache** que nous **sachions** que vous **sachiez** qu'ils **sachent**	sachant
je **sortis** tu **sortis** il **sortit** nous **sortîmes** vous **sortîtes** ils **sortirent**	je **sortirai** tu **sortiras** il **sortira** nous **sortirons** vous **sortirez** ils **sortiront**	je **sortirais** tu **sortirais** il **sortirait** nous **sortirions** vous **sortiriez** ils **sortiraient**	que je **sorte** que tu **sortes** qu'il **sorte** que nous **sortions** que vous **sortiez** qu'ils **sortent**	sortant
je **suivis** tu **suivis** il **suivit** nous **suivîmes** vous **suivîtes** ils **suivirent**	je **suivrai** tu **suivras** il **suivra** nous **suivrons** vous **suivrez** ils **suivront**	je **suivrais** tu **suivrais** il **suivrait** nous **suivrions** vous **suivriez** ils **suivraient**	que je **suive** que tu **suives** qu'il **suive** que nous **suivions** que vous **suiviez** qu'ils **suivent**	suivant
je **me tus** tu **te tus** il **se tut** nous **nous tûmes** vous **vous tûtes** ils **se turent**	je **me tairai** tu **te tairas** il **se taira** nous **nous tairons** vous **vous tairez** ils **se tairont**	je **me tairais** tu **te tairais** il **se tairait** nous **nous tairions** vous **vous tairiez** ils **se tairaient**	que je **me taise** que tu **te taises** qu'il **se taise** que nous **nous taisions** que vous **vous taisiez** qu'ils **se taisent**	se taisant
je **vainquis** tu **vainquis** il **vainquit** nous **vainquîmes** vous **vainquîtes** ils **vainquirent**	je **vaincrai** tu **vaincras** il **vaincra** nous **vaincrons** vous **vaincrez** ils **vaincront**	je **vaincrais** tu **vaincrais** il **vaincrait** nous **vaincrions** vous **vaincriez** ils **vaincraient**	que je **vainque** que tu **vainques** qu'il **vainque** que nous **vainquions** que vous **vainquiez** qu'ils **vainquent**	vainquant
je **valus** tu **valus** il **valut** nous **valûmes** vous **valûtes** ils **valurent**	je **vaudrai** tu **vaudras** il **vaudra** nous **vaudrons** vous **vaudrez** ils **vaudront**	je **vaudrais** tu **vaudrais** il **vaudrait** nous **vaudrions** vous **vaudriez** ils **vaudraient**	que je **vaille** que tu **vailles** qu'il **vaille** que nous **valions** que vous **valiez** qu'ils **vaillent**	valant
je **vins** tu **vins** il **vint** nous **vînmes** vous **vîntes** ils **vinrent**	je **viendrai** tu **viendras** il **viendra** nous **viendrons** vous **viendrez** ils **viendront**	je **viendrais** tu **viendrais** il **viendrait** nous **viendrions** vous **viendriez** ils **viendraient**	que je **vienne** que tu **viennes** qu'il **vienne** que nous **venions** que vous **veniez** qu'ils **viennent**	venant

INFINITIF	PRÉSENT	IMPÉRATIF	PASSÉ COMPOSÉ	IMPARFAIT
44. **vivre** *(to live)*	je **vis** tu **vis** il **vit** nous **vivons** vous **vivez** ils **vivent**	**vis** **vivons** **vivez**	j'**ai vécu** tu **as vécu** il **a vécu** nous **avons vécu** vous **avez vécu** ils **ont vécu**	je **vivais** tu **vivais** il **vivait** nous **vivions** vous **viviez** ils **vivaient**
45. **voir** *(to see)*	je **vois** tu **vois** il **voit** nous **voyons** vous **voyez** ils **voient**	**vois** **voyons** **voyes**	j'**ai vu** tu **as vu** il **a vu** nous **avons vu** vous **avez vu** ils **ont vu**	je **voyais** tu **voyais** il **voyait** nous **voyions** vous **voyiez** ils **voyaient**
46. **vouloir** *(to wish, to want)*	je **veux** tu **veux** il **veut** nous **voulons** vous **voulez** ils **veulent**	**veuille** **veuillons** **veuillez**	j'**ai voulu** tu **as voulu** il **a voulu** nous **avons voulu** vous **avez voulu** ils **ont voulu**	je **voulais** tu **voulais** il **voulait** nous **voulions** vous **vouliez** ils **voulaient**

PASSÉ SIMPLE	FUTUR	CONDITIONNEL	SUBJONCTIF	PARTICIPE PRÉSENT
je **vécus**	je **vivrai**	je **vivrais**	que je **vive**	**vivant**
tu **vécus**	tu **vivras**	tu **vivrais**	que tu **vives**	
il **vécut**	il **vivra**	il **vivrait**	qu'il **vive**	
nous **vécûmes**	nous **vivrons**	nous **vivrions**	que nous **vivions**	
vous **vécûtes**	vous **vivrez**	vous **vivriez**	que vous **viviez**	
ils **vécurent**	ils **vivront**	ils **vivraient**	qu'ils **vivent**	
je **vis**	je **verrai**	je **verrais**	que je **voie**	**voyant**
tu **vis**	tu **verras**	tu **verrais**	que tu **voies**	
il **vit**	il **verra**	il **verrait**	qu'il **voie**	
nous **vîmes**	nous **verrons**	nous **verrions**	que nous **voyions**	
vous **vîtes**	vous **verrez**	nous **verriez**	que vous **voyiez**	
ils **virent**	ils **verront**	vous **verraient**	qu'ils **voient**	
je **voulus**	je **voudrai**	je **voudrais**	que je **veuille**	**voulant**
tu **voulus**	tu **voudras**	tu **voudrais**	que tu **veuilles**	
il **voulut**	il **voudra**	il **voudrait**	qu'il **veuille**	
nous **voulûmes**	nous **voudrons**	nous **voudrions**	que nous **voulions**	
vous **voulûtes**	vous **voudrez**	vous **voudriez**	que vous **vouliez**	
ils **voulurent**	ils **voudront**	ils **voudraient**	qu'ils **veuillent**	

Lexique français-anglais

Included in the French-English Vocabulary are all terms that are not cognates or that would not be immediately recognizable to a student at the intermediate level. The gender of all nouns is indicated by *m* or *f*, and the feminine endings of adjectives are given in parentheses. Expressions consisting of more than one word are listed under their principal part of speech.

A

à at, to, in
abonnement *m* subscription
aboyer to bark
abri *m* shelter; **les sans-—** the homeless
absolu(e) absolute
absolument absolutely
abuser: s'— to be mistaken
accès *m* access
accompagner to accompany, to go with
accomplir to accomplish
accord *m* agreement
accorder: s'— to agree
accoutumer: s'—à to get used to
accrocher (une voiture) to run into (a car)
accroître (*pp* accru) to increase
accueil *m* welcome
accueillant(e) welcoming, friendly
accueillir (*pp* accueilli) to welcome, to greet
achat *m* purchase
acheter to buy
acier *m* steel
actualités *f pl* current events, news
actuel(le) current
adapter: s'—à to adapt oneself to
addition *f* check
admettre (*pp* admis) to admit
admirablement admirably
admirateur(-trice) *m,f* admirer
admis(e) admitted, admissible
adonner: s'—à to devote oneself to
adresser: s'—à to address, to speak to; to go and see, ask

aérobic: un cours d'— an aerobics class
affaires *f pl* belongings; business; **homme/femme d'—** businessman/woman
affectueusement affectionately
affectueux(-euse) affectionate
affiche *f* poster
afficher to post
affreux(-euse) horrible
affrontement *m* confrontation
afin (de, que) so that, in order that
agacer to get on someone's nerves, to provoke
âge *m* age; **faire son—** to look one's age; **Quel—as-tu?** How old are you?; **d'un certain—** middle-aged; **le troisième—** old age; **le Moyen—** the Middle Ages
âgé(e) old
agence *f* **de voyages** travel agency; **—publicitaire** advertising agency
agent *m* **de police** policeman; **—immobilier** real estate agent
agglomération *f* a city and its suburbs
aggraver to aggravate
agir to act; **il s'agit de** it's a question of, it's about
agissement *m* scheme
agité(e) agitated
agréable agreeable, pleasant
agricole agricultural
aide *f* help, aid; **à l'—de** with the help of
aide *m* helper
aider to help
Aïe! Ouch!

ailleurs elsewhere; **par—** furthermore; **d'—** besides
aimable kind, nice, amiable
aimablement kindly
aimer to like, to love; **—bien** to like, to be fond of; **—mieux** to prefer
aîné(e) *m,f* elder; eldest; **les—s** the elders
ainsi in this way, thus; **—soit-il** so be it
air *m* air; **avoir l'—** to seem; **sport de plein—** outdoor sport
aisé(e) easy; well-off
ajouter to add
ajusté(e) well-fitting (clothes)
alcoolisé: boisson—e alcoholic beverage
Algérie *f* Algeria
Algérien(ne) *m,f* Algerian (person)
allée *f* driveway
Allemagne *f* Germany
allemand *m* German (language)
aller to go; **Allez-y. (Vas-y.).** Go ahead.; **Allons-y!** Let's go!; **Cette robe te va bien.** That dress looks good on you (suits you well).; **s'en —** to go away
aller-retour round-trip
allô hello (telephone)
allocation *f* **de chômage** unemployment compensation
allumer to light; to turn on
allumette *f* match
allusion: faire — à to allude to
alors so, then
Alsace *f* Alsace (French province)
amande *f* almond

ambassade *m* embassy

ambassadeur/ambassadrice *m,f* ambassador

ambiance *f* atmosphere

améliorer to improve

aménagement *m* layout

amener to bring (a person)

ami(e) *m,f* friend

amour *m* love; **faire l'—** to make love

amusant(e) amusing, fun

amuser: s'— to have fun

an *m* year; **avoir 19 —s** to be 19 years old; **le Nouvel—** New Year's Day

analyse *f* analysis

anchoi *m* anchovy

ancien(ne) ancient; former

ange *m* angel

Anglais(e) *m,f* English person

anglais(e) English

angoisse *f* anguish

animé(e) animated, lively

année *f* year

anniversaire *m* birthday; **—de mariage** wedding anniversary

annonce *f* announcement; **les petites—s** classified ads

annoncer to announce

annulé(e) cancelled

annuler to void, to cancel

Antenne 2 French television channel (public)

antérieur(e) previous, earlier

anxiété *f* anxiety

août *m* August

apercevoir (*pp* **aperçu**) to see, to notice

apéritif *m* aperitif, cocktail

apparaître (*pp* **apparu**) to appear; to become evident

appareil *m* apparatus, machine; **—-photo** (**—s-photos**) camera

apparemment apparently

apparence *f* appearance

appartenir à to belong to

appel *m* call; **—au secours** call for help

appeler to call; **s'—** to be named

appellation *f* **contrôlée** guarantee of quality (wines)

appétit *m* appetite; **Bon —!** Enjoy your meal!

appliquer: s'— à to apply to

apporter to bring (a thing)

apprécier to appreciate, to like

apprendre (*pp* **appris**) to learn; to teach

apprêter: s'— à to get ready to

approfondi(e) thorough, detailed

approprié(e) appropriate

approprier: s'— to take over

appuyer to push (a button)

après after

après-midi *m* afternoon

arbre *m* tree

argent *m* money; silver

armée *f* army; **—de l'air** air force

armes *f* arms, weapons; **—à feu** firearms

armoire *f* wardrobe

arrêt *m* stop

arrêter to arrest; to stop; **s'—** to stop

arrivée *f* arrival

arriver to arrive; to happen

arrondissement *m* administrative division of Paris

arroser to sprinkle; to water

artichaut *m* artichoke

articuler: s'— to link together

ascenseur *m* elevator

ascétique ascetic, austere

asperges *f pl* asparagus

assaisonné(e) seasoned

asseoir (*pp* **assis**) to seat; **s'—** to sit down

assez rather, quite; **—de** enough; **en avoir—** to be fed up

assiette *f* plate

assis(e) seated

assistant(e) *m,f* teaching assistant

assister à to attend

assurance *f* insurance

atelier *m* shop, studio

atteindre (*pp* **atteint**) to reach

attendre to wait (for); **s'—à** to expect; **en attendant (de, que)** while waiting for

attentat *m* attack

attention: faire—(à) to pay attention (to)

attentivement attentively

atterrir to land

attirer to attract

attrait *m* attraction

attraper to catch

au-delà (de) beyond

aucun(e): ne... — no, not any, not a single

auditeur(-trice) *m,f* listener

augmentation *f* increase

augmenter to raise, to increase

aujourd'hui today

auparavant before

auprès de with; close to

auquel = à + lequel

aussi also; as

aussitôt immediately; **—que** as soon as

autant (de) as much, as many; so much; **—qu'il m'en souvienne** as far as I can remember

auteur *m* author

automne *m* autumn, fall

autonome autonomous

autoriser to authorize

autoroute *f* highway

auto-stop: faire de l'— to hitchhike

autour de around

autre *m,f* other; **l'un à l'—** to each other; **l'un devant l'—** one in front of the other

autre other

autrefois in the past, formerly

autrement otherwise; **—dit** in other words

Autriche *f* Austria

auxquel(le)s = à + lesquel(le)s

avance: d'— in advance

avancer to advance; to make progress; to move (something) forward; **s'—** to move forward

avant (de, que) before

avantage *m* advantage

avenir *m* future

avérer: il s'est avéré que it turned out that...

avertir to warn

aveugle blind

avion *m* airplane

avis *m* opinion; **à mon—** in my opinion; **changer d'—** to change one's mind

avocat(e) *m,f* lawyer

avoir (*pp* **eu**) to have; **—à** to have to; **il y a** there is, there are; **Il y a un an que je travaille.** I've been working for one year.

avortement *m* abortion

avouer to avow
avril *m* April
axe *m* axis

B

bagarrer: se— to fight, to
  quarrel
bague *f* ring
baignoire *f* bathtub
bain *m* bath; **prendre un—de
  soleil** to sunbathe
baiser *m* kiss
baisser to lower
bal (bals) *m* ball (dance)
baladeur *m* Walkman
ballon *m* ball
banal(e) banal, trite
bande: les—s dessinées
  comics, comic books
banlieue *f* suburb(s)
banlieusard(e) *m,f* suburbanite
banquier(-ère) *m,f* banker
barbe *f* beard
barber *(fam)* to bore
barrière *f* barrier
bas *m pl* stockings
bas(se) low; short
bas: en—de at the bottom of;
  en— downstairs
base: de— basic, fundamental
bataille *f* battle
bateau *m* boat
bâtiment *m* building
bâtir to build
bâton *m* stick; **—s de ski** ski
  poles
battre *(pp* **battu)** to beat;
  —un record to break a record;
  se— to fight
bavarder to chat
beau (bel)/belle beautiful; **Il
  fait—.** It's beautiful weather.
beaucoup a lot; **—de** many,
  a lot of
beignet *m* doughnut
Belge *m,f* Belgian (person)
Belgique *f* Belgium
ben = bien
bénéfice *m* profit
berger *m* shepherd; **—allemand**
  German shepherd
besoin *m* need; **avoir—de** to
  need
bête dumb, stupid

beurre *m* butter
Beyrouthe Beirut
bibliothèque *f* library
bien well; **—des** many; **—que**
  although, even though
biens *m pl* goods
bientôt soon
bière *f* beer
bijou(x) *m* jewel(s)
billet *m* ticket
biscuit *m* cookie
bise *f* kiss; **faire la—** to kiss
bistro *m* bar, café
blague *f* joke; **Sans—!** No joke!
  No kidding!
blanc *m* blank
blanc/blanche white
blanchisserie *f* laundry; dry
  cleaner
blesser to hurt; **se—** to get hurt
blessure *f* wound, injury
bleu(e) blue
blocage *m* block
blouson *m* jacket
boeuf *m* steer; beef
boire *(pp* **bu)** to drink
bois *m* wood; **avoir la gueule
  de—** to have a hangover
boisson *f* drink, beverage;
  —gazeuse carbonated beverage; **—alcoolisée** alcoholic
  beverage
boîte *f* box; **—à (aux) lettres**
  mailbox
boîte: aller en—*(fam)* to go to
  a nightclub
bon(ne) good
bonheur *m* happiness
bonne *f* maid
bord *m* edge; **au—de la mer** at
  the seashore
border to line, to border
bordure *f* edge
botte *f* boot
bouc émissaire *m* scapegoat, fall
  guy
boucher(-ère) *m,f* butcher
boucles *f* **d'oreille** earrings
bouger to move around
bougie *f* candle
bouillir to boil
boulanger(-ère) *m,f* baker
boule *f* **de cristal** crystal ball
bouleversé(e) shocked,
  distressed

boulot *m (fam)* work
boum *f (fam)* party
bourse: la B— French stock
  market
bout *m* end; **au—de** after, at
  the end of
bouteille *f* bottle
bouton *m* button
brancher to plug in, to turn on
brandir to brandish
brasserie *f* bar
bref/brève brief
Brésil *m* Brazil
Bretagne *f* Brittany (French
  province)
bricolage *m* tinkering about, odd
  jobs
brièvement briefly
bronzer: se faire— to get a tan
**brosser: se— les dents/les
  cheveux** to brush one's teeth/
  hair
bruit *m* noise
brûler to burn
brun(e) brown; brunette
bruyant(e) noisy
bûcher *(fam)* to cram
bureau *m* office
but *m* goal

C

ça = cela
çà et là here and there
cabinet *m* (doctor's) office
cacahuète *f* peanut
cadeau *m* gift
cadet(te) *m,f* youngest child
cadre *m,f* executive; picture
  frame; **dans le—de** in the
  scope of
cafard: avoir le— to be
  depressed
café *m* cafe; coffee
cahier *m* notebook
caillou(x) *m* pebble, stone
calmer: se— to calm down
camarade *m,f* friend, buddy;
  —de classe classmate;
  —de chambre roommate
cambrioleur *m* burglar
caméra *f* movie camera;
  —-vidéo video camera
campagne *f* country; campaign
Canal Plus French television
  station (cable)

candidat(e) *m,f* candidate; **être—(à la présidence)** to run for president

caniche *m* French poodle

cantine *f* dining hall

car because

caractère *m* character; **avoir bon/mauvais—** to be good/ill-natured

Caraïbes *f pl* the Caribbean

carnaval(s) *m* carnival

carnet *m* book (of tickets); **—de chèques** checkbook

Caroline *f* **du Sud (du Nord)** South (North) Carolina

carré(e) square

Carrefour department store in France

carrière *f* career

carte *f* card; **—postale** postcard; **—de crédit** credit card; **—électronique** automatic teller card

cas *m* case; **en tout—** in any case (event); **au—où** in case

casser to break

casserole *f* (sauce) pan

cassoulet *m* casserole dish of southwest France

cauchemar *m* nightmare

cause: à—de because of

cave *f* basement

ce (cet)/cette this, that

céder (à) to give up, to give in (to)

cédille *f* cedilla

ceinture *f* belt; **—de sécurité** seatbelt

cela that

célèbre famous

célibataire single

celui/celle the one; that

centré(e) centered

centriste middle-of-the-road

cependant however

certainement certainly

certitude *f* certainty

ces these, those

cesse: sans— constantly

ceux/celles the ones; those

chacun(e) each one

chaîne *f* channel; **—stéréo (—s stéréo)** stereo

chaleur *f* heat

chambre *f* (bed)room

championnat *m* championship

chance *f* luck; **avoir de la—** to be lucky

changement *m* change

changer to change; **—de l'argent** to change money; **—de métier** to change careers

chanson *f* song

chantage *m* blackmail

chanter to sing

chanteur(-euse) *m,f* singer

chantilly *f* whipped cream

chapeau *m* hat

chaque each, every

charger: se—de to take care of (a task)

charges *f pl* maintenance fees; utilities; **—sociales** contributions to the *sécurité sociale*

charmant(e) charming

chasse-neige *m* snowplow

chat *m* cat

châtain chestnut (color)

château *m* castle

chaud(e) hot; **avoir—** to be warm, hot; **On a eu—!** That was a narrow escape!

chaudement highly

chauffage *m* heat

chauffeur *m* **de taxi** taxi driver

chaussette *f* sock

chaussure *f* shoe

chauve bald

chef *m* leader, head; **—d'état** head of state; **—de rayon/de service** department head

chemin *m* road; way

chemise *f* man's shirt

chemisier *m* blouse

chêne *m* oak

chèque *m* check; **—de voyage** *m* traveller's check; **—sans provision** bad check

cher/chère expensive; dear

chercher to look for

cheveu *m* hair; **avoir les —x blonds** to have blond hair

chèvre *m* goat

chez (Pierre) at (Pierre's) house; **C'est ce que je aime— les Français.** That's what I like (in, about) French people.

chien *m* dog

chimie *f* chemistry

choc *m* shock

choisir to choose

choix *m* choice

chômage *m* unemployment; **être au—** to be unemployed

chômeur(-euse) *m,f* unemployed person

choqué(e) shocked

chose *f* thing; **pas grand-—** not much

chou(x) *m* cabbage; **mon—** darling

choucroute *f* sauerkraut

chouette *(fam)* great, nice, cute

chronique *f* chronicle

ciao goodbye

ciel (cieux) *m* sky

ciné = cinéma

cinéaste *m,f* film-maker

cinéma *m* movie theater

cinéphile *m,f* film enthusiast

circonscription *f* district, constituency

circonstance *f* circumstance

circulation *f* traffic

cité *f* **universitaire (Cité U)** residence hall complex

citoyen(ne) *m,f* citizen

citron *m* lemon; **—pressé** lemonade

clair(e) clear; **bleu—** light blue; **voir—** to see clearly

clairement clearly

classer to rank

clavier *m* keyboard

clé *f* key

clin: un—d'œil a wink

clôture *f* fence

clou *m* nail

cocotte-minute (cocottes-minute) *f* pressure cooker

cohabitation *f* living together

coiffure *f* hairstyle

colère *f* anger; **en—** angry; angrily

collant *m* pantyhose

collège *m* secondary school

collègue *m,f* fellow worker

collier *m* necklace

combien (de) how much, how many; **—de temps** how long

commander to order

commencer to begin; **—par** to start by (doing something)

comment how; **—est-il?** What does he look like?; **—va-t-il?**

How is he doing?; **Comment?** Excuse me?

commentaire *m* comment

commerce *m* business

commettre (*pp* **commis**) to commit

commissariat *m* **de police** police station

commission *f* errand

commode convenient

commun(e) common; **en—** in common

communautaire pertaining to the community

compagnie *f* company; **tenir—à quelqu'un** to keep someone company

compagnon(ne) *m,f* companion

compatissant(e) sympathetic, compassionate

complet(-ète) complete; sold out (movie, show)

complètement completely

composé(e) compound

composter: —son billet to punch one's ticket

compréhensif(-ive) understanding; comprehensive

comprendre (*pp* **compris**) to understand; to be comprised of, to include; **mal—** to misunderstand

compris(e) included; **y—** including

compromettre (*pp* **compromis**) to compromise

comptable *m,f* accountant

compte *m* account; **—chèques** checking account; **—-rendu** report; review (film, book, etc.)

compter to count; to intend

compteur *m* meter

concernant concerning

concerne: en ce qui— concerning; as far as... is concerned

conçu(e) designed

concurrence *f* competition

concurrent(e) *m,f* contestant

concurrentiel(le) competitive

condition: à—(de, que) on the condition that

conducteur(-trice) *m,f* driver

conduire (*pp* **conduit**) to drive; to lead

confection *f* ready-made clothing business

conférence *f* lecture

confiance: avec— hopefully

conflit *m* conflict

confort *m* comfort

confus(e) confused, muddled; ashamed

confusément vaguely; confusedly

congé *m* holiday, vacation; leave; **prendre—** to take leave; **—s payés** paid vacation

congélateur *m* freezer

congrès *m* conference, convention

conjonction *f* conjunction

connaissance *f* acquaintance; **faire la—(de)** to meet, to make the acquaintance (of); **—s** knowledge

connaître (*pp* **connu**) to know

connu(e) known

consacrer to dedicate, to devote

conseil *m* piece of advice; **des—s** advice, guidance; **demander—** to ask for advice

conseiller to advise

consentir à to consent to

conséquence *f* consequence; **par voie de—** consequently

conséquent: par— consequently

conservateur(-trice) conservative

considérablement considerably

consigne *f* checkroom

consister en to consist of

consommation *f* consumption

consommer to consume

consonne *f* consonant

constamment constantly

constituer to constitute, to make up

construire (*pp* **construit**) to build

contemporain(e) contemporary

contenir (*pp* **contenu**) to contain

content(e) happy

contenu *m* contents

contraire *m* opposite; **au—** on the contrary

contravention *f* (parking, traffic) ticket

contre against; **par—** on the other hand

contrefaçon *m* counterfeiting

contremaître *m* factory supervisor

contrit contrite

controversé(e) controversial

convaincre (*pp* **convaincu**) to convince

convaincu(e) convinced

convenable appropriate, suitable

convenir à (*pp* **convenu**) to suit

copain/copine *m,f* friend

copropriété *f* condominium

corps *m* body

correspondant(e) *m,f* pen pal

corriger to correct

costaud strong

costume *m* man's suit

côte *f* coast; **la—d'Azur** the Riviera

côte *f* **d'agneau** lamb chop

côté *m* side; **à—(de)** next to, beside

côtelette *f* **de porc** pork chop

cotisation *f* contribution

coucher: se— to go to bed

couchette *f* cot, train bed

couleur *f* color

coup *m* hit, blow; **—de foudre** love at first sight; **—de téléphone (de fil)** phone call; **donner un—de main** to help; **prendre un—de soleil** to get sunburned

coupe *f* cut (clothing, hair); cup; **la—du Monde** the World Cup (soccer championship)

couper to cut; to disconnect, to turn off (electricity, gas, etc.)

cour *f* courtyard

coureur(-euse) *m,f* participant in a race, runner

courir (*pp* **couru**) to run

courrier *m* mail; **—du coeur:** advice column

cours *m* class; **au—de** during; **en—** in, to class

course *f* errand; race; **—à pied** running race; **faire des—s** to go shopping

court(e) short

courtois(e) courteous

coussin *m* cushion, pillow

coût *m* cost

coûter to cost; **—cher** to cost a lot

coutume *f* custom

couture *f* sewing; **haute—** high fashion

couturier(-ère) *m,f* fashion designer

couvre-lit *m* bedspread

craindre (*pp* **craint**) to fear

crainte *f* fear; **de—(de, que)** for fear that

créatif(-ive) creative

créateur(-trice) *m,f* creator

création *f* creation

créer to create

crétin *m* idiot, moron

cri *m* cry, scream

crier to yell out

crise *f* crisis; **—de nerfs** fit of hysterics

critique *f* criticism

critique *m* critic

croire (*pp* **cru**) to believe

croisière *f* cruise

croissant(e) increasing

croix *f* cross

crudités *f pl* raw vegetables

cuir *m* leather

cuire (*pp* **cuit**) to cook

cuisine *f* cuisine, cooking; kitchen; **faire la—** to cook

cuisinière *f* stove

cuivre *m* copper

culte *m* church service

curieux(-euse) curious, odd

curriculum vita *m* résumé, CV

cycliste: une course— a bicycle race

D

d'abord first, at first

d'accord okay; **être—(avec)** to agree (with)

dame *f* woman, lady

Danemark *m* Denmark

dans in

davantage (que) more (than)

de from, of, about

débile mental(e) *m,f* moron

débordé(e) (de travail) swamped (with work)

debout standing

débrancher to unplug

débrouiller: se— to manage, to get along

début *m* beginning

débutant(e) *m,f* beginner

déception *f* disappointment

décès *m* death

décevoir (*pp* **déçu**) to deceive, to disappoint

déchirer to tear

décidément certainly, undoubtedly

décider to decide; **se—** to make up one's mind

décision *f* decision; **prendre une—** to make a decision

déclaration *f* statement

déclin *m* decline

déconcerté(e) disconcerted, perturbed

décoré(e) decorated

découvrir (*pp* **découvert**) to discover

décrire (*pp* **décrit**) to describe

déçu(e) deceived, disappointed

dedans inside

défaut *m* fault, weakness

défavorisé(e)s *m,f pl* disadvantaged (people)

défendre de to forbid

défi *m* challenge

défouler: se— to let off steam

dégoût *m* disgust, distaste

dégoûtant(e) disgusting

dégoûter to disgust

dehors outside; **en—(de)** outside (of)

déjà already

déjeuner *m* lunch; **petit—** breakfast

déjeuner to have lunch

délice *m* delight

demain tomorrow; **après-—** the day after tomorrow

demande *f* **d'emploi** job application

demander to ask (for); **se—** to wonder

démarrer to start (car), to get moving (car)

déménager to move

demeurer to remain

demi: une— -heure a half-hour; **à une heure et —e** at 1:30;

une heure et —e an hour and a half

démocratiser: se— to become (more) democratic

dénouement *m* ending

dent *f* tooth

dentier *m* dentures

dépanner to repair a breakdown; to bail out, to help out

départ *m* departure

dépasser to go beyond

dépêcher: se—de to hurry

dépendre (de) to depend (on)

dépenser to spend

dépit: en—de in spite of

déplacer to move (something)

déplaire to displease

déplorable deplorable, disgraceful

déposer to leave (something); to deposit (money)

dépourvu(e) de without, devoid of

déprimé(e) depressed

depuis since, for; **Je travaille depuis un an (le premier mars).** I've been working for one year (since March 1).

déranger to bother

dérivé *m* derivative

dernier(-ère) final; last, preceding; latest

dérouler: se— to take place

derrière behind

dès que as soon as

désavantage *m* disadvantage

descendre to descend, to go down; to bring, get (something) down; **—de** to get out of (car, bus, etc.)

désert(e) deserted

déshabiller to undress; **se—** to get undressed

déshydrater: se— to become dehydrated

désigner to appoint; to designate

désolé(e) sorry

désordre *m* disorder

désorienté(e) confused

desquel(le)s = de + lesquel(le)s

desservi(e) served (by bus service, etc.)

dessin *m* **animé** cartoon

dessinateur(-trice) *m,f* drawer (artist)

dessiné(e) drawn; designed

dessous underneath; **ci- —** below

dessus on top; **ci- —** above

destiné(e) à intended, meant for

détacher to tear off

détaillé(e) detailed

détendre: se— to relax

détestable odious, foul, detestable, loathsome

détesté(e) de hated by

détester to dislike

détruire (*pp* **détruit**) to destroy

devant in front of

devenir (*pp* **devenu**) to become

deviner to guess

dévisager to stare, look hard at

dévoiler to unveil

devoir *m* assignment; **les —s** homework

devoir (*pp* **dû**) to have to; to owe

diapositive *f* slide

Dieu *m* God

difficile difficult

difficulté *f* difficulty; **en—** in trouble; **avoir des —s à** to have trouble (doing something)

diffuser to broadcast

diffusion *f* broadcasting

dimanche *m* Sunday

diminution *f* decrease

dîner to have dinner

dire (*pp* **dit**) to say, to tell; **c'est-à-—** that is to say; **Ça ne me dit rien.** That doesn't tempt me.

direct: en— live (TV, radio show)

directement directly

directeur(-trice) *m,f* manager

direction *f* management

dirigeant(e) *m,f* leader, director

discours *m* speech

discuter (de) to discuss

disjoint(e) disjunctive

disparaître (*pp* **disparu**) to disappear

dispersé(e)s spread around, scattered

disponible available

disposer de to have at one's disposal

dispute *f* quarrel

disputer: se— to argue

disque *m* record; **—souple** floppy disk; **—dur** hard disk

disquette *f* diskette, floppy disk; **—simple (double) face** single (double)-sided diskette

distingué(e) distinguished

distraction *f* entertainment, diversion

distrait(e) distracted

distributeur *m* **automatique de billets** automatic teller machine

divers(es) various; miscellaneous

doigt *m* finger

domaine *m* realm

domicile *m* residence; **à—** at home

dommage: c'est— it's too bad

don *m* talent, gift

donc therefore; **dites/dis donc** by the way, tell me, look here

données *f pl* data

donner to give

dont whose; of whom/which; from whom/which; about whom/which

dormir (*pp* **dormi**) to sleep

dortoir *m* dorm; **—mixte** co-ed dorm

dossier *m* file

douane *f* customs

douanier(-ère) *m,f* customs official

doublé(e) dubbed

doucement gently, softly; slowly

douche *f* shower

doué(e) gifted, talented

doute *m* doubt; **sans—** probably

douter to doubt; **se—de** to suspect

douteux(-euse) doubtful

doux/douce soft; sweet

drogue *f* drug; **une—douce** a soft drug

drogué(e) *m,f* addict

droguer: se— to take (do) drugs; **se—de** to drug oneself with

droit *m* law; right; **avoir—à** to have the right to

droit(e) right; **sur la —e** on the right

droite *f* political right

drôle funny

dru: tomber— to fall thickly (snow)

dû (due) à due to

duquel = de + lequel

dur(e) hard

durant during

durée *f* length, duration

E

eau *f* water; **—minérale** mineral water; **—courante** running water

échange *m* exchange; **en—de** in exchange for

échanger (contre) to exchange (for)

échapper: s'échapper to escape

échouer à to fail

éclairage *m* lighting

éclairer to enlighten

éclatement *m* blow-out (tire)

école *f* school

économique economic; economical; **situation—** economic status; **sciences —s** economics

Ecosse *f* Scotland

écouter to listen to

écran *m* screen; **le petit—** the TV

écrire (*pp* **écrit**) to write

écriture *f* handwriting

écrivain *m* writer

effacer to erase

effectuer to carry out

effet *m* effect; **—de chevauchement** overlapping effect

efficace efficient

efforcer: s'— de to force oneself to

effrayé(e) frightened

également equally, as well

égalité *f* equality

égard: à l'égard de regarding

église *f* church

électeur(-trice) *m,f* voter

élevé(e) high; **bien/mal—** well/badly brought up

élever to bring up (a child)

élire (*pp* **élu**) to elect

éloigné(e) far, distant

embarras *m* embarrassment, predicament
embarrassant(e) embarrassing
embellir to embellish
embêtant(e) bothersome
embêter to bother
emblème *m* emblem, symbol
embouteillage *m* traffic jam
embrasser to kiss
émission *f* television, radio broadcast
emmener to take (a person)
émouvoir (*pp* **ému**) to move (emotionally)
empêcher de to impede; to prevent from
empirer to worsen
emploi *m* job; employment; use
employer to use
employeur(-euse) *m,f* employer
empocher to pocket
emporter to take (a thing)
emprunt *m* loan
emprunter to borrow
en about it, of it
en in, to; **—bus** by bus; **—coton** made of cotton
enchanté(e) pleased to meet you, delighted
encore again; still; **pas—** not yet; **J'ai—deux examens.** I have two more exams.
endommagé(e) damaged
endroit *m* place
énerver to unnerve
enfance *f* childhood
enfant *m,f* child; **petit—** grandchild
enfin finally
enfoncer to push in
engager to begin
enjeu *m* stake, stakes
enlevé(e) kidnapped
enlever to kidnap; to take something out, off; **—un vêtement** to take a piece of clothing off
ennuyé(e) bored, bothered, annoyed
ennuyer to bother; **s'—** to be bored, to get bored
ennuyeux(-euse) boring
énormément greatly
enquête *f* poll
enregistrer to record

enrichir to enrich
enseignement *m* teaching, education
enseigner to teach
ensemble *m* outfit
ensemble together; **dans l'—** on the whole, for the most part
ensevellissement *m* burial
ensuite then
entendre to hear; **—parler de** to hear about; **s'—(avec)** to get along (with); **—dire (que)** to hear (that); **J'entends par là...** By that I mean...
entendu okay, agreed
entier(-ère) whole
entouré(e) de surrounded by
entourer to surround
entracte *m* intermission
entraîner to lead; **s'—** to train
entraîneur *m* trainer, coach
entre between
entrée *f* entry
entrepôt *m* warehouse
entreprise *f* company, corporation
entre-temps in the meantime
entretenir (*pp* **entretenu**) to maintain, to keep up; to speak to
entretenu(e) maintained, kept up
entretien *m* interview
entrouvrir (*pp* **entrouvert**) to half-open
envers towards
envie: avoir—de to feel like
environ around, approximately
envisager to consider, to contemplate
envoyer to send
épice *f* spice
épicerie *f* grocery store
épicier(-ère) *m,f* grocer
épinards *m pl* spinach
époque *f* time; **à l'—(de)** at the time (of)
épouser to marry
épouvantable terrible, dreadful
époux(-se) *m,f* spouse
épreuve *f* **(athlétique)** (athletic) event; test
éprouvant(e) nerve-racking, trying
épuisant(e) exhausting
épuiser to exhaust
équipe *f* team

équipé(e) equipped
ère *f* era
erreur *f* mistake; misunderstanding
escalier *m* staircase, steps
espace *m* space
Espagne *f* Spain
Espagnol(e) *m,f* Spaniard
espèce *m,f* **de: une—de tarte** some sort of pie; **Espèce d'idiot!** You idiot!
espèces: payer en— to pay cash
espérance *f* **de vie** life expectancy
espérer to hope
espionnage *m* spying
espoir *m* hope
esprit *m* spirit; mind
essayer to try
essence *f* gasoline
est *m* east
établissement *m* establishment
étage *m* floor
étagère *f* rack, shelf
étaler to spread out
état *m* state; federal government; **en bon/mauvais—** in good/bad condition
Etats-Unis *m pl* United States
été *m* summer
étendu(e) stretched out (clothing)
étonnant(e) surprising, astonishing
étonner to surprise, astonish
étouffer to suffocate
étrange strange
étranger(-ère) *m,f* foreigner; **à l'—** *m* abroad
étranger(-ère) foreign
être (*pp* **été**) to be; **—à** to belong to; **y—** to understand
étroit(e) narrow; tight (clothing)
études *f pl* studies
étudiant(e) *m,f* student
étudier to study
événement *m* event
éventualité *f* possibility
évidemment evidently
évident(e) obvious
éviter to avoid
exactement exactly
examen *m* exam
excursion: faire une— to take a trip

excuser to forgive; **s'—** to excuse oneself

exemplaire exemplary, model

exemple *m* example; **par—** for example

exercer to practice (law, medicine)

exhiber: s'— to show off

exigeant(e) demanding

exigence *f* demand

exiger to demand

expédition *f* shipping

explication *f* explanation

expliquer to explain

exploiter to exploit, to take advantage of

exprès on purpose

express *m* espresso

exprimer to express

exquis(e) exquisite

F

fabriquer to make

face: en—(de) across (from); **—à** facing

face-à-face *m* encounter

fâché(e) angry, mad

fâcher: se—(contre) to get angry (with)

facile easy

facilement easily

façon *f* way, fashion; **d'une— différente** in a different way; **de toute—** in any event, anyway; **de—permanente** permanently

facteur(-trice) *m,f* mailman(-woman)

faillir: J'ai failli tomber. I almost fell.

faim (avoir —) to be hungry

faire (*pp* fait) to do, to make; **—la connaissance de** to meet; **Ça fait 1 an que je travaille.** I've been working for one year.; **s'en—** to worry

faire-part *m* announcement

fait: au— by the way, come to think of it; **en—** in fact, actually

falloir (*pp* fallu) **il faut** it is necessary; **il me faut** I need

familial(e) concerning the family

famille *f* family

fasciné(e) fascinated

fatigant(e) tiring

fatigué(e) tired

fatiguer to tire

fauché(e) (*fam*) broke (out of money)

faute *f* fault, error; **Ce n'est pas de ma —.** It's not my fault.

fauteuil *m* easy chair

fauviste *m,f* Fauvist

faux/fausse false; **chanter—** to sing off-key

favori(te) favorite

favoris *m pl* sideburns

favoriser to favor

félicitations *f pl* congratulations

féliciter to congratulate

femme *f* woman; wife

fenêtre *f* window

fente *f* (coin) slot, opening

ferme firm

fermer to close; to turn off; **—à clé** to lock

féroce ferocious

fête *f* feast; holiday; party; **faire la—** to party

fêter to celebrate

feuilleton *m* serial, soap opera

février *m* February

fiancer: se— to get engaged

fiançailles *f pl* engagement

fiche *f* (index) card

fidèle loyal, faithful

fier/fière proud

figure *f* face

fil *m* string; **—de l'histoire** story line

file: en—indienne single file

fille *f* girl; daughter; **—unique** only child

fils *m* son; **—unique** only child

fin *f* end; **prendre—** to end; **en—de compte** all things considered; after all; in the last analysis

financier(-ère) financial

finir to finish; **—par** to end up (doing something)

fixé(e) set (time)

flan *m* custard tart

flâner to stroll

foi *f* faith

fois *f* time; **à la—** at the same time

foncé(e) dark (color)

fonctionnaire *m,f* civil servant

fond *m* back; bottom; content; **au—du bureau** at the back of the office

fondre to melt

fontaine *f* fountain

foot = football

football *m* soccer

forestière: exploitation— forestry

formation *f* education

forme *f* shape; **en—** in shape

formidable great

fort(e) strong; heavy/big/stout; high; loud

fortune: faire— to make one's fortune

fou (fol)/folle crazy

fouler: se—(la cheville) to sprain (one's ankle)

four *m* oven; **—à micro-ondes** microwave oven; flop (film)

fourchette *f* fork

fournir to furnish

foyer *m* household; **homme/ femme au—** househusband/ wife

frais *m pl* costs, charges; **—d'annulation** cancellation fee

frais/fraîche fresh; cool

framboise *f* raspberry

franc *m* franc (unit of French currency)

franc/franche frank

franchement frankly

francophone French-speaking

francophonie *f* the French-speaking world

Français(e) *m,f* French person

français(e) French

frappé(e) chilled (wine)

frapper to knock

fréquenter: —quelqu'un to go steady with someone; to associate with someone

frère *m* brother; **beau-—** brother-in-law, step-brother; **demi-—** half-brother

frire (*pp* frit) to fry

frisé(e) curly

frites *f pl* French fries

froid *m* cold; **avoir—** to be cold

froid(e) cold

fromage *m* cheese

Front *m* **National** extreme right-wing political party in France

frontière *f* border

frousse: avoir la— to have the jitters

frustré(e) frustrated

fumer to smoke

fusée *f* **spatiale** space rocket

G

gaffe: faire—(à) *(fam)* to be careful; **Fais gaffe!** Watch out!

gagner to win; to earn; **—sa vie (à)** to make one's living (at, by); **—du temps** to save time

gai(e) cheerful

gamin(e) *m,f (fam)* kid

garantie: sous— under warranty

garantir to guarantee

garçon *m* boy; waiter

garde: sous bonne— well-guarded

garder to keep; **—un enfant** to baby-sit

gare *f* train station

garer to park

gastronomie *f* art of good cooking

gâté(e) spoiled (person)

gâteau *m* cake

gauche *f* political left

gauche left; **tourner à—** to turn left; **sur la—** on the left

gendarme *m* policeman

gêné(e) bothered, embarrassed

généralement generally

généraliste *m,f* general practitioner

génial(e) great, fantastic

genou(x) *m* knee

genre *m* gender; kind, type

gens *m,f pl* people

gentil(le) kind

gentillesse *f* kindness

gentiment nicely

Géorgie *f* Georgia

geste *m* gesture

gestion *f* management, administration

gigot *m* leg of lamb

glace *f* ice cream

gosse *m,f (fam)* kid

gothique Gothic

gourmand(e) *m,f* glutton, greedy person

gourmandise *f* gluttony, greediness

gourmet *m* gourmet, epicure

goût *m* taste; snack

goûter to taste

goutte *f* drop; **C'est la—d'eau qui fait déborder le vase!** That's the last straw!

grand(e) big, great; tall

grandeur *f* greatness, grandeur

grandir to grow up

grands-parents *m pl* grandparents; **arrière—** great-grandparents

gratte-ciel *m* skyscraper

gratuit(e) free (no charge)

gratuitement at no charge

grave serious

gravement seriously

grève *f* strike; **être en—** to be on strike; **faire la—** to go on strike

gréviste *m,f* striker

grillé(e) grilled

griller to grill

gris(e) gray

grogner to groan, moan

gros(se) big; fat

grossir to gain weight

guère: ne... — hardly, scarcely

guérir to cure

guérisseur(-euse) *m,f* healer

guerre *f* war; **Deuxième— Mondiale** World War II

guichet *m* window (post office, bank, etc.)

gymnastique: faire de la— to exercise

H

habiller to dress; **s'—** to get dressed

habit *m* outfit (clothing)

habitant(e) *m,f* inhabitant

habitation *f* residence, dwelling

habité(e) par inhabited by

habiter to live

habitude *f* habit; **comme d'—** as usual

habituel(le) usual

habituer: s'—à to get used to

haïr to hate

haleine *f* breath; **hors d'—** out of breath

halte *f* stop

haricot *m* bean

hasard *m* chance

hausse *f* increase, rise

haut(e) tall; high

hauteur *f* height

hebdomadaire *m* weekly publication

herboriste *m,f* herbalist

hériter de to inherit

heure *f* hour; **Quelle—est-il?** What time is it?; **Il est trois —s.** It is 3 o'clock.; **de bonne—** early; **—s de pointe** rush hours

heureusement happily, fortunately

heureux(-euse) happy

heurter: se—(contre) to collide (with)

hibou(x) *m* owl

hier yesterday; **avant-—** the day before yesterday

histoire *f* story; history

hiver *m* winter

HLM *f* **Habitation à Loyer Modéré** moderate-income public housing

homme *m* man

honnête honest

honteux(-euse) shameful

horaire *m* schedule

horreur *f* horror; **film d'—** horror movie; **avoir—de** to detest

horrible terrible, dreadful

hors-d'oeuvre *m* hors-d'oeuvre, appetizer

hospitalier(-ère) hospitable

hôte *m* host

huile *f* oil

humeur *f* mood; **être de bonne/ mauvaise—** to be in a good/ bad mood

humour *m* humor

hurler to scream, yell

I

ici here

idée *f* idea

identique identical

il y a there is, there are; **—une**

heure an hour ago; **—un an que je travaille.** I've been working for one year.

île *f* island

illimité(e) unlimited

imaginer to imagine; **Imagine-toi...** Just think...

imbécile stupid

immeuble *m* apartment building

immigrant(e) *m,f* newly arrived immigrant

immigré(e) *m,f* an immigrant well-established in the foreign country

imperméable *m* raincoat

impoli(e) impolite

importation *f* import

impôts *m pl* taxes

impressionner to impress

imprévu(e) unexpected

imprimante *f* printer; **—matricielle** dot-matrix printer; **—en qualité (proche) courrier** (near-) letter-quality printer

inattendu(e) unexpected

incendie *m* fire

inconnu(e) *m,f* stranger

inconscient(e) unconscious

inconvénient *m* disadvantage

incroyable unbelievable

indécis(e) undecided

indiquer to show, to direct, to indicate

indispensable essential

infiniment infinitely

informaticien(ne) *m,f* computer expert

informatique *f* computer science; data-processing

ingénieur *m,f* engineer

ingrat(e) ungrateful (person); thankless (job)

inquiet(-ète) worried

inquiéter: s'—(de) to worry (about)

inquiétude *f* worry, anxiety

inscription: les droits d'— tuition

inscrire (*pp* **inscrit**): **se faire—** to register (to vote); **s'—à** to sign up; to enroll (in)

insensé(e) senseless, insane

insérer to insert

installer: s'— to set up shop, to settle in

instantané(e) instant

instituteur(-trice) *m,f* teacher

insupportable intolerable, unbearable

intention: avoir l'—de to intend to

interdire (*pp* **interdit**) to prohibit

intéressant(e) interesting

intéresser: s'—(à) to be interested (in)

intérêt *m* interest; **le taux d'—** interest rate

intérieur: à l'—de inside of, within

interlocuteur(-trice) *m,f* person to whom one is speaking

interprète *m,f* interpreter

interrompre (*pp* **interrompu**) to interrupt

intime intimate

intrigue *f* plot

introduire (*pp* **introduit**) to insert; to introduce

investissement *m* investment

invité(e) *m,f* guest

invoquer to invoke

invraisemblable unlikely

isolé(e) isolated; insulated

israélien(ne) Israeli

ivre drunk

J

jaloux(-se) jealous

jamais ever; **ne...—** never

jambe *f* leg

jambon *m* ham

Japon *m* Japan

Japonais(e) *m,f* Japanese person

jardin *m* garden; **faire le—** to do the gardening

jeter to throw; to throw away; **—un coup d'oeil** to take a look

jeu *m* game; **les —x Olympiques** the Olympic Games; **—x de hasard** games of chance; **le—d'argent** gambling

jeudi *m* Thursday

jeune *m,f* young person

jeune young

joie *f* joy

joindre (*pp* **joint**) to join; to enclose

joint(e) joined; enclosed

joli(e) pretty

joue *f* cheek

jouer to play; to act

jouet *m* toy

jour *m* day; **au—le—** from day to day

journal *m* newspaper; diary; **—télévisé** TV news

journée *f* day

juillet *m* July

juin *m* June

jumeau/jumelle *m,f* twin

jury *m* panel of judges

jus *m* juice; **—d'orange** orange juice

jusqu'à (ce que) until

juste just; right, exact; fair

justement exactly, precisely

K

kir *m* aperitif made with white wine and crème de cassis liqueur

L

là there; **là-bas** over there

labo = laboratoire

lâche loose-fitting (clothes)

laid(e) ugly

laine *f* wool

laisser to leave; **—comprendre** to hint

lait *m* milk

lancer to throw; to launch

lanceur *m* pitcher (baseball)

langue *f* language

lapin *m* rabbit; **poser un—à** *(fam)* to stand someone up

large wide

larme *f* tear; **au bord des —s** on the verge of tears

lavable washable

lavabo *m* (bathroom) sink

laver to wash; **machine à—** washing machine; **se—** to get washed

lave-vaisselle *m* dishwasher

leçon *f* lesson; **—particulière** private lesson, tutoring

lecteur *m* **de disquettes** disk drive

lecteur(-trice) *m,f* reader

lecture *f* reading

léger(-ère) light

légume *m* vegetable

lendemain *m* the next day

lent(e) slow
lentement slowly
lenteur *f* slowness
lentilles *f* **de contact** contact lenses
lequel/laquelle which
léser to wrong
lessive: faire la— to do laundry
lever to raise, to lift; **se—** to get up
liant: donner du— to use fillers (in a conversation)
libéré(e) freed
libérer to free
liberté *f* freedom, liberty
librairie *f* bookstore
libre free
lien *m* link, bond
lier to link
lieu *m* place; **avoir—** to take place; **au—de** instead of
ligne *f* line
limite *f* limit; **date—** deadline
linge *m* laundry
lire (*pp* **lu**) to read
lit *m* bed; **un grand—** a double bed
littéraire literary
livre *f* pound
livre *m* book
livrer to deliver
livret: un—d'épargne a savings account
locataire *m,f* tenant
logement *m* lodging, housing
loger to stay, to be lodged
logiciel *m* software
logiquement logically
loi *f* law
loin (de) far (from); **de—** by far
loisir *m* leisure, spare time; **—s** leisure-time activities
long(ue) long; **le—de** along
longtemps long, a long time
longuement for a long time, at length
longueur *f* length
lors de at the time of, during
lorsque when
loto *m* lottery
louer to rent
lourd(e) heavy
lumière *f* light
lundi *m* Monday

lune *f* moon; **—de miel** honeymoon
lunettes *f pl* eyeglasses
lutter to fight
luxe: de— luxurious
lycée *m* high school
lycéen(ne) *m,f* high-school student

M

mâcher to chew
madame (mesdames) *f* lady; Mrs.
mademoiselle (mesdemoiselles) *f* young lady; Miss
magasin *m* store; **grand—** department store
maghrébin(e) of, from the Maghreb (Northwest Africa: Morocco, Tunisia, Algeria)
magistrat *m* judge
magnétoscope *m* videocassette recorder (VCR)
magnifique magnificent
mai *m* May
maillot *m* **de bain** swimsuit
main *f* hand
maintien *m* maintenance
mais but
maison *f* house; firm, company; **—d'édition** publishing company
maître: le—d'hôtel the head waiter
maîtresse *f* mistress; **une—de maison** a housewife
mal *m* **(de tête)** (head)ache; **avoir—** to hurt; **J'ai—au bras.** My arm hurts.; **avoir le—du pays** to be homesick; **aller de—en pis** to go from bad to worse; **avoir du—à** to have trouble (doing something); **avoir—aux cheveux** to have a hangover
mal poorly
malade sick, ill
maladie *f* illness
malgré in spite of
malheureusement unfortunately
malheureux(-euse) unhappy, unfortunate
malsain(e) unhealthy
manche *f* sleeve

mandat *m* term of office
manger to eat
manière *f* manner, way; **—s** manners; **d'une—précise** in a precise way
manifestation *f* demonstration; protest
manifester to protest, to demonstrate; **se—** to arise, to emerge
mannequin *m* model
manque *m* lack; **—de communication** communication gap
manquer to miss; **Tu me manques.** I miss you.; **Il me manque un livre.** I'm missing a book.
manteau *m* coat
manuel *m* manual, handbook
maquiller: se— to put on makeup
marchand(e) *m,f* merchant
marché *m* market; **le— Commun** the Common Market; **faire le—** to go to the market
marché: bon— cheap, inexpensive; **meilleur— ** cheaper; **—aux puces** flea market; **—conclu** It's a deal.
marcher to work; to walk
mari *m* husband
marier: se— to get married
marionnette *f* puppet
Maroc *m* Morocco
Marocain(e) *m,f* Moroccan (person)
marocain(e) Moroccan
marque *f* brand
marrant(e) *(fam)* funny
marre: en avoir— *(fam)* to be fed up
marron brown
mars *m* March
masochiste masochistic
match *m* game
matériel *m* equipment
maths = mathématiques
matin *m* morning
matinée *f* morning; **faire la grasse—** to sleep late (sleep in)
mauvais(e) bad
maximal(e) maximum
mécanicien(ne) *m,f* mechanic

méchamment nastily, spitefully

méchant(e) nasty, spiteful

mécontent(e) displeased; unhappy

médaille *f* medal

médecin *m* doctor

médiocre second-rate

méfier: se—de to be wary, suspicious

meilleur(e) best

mélanger to mix

même same; even; **moi-—** myself; **l'idée—** the very idea; **quand—** nonetheless, even so; **en—temps, au—moment** at the same time; **tout de—** all the same

mémoire *f* memory (mental capacity)

mémoire *m* **de maîtrise** Master's thesis

menace *f* threat

menacer to threaten

ménage *m* household

ménager: le confort— household conveniences; **appareil—** household appliance

mener to take, to lead

mensuel *m* monthly publication

menteur(-euse) *m,f* liar

menthe *f* mint

mentionné(e) mentioned

méprise *f* misunderstanding, mistake

mer *f* sea

merci thank you

mercredi *m* Wednesday

mère *f* mother; **grand-—** grandmother; **belle-—** mother-in-law; step-mother

merveille: à merveille perfectly

merveilleux(-euse) marvelous

mesure *f* measure; **sur—** made-to-order; **au fur et à—** gradually, as one goes along

mesurer to measure; **Combien mesure-t-il?** How tall is he?

météo *f* weather forecast

métier *m* trade, profession

métro *m* subway

metteur en scène *m* director

mettre (*pp* **mis**) to put, to place; to put on (clothing); **—une lettre à la poste** to mail a

letter; **se—en colère** to get angry; se **—à** to begin; **se— d'accord (sur)** to agree (on)

meuble *m* piece of furniture

mexicain(e) Mexican

Mexique *m* Mexico

Midi *m* the south of France

midi *m* noon

mieux better; **le—** the best; **faire de son—** to do one's best

mignon(ne) cute

milieu *m* middle; milieu, circle; **au (beau)—(de)** (right) in the middle (of)

mille (a, one) thousand

millier: un—(de) a thousand or so

mimi: un gros— (fam) kiss

mince thin

mine: avoir bonne/mauvaise— to look good/bad

ministre *m* minister; **premier—** prime minister

minuit *m* midnight

minuscule tiny

mise *f* money bid

mise en scène *f* staging

moche (*fam*) ugly, awful, shabby

mode *f* fashion; **à la—** in fashion

mode *m* mood (verbs); **—d'emploi** instructions

moindre (de) *m,f* least, lesser

moine *m* monk

moins less; **—de** less, fewer; **de—en—(de)** less and less; **le—(de)** the least; **payer 2F de—** to pay 2F less; **au—** at least; **à—(de, que)** unless

mois *m* month

moitié *f* half

moment *m* moment; **au—de** at the time of; **en ce—** now, at this time

monde *m* world; **tout le—** everyone

monnaie *f* change

monsieur (messieurs) *m* gentleman

montagne *f* mountain

monter to go up; to take up (suitcases, etc.); **—dans** to get into (car, bus, etc.)

montre *f* watch

montrer (à) to show (to)

moquer: se—de to make fun of

moqueusement mockingly

morceau *m* piece

mort *f* death

Moscou Moscow

mot *m* word; note, message

mou (mol)/molle soft

mouche *f* fly

moule *f* mussel

mourir (*pp* **mort**) to die

moyen *m* mode, method; **—de transport** mode of transportation; **les—s** the means

moyen(ne) average

moyenne *f* average; **en—** on the average

muet(te) silent

multiplier to multiply, to increase

musée *m* museum

N

n'est-ce pas isn't it so

nage *f* swimming

nager to swim

naissance *f* birth

naître (*pp* **né**) to be born

nanti(e) affluent, well-off

nappe *f* tablecloth

natal(e) native

natation *f* swimming

national(e) *m,f* national (citizen)

naturalisé(e) naturalized

nature: une omelette— a plain omelet

naturellement naturally

navet *m* third-rate film, novel

navré(e) sorry

ne... ni... ni neither... nor

néanmoins nevertheless

négativement negatively

neige *f* snow

neiger to snow

nerveusement nervously

net(te) clean

nettement clearly

nettoyage *m* **à sec** dry cleaning

nettoyer to clean; **—à sec** to dry-clean

neuf/neuve brand-new

nez *m* nose

niveau *m* level

noce *f* wedding ceremony

nocturne: vie— nightlife

noir(e) black

nom *m* name; noun

nombreux(-euse) numerous; **famille—** large family

nommé(e) named, called

normalement normally, usually

Normandie *f* Normandy (French province)

notamment notably, especially

note *f* grade; **—s de classe** class notes

nourriture *f* food

nouveau (nouvel)/nouvelle new

nouveau: à— again, anew

Nouveau-Mexique *m* New Mexico

nouveauté *f* something new

nouvelle *f* piece of news; **—s** news

Nouvelle-Orléans *f* New Orleans

noyer: se— to drown

nucléaire *m* nuclear energy

nucléaire nuclear

nuit *f* night

nul: —doute no doubt; **match—** tied game; **nulle part** nowhere

numéro *m* number; issue (magazine)

O

obéir to obey

obligatoire mandatory

obligé(e) de obliged to

obtenir (*pp* **obtenu)** to get, obtain

occasion: voiture d'— used car

Occident *m* the West

occidental(e) Western

occupé(e) occupied; busy

occuper to occupy; **—un poste** to have a job; **s'—de** to deal with, to take care of

oeil (yeux) *m* eye

oeuf *m* egg

oeuvre *f* work (of art); **main d'—** labor, work force

offre *f* offer; **—d'emploi** opening, available position; want ad

offrir (*pp* **offert)** to offer

oignon *m* onion

oiseau *m* bird

on we, you, they, people, one

oncle *m* uncle

ondulé(e) wavy

or *m* gold

ordinateur *m* computer; **—non-portable** desktop computer

ordonner to order

oreille *f* ear

Orient *m* the East

orienté(e) oriented

orner to decorate

orthographique pertaining to spelling

otage *m* hostage; **prendre en—** to take hostage; **un preneur d'—s** a kidnapper

où where; **le jour—je suis né** the day (when) I was born; **n'importe—** anywhere

oubli *m* oblivion

oublier to forget

outil *m* tool

outre: en— besides

ouvreuse *f* usher

ouvrier(-ère) *m,f* factory worker

ouvrir (*pp* **ouvert)** to open

P

pain *m* bread

pair: jeune homme/jeune fille au— one who works in exchange for room and board

paire *m* pair

panne *f* breakdown; **tomber en—** to break down; **tomber en—d'essence** to run out of gas; **en—** broken, out of order

pantalon *m* pair of pants

Pâques *f pl* Easter

paquet *m* package

par by; **une fois—jour** once a day; **—ici** this way; **—là** that way

paraître (*pp* **paru)** to appear, to seem; **il paraît que** it seems that

parapluie *m* umbrella

parce que because

parcourir to cover (distance); to travel all over

pardessus *m* overcoat

Pardon? Excuse me?

pareil(le) similar, alike

parent(e) *m,f* parent; relative

parent: arrière-grand-— *m* great grandparent

parenté: liens de— family ties

paresseux(-euse) lazy

parfait(e) perfect

parfois at times

parfum *m* perfume; flavor

parier to bet

parisien(ne) Parisian

parking *m* parking lot

parler to speak, to talk

parmi among

parole *f* word; **—s** lyrics; **prendre la—** to take the floor, to begin speaking; **céder la—** to give up the floor

part: à part besides, except for; **pour ma—** as for myself; **ne... nulle—** not anywhere; **d'une—** on one hand; **d'autre—** on the other hand; **quelque—** somewhere

partager to share

particulier(-ère) particular, certain

partie *f* part; **en grande—** to a large extent, for the most part

partiel *m* mid-term exam

partir (*pp* **parti)** to leave

partout everywhere

pas: ne... — not; **—mal** quite a lot; not bad; quite good

passé *m* past

passé(e) last; **participe—** past participle; **l'année —e** last year

passe-temps *m* pastime

passer to pass; to spend (time); to take (an exam); to show, to be playing (a film); **se—** to happen; **se—de** to do without

passionnant(e) exciting

passionné(e) excited

pâte: fromage à—molle soft cheese

pâtes *f pl* pasta

patiemment patiently

patron(ne) *m,f* boss

pauvre unfortunate; poor

pauvreté *f* poverty

payant(e) paying, which must be paid for

payé: bien/mal —(e) well-/poorly paid (person); high-/low-paying (job)

pays *m* country

paysage *m* landscape, countryside

pêche *f* peach

peigne *m* comb

peigner: se— to comb one's hair

peindre (*pp* **peint**) to paint

peine *f* trouble; **ce n'est pas la—** it's not worth the trouble; **la—de mort** the death penalty; **faire de la—** to hurt; **à—** scarcely, hardly

peinture *f* painting

pencher: se— to lean

pendant while, for

pensée *f* thought

penser to think

penseur *m* thinker

perceuse *f* **électrique** electric drill

percevoir (*pp* **perçu**) to perceive

perdre to lose; **se—** to get lost

père *m* father; **beau-—** father-in-law; stepfather

perfectionner to perfect

permanence: en— permanently, constantly

permettre (*pp* **permis**) to permit

permis *m* permit, license

personnage *m* character (novel, movie)

personne *f* person; **ne... —** nobody

perte *f* loss

petit(e) ami(e) *m,f* boyfriend/ girlfriend

petit(e) small, little

peu a little; **—de** few; **un—de** a little; **sous—** before long

peur *f* fear; **avoir—(de)** to be afraid (of); **de—(de, que)** for fear that; **faire—à** to scare

peut-être maybe, possibly

pharmacien(ne) *m,f* pharmacist

phrase *f* sentence

physique physical

pièce *f* room; play; coin; **—de rechange** replacement part

pied *m* foot; **avoir les —s sur terre** to have both feet on the ground

piger (**fam**) to understand, to "get it"

pilier *m* pillar

pincer to pinch

pire worse; **le/la—** the worst

pis worse; **le—** the worst

piste *f* ski slope, trail

pitié *f* pity

pittoresque picturesque

placard *m* cupboard, closet

place *f* square

placer to place; to seat

plage *f* beach

plaindre (*pp* **plaint**) to pity; **se—(de)** to complain (about)

plainte *f* complaint

plaire à (*pp* **plu**) to please; **s'il te/vous plaît** please

plaisanter to joke

plaisir *m* pleasure; **faire—à** to please; **avec—** gladly

plan *m* map; **sur le—(de)** as far as... is concerned, in the area of

plancher *m* floor

plat *m* dish (meal); serving, cooking dish

platine: une—laser compact disc player

plein: faire le— to fill up (gas tank)

pleurer to cry

pleuvoir (*pp* **plu**) to rain

plombier *m* plumber

pluie *f* rain

plume *f* feather; **—d'oie** quill (pen)

plupart: la—(de) *f* most (of)

plus more; **—de** more; **le plus (de)** the most; **de—en—(de)** more and more; **en—** in addition; besides; **de—** furthermore, in addition; besides; **ne... —** no longer, not anymore; **non—** neither

plusieurs several

plutôt rather

pneu (**pneus**) *m* tire; **un—crevé** a flat tire

poche *f* pocket; **argent de—** pocket money

poêle *f* frying pan

poésie *f* poetry

poids *m* weight

pointu(e) pointed

poire *f* pear

pois: petits— *m pl* peas

poivre *m* pepper

poivron *m* green pepper

poli(e) polite

politique *f* politics; policy;

—étrangère foreign policy; **—intérieure** domestic policy

politique political

pollué(e) polluted

pomme *f* apple; **—de terre** potato

ponctualité *f* punctuality

porte *f* door; **aux —s de Paris** on the outskirts of Paris

porte-bagages *m* luggage rack

portée: à la—de within the reach of

portefeuille *m* wallet

porter to wear; to carry; **—sur** to be about

Portugais(e) *m,f* Portuguese person

portugais(e) Portuguese

poser to ask (a question)

posséder to own, possess

possesseur *m* owner

poste *f* post office

poste *m* job; radio, television set

pot-au-feu *m* boiled beef with vegetables

pot: prendre un— (*fam*) to have a drink

pote *m* (*fam*) friend

pou(x) *m* louse

poubelle *f* trash can

poulard *m* fatted chicken

poulet *m* chicken

poumon *m* lung

pour for, in order to; **—que** so that, in order that

pourboire *m* tip

pourquoi why

poursuivre to pursue; **—son parcours** to continue on one's way

pourtant however; yet

pourvu que provided that

pourvu(e) de equipped with

pousser to push; to force

pouvoir (*pp* **pu**) to be able to; **n'en plus—** to be at the end of one's rope, to have had it; **il se peut que** it may be that...

pratique practical

pratiquer to practice

précédent(e) previous

précisément precisely

prédire (*pp* **prédit**) to predict

préféré(e) favorite

premier(-ère) first

prendre (*pp* **pris**) to take; **—un repas** to have a meal; **On ne m'y prendra pas.** You won't catch me (doing that).; **—des kilos** to put on weight; **—part à** to participate in

prénom *m* first name

préoccuper: se—de to be concerned with

préparatifs m pl plans, preparation

préparer to prepare; **se—(à)** to get ready (for, to)

près (de) near, close to; **à peu—** around, about; more or less

présenter to introduce

presque nearly, almost

pressing *m* dry cleaning

pression *f* pressure; **une—** a (glass of) draft beer

prêt(e) ready

prêt-à-porter *m* ready-to-wear clothing

prétendre to claim

prêter to lend; **—attention à** to pay attention to

prévenir (*pp* **prévenu**) to warn

prévoir (*pp* **prévu**) to plan; to foresee

prévu: quelque chose/rien de— something/nothing planned

prier to pray; to beg; **Je vous/ t'en prie.** You're welcome.

principal(e) major, main

printemps *m* spring

priorité *f* priority

pris(e) caught; busy

prise *f* taking; electrical outlet

privé(e) private

prix *m* price; prize

probablement probably

prochain(e) next (in a series); next (one coming); **à la —e** until next time

proche near, close

proches *m pl* close friends/ relatives

produire (*pp* **produit**): **se—** to happen, take place

produit *m* product

profiter (de) to take advantage (of)

profond(e) deep

profondément deeply

programme *m* set of broadcasts; **—électoral** platform

proie *f* prey

projeter de to plan on (doing something)

projets *m pl* plans

promenade *f* walk, ride; **faire une—** to take a walk; **une— en bateau** a boat ride

promener: se— to walk, to take a walk

pronom *m* pronoun

prononcer to pronounce; **—un discours** to make a speech; **se—(pour/contre)** to state one's opinion (for/against)

propos: à— by the way; **à—de...** speaking of...

proposer to propose, to suggest

propre clean; **ta—voiture** your own car; **taper une lettre au—** to type the final draft of a letter

propriétaire *m,f* owner

protéger to protect

prouesse *f* prowess

province *f* province; all of France that is outside of the *agglomération parisienne*

provisions *f* provisions, food

provoquer to cause

prudent(e) careful

psychiatre *m,f* psychiatrist

public *m* audience

publicité *f* advertising; advertisement

publier to publish

puis then

puisque since

puissant(e) powerful

pull-over *m* sweater

puni(e) punished

purgé(e) purged

Q

quai *m* platform (train station)

quand when

quant à as for

quart *m* quarter (one-fourth); **—de finale** quarter-final

quartier *m* neighborhood

quasi nearly, almost

que that; which; whom; whether; **ne... —** only

québécois(e) pertaining to Quebec

quel(le) what, which; **n'importe—** any

quelque chose (de spécial) something (special)

quelquefois sometimes

quelques a few, some, several

quelqu'un someone

question *f* question; **Pas question.** It's out of the question.

queue: faire la— to wait in line

qui who, whom, which; **n'importe—** anybody

quincaillerie *f* hardware store

quintuplé(e)s *m,f* quintuplets

quitter to leave

quoi what; **après—** after which; **A—bon un magnétoscope...** What good is a VCR...; **Quoi?** (*fam*) What?

quoique although

quotidien *m* daily publication

quotidien(ne) daily

R

raconter to tell

radieux(-euse) dazzling

raffiné(e) refined

rafraîchissement *m* refreshment

rage *f* anger

raide straight

raison *f* reason; **avoir—** to be right; **en—de** because of; **C'est la—pour laquelle...** That's why...

raisonnable reasonable

ralenti: travailler au— work at a slow pace

rame *f* subway train

ramener to bring back (a person)

rançon *f* ransom

ranger to tidy up, to put away

râpé(e) threadbare, worn

rapidement rapidly

rappel *m* reminder; curtain call

rappeler to call back; to remind; **se—** to remember

rapport *m* relationship

rapprocher: se— to get closer together

rarement rarely

ras-le-bol: en avoir— (*fam*) to be fed up

rassembler to assemble; **se—** to assemble, to gather together

rater to fail

rattraper to catch

ravi(e) delighted, pleased

rayon *m* department (in a store)

réagir to react

réalisateur(-trice) *m,f* producer

réalisation *f* realization; achievement

réalisé(e) completed, conducted; produced

réalité: en— actually

récemment recently

récepteur *m* receiver

réception *f* front desk

recette *f* recipe; receipt, money taken in

recevoir (*pp* **reçu**) to receive; **—(des amis)** to have friends over

recherche *f* search; **—s** research; **faire des —s** to do research

rechercher to seek (again)

récit *m* story

réclamation *f* complaint

reconnaître (*pp* **reconnu**) to recognize

recours: avoir—à to resort to

récrire (*pp* **récrit**) to rewrite

reculer to move backwards; to backspace

réduction *f* discount

réduire (*pp* **réduit**) to reduce

rééducation *f* rehabilitation

refaire (*pp* **refait**) to redo, to remake

réfléchir to reflect, to think

refléter to reflect

refroidir to cool down

réfugié(e) *m,f* refugee

regarder to look at

régime *m* **alimentaire** diet

régler to regulate, to adjust; **—la note** to pay the bill

regret *m* sadness, sorrow

regretté(e) (sadly) missed

regretter to be sorry

régulièrement regularly

reine *f* queen

réinvestir to reinvest

rejoindre (*pp* **rejoint**) to reunite with; to meet

relire (*pp* **relu**) to reread

remarquer to remark; to notice

remboursé(e) reimbursed

remboursement *m* refund, reimbursement

remède *m* remedy, cure

remercier (de) to thank (for)

remettre (*pp* **remis**): **—un devoir** to hand in an assignment

remplacement *m* replacement

remplacer to replace

remplir to fill, to fill out

rencontrer to meet (by chance), to run into; to meet at a set time

rendez-vous *m* meeting, appointment

rendre to return, to give back; to make, to render; **se—compte (de)** to realize; **se—à** to go to; **—compte de** to account for; **—des devoirs** to turn in homework

renommé(e) renowned

renommée: de—mondiale world-renowned

rénové(e) renovated, remodeled

renseignements *m pl* information

renseigner to inform; **se—(sur)** to get information (about)

rentrer to go home; to bring (something) back in

renvoi *m* return

renvoyer to fire

réparer to repair

repas *m* meal

repassage *m* ironing

répéter to repeat

répondeur *m* **téléphonique** answering machine

répondre to answer

réponse *f* answer

reportage *m* newspaper or TV news report

reposer: se— to rest

reprendre (*pp* **repris**) to have some more; to take back; **—la route** to get back on the road; **—haleine** to get one's breath back

représentant(e) *m,f* representative

représentation *f* performance

représenter to represent; **se—** to run again (for office)

reproche *m* reproach

reprocher to reproach, criticize, resent

République *f* **Fédérale d'Allemagne (RFA)** Federal Republic of Germany

requête *f* request; petition

requin *m* shark

résidence *f* residence; **—universitaire** dorm

résoudre (*pp* **résolu**) to resolve; to solve

respectivement respectively

respectueux(-euse) respectful

respirer to breathe; **—à fond** to take a deep breath

ressembler à to resemble

resservir to serve again

restaurant *m* restaurant; **—du coeur** soup kitchen

rester to remain; to stay; **il reste (du fromage)** there is (some cheese) left

restreint(e) restricted

résultat *m* result

résumé *m* summary

résumer to summarize

rétablir to reestablish

retard *m* lateness; **avoir du—** to be late; **en—** late

retenir (*pp* **retenu**) to hold back; to retain; to reserve; **être retenu(e)** to be held up (late)

réticence *f* hesitation, reticence

retirer to withdraw

retour *m* return; **—en arrière** flashback

retourner to go back; to turn again; **se—** to turn (oneself) around

retrait *m* withdrawal

retraite *f* retirement; **prendre sa—** retire; **être à la—** to be retired

retransmission *f* rebroadcast

retrouver: se— to meet (at a set time)

réunion *f* meeting

réunir to gather

réussi(e) successful

réussir to succeed; **—à (un examen)** to pass (an exam)

réussite *f* success

revanche: en— on the other hand

rêve *m* dream

réveiller to wake; **se—** to wake up

révéler to reveal; **se—** to prove to be

revenir de (*pp* **revenu**) to come back (from)

rêver de to dream of

réviser to review

revoir (*pp* **revu**) to see again; to review, look over; **Au—.** Goodbye.

révoltant(e) revolting

revue *f* magazine

rez-de-chaussée *f* ground floor

rhum *m* rum

rhume *m* cold

riche rich

rideau *m* curtain

rien: ne… — nothing; **—de spécial** nothing special; **De—.** You're welcome.; **avoir peur d'un—** to be high-strung

rire (*pp* **ri**) to laugh

rivé(e) stuck on, fixed on

robe *f* dress

roi *m* king

roman *m* novel

romancier(-ère) *m,f* novelist

rompre (*pp* **rompu**): **—avec quelqu'un** to break up with someone

rond(e) round

rondelle *f* slice

rôti *m* roast

rôtir to roast

rouer: —quelqu'un de coups to beat someone black and blue

rouge red

rougir to turn red

rouler to roll; to drive; **se—par terre** to make a scene

route: être en— to be on the way

routier(-ère) pertaining to roads, highways

roux/rousse *m,f* redhead; **avoir les cheveux roux** to have red hair

rubrique *f* heading, item, column

rue *f* street

ruiner to ruin, to wreck

S

sable *m* sand

sac *m* bag; **—à dos** knapsack; **—de lessive** laundry bag

sacré(e) holy, sacred

sage well-behaved; wise

sain(e) healthy

saisir to seize

saison *f* season

salade *f* salad; lettuce

salarié(e) salaried (worker)

sale dirty

salé(e) salty

salir to make dirty, to soil

salle *f* room; **—de bains** bathroom; **—à manger** dining room; **—de séjour** living room; **—de classe** classroom

salon *m* living room

saluer to greet

salut hi; bye

samedi *m* Saturday

sans (que) without

santé *f* health; **A votre (ta)—!** To your health!

satisfait(e) (de) satisfied (with)

sauter to sauté

sauvegarder to save

savoir (*pp* **su**) to know; **Je ne sais pas où j'en suis.** I'm confused.

scandaleux(-euse) scandalous

scénario *m* script

scénariste *m,f* scriptwriter

schéma *m* diagram

scolaire pertaining to school

séance *f* session

sec/sèche dry

sèche-linge *m* clothes dryer

sécher: —un cours (*fam*) to skip a class

secours *m* help; **Au —!** Help!

secrétariat *m* secretarial work; secretarial staff; (secretary's) office

sécurité sociale government-operated health insurance system in France

séduire (*pp* **séduit**) to seduce; to charm; to bribe

seigneur *m* lord

séjour *m* stay

sel *m* salt

sélectionner to select

selon according to

semblable similar

semblables *m pl* fellow men

sembler to seem

sens *m* sense; meaning

sensible sensitive

sentiment *m* feeling

sentir (*pp* **senti**): **se—** to feel; **—bon/mauvais** to smell good/bad

sérieusement seriously

sérieux(-euse) serious; **prendre au—** to take seriously

serrer: se—la main to shake hands

serveur(-euse) *m,f* waiter/waitress

servi(e) served

service *m* favor; **—d'étage** room service; **—des ventes (du personnel)** sales (personnel) department; **faire son—militaire** to serve in the armed forces

serviette *f* napkin; **—de bain** bath towel

servir (*pp* **servi**) to serve; **—à** to be used for; **se—de** to use

seul(e) alone; only; solitary

seulement only, just

si if; yes; so

siècle *m* century

siège *m* seat

signaler to point out

signification *f* significance

signifier to mean

silencieux(-euse) silent, quiet

similitude *f* similarity

simplement simply

simultanément simultaneously

singulier(-ère) singular; unique

sinistre ugly, sinister-looking

sinon otherwise

sirop *m* syrup; **—d'érable** maple syrup

situé(e) located

société *f* society; company

soeur *f* sister; **belle-—** sister-in-law; stepsister; **demi-—** half-sister

soi: chez— at home; **—-même** (by) oneself

soif: avoir— to be thirsty

soins *m pl* care, treatment

soir *m* evening

soirée *f* evening; party

soldat *m* soldier

solde: en— on sale

soleil *m* sun

solide well-built, sturdy

solitaire lonely, solitary

somme *f* sum; **en—** all in all; **—toute** when all is said and done

sommet *m* summit

son *m* sound

sondage *m* poll, survey

sonner to ring

sorbet *m* sherbet

sorcière *f* witch

sort *m* fate

sortie *f* exit; release (film, record)

sortir (*pp* **sorti**) to go out; to take out; **s'en—** to get oneself out of (a predicament)

sou: être sans un— to be without a penny

souci *m* concern, worry; **se faire du—** to worry

soucoupe *f* saucer; **—volante** flying saucer

soudain suddenly

souffrir (*pp* **souffert**) to suffer

souhait *m* wish

souhaiter to wish

soulagement *m* relief

soulager to relieve

souligné(e) underlined

souligner to underline

soupçonner to suspect

sourire (*pp* **souri**) to smile

sourire *m* smile

souris *f* mouse

sous-sol *m* basement

sous-titre *m* subtitle

soutenir (*pp* **soutenu**) to support

souterrain(e) underground

soutien *m* support

souvenir (*pp* **souvenu**): **se—de** to remember

souvenir *m* memory, souvenir

souvent often

soviétique Soviet

spéciale *f* special program (TV)

spécialiser: se—en to specialize in; to major in

spécifiquement specifically

spectacle *m* show

sportif(-ive) sports-minded; pertaining to sports

spot: un—publicitaire advertisement (TV, radio)

stage *m* internship

station *f* station; **—de ski** ski resort; **-service** gas station; **—-essence** gas station

stationnement *m* parking

stéréotypé(e) stereotypical

stimulant(e) stimulating

stimuler to stimulate, to evoke

studio *m* efficiency apartment

stylo *m* pen; **—à bille** ballpoint pen

subsister de to live on

substituer to substitute

subtile subtle

succès *m* success; **avoir du—** to be successful

suffire (*pp* **suffi**): **il suffit** it is enough...

suggérer to suggest

Suisse *f* Switzerland

suite *f* series; **à la—de** after, following

suivant(e) following

suivre (*pp* **suivi**) to follow; **"à —"** "to be continued"; **—un cours** to take a class

sujet *m* subject; **au—de** about

supermarché *m* supermarket

supporter to put up with, to tolerate

supprimer to do away with

sur on, about; **une fois —dix** one time out of ten; **deux mètres—trois** (measuring) two meters by three

sûr(e) sure; **bien—** of course; **bien—que non** of course not

sûrement surely

surhumain(e) superhuman

surprenant(e) surprising

surprendre (*pp* **surpris**) to surprise

surpris(e) surprised

surprise-partie (surprises-parties) *f* party

surtout especially, above all

surveiller to watch

survenu(e) intervening

survivre (*pp* **survécu**) to survive

susciter to bring about

suspect(e) suspicious

sympa (fam) = **sympathique**

sympathique nice

syndicat *m* union; **—d'initiative** tourist bureau

systématiquement systematically

T

tabac *m* tobacconist's shop; tobacco

tabagisme *m* nicotine poisoning; tobacco abuse

tableau *m* painting; blackboard

tache *f* stain

tâcher de to try to

taille *f* size; waist; **être de—moyenne** to be of average height; **être de—à** to be big enough to

tailleur *m* woman's suit

taire (*pp* **tu**): **se—** to be quiet

talon *m* heel; **chaussures à hauts—s/à —s plats** high/low-heeled shoes

tandis que while, whereas

tant (de) so much, so many; **en—que** as

tante *f* aunt

taper to type

tapis *m* rug

taquiner to tease

tard late

tarif *m* fare, rate

tarot *m* **un jeu de—** a deck of tarot cards

tarte *f* pie

tas *m* pile, heap

tasse *f* cup

taudis *m* slum

taux *m* rate; **—de natalité** birth rate

Tchin tchin! (*fam*) Cheers!

te you; to you

tel(le) such

télé = **télévision; à la—** on television

télédiffusion *f* broadcasting

téléphone *m* telephone; **au—** on the telephone

téléphoner à to telephone, to call

télésiège *m* ski lift

téléspectateur(-trice) *m,f* television viewer

tellement really; so

tempête *f* storm

temps *m* time; weather; tense (verb); **de—en—** from time to time; **à—** in time; **le bon vieux—** the good old days; **travailler à plein (mi-)—** to work full(part)-time

tendance *f* tendency

tendu(e) tense

tenir (*pp* **tenu**) to hold; **—à** to insist on; **se—(près de)** to stand (close to); **un manteau qui tient chaud** a coat that keeps you warm; **—ses comptes** to keep one's accounts

tennis *m* tennis; **des—** tennis shoes

tenter to try; to tempt

terme: en d'autres —s in other words

terminer to finish, to end

ternir to tarnish

terrasse *f* terrace; outdoor area of a café, restaurant

terre *f* land

TF1 French television channel (private)

thé *m* tea; **—glacé** iced tea

thon *m* tuna

tic *m* mannerism, nervous habit

Tiens! (Tenez!) Hey!

tiers *m* third

tirage *m* circulation (of a publication)

tiré(e) (de) taken (from)

tirer to pull; to draw (conclusion); **—sur** to shoot (at)

tiroir *m* drawer

tissu *m* material, fabric

titre *m* title; headline

tomate *f* tomato

tomber to fall; **—amoureux (-euse) (de)** to fall in love (with); **faire—** to drop

tort: avoir— to be wrong

tôt early

touche *f* key (on a keyboard)

toucher (un chèque) to cash (a check)

toujours always; still

tour *f* tower

tour *m* trip; turn; **faire un—** to take a walk, ride

tourisme *m* tourism; **faire du—** to do some sightseeing

touristique pertaining to tourism; popular with tourists

tourner to turn; to shoot (a film)

tournoi *m* tournament

tout everything (Tout va bien.)

tout *m* the whole thing (J'ai pris le tout.)

tout, tous, toute, toutes all; **à— à l'heure** see you soon; **—à l'heure** a little while ago, in a little while; **—de suite** right away; **tous (toutes) les deux** both; **—à coup** all of a sudden; **pas du—** not at all; **tous les deux ans** every two years; **—à fait** absolutely; **à—jamais** forever; **de—e évidence** obviously, evidently; **—près** very close

toutefois in any event

trac: avoir le— to have stage fright

traduire (*pp* **traduit**) to translate

train: être en—de to be in the middle (process) of

traité(e) treated

traitement: —mensuel monthly salary; **—de texte** word-processing

tramway *m* streetcar

tranche *f* slice

tranquille calm

transformer to transform, to change

transmettre (*pp* **transmis**) to broadcast, to transmit

transport *m* transportation

travail *m* work; **travaux ménagers** chores

travailler to work

travailleur(-euse) *m,f* worker

travailleur(-euse) hard-working

traverser to cross

très very

tricher to cheat

triste sad

tromper to deceive; **se—** to be mistaken

trop too; **—de** too many, too much

trottoir *m* sidewalk

trou *m* hole

trouille: avoir la— to have the jitters

trouvailles *f pl* lucky finds

trouver to find; **se—** to be located; **il se trouve que** it turned out that...

truc *m (fam)* thing; "thingamajig"

tsigane *m,f* gypsy

tuer to kill

turbot *m* European flatfish

turc/turque Turkish

type *m* kind, type; *(fam)* guy

typique typical

typiquement typically

U

universitaire pertaining to the university

urgence *m* emergency; **en cas d'—** in case of emergency

usage *m* use

usine *f* factory

ustensile *f* utensil

utile useful

utiliser to use

utilité *f* utility, usefulness

V

vacances *f pl* vacation

vacancier(-ère) *m,f* vacationer

vache *f* cow

vachement *(fam)* = **très**; **beaucoup**

vague *f* wave; **nouvelle—** new wave

vaisselle *f* dishes; **faire la—** to wash the dishes

valable valid

valeur *f* value; **mettre en—** to highlight

valider to validate

valise *f* suitcase

valoir (*pp* **valu**) to be worth; **il vaut mieux** it is better; **—la peine** to be worth the trouble

valoriser to stress

vantard(e) boastful

vanter: se— to brag

varier to vary

veau *m* veal

vedette *f* star

vélo *m* bicycle

vendeur(-euse) *m,f* salesperson

vendre to sell

vendredi *m* Friday

vendu(e) sold

venger to avenge

venir (*pp* **venu**) to come; **Il vient d'arriver.** He has just arrived.; **Où veux-tu en venir?** What are you getting at?; **faire—** to send for

vente *f* sale(s)

vergogne: sans— shameless; shamelessly

vérifier to verify, check

véritable real

vérité *f* truth

verre *m* glass; **prendre un—** to have a drink

verrouiller to lock

vers toward; around

verser to pour; to pay

vert(e) green

vertige *m* dizziness

veste *f* jacket

vestiaire *m* coat room

vêtements *m pl* clothes; **sous-—** underwear

veuf/veuve *m,f* widower/widow

viande *f* meat

victoire *f* win, victory

vidéo-clip *m* music video

vie *f* life; **—de famille** *f* home life

vieux (vieil)/vieille old

vif/vive bright, lively

vigueur *f* **physique** physical stamina

vilain(e) ugly

villa *f* beach house

ville *f* city; **en—** in, to town

vin *m* wine

vingtaine: avoir la— to be in one's 20's

visite *f* visit; **rendre—à (quelqu'un)** to visit (someone)

visiter (un endroit) to visit (a place)

vite quickly

vitesse *f* speed; **à toute—** very quickly

vitrine *f* store window

vivant(e) alive

vivre (*pp* **vécu**) to live

voeu (voeux) *m* wish

voici here is, here are

voilà there is, there are; **—un an que je travaille.** I've been working for one year.

voile *f* sailboating

voir (*pp* **vu**) to see; **faire—** to show

voisin(e) *m,f* **(d'à côté)** (next-door) neighbor

voisinage *m* neighborhood

voiture *f* car

voix *f* voice

vol *m* flight; theft

voler to fly; to steal

volition *f* volition, will

volontiers gladly, with pleasure

vouloir (*pp* **voulu**) to want; **vouloir bien** to be happy (to do something); **en—à quelqu'un** to hold a grudge against somebody; **—dire** to mean

voyage: faire un— to take a trip

voyager to travel

voyageur(-euse) traveller

voyance *f* fortune-telling

voyant(e) *m,f* fortune-teller, clairvoyant

voyelle *f* vowel

vrai(e) true

vraiment really

vue *f* view; **point de—** point of view

W

wagon *m* train car; **—-lit (wagons-lits)** sleeping car

WC *m pl* toilet

X

xénophobie *f* xenophobia (fear/hatred of foreigners)

Y

y there; about it

yaourt *m* yogurt

Z

zut! *(fam)* darn!

«Expressions typiques pour... »

«Mots et expressions utiles»